TRAITÉ PRATIQUE

DE LA

VOIRIE A PARIS

PARIS, IMPRIMERIE FÉLIX MALTESTE ET Cᵉ, 22, RUE DES DEUX-PORTES-SAINT-SAUVEUR.

TRAITÉ PRATIQUE

DE LA

VOIRIE A PARIS

COMPRENANT L'EXAMEN RAISONNÉ

DES RÈGLEMENTS APPLICABLES AUX CONSTRUCTIONS

Suivi d'un Appendice renfermant, dans un ordre chronologique

LE TEXTE DES LOIS, DÉCRETS ET ORDONNANCES

RENDUS SUR LA MATIÈRE

PAR

A. de ROYOU

ARCHITECTE, COMMISSAIRE VOYER PRINCIPAL DE LA VILLE DE PARIS,
MEMBRE DE LA COMMISSION SUPÉRIEURE DE LA VOIRIE,
MEMBRE DE LA SOCIÉTÉ CENTRALE DES ARCHITECTES,
MEMBRE DES COMMISSIONS SPÉCIALES D'ÉTUDE DE VOIRIE DE LA VILLE DE PARIS, ETC.

SECONDE ÉDITION

AUGMENTÉE D'UNE

ANNEXE

COMPRENANT

LE TEXTE ET LES COMMENTAIRES DES DÉCRETS DES 22 JUILLET 1882 ET 23 JUILLET 1884

SUR LES

SAILLIES, LA HAUTEUR DES MAISONS, LES COMBLES, LES LUCARNES

LES COURS ET LES COURETTES

PARIS

LIBRAIRIE GÉNÉRALE DE L'ARCHITECTURE ET DES TRAVAUX PUBLICS

DUCHER & C\ie, ÉDITEURS

51, RUE DES ÉCOLES, 51

1884

AVERTISSEMENT

Les fonctions que nous remplissons depuis plus de vingt-cinq ans à la Préfecture de la Seine, nous ont démontré la nécessité de réunir dans un Recueil les nombreux règlements qui régissent les constructions à Paris. En effet, depuis la dernière édition du Recueil publié par Davenne, les lois, décrets ou ordonnances ont été en partie modifiés, notamment en ce qui concerne la hauteur des constructions, le nouveau tarif des droits de voirie, la réglementation des conduits de fumée, etc., etc. De nouvelles lois ou de nouveaux décrets sur l'expropriation, sur l'assainissement des logements insalubres ont été rendus, mais tous ces éléments sont épars dans différentes publications, et nous avons pu nous assurer qu'un grand nombre de nos confrères, et des plus éminents, et que les constructeurs les plus expérimentés, se trouvaient fréquemment embarrassés, faute d'avoir sous la main un ouvrage réunissant les anciens et les nouveaux règlements. Nous n'avons nullement la prétention de leur présenter un traité complet de la voirie, nous nous sommes borné à examiner les règlements spéciaux aux constructions, persuadé que ces questions traitées par un architecte, ayant une longue pratique administrative et professionnelle, auraient pour nos confrères une précision et une netteté que ne peuvent donner les ouvrages des auteurs étrangers à notre profession.

Nous avons emprunté une partie des éléments de notre travail aux ouvrages de :

Perrot : *Dictionnaire de la voirie.*
Daubenton : *Code la voirie.*

Davenne : *Recueil des lois et règlements sur la voirie.*

Dalloz : *Répertoire de législation et de jurisprudence.*

Frémy-Ligneville : *Traité de la législation des bâtiments* (notamment la question des alignements).

Le Berquier : *Administration de la commune de Paris.*

Alfred Blanche : *Dictionnaire général d'administration.*

Lukomski et Périn : *Police des constructions.*

Nous avons cité de nombreux arrêts du Conseil d'État sur les contraventions, d'après le Recueil de Lebon, des décisions ministérielles et des arrêtés du Préfet, qui fixent la jurisprudence sur des questions importantes ; enfin, nous avons apporté à l'examen de tous les chapitres de ce travail, l'expérience que nous avons pu acquérir par l'exercice de notre profession et nos services administratifs, soit comme commissaire voyer, soit en qualité de membre de la Commission supérieure de voirie.

Nous avons cru devoir compléter notre travail en publiant, dans un Appendice, le texte des lois, décrets et ordonnances qui servent de base aux règlements de voirie.

Nous serons heureux, si nous pouvons être utile à nos confrères en leur évitant des pertes de temps et des recherches laborieuses ; c'est là notre seul but, et si notre travail est accueilli par eux avec faveur, nous les prierons de vouloir bien nous indiquer les lacunes que nous aurions à combler.

INTRODUCTION

DES AGENTS DU SERVICE DE LA VOIRIE

DE LEURS FONCTIONS

Le service de la voirie à Paris, en ce qui concerne les constructions, est confié aux commissaires voyers placés actuellement sous les ordres des ingénieurs en chef de la voie publique, sous la haute direction de M. Alphand, inspecteur général des ponts et chaussées, directeur des travaux de Paris.

« La police des constructions, envisagée au point de vue de l'art de bâtir, embrasse de nombreux objets; s'il importe, en effet, que les édifices destinés à l'habitation des personnes, ou à l'usage des habitants, soient élevés dans des conditions de stabilité qui protégent les citoyens contre les dangers d'écroulement ou de chute partielle, il n'en est pas moins essentiel d'empêcher que le mode d'emploi des matériaux qui entrent dans la construction ne donne naissance à un autre danger aussi redoutable, celui de l'incendie; de là, pour l'autorité municipale, la nécessité de réglementer cette partie de la police et d'exercer une surveillance sur les constructions quelconques édifiées, soit dans le voisinage des voies publiques, soit à l'intérieur des propriétés. » (Husson, *Législation des travaux publics*.)

A Paris, la police des constructions a été de bonne heure réglementée.

« Il existait pour cette police, avant la Révolution, une juridiction spéciale connue sous le nom de Chambre des bâtiments, dont les règlements subsistent encore aujourd'hui. Cette juridiction, créée par saint Louis en 1268, n'était alors exercée que par le maître maçon du roi, et le fut, depuis 1645, alternativement par trois officiers qualifiés de maîtres généraux des bâtiments du roi, ponts et chaussées et gardes de la juridiction royale des bâtiments. » (Davenne.)

Cette police des constructions, qui avait toujours été strictement exercée jusqu'en 1789, fut rétablie par des Arrêtés du Préfet de la Seine du 24 nivôse an IX, 13 brumaire an XII et 22 août 1809, et confiée aux inspecteurs généraux et commissaires de la grande voirie; jusqu'en 1871, le service de la voirie, dans chacun des arrondissements de Paris, était fait par un commissaire voyer et un inspecteur ou adjoint; en outre, les commissaires voyers d'arrondissement, par groupes de quatre, étaient placés sous les ordres des inspecteurs voyers divisionnaires, chargés de revoir les affaires et de donner un nouvel avis sur les rapports et procès-verbaux; les avis contradictoires étaient, ensuite, exposés et discutés dans les réunions hebdomadaires du bureau consultatif de la voirie.

En outre de la police des constructions, les commissaires voyers ont à s'occuper d'autres questions de voirie; leurs fonctions consistent à :

1° Instruire les demandes en autorisation de construire, surélever ou réparer les bâtiments ou poser des objets en saillie au-devant des façades des bâtiments;

2° Surveiller l'exécution des travaux autorisés et faire réformer les vices de construction;

3° Poursuivre la démolition ou la réparation, suivant les espèces, des bâtiments anciens menaçant ruine ;

4° Dresser les procès-verbaux de contravention en matière de grande et de petite voirie;

5° Faire les rapports pour les mémoires à produire au Conseil d'Etat, au Ministre de l'intérieur ou au Conseil de préfecture, sur les contraventions de voirie;

6° Enfin, préparer les opérations de voirie en estimant, en qualité d'experts de la Ville, les indemnités à allouer, soit aux propriétaires, soit aux locataires et industriels atteints par l'expropriation, suivre les opérations devant le jury et faire exécuter les démolitions pour livrer le terrain, entièrement libre de tous matériaux, aux ingénieurs chargés d'exécuter les travaux de viabilité.

L'application des mesures énoncées dans le premier paragraphe exige que l'architecte, chargé des fonctions de commissaire voyer, connaisse parfaitement la construction, les procédés et les différents matériaux à employer pour satisfaire aux règles de l'art de bâtir et, en même temps, les règlements de voirie spécialement applicables aux constructions dans Paris, puisqu'il doit reconnaître rapidement, et au premier examen d'un plan, si la construction qu'il représente remplira les conditions de sûreté et de salubrité nécessaires, et qu'il doit juger, en outre, si le projet donne satisfaction aux règlements de voirie, en ce qui concerne notamment les saillies permises, les hauteurs et périmètres à autoriser, suivant les largeurs des voies publiques, les dispositions des fosses, jambes étrières, etc.

En ce qui concerne le deuxième paragraphe, le commissaire voyer doit être à même de juger si l'exécution d'un bâtiment est conforme aux plans produits à l'appui de la demande, et sur le vu desquels la permission est accordée. Il doit s'assurer si les matériaux sont de nature et de qualité suffisantes et convenablement employés ; il doit donc avoir lui-même une sûreté d'appréciation bien reconnue.

C'est surtout dans l'application des mesures indiquées dans le troisième paragraphe que les fonctions du commissaire voyer sont difficiles, alors que, dans l'examen des maisons en péril, la condamnation et la ruine d'une maison, c'est-à-dire les intérêts les plus graves des propriétaires forcés de démolir sans indemnité, sont, pour ainsi dire, entre les mains du commissaire voyer.

Ce contrôle de l'exécution des bâtiments neufs, et ces visites de constructions en péril, mettent souvent les architectes de l'administration en présence des praticiens les plus éminents; il faut donc que le commissaire voyer possède lui-même une connaissance approfondie de la construction, une pratique et une expérience incontestées.

La répression des contraventions demande une connaissance complète des règlements de voirie, de la jurisprudence du Conseil d'Etat et du Ministre de l'intérieur, en ce qui concerne la grande voirie, et de celle de la Cour de cassation, pour les affaires de petite voirie ou de police des constructions.

Enfin, s'il est une question importante au premier chef pour les finances de la Ville de Paris, eu égard aux prétentions exagérées des expropriés, c'est assurément l'étude et la préparation des opérations de voirie, c'est-à-dire l'estimation des immeubles à exproprier et, ce qui est plus difficile encore, l'évaluation des indemnités à allouer aux locataires et industriels à évincer. Le travail qui doit servir de base, soit aux traités amiables entre l'administration et les particuliers, soit aux débats devant le jury, est une des opérations les plus délicates du commissaire voyer et demande de sa part un soin, une habitude et un tact que ne peut donner qu'une longue pratique de ces sortes d'affaires.

Si, dans l'examen de questions aussi considérables et aussi diverses, les commissaires voyers n'ont pas tous l'autorité qui ne peut s'acquérir que par une longue pratique et une application constante des règlements, c'est aux commissaires voyers principaux, autrefois inspecteurs divisionnaires de la voirie, que sont confiés le contrôle et le double examen du travail des commissaires voyers d'arrondissement.

C'est encore aux commissaires voyers principaux, réunis aux ingénieurs en chef, sous la présidence du directeur des travaux de Paris, dans la Commission supérieure de voirie, que sont soumises les questions de réglementation générale, d'interprétation des Décrets et Ordonnances, la révision des opérations de voirie projetées. C'est encore par les soins de cette Commission qu'ont été étudiées les modifications apportées par le Décret du 28 juillet 1874 au Décret de 1808, sur le tarif des droits de voirie, la réglementation des conduits de fumée, c'est dans ce moment encore qu'est élaborée la révision de l'Ordonnance royale du 24 décembre 1823 sur les saillies.

En résumé, les connaissances et les aptitudes que l'on doit trouver chez les commissaires voyers, sont nombreuses et délicates et demandent, de leur part, un travail incessant.

S'il n'est pas indispensable de rencontrer chez eux le talent des architectes, chargés d'élever les monuments publics, ils doivent cependant se tenir au courant des progrès de l'art de bâtir, et, en dehors des connaissances professionnelles de l'architecte, ils doivent connaître les questions de voirie et de jurisprudence, et pouvoir traiter les expertises les plus variées.

C'est à continuer les traditions de la voirie et à suivre la route si honorablement tracée par leurs devanciers, dont les noms figurent parmi ceux des artistes les plus éminents, tels que les Guénepin, Lesueur, membres de l'Institut; les Van Cleemputte, Levicomte, Magne, Finiels, grands prix de Rome ou seconds prix, et les architectes les plus autorisés, les Lepage, Charles, Vestier, Chaudesaigues, Delagenière, Peise et tant d'autres dont la mémoire est un honneur pour le service de la voirie, que tendent tous les efforts des agents actuels du service, s'inspirant des instructions si nettes, si pratiques et si larges de l'éminent directeur des travaux de Paris, dans les attributions duquel est compris le service de la voirie.

TRAITÉ PRATIQUE

DE LA

VOIRIE A PARIS

CHAPITRE PREMIER

DE LA VOIRIE — DE L'ALIGNEMENT

DE LA VOIRIE

1. — Les intérêts de la sûreté et de la salubrité publique dans la ville de Paris soumettent les constructeurs à des règles qui, en préservant le domaine public des envahissements des particuliers, déterminent d'une manière fixe les droits de ceux-ci dans leur rapport avec l'intérêt général.

L'ensemble des mesures qui concernent l'ouverture, l'élargissement et le redressement des rues, l'alignement et le nivellement, les travaux des ponts et chaussées, les autorisations de construire ou de réparer les maisons, la hauteur des bâtiments, les saillies sur la voie publique, les fosses d'aisances, les constructions en péril et en général la police des bâtiments, enfin le numérotage des maisons et le nettoyage des façades, les droits de voirie, la poursuite des contraventions et la compétence des tribunaux en cette matière constituent le service de la voirie.

ORIGINE DU SERVICE DE LA VOIRIE A PARIS

2. — Sans remonter aux Romains, auxquels nous avons emprunté une partie de nos institutions civiles et administratives, nous nous bornerons à indiquer, d'après Lukomsky et Périn, comment le service de la voirie fut exercé à Paris.

Pendant plusieurs siècles le Prévôt de Paris, siégeant au Châtelet, exerça, dans toute l'étendue de la vicomté, l'administration et le contentieux de la voirie ; mais par un Édit de juin 1604, l'administration fut distraite de la prévôté pour être unie à l'office de grand voyer créé en 1599. Quelques années plus tard, la charge de grand voyer ayant été supprimée (Édit de février 1626) et celle de voyer de Paris définitivement éteinte au profit des Trésoriers de France (lettres patentes du 31 janvier 1630) ces derniers furent également investis de la juridiction contentieuse (Édit d'avril 1627), de telle sorte qu'ils réunirent entre leurs mains tout ce qui concerne la voirie, mission fort pénible à laquelle ils n'avaient pu suffire. Aussi en 1693 on institua, pour remplacer les commis du grand voyer, quatre commissaires généraux chargés de constater les contraventions aux règlements, d'instruire les demandes d'autorisation du ressort de ce qu'on nommait alors la grande voirie, et enfin de délivrer dans le même ordre d'idées, les permissions de petite voirie. Mais, chose digne de remarque, toutes les contraventions en matière de grande ou de petite voirie, continuèrent à être jugées indistinctement par les Trésoriers de France constituant, comme on le sait, dans chaque généralité, le Bureau des Finances.

Un Édit de novembre 1697 avait étendu cette hiérarchie aux provinces du royaume, avec la seule différence que les commissaires de la voirie y portaient le nom d'experts ou arpenteurs jurés (Lukomsky).

La loi des 7-8-11 septembre 1790 vint supprimer les Trésoriers de France et les juridictions exceptionnelles et décider :

Art. 6. — « Que l'administration en matière de grande voirie appartiendrait aux corps administratifs (aujourd'hui les Préfets), « et la police de conservation, tant pour les grandes routes que « pour les chemins vicinaux, aux juges de district. »

La loi des 7-14 octobre 1790 ajouta :

« Que l'administration en matière de grande voirie, attribuée « aux corps administratifs par l'art. 6 de la loi de septembre 1790 « comprenait, dans toute l'étendue du royaume, l'alignement des « rues des villes, bourgs et villages qui servent de grande route. »

RÉGIME DES RUES DE PARIS

3. — La Déclaration du roi du 10 avril 1783 qui soumettait les rues de la capitale aux règles établies par l'arrêt du Conseil du

27 février 1765, pour les routes entretenues par le roi, confirmait l'assimilation des rues de Paris aux grandes routes et les plaçait sous le régime de la grande voirie, suivant en cela les règles établies par les Édits de mai 1599 — juin 1604 — février 1626 et mai 1635 ;

Le Décret du 27 octobre 1808 a réglé les droits à percevoir dans la ville de Paris en matière de voirie ;

Une Ordonnance royale rendue en Conseil d'État le 13 avril 1823 (Dubois de la Touche) visant ce Décret dans les termes suivants :

« Considérant que du Décret du 27 octobre 1808 il résulte que « toutes les rues de Paris appartiennent à la grande voirie ; »

Et le Décret du 26 mars 1852 dans son article 1er :

« Les rues de Paris continueront d'être soumises au régime de « la grande voirie ; »

Enfin le Décret du 28 juillet 1874 pour permissions qui se requièrent en grande et petite voirie, ont fixé la question d'une manière définitive.

DISTINCTION ENTRE LA GRANDE ET LA PETITE VOIRIE

4. — En règle générale, on distingue la grande et la petite voirie par les lieux où l'une et l'autre s'exercent ; ainsi les alignements, la police des constructions, les saillies, appartiennent à la grande voirie sur une grande route, à la petite voirie ou voirie urbaine dans les rues d'une ville.

Mais la distinction qui a été admise à Paris en cette matière fait exception à cette règle ; le Décret du 27 octobre 1808 ainsi que le Décret du 28 juillet 1874 ont classé dans la grande voirie tous les objets qui font partie intégrante de la construction, et dans la petite voirie tous ceux qui sont indépendants de la construction.

En outre des objets en saillie indépendants des constructions, la petite voirie comprend encore l'établissement des échoppes ou étalages mobiles, l'ouverture des étaux de boucherie et charcuterie et la police des constructions, c'est-à-dire la démolition ou la réparation des bâtiments menaçant ruine.

En résumé, on peut poser cette règle pour Paris :

5. — 1° Appartient à la grande voirie, tout ce qui concerne la direction, l'ouverture et la largeur des rues, la conservation de la voie publique, l'alignement, la construction, la reconstruction ou la consolidation des murs et des parties d'édifices joignant la rue.

6. — 2° Appartient à la petite voirie, tout ce qui intéresse la commodité de la circulation, la propreté, la salubrité et la sûreté de la voie publique, les saillies qui ne font pas corps avec les bâtiments en façade, enfin la police des constructions, démolition ou réparation des bâtiments menaçant ruine.

COMPÉTENCE EN GRANDE ET PETITE VOIRIE

7. — Le jugement des difficultés qui peuvent s'élever en matière de grande voirie est attribué aux Conseils de Préfecture par les lois des 28 pluviôse an VIII et 29 floréal an X. Les tribunaux de police prononcent sur les contestations relatives à la petite voirie, aux termes de l'art. 471 du Code pénal. (Voir au chapitre des contraventions.)

DE L'ALIGNEMENT

8. — L'alignement (Davenne) est la limite fixée entre la voie publique et les propriétés privées, soit qu'elle résulte de l'état de possession, soit qu'il y ait eu changement prononcé par un règlement d'administration publique. C'est au Préfet, à Paris, qu'il appartient de donner et de faire exécuter les alignements.

On entend encore par ce mot l'opération qui consiste à déterminer sur le terrain la position que doivent occuper les édifices riverains des voies publiques.

OBJET DE L'ALIGNEMENT

9. — L'objet principal de l'alignement est :

1° De donner aux rues des villes, comme aux routes et chemins publics en général, la largeur nécessaire el la direction convenable ;

2° De faire disparaître les renfoncements qui favorisent la malveillance et nuisent à la propreté et à la salubrité dans l'intérieur des villes ;

3° D'obtenir, autant qu'il est possible, par la régularité des lignes un moyen d'embellissement favorable aux progrès des arts.

Sous l'ancienne législation, et avant qu'on eût songé à fixer à l'avance, par des plans légalement arrêtés, un système général d'alignement, les règlements se bornaient à recommander :

« De redresser les murs où il y a plis ou coudes, et de pourvoir à ce que les rues s'embellissent et s'élargissent au mieux que faire se pourra. (Édit de décembre 1607.)

OBLIGATION DE DEMANDER L'ALIGNEMENT

10. — La loi du 19-22 juillet 1791, art. 29, a statué :

« Sont confirmés provisoirement les règlements qui subsistent
« touchant la voirie, ainsi que ceux actuellement existants à l'é-
« gard de la construction des bâtiments et relatifs à leur solidité
« et sûreté, etc.... »

Cette loi a donc maintenu l'obligation pour les constructeurs
de demander l'alignement ou permission, pour construire ou réparer les bâtiments ainsi que le prescrivaient :

L'Ordonnance du Prévôt de Paris du 22 septembre 1600, art. 1er ;

L'Édit de Henri IV de décembre 1607, art. 5 ;

L'Ordonnance du Bureau des Finances de la généralité de Paris
du 29 mars 1754, art. 4 ;

L'Arrêt du Conseil du 27 février 1765,

Et la Déclaration du roi du 10 avril 1783, art. 3. (Voir Appendice.)

Cette obligation a été de nouveau rappelée par le Décret du
26 mars 1852.

La demande doit être adressée au Préfet de la Seine.

11. — En imposant l'obligation de demander l'alignement et le
nivellement avant de se mettre à l'œuvre, le Décret du 26 mars
1852 exige en outre que le constructeur adresse à l'administration
un plan et des coupes cotées des constructions qu'il projette, et
qu'il se soumette aux prescriptions qui lui seront faites dans l'intérêt de la sûreté publique et de la salubrité.

Cette disposition du Décret de 1852 n'est que la reproduction et
l'extension des obligations imposées par l'art. 3 de la Déclaration
du 10 avril 1783, ainsi conçu :

« Art. 3. — Faisons expresses inhibitions et défenses à tous
« propriétaires, architectes, entrepreneurs, maçons, charpentiers
« et autres, d'entreprendre ni commencer aucune construction
« ou reconstruction quelconque de mur de face sur rue, sans
« au préalable avoir déposé, au greffe de notre Bureau des Fi-
« nances, le plan des dites constructions et reconstructions, et
« avoir obtenu des officiers du dit Bureau les alignements et
« permissions nécessaires, lesquels ne pourront être accordés
« qu'en conformité des plans par nous arrêtés.... »

DES PLANS GÉNÉRAUX D'ALIGNEMENT

(d'après Frémy-Ligneville)

12. — Une Ordonnance du Bureau des Finances, du 29 mars 1754, rendue par la généralité de Paris et renouvelée le 30 avril 1772, ordonnait la formation de plans généraux d'alignement.

Cette mesure est prescrite de nouveau par l'Arrêt du Conseil du 27 février 1765, qui ordonne la formation de plans généraux d'alignement pour les traverses des routes dans les villes, bourgs et villages, et qui dispose que les alignements particuliers des traverses seront délivrés : « en se conformant aux plans levés et ar-« rêtés par les ordres de S. M. qui sont ou seront déposés par la « suite au greffe du Bureau des Finances de chaque généralité. »

Enfin, la Déclaration du roi du 10 avril 1783 ordonne :

Art. 1er. — Aucune rue ne peut être ouverte dans Paris qu'en vertu d'un Décret.

Art. 2. — En conséquence, il sera incessamment procédé par les commissaires généraux de la voirie, à la levée des plans de toutes les rues de la ville et faubourgs de Paris dont il n'en a point enccre été dressé, et à l'égard de celles dont il a déjà été levé des plans, déposés au greffe de notre Bureau des Finances, il sera seulement procédé au récolement d'iceux, pour, sur la présentation qui nous sera faite de tous les dits plans, être par nous réglé l'élargissement à donner à l'avenir à toutes les rues.

Le Décret du 26 mars 1852 prescrit en outre :

Art. 3. — A l'avenir, l'étude de tout plan d'alignement de rue devra nécessairement comprendre le nivellement : celui-ci sera soumis à toutes les formalités qui régissent l'alignement.

PRÉPARATION DES PLANS D'ALIGNEMENT

13. — Les plans d'alignement, à Paris, sont préparés par le Préfet en vertu du Décret du 6 septembre 1791 et de l'art. 3 de la loi du 28 pluviôse an VIII, et soumis aux formalités de l'enquête et au Conseil municipal pour avis.

D'après les lettres patentes du 10 avril 1783, toutes les rues de Paris devaient avoir 10 mètres de largeur, celles qui n'avaient pas cette largeur devaient y être ramenées par un alignement au fur et à mesure des constructions.

Un Décret du 13 germinal an V autorisa le Ministre de l'intérieur à régler, sur le plan des rues de Paris, les élargissements et les redressements qu'exige chacune d'elles, et fixa pour les rues de nouvelles dimensions suivant l'importance de leur fréquentation.

Le Ministre de l'intérieur continua à régler les plans d'alignement de Paris jusqu'au 3 septembre 1811, époque à laquelle fut rendu par le Conseil d'État un avis duquel il résultait que les plans d'alignement de Paris étaient, comme ceux des autres communes, soumis aux formalités prescrites par l'art. 52 de la loi du 16 septembre 1807, ainsi conçu :

« Dans les villes, les alignements pour l'ouverture des nouvelles « rues, pour l'élargissement des anciennes qui ne font point « partie d'une grande route ou tout autre objet d'utilité publique, « seront donnés par les maires, conformément au plan dont les « projets auront été adressés aux Préfets, transmis avec leur avis « au Ministre de l'intérieur et arrêtés en Conseil d'État.

« En cas de réclamation de tiers intéressés, il sera statué de « même en Conseil d'État, sur le rapport du Ministre de l'in-« térieur. »

Les plans d'alignement des rues de Paris ne peuvent donc être arrêtés que par Décret ou Ordonnance royale rendus en Conseil d'État.

PLANS APPROUVÉS AVANT 1807

14. — Le Conseil d'État a décidé ([1]) que les plans approuvés avant la loi du 16 septembre 1807, par le Ministre de l'intérieur, étaient réguliers, ainsi que les alignements délivrés d'après ces plans, mais que les plans approuvés depuis cette époque par le Ministre ne pouvaient être considérés que comme de simples projets, que le Préfet de la Seine était même autorisé à modifier en délivrant des arrêtés partiels d'alignement.

ALIGNEMENT PARTIEL

15. — Tant qu'il n'a pas été fait de plan général en exécution de l'art. 52 de la loi du 16 septembre 1807 ([2]), les alignements partiels qui sont demandés à l'administration de la ville de Paris, doivent être donnés, soit conformément aux alignements arrêtés

(1) Avis du Conseil d'État, 8 avril 1829, Loyre; 20 février 1840, Chaplain ; 15 juillet 1841, De Turin.
(2) Conseil d'État, 23 mai 1838.

par le Ministre de l'intérieur, en vertu de l'arrêté du Gouvernement du 13 germinal an V, dans les rues comprises aux dits alignements, soit en vertu des lettres patentes de 1783, dans les autres rues.

16. — Il appartient au Préfet de la Seine de donner des alignements provisoires à défaut de plans régulièrement adoptés, mais le Préfet, d'après l'art. 21, § 3 de la loi du 18 juillet 1837, devra prendre l'avis du Conseil municipal [1].

17. — Le recours contre un arrêté du Préfet qui a délivré un alignement partiel, doit être porté au Ministre et du Ministre au Conseil d'État [2].

SERVITUDE DE L'ALIGNEMENT

18. — Le terrain compris entre les alignements des deux côtés de la voie est propriété publique (aux termes de l'art. 538 du Code civil), et cette propriété emporte celle du dessous et celle du dessus indéfiniment, aux termes de l'art. 552 du Code civil ; conséquemment, tout ce qui excède le nu du mur et la ligne verticale d'un bâtiment au delà de l'alignement, *à partir du sol*, jusqu'au comble, *forme saillie*, et pourrait dans la rigueur du droit être interdit. Mais cette prohibition absolue serait nuisible aux particuliers, sans offrir d'utilité pour le public. En conséquence, on tolère des saillies de natures et de dimensions déterminées par des règlements locaux, à charge par les propriétaires de payer des droits, que l'on peut considérer comme une indemnité due pour la jouissance d'une portion de la propriété publique, dont les villes concèdent l'usage (Davenne). (Voir plus loin : Saillies.)

19. — L'alignement est une servitude d'utilité publique, une mesure de police et de voirie ; il procède surtout par voie de prohibition, défend de réconforter les bâtiments sujets à retranchement, attend la chute des bâtiments par vétusté ou par démolition volontaire, et n'oblige l'administration à payer que le sol réuni à la voie publique, sans tenir compte des constructions supprimées ni de la dépréciation causée à celles qui restent. (Voir : Bâtiments retranchables.)

Cette servitude est très-lourde pour les propriétés, aussi l'alignement n'est-il appliqué qu'avec la plus grande réserve, et seulement lorsqu'il s'agit d'élargir ou de redresser une voie publique

[1] Conseil d'État, 26 août 1829.   [2] Conseil d'État, 6 avril 1824.

sans en changer la direction, et au fur et à mesure que les propriétaires font reconstruire leurs bâtiments en bordure de la voie
publique.

DE L'ALIGNEMENT ET DE L'EXPROPRIATION

20. — L'alignement diffère essentiellement de l'expropriation
pour cause d'utilité publique, qui procède par voie d'acquisition,
dépossède immédiatement les propriétaires et oblige à leur payer,
avant d'en disposer, toute la propriété prise par les besoins
publics.

L'expropriation pour cause d'utilité publique s'emploie, lorsqu'il s'agit de percer une rue nouvelle à travers des propriétés
privées, ou de faire immédiatement un redressement ou changement de direction de rue qui changerait de place la voie publique en tout ou en partie. (Voir : Expropriation.)

ALIGNEMENT PAR VOIE D'EXPROPRIATION

21. — Lorsque l'administration procède par mesure d'expropriation à l'ouverture d'une voie nouvelle, au redressement ou à
l'élargissement d'une voie existante, les propriétés qui deviennent
en bordure de l'alignement nouveau ne peuvent être soumises
aux servitudes de voirie, et profiter des avantages de la voie publique, que lorsque ce nouvel alignement est complétement et
régulièrement exécuté au droit de chacune des propriétés.

PROPRIÉTÉ SÉPARÉE DU NOUVEL ALIGNEMENT

22. — C'est-à-dire que toute propriété qui serait par exemple
séparée de l'alignement de la nouvelle voie par une zone quelconque de terrain, si minime qu'elle fût, ne serait-ce même que
par le terrain compris sous la demi-épaisseur d'un mur mitoyen ,
dont le parement mis à découvert articulerait exactement l'alignement ; que cette propriété, disons-nous, ne pourrait jouir du
droit de jour et d'accès sur la nouvelle voie, qu'après que le propriétaire aurait acquis, soit de l'administration, soit de concessionnaires mis en son lieu et place, la propriété de demi-épaisseur du mur ainsi que du terrain sous-jacent et du terrain qui le
sépare de la voie publique. Dans le cas où le mur autrefois mur

pignon deviendrait mur de face, il y aurait lieu par le propriétaire acquéreur, de se conformer aux règlements de voirie relatifs, soit à la hauteur légale des bâtiments , soit aux saillies ou même aux règlements sur les constructions, jambes étrières, etc.

En outre, l'acquéreur aurait à supporter les frais de viabilité au droit de la propriété.

23. — La réunion de la parcelle de terrain à la propriété se fera dans les conditions fixées par le Décret du 26 mars 1852 :

« Art. 2, § 3. Les parcelles de terrain acquises en dehors des ali-
« gnements et non susceptibles de recevoir des constructions sa-
« lubres, seront réunies aux propriétés contiguës, soit à l'amiable,
« soit par l'expropriation de ces propriétés, conformément . à
« l'art. 53 de la loi du 16 septembre 1807.

« § 4. La fixation du prix de ces terrains sera faite suivant les
« mêmes formes et devant la même juridiction que celle des ex-
« propriations ordinaires. »

PROPRIÉTÉ LAISSÉE EN SAILLIE SUR LE NOUVEL ALIGNEMENT

24. — Si d'autre part, une propriété formant saillie sur la voie ouverte par mesure d'expropriation, n'était pas mise à l'alignement immédiatement et si les murs autrefois mitoyens étaient conservés, le propriétaire de cet immeuble ne pourrait pas davantage ouvrir de jours ni d'accès sur la nouvelle voie, car bien qu'à la demi-épaisseur près du mur mitoyen, l'immeuble joigne la nouvelle voie, le propriétaire ne peut prétendre aux avantages des riverains de la nouvelle voie que lorsque la parcelle, si minime qu'elle soit, qui est dévolue à la voie publique y aura été réunie par voie amiable ou par mesure d'expropriation.

En effet, si l'on accordait au propriétaire la faculté d'ouvrir des jours ou des issues dans le mur séparatif, qui n'est toujours qu'un mur mitoyen, ce qui du reste serait contraire au droit commun ; il résulterait de cette concession, pour l'immeuble dont une partie doit tomber, une plus-value résultant des travaux mêmes de l'expropriation, ce qui est contraire aux dispositions des art. 49-53 de la loi de 1807; mais par contre, la propriété ne peut être grevée, par rapport à la nouvelle voie, d'aucune servitude de voirie; l'alignement ne peut s'effectuer que par mesure d'expropriation.

AVIS DU CONSEIL D'ÉTAT SUR LA VALEUR DES PLANS D'ALIGNEMENT

25. — Le Conseil d'État a décidé par un grand nombre d'Arrêts [1] que :

Les plans généraux d'alignement de grande ou de petite voirie, une fois arrêtés au Conseil d'État, constituent un règlement d'administration publique qui ne peut être attaqué par la voie d'opposition, de tierce opposition, ni par aucune autre voie contentieuse ou de supplique.

Toutes les réclamations ont dû se faire entendre pendant l'enquête et dans le cours de l'instruction.

MODIFICATION D'ALIGNEMENT

26. — Nous avons vu que le Conseil d'État a décidé par un avis du 3 septembre 1811, que les plans d'alignement de Paris étaient, comme ceux des autres communes, soumis aux formalités prescrites par l'art. 52 de la loi du 16 septembre 1807 ; il est important de faire connaître son avis en ce qui concerne les modifications d'alignement.

AVIS DU CONSEIL D'ÉTAT DU 7 AOUT 1839, RELATIF AUX MODIFICATIONS D'ALIGNEMENT DANS LES VILLES

27. — Le Conseil d'État, considérant que le droit d'arrêter et de modifier les alignements des rues des villes, suivant les besoins nécessairement variables de la circulation, est un droit inhérent à l'exercice de l'autorité administrative ;

Considérant que ces principes ont été sanctionnés par la jurisprudence constante de l'administration et des tribunaux ;

Considérant que dans ces circonstances l'administration ne peut renoncer à l'exercice du droit qui lui appartient de procéder légalement par voie d'alignement, lorsque les nécessités de la circulation exigent la modification du plan d'une ville;

Qu'à la vérité, dans l'application, ces modifications ne doivent être faites qu'avec une grande réserve et seulement dans le cas où l'intérêt de la voie publique serait bien constaté, mais que les formes qui sont exigées pour la modification du plan d'une

[1] 5 juin 1823 ; 9 juin 1824 ; 2 août 1826 ; 4 juillet 1827 ; 25 septembre 1834 8 janvier 1836.

ville, comme pour l'adoption du plan primitif, sont une garantie suffisante pour les intérêts privés ;

Est d'avis que le plan des alignements d'une ville approuvé conformément aux dispositions de l'art. 52 de la loi du 16 septembre 1807 peut toujours être modifié lorsque l'intérêt public l'exige et après l'accomplissement des formalités prescrites par le dit article ; que l'effet de la modification du plan est de soumettre, comme le plan primitif, les propriétés comprises dans l'alignement aux servitudes des voiries.

NOUVELLE JURISPRUDENCE

28. — La situation qui est faite par cette disposition aux propriétés qui ont déjà satisfait à un alignement régulièrement approuvé, et qui se trouveraient malgré cela exposées à subir de nouveau la lourde charge de la servitude d'alignement, est tellement grave, que l'administration supérieure paraîtrait aujourd'hui peu disposée à appliquer cette mesure dans toute sa rigueur, et ne consentirait plus à approuver des changements d'alignement qu'à la condition de les exécuter par voie d'expropriation ou en admettant le droit à indemnité.

29. — Le Conseil d'État a pris une décision dans ce sens, le 27 juin 1873, dans l'espèce ci-après :

Le Préfet de la Seine avait délivré un alignement à un sieur Gervais, propriétaire, rue de Rocroy, n° 14, à l'angle de la rue de Maubeuge, conformément à un plan approuvé par décret du 19 novembre 1855 ; un nouveau décret du 3 août 1861 vint modifier l'alignement délivré, postérieurement à l'édification de la maison.

Le Conseil de Préfecture de la Seine avait alloué au sieur Gervais une somme de 39,570 francs pour l'indemniser de dépenses de démolition et reconstruction sur le nouvel alignement.

Sur la requête présentée, au nom de la Ville de Paris par le Préfet de la Seine, au Conseil d'État statuant au contentieux pour voir annuler l'arrêté du Conseil de Préfecture, attendu, disait le Préfet de la Seine, que si la maison du sieur Gervais se trouvait séparée du nouvel alignement par une bande de terrain qui lui faisait perdre son accès et ses vues droites sur la voie publique, le sieur Gervais ne pouvait demander que la rétrocession de la bande de terrain, et que l'application à la propriété d'une servitude de voirie à laquelle sont assujettis tous les riverains des rues ne pouvait donner ouverture à son profit à un droit à indemnité.

Le Conseil d'État a rejeté la requête de la Ville de Paris et maintenu l'arrêté du Conseil de Préfecture.

CONSEIL D'ÉTAT, 12 SEPTEMBRE 1834. — PILHET. — ALIGNEMENT
NOUVEAU

30. — Le Conseil d'État a décidé que :

Les plans d'alignement ne pouvant cesser d'être exécutoires que par une déclaration expresse de l'autorité, les maisons restent jusque-là soumises aux servitudes que l'exécution de ce plan leur impose.

Cette décision a une importance considérable, car il ne suffit pas qu'une propriété soit atteinte par un projet d'ouverture ou de modification de rue déclaré d'utilité publique pour être affranchie ou exonérée des servitudes de voirie que lui impose l'ancien alignement, il faut encore que l'autorité déclare d'une manière expresse que l'ancien alignement cesse d'être exécutoire.

DÉLIVRANCE D'ALIGNEMENT

31. — L'alignement ou la permission doit être donné par écrit et par un arrêté ayant date certaine, avant la construction ; ainsi l'a décidé le Conseil d'État par un arrêt du 23 février 1839.

Un avis du Comité de l'intérieur du Conseil d'État, en date du 14 novembre 1823, a déclaré que la maire qui donne un alignement doit faire signifier l'arrêté d'alignement à la partie qui l'a demandé ; le maire doit faire tracer, en présence du propriétaire, sur le terrain, les points principaux de l'alignement délivré et dresser du tout procès-verbal.

32. — Le Conseil d'État (1) et la Cour de cassation (2) ont décidé que l'alignement donné par le voyer de la ville, ou une visite qu'il aura faite sur les lieux, ne sauraient remplacer l'arrêté du maire.

Enfin la Cour de cassation, en matière de voirie urbaine, a décidé par de nombreux arrêts (3), que la preuve testimoniale de la ligne qui aurait été indiquée ne serait pas admise, ni même un certificat postérieur du maire.

(1) Conseil d'État, 31 août 1826.
(2) Cassation, 17 novembre 1831. Alignement délivré irrégulièrement.
(3) Cassation, 20 octobre 1835 ; 6 juillet 1837 ; 19 juillet 1838 ; 13 mars 1841.

TRACÉ DE L'ALIGNEMENT

33. — Dès que le propriétaire qui a demandé alignement, a acquitté les droits de voirie fixés par le décret du 28 juillet 1874 et qu'il est muni de sa permission, il a le droit d'exiger que le Préfet lui fasse déterminer sur place les points de repère indiqués dans la permission.

Cette opération est faite par les géomètres de la ville de Paris, aussitôt que les assises de retraite sur les murs de fondation sont posées à demeure et que les propriétaires ou entrepreneurs ont requis l'administration de faire procéder au récolement.

RÉCOLEMENT DE L'ALIGNEMENT
(Davenne)

34. — Le récolement requis doit être fait dans les trois jours de la réquisition.

Il en est dressé un procès-verbal descriptif signé par l'entrepreneur et le propriétaire auquel une expédition est remise.

Ces dernières dispositions sont du plus grand intérêt pour les propriétaires qui y trouveront une garantie salutaire contre toutes les erreurs qui pourraient se glisser dans le tracé des alignements.

Les moyens de repérer et récoler les alignements doivent être fournis par le requérant et à ses frais.

Si l'alignement prescrit n'a pas été suivi exactement, soit que le commissaire-voyer (aujourd'hui le géomètre) n'ait pas été requis de le tracer sur place, soit que le cours des assises ait été changé depuis la vérification et le récolement, la démolition, ou s'il est possible la rectification doit être ordonnée aux frais du propriétaire (sauf son recours contre qui de droit), et l'amende encourue.

— L'art. 5 de l'Édit de décembre 1607 prescrivait déjà en ces termes l'obligation de faire reconnaître l'alignement :

« Après la perfection d'iceux (édifice, pan de mur, etc...) seront
« tenus lesdits particuliers d'en avertir ledit grand voyer ou son
« commis, afin qu'il récolle lesdits alignements et reconnaisse si
« lesdits ouvriers auront travaillé suivant iceux sans toutefois
« payer aucune chose pour ledit récollement, et, confrontation où
« il se trouverait qu'ils auraient contrevenu auxdits alignements,
« seront lesdits particuliers assignés par devant le Prévost de

« Paris ou son lieutenant, pour voir ordonner que la besogne mal
« plantée sera abattue, et condamnés à telle amende que de raison
« applicable comme dessus. »

ALIGNEMENT

(Indemnité pour exécution d')

35. — Dans le règlement de l'indemnité due pour exécution de
l'alignement, on ne doit évaluer que le terrain délaissé, sans avoir
égard à la dépréciation du surplus de l'immeuble.

Ainsi le veut l'art. 50 de la loi du 16 septembre 1807, ainsi
conçu :

« Art. 50. — Lorsqu'un propriétaire fait volontairement démolir
« sa maison, lorsqu'il la fait démolir pour cause de vétusté, il
« n'a droit à l'indemnité que pour la valeur du terrain délaissé,
« si l'alignement qui lui est donné par les autorités compétentes
« le force à reculer sa construction. »

36. — En conséquence de cet article, la Cour de cassation, par
un arrêt du 9 juillet 1829, a décidé que le propriétaire n'avait pas
droit à indemnité, pour la dépréciation occasionnée, par le reculement, au reste du sol ou de la construction.

DOMMAGES AUX VOISINS PAR SUITE D'EXÉCUTION D'ALIGNEMENT

37. — L'administration ne doit aucune indemnité aux voisins
pour dégradation à leurs bâtiments ou aux murs mitoyens, lorsqu'elle fait démolir pour cause de péril ou de vétusté, mais les
voisins ont leurs recours contre le propriétaire de la maison
démolie si la ruine du bâtiment leur cause du dommage.

Les voisins ont aussi recours contre le propriétaire qui démolit
volontairement sa maison, sans prendre envers les bâtiments
voisins les précautions nécessaires. (Frémy-Ligneville).

ÉPOQUE DU PAYEMENT DE L'INDEMNITÉ

38. — L'indemnité n'est due qu'après la démolition des constructions et seulement au moment où le terrain est abandonné
par le propriétaire à l'administration (1).

____

(1) Cassation, 7 août 1829. -

Il ne suffit donc pas que le propriétaire ait demandé alignement et qu'il soit muni de sa permission pour prétendre au payement du terrain retranché, il faut que le terrain soit débarrassé de toutes constructions, matériaux, gravois ou immondices et livré à l'administration propre à être mis en état de viabilité.

RETARD DANS LE PAYEMENT

39. — Si la commune tardait à payer l'indemnité, le propriétaire ne pourrait pas pour cela se refuser à se soumettre à l'alignement ni reconstruire sur les anciennes limites; le terrain étant réuni de droit à la voie publique, immédiatement après la démolition, par l'effet de la servitude préexistante de l'alignement. (Frémy-Ligneville.)

RÈGLEMEMT AMIABLE

40. — Le règlement de l'indemnité due pour le terrain livré peut se faire à l'amiable entre les propriétaires et le Préfet dans la forme indiquée par l'art. 13 de la loi du 3 mai 1841. (Frémy-Ligneville).

RÈGLEMENT CONTESTÉ. — AVIS DU CONSEIL D'ÉTAT DU 1er AVRIL 1841

41. — Toutes les fois qu'un alignement donné, en matière de voirie urbaine, force un propriétaire à reculer ses constructions ou à s'avancer sur la voie publique, l'indemnité qui lui est due dans le premier cas, et celle dont il est débiteur dans le second, doivent être réglées, quand il y a contestation sur le chiffre, par le jury d'expropriation (actuellement conformément à la loi du 3 mai 1841).

Ainsi le veut l'art. 2 du décret du 26 mars 1852, d'après lequel, en outre de l'art. 58 de la loi du 3 mai 1841, est applicable à tous les actes et contrats relatifs aux terrains acquis pour la voie publique par simple mesure de voirie.

INTÉRÊTS DE L'INDEMNITÉ POUR TERRAIN RETRANCHÉ

42. — Les intérêts peuvent être dus à partir du jour où le terrain déblayé est livrable, mais ils ne courent qu'à partir du jour de la mise en demeure de payer, si le règlement de l'indemnité est amiable.

Lorsque le règlement de l'indemnité est fait par le jury, à défaut de mise en demeure, les intérêts courent de plein droit six mois après la décision du jury, d'après l'art. 55 de la loi du 3 mai 1841.

PRESCRIPTION DE L'INDEMNITÉ.

43. — Le droit à l'indemnité n'est prescriptible que par trente ans, d'après l'art. 2262 du Code civil, la loi n'ayant établi pour ce cas aucune prescription particulière. (Frémy-Ligneville).

ALIGNEMENT PAR AVANCEMENT

44. — L'art. 53 de la loi du 16 septembre 1807 dispose que :

« Au cas où, par les alignements arrêtés, un propriétaire pour-
« rait recevoir la faculté de s'avancer sur la voie publique, il sera
« tenu de payer la valeur du terrain qui lui sera cédé.

« Dans la fixation de cette valeur, les experts auront égard à ce
« que le plus ou moins de profondeur du terrain cédé, la nature
« de la propriété, le reculement du reste du terrain bâti ou non
« bâti, loin de la nouvelle voie, peut ajouter ou diminuer de valeur
« relative pour le propriétaire.

« Au cas où le propriétaire ne voudrait point acquérir, l'admi-
« nistration publique est autorisée à le déposséder de l'ensemble
« de sa propriété, en lui payant la valeur telle qu'elle était avant
« l'entreprise des travaux. La cession et la vente seront faites
« comme il a été dit à l'art. 51 ci-dessus. »

DROIT DE PRÉEMPTION

45. — Il résulte du premier paragraphe de cet article que le terrain qui sépare une propriété de l'alignement de la nouvelle voie peut être cédé au propriétaire de cet immeuble, mais que les termes mêmes « pourrait recevoir la faculté de s'avancer » ne constituent pas au profit dudit propriétaire un droit absolu de préemption.

Toutefois, nous sommes d'avis qu'il y a une distinction à établir entre le cas où il ne s'agit que d'une rectification ou léger redressement d'alignement et celui où il s'agirait d'une ouverture de voie nouvelle, ou d'un changement de direction d'une ancienne rue, opération qui pourrait placer une propriété à une distance plus ou moins grande de l'alignement; dans le premier cas, le droit de préemption nous paraît être absolu ; dans le second cas l'administration pourrait céder le terrain à un tiers, sauf à tenir compte, s'il y a lieu, d'une indemnité au propriétaire de l'immeuble.

46. — Le droit de préemption est au contraire absolu au profit des propriétés contiguës, ainsi que l'établit l'art. 2 du décret du 26 mars 1852, lorsque l'Administration, dans un projet d'expropriation pour l'élargissement, le redressement ou la formation des rues de Paris, aura acquis en dehors des alignements des parcelles de terrain non susceptibles de recevoir des constructions salubres.

ESTIMATION DU TERRAIN RÉUNI AUX PROPRIÉTÉS PRENANT ALIGNEMENT PAR AVANCEMENT

47. — D'après le paragraphe 2 de l'art. 53 de la loi de 1807, le mode d'évaluation du terrain réuni aux immeubles prenant alignement par avancement est tout différent de celui qui est appliqué aux terrains retranchés. Nous avons vu, en effet, que les terrains retranchés ne doivent être pris que pour leur valeur propre, sans égard à aucune circonstance d'augmentation ou de diminution relative; pour les terrains ajoutés, au contraire, les experts doivent avoir égard à la plus-value qui doit résulter, pour le propriétaire, de la réunion du terrain à sa propriété.

EXPROPRIATION PAR SUITE DU REFUS D'ACQUÉRIR POUR EXÉCUTER L'ALIGNEMENT PAR AVANCEMENT

48. — Nous voyons enfin, par le paragraphe 3, que si le propriétaire en reculement ne veut pas acquérir le terrain qui le sépare de l'alignement, l'Administration est autorisée à le déposséder de l'ensemble de sa propriété, mais en la lui payant suivant la valeur qu'elle avait avant l'entreprise des travaux, c'est-à-dire sans la faire profiter de la plus-value qui peut résulter d'un commencement d'exécution.

49. — Ce droit d'expropriation est encore donné à l'Administration par l'art. 2 du décret du 26 mars 1852, lorsque dans un projet d'expropriation pour l'élargissement, le redressement ou la formation d'une rue, le propriétaire refuse de réunir à sa propriété les parcelles acquises en dehors des alignements et non susceptibles de recevoir des constructions salubres.

D'après le même décret :

« La fixation du prix de ces terrains sera faite suivant la même
« forme et devant la même juridiction que celle des expropriations
« ordinaires. »

RÉCLAMATIONS CONCERNANT L'ALIGNEMENT

(Extrait du Dictionnaire d'Administration d'Alfred Blanche).

50. — Lorsque l'alignement a été arrêté par une Ordonnance
royale, les particuliers ne sont pas recevables à attaquer cet
alignement autrement qu'en ce qui concerne l'application partielle
qui leur en serait faite.

51. — Lorsque, à défaut de plans régulièrement arrêtés, les
Préfets ont délivré des alignements provisoires, les particuliers
qui croient que ces alignements n'ont pas été donnés de manière
à concilier le mieux possible les intérêts publics et privés, peuvent sans doute réclamer contre l'acte du Préfet, devant le
Ministre que la matière concerne, mais là s'arrête leur droit de
recours. Ainsi, ils ne sont pas recevables à se pourvoir contre la
décision du Ministre devant le Conseil d'État.

52. — Mais lorsque les citoyens croient leurs droits lésés, soit
par l'application individuelle qui leur est faite, d'une Ordonnance
royale réglant l'alignement d'une route, soit par un arrêté préfectoral portant alignement partiel et provisoire, non-seulement ils
peuvent réclamer devant le Ministre contre les actes du Préfet,
mais ils peuvent attaquer les décisions du Ministre devant le
Conseil d'État par la voie contentieuse.

INCOMPÉTENCE DES TRIBUNAUX CIVILS

53. — A ce recours devant la juridiction administrative, les
particuliers ne peuvent substituer une action judiciaire.

54. — Ainsi, les tribunaux civils sont incompétents pour interpréter les actes de l'Administration relatifs à la délivrance des
alignements [1].

55. — Ces tribunaux sont également incompétents pour prononcer sur les réclamations des particuliers qui se plaignent que
l'Administration ait méconnu le droit de préemption qui leur est
assuré par la loi du 24 mai 1842 [2].

_____

(1) Conseil d'État, 16 avril 1841, Delarue.
(2) Conseil d'État, 17 juillet 1843, Parent Duchatelet.

56. — L'autorité judiciaire est aussi incompétente pour connaître des demandes en indemnité formées par des particuliers contre l'Administration à raison du préjudice qui résulterait pour .eux, soit du refus de leur délivrer l'alignement demandé [1], soit d'un alignement donné à des tiers en arrière des constructions existantes, qui se trouvent ainsi soumises à des dégradations extraordinaires [2].

57. — Les demandes en indemnité dirigées contre l'Administration en raison des dommages résultant des alignements arrêtés par elle, doivent, en principe, être portées devant le Conseil de Préfecture, d'après l'art. 4 de la loi du 28 pluviôse an VIII.

RÉSERVES DOMANIALES

(Le Berquier)

58. — Lorsqu'en vertu du décret du 5 juin 1793 l'Administration des domaines voulut vendre les terrains confisqués sur le clergé et certains établissements publics dans Paris, elle fit étudier des tracés d'élargissement ou d'ouverture de rues qui restèrent en partie à l'état de projets et qui néanmoins grèvent certaines propriétés parisiennes, par suite de réserves faites en faveur de l'Administration des domaines.

En effet, les contrats de vente portaient cette condition que :

« L'adjudicataire sera tenu de se conformer aux alignements « qui seraient ou pourraient être projetés, lorsqu'il en serait re- « quis, et ce sans pouvoir prétendre à aucune espèce d'indem- « nité. »

59. — La Ville de Paris a revendiqué et revendique à chaque instant l'exécution de ces réserves, mais souvent les propriétaires des terrains ont résisté aux réclamations de la Ville, et comme les ventes de 1793 et des années suivantes étaient opérées dans la forme administrative par les agents du domaine, les difficultés d'interprétation que ces ventes soulèvent ont dû être soumises au jugement des tribunaux administratifs. Saisi des contestations élevées à ce sujet, le Conseil d'État a décidé que :

60. — Lorsque la largeur des rues projetées n'a pas été déterminée lors de la vente, l'Administration a pu réclamer une largeur de 12 mètres, suivant la dimension moyenne des nouvelles rues établies. (28 décembre 1825, 15 mars 1826.)

[1] Conseil d'État, 19 décembre 1838, Veuve Hédé.
[2] Conseil d'État, 25 avril 1845, Dru contre l'État.

61. — Que si l'adjudicataire a pris l'engagement de se conformer aux alignements arrêtés par la Commission des travaux publics, il faut entendre par là les alignements arrêtés à l'époque de la vente nationale, et non ceux arrêtés depuis par l'Administration ; dès lors, que l'adjudicataire doit le terrain compris dans les premiers alignements et non celui compris dans les seconds, si ces derniers ont donné une largeur plus considérable à la voie publique. (27 juillet 1850, 21 juillet 1853.)

PRESCRIPTION DES RÉSERVES DOMANIALES

62. — On a soulevé la question de savoir si la prescription ne pouvait pas être opposée à la Ville de Paris, pour n'avoir pas revendiqué le bénéfice de la réserve domaniale dans les trente années du contrat.

S'agissant alors, non de l'interprétation, mais de l'application d'un acte administratif et d'une question de droit, la connaissance du litige revenait à la Cour de cassation, qui a décidé par Arrêt du 17 janvier 1853, que la prescription ne pouvait commencer à courir contre la Ville de Paris que du jour où l'adjudicataire avait été mis en demeure de livrer les terrains compris dans l'alignement.

ARRÊT DE LA COUR DE CASSATION, 17 JANVIER 1853

63. — « Attendu, dit l'arrêt, qu'aux termes de l'art. 2257 du Code
« Napoléon, la prescription ne court point à l'égard d'une créance
« conditionnelle jusqu'à l'événement de la condition ;
« Attendu que le droit à l'indemnité des terrains retranchés,
« par voie d'alignement, au profit de la voie publique, ne s'ouvre
« pour les propriétaires de ces terrains qu'à partir de la réqui-
« sition d'alignement qui, seule, peut être considérée comme
« réalisant à leur égard la condition à laquelle ce droit est
« soumis ;
« Attendu que, par suite, et lorsqu'en vertu d'une stipulation
« contractuelle, le retranchement doit être opéré sans indem-
« nité, la prescription contre le droit qui résulte au profit de la
« Ville de cette stipulation, ne peut commencer à courir que le
« jour où le droit corrélatif du propriétaire à réclamer l'indem-
« nité s'est lui-même ouvert contre la Ville, c'est-à-dire à compter
« du jour de ladite réquisition d'alignement. »

64. — Un autre arrêt de la Cour de cassation, du 24 février

1847, a décidé que l'autorité judiciaire est incompétente pour décider si la réserve domaniale de se conformer aux alignements sans indemnité, a été stipulée au profit exclusif des municipalités ou si l'État peut aussi s'en prévaloir; si elle ne concerne que l'exécution des plans d'alignement ou si elle est en outre applicable aux travaux d'embellissement ordonnés par l'État, tels, par exemple, que les travaux ordonnés par la loi du 2 juillet 1844, pour la régularisation des abords du Panthéon. (Frémy-Ligneville.)

CHAPITRE II

DES CONSTRUCTIONS

—

SECTION Ire

Des Bâtiments et Murs bordant la Voie publique

———

OBLIGATION DE DEMANDER LA PERMISSION

65. — En traitant la question de l'alignement nous avons vu que la loi du 19-22 juillet 1791, art. 29, a confirmé les règlements qui subsistent, touchant la voirie et la construction des bâtiments, par suite maintenu l'obligation pour les constructeurs de se munir d'une autorisation pour construire ou pour réparer les bâtiments étant le long et joignant la voie publique.

Ces règlements, encore en vigueur aujourd'hui, sont notamment l'édit de décembre 1607, l'arrêt du Conseil du 27 février 1765, la déclaration du Roi du 10 avril 1783; ils s'expriment ainsi :

66. — L'Édit de décembre 1607 défendait de :

« Faire aucun édifice, pan de mur, jambe étrière et autres « avances sur la dite voirie, etc., sans le congé et alignement du « grand voyer. »

67. — L'arrêt du Conseil, du 27 février 1765 :

« Fait, S. M., défense à tous particuliers, propriétaires ou autres, « de construire, reconstruire ou réparer aucun édifice, poser « échoppes ou choses saillantes le long des dites routes, sans

« en avoir obtenu les alignements ou permission... à peine de
« démolition des dits ouvrages, etc. »

68. — La déclaration du Roi, du 10 avril 1783, faisait défense :

« A tous propriétaires... d'entreprendre ni commencer aucune
« construction ou reconstruction quelconque de murs de face
« sur rue, sans avoir, au préalable, déposé au greffe de notre
« bureau des finances le plan des dites constructions et recon-
« structions, et avoir obtenu les alignements et permissions
« nécessaires, à peine de démolition, confiscation des matériaux,
« et amendes. »

Nota. La pénalité a été changée par la nouvelle législation.

69. — Enfin, le décret du 26 mars 1852, vint, dans ces termes,
régler les obligations du constructeur:

« Art. 3, § 2. — Tout constructeur de maison, avant de se mettre
« à l'œuvre, devra demander l'alignement et le nivellement de la
« voie publique au devant de son terrain et s'y conformer.

« Art. 4. — Il devra pareillement adresser à l'Administration un
« plan et des coupes cotées des constructions qu'il projette et se
« soumettre aux prescriptions qui lui seront faites dans l'intérêt
« de la sûreté publique et de la salubrité.

« Vingt jours après le dépôt de ces plans et coupes au secré-
« tariat de la Préfecture de la Seine, le constructeur pourra com-
« mencer les travaux d'après son plan, s'il ne lui a été notifié
« aucune injonction.

« Une coupe géologique des fouilles pour fondation de bâti-
« ments sera dressée par tout architecte constructeur, et remise
« à la Préfecture de la Seine.

« Art. 6. — Toute construction nouvelle dans une rue pourvue
« d'égout devra être disposée de manière à y conduire les eaux
« pluviales et ménagères.

« La même disposition sera prise pour toute maison ancienne,
« en cas de grosse réparation et en tout cas avant dix ans.

« Art. 7. — Il sera statué, par un décret ultérieur, rendu dans
« la forme des règlements d'administration publique, en ce qui
« concerne la hauteur des maisons, les combles et les lucarnes. »

BATIMENTS NEUFS

70. — Les constructions bordant la voie publique sont soumises d'abord à l'alignement qui doit s'exécuter dans toute la
longueur de la façade et à partir de la retraite au-dessus des fon-

dations, c'est-à-dire du rez-de-chaussée de la rue, au droit du sol même de la voie publique.

Les saillies de grande et de petite voirie qu'il est permis de prendre sur la voie publique sont déterminées, pour leur nature par le décret du 28 juillet 1874, qui reproduit en grande partie, mais avec modification des droits, la nomenclature des objets portés au décret de 1808; et pour les dimensions des saillies, par l'Ordonnance royale du 24 décembre 1823. (Voir aux Saillies.)

71. — D'autre part, les constructions sont régies pour la hauteur et les dispositions des combles et des lucarnes par le décret du 27 juillet 1859, qui a déterminé les hauteurs des bâtiments en raison de la largeur des rues. (Voir Hauteur des maisons.)

72. — En outre des dispositions ci-dessus d'alignement, de hauteur et de saillies faisant partie intégrante de la construction, qui constituent les règlements de grande voirie, les constructeurs sont soumis à certaines règles définies soit par décrets ou ordonnances royales constituant des règlements d'administration publique, soit par des arrêtés administratifs au point de vue de la police architecturale, de la bonne construction et de la salubrité.

Ces dispositions sont relatives, notamment, au mode de construction des fosses d'aisances, des foyers et conduits de fumée, des jambes étrières, des hauteurs des faces de bâtiments sur les cours, de la dimension des cours ou courettes, des saillies de petite voirie.

Nous examinerons ultérieurement toutes ces questions.

73. — Lorsque la demande et les plans à l'appui ont été produits, les constructeurs sont invités, s'il y a lieu, par le commissaire-voyer de l'arrondissement, à faire sur les plans, les modifications nécessaires pour les rendre conformes aux règlements de voirie ou remplir les conditions de solidité et de salubrité.

A défaut de satisfaction donnée par les constructeurs et sur le rapport du commissaire-voyer, le Préfet fait notifier un arrêté de refus d'autorisation au constructeur.

Si les plans produits ou rectifiés sont conformes aux règlements le constructeur est invité à payer les droits de voirie établis d'après le tarif joint au Décret du 28 juillet 1874 et la permission lui est délivrée, après payement des droits.

NÉCESSITÉ D'ÊTRE MUNI DE LA PERMISSION

74. — Le Conseil d'État, par un arrêt du 20 juillet 1832, a confirmé ce principe qu'il ne suffit pas d'avoir demandé l'autorisation dans le cas où elle est nécessaire, pour être en droit de commencer les travaux, il faut l'avoir obtenue.

Sur le vu de la permission, le récolement d'alignement est fait par le géomètre, ainsi qu'il a été dit à la question d'alignement.

75. — Après la pose du comble et des lucarnes et l'achèvement des murs dossiers, le constructeur est tenu d'avertir le commissaire-voyer pour qu'il ait à procéder au récolement de hauteur.

76. — Enfin, avant de mettre les fosses en service, le constructeur doit avertir le commissaire-voyer, qui doit visiter et recevoir la fosse et propose s'il y a lieu de délivrer le permis de fermer.

DU DÉLAI DE VINGT JOURS

77. — Aux termes de l'art. 4 du Décret du 26 mars 1852;

Vingt jours après le dépôt des plans et coupes au secrétariat de la Préfecture de la Seine, le constructeur pourra commencer les travaux d'après son plan, s'il ne lui a été notifié aucune injonction.

Il ne faudrait pas conclure de là, que le silence de l'administration à l'égard des plans déposés, permette aux constructeurs de bâtir à leur gré, sans se conformer aux règlements qui régissent l'alignement, les saillies ou les hauteurs des maisons; la violation de ces règlements constitue une contravention qui doit être réprimée sans tenir compte des plans produits par les constructeurs.

Le droit de commencer les constructions, suivant les plans produits, ne concerne absolument que la question de distribution ou disposition des plans au point de vue de la solidité et de la salubrité, sans toutefois que l'administration perde le droit, au point de vue de la police des bâtiments, de poursuivre en la forme ordinaire, tout vice de construction mettant l'édifice en péril ou toute infraction aux règlements spéciaux sur les fosses, conduits de fumée, etc....

78. — Le Conseil d'État a décidé à ce sujet, par un arrêt du 5 décembre 1866 (Girard et Desjouhes), que la prescription édictée par l'art. 640 du Code d'instruction criminelle, pour une contravention de police, n'est acquise à un constructeur qu'autant qu'il s'est écoulé plus d'une année depuis l'achèvement, et non depuis le commencement de ses constructions. En effet, pendant toute la durée des travaux, les constructions sont susceptibles de recevoir des modifications conformes aux prescriptions réglementaires.

79. — Le constructeur n'est pas dispensé non plus, dans l'espèce, d'acquitter les droits de voirie et de se munir de la permission.

80. — Le législateur a voulu, pour éviter les pertes de temps, que le constructeur pût commencer, mais sans pour cela le décharger des obligations de voirie ou de police des constructions.

Enfin la connaissance pleinement acquise par le constructeur, invité par le commissaire-voyer à modifier ses plans, des injonctions de l'administration équivaut à la notification des dites injonctions.

81. — Dans le cas prévu par l'art. 4 du décret du 26 mars 1852, un recours formé devant le Ministre de l'intérieur contre les injonctions de l'administration, ne fait point obstacle à la condamnation du constructeur qui a établi ses constructions dans des conditions prohibées par les règlements de voirie. (Lukomsky.)

82. — Le Conseil d'État a décidé [1] que les arrêtés du Préfet de la Seine, pris en vertu de l'art. 4 du décret du 26 mars 1852, ainsi que les décisions ministérielles qui les confirment, sont susceptibles de recours au Conseil d'État statuant au contentieux.

BATIMENTS EXISTANTS

83. — Nous avons vu, en parlant en général des bâtiments bordant la voie publique, que les règlements de voirie et notamment l'arrêt du conseil du 27 février 1765 défendaient de faire aucun travail de construction, reconstruction ou réparation aux édifices en bordure de la voie publique sans en avoir obtenu la permission.

BATIMENTS ALIGNÉS

84. — En conséquence, toutes les fois qu'il s'agira d'exécuter un travail quelconque à la façade d'une maison même alignée, soit ravalement, percement ou modification d'ouvertures, bouchechement de baies, exhaussement, reprise ou reconstruction partielle, il y a lieu de se munir d'une autorisation, et de produire, si besoin est, les plans et détails des modifications projetées.

L'autorisation est toujours accordée, sous la réserve toutefois que le propriétaire se conforme aux règlements spéciaux concernant les saillies, hauteur des bâtiments et la police des constructions. (Voir les chapitres spéciaux.)

BATIMENTS RETRANCHABLES

85. — Lorsque les maisons sont sujettes à reculement, d'après un plan d'alignement régulièrement arrêté, en outre de l'obliga-

[1] Conseil d'État, 26 décembre 1862, Bourcier.

tion de n'entreprendre aucun travail à la façade sans l'autorisation du Préfet de la Seine, les propriétaires ne peuvent faire exécuter aux façades des maisons aucun travail confortatif (1).

Cette défense était prononcée par les anciens règlements et entre autres par :

L'Ordonnance du Prévot de Paris, du 22 septembre 1600;
L'Édit de décembre 1607;
La Déclaration du Roi, du 16 juin 1693;
L'Ordonnance des Trésoriers de France, du 1er avril 1697;
L'Ordonnance du Bureau des Finances de Paris, du 29 mars 1754;
L'arrêt du Conseil, du 27 février 1765;
L'Ordonnance des Trésoriers de France, du 20 avril 1772;
La Déclaration du Roi, du 10 avril 1783 ;
Tous règlements maintenus par l'art. 29 de la loi du 19-22 juillet 1791.

L'Édit de décembre 1607 notamment, dont le texte est constamment visé dans les arrêtés de refus, procès-verbaux ou poursuites des contraventions, défendait au grand voyer, aujourd'hui remplacé, à Paris, par le Préfet de la Seine, de permettre de réédifier les bâtiments en saillie sur les routes et les rues des villes ni de faire des ouvrages qui pussent les *conforter, conserver* ou *soutenir.*

Mais les travaux confortatifs peuvent varier à l'infini, suivant les espèces, il était donc impossible de les spécifier à l'avance; le soin de discerner ceux qui peuvent avoir ce caractère appartient à l'administration.

86. La servitude de l'alignement par mesure ordinaire de voirie, par suite l'interdiction d'exécuter aux édifices retranchables tout travail confortatif, étant une charge très-lourde pour la propriété privée, l'aministration doit apporter le plus grand soin à l'examen des demandes de travaux à faire aux bâtiments en saillie et doit exercer la plus grande surveillance sur l'exécution des travaux permis. En effet, s'il importe de ne pas compromettre les intérêts des particuliers, qui, par suite de la ruine des façades des bâtiments, sont obligés de prendre alignement, sans recevoir d'autre indemnité que le prix du terrain livré à la voie publique, l'administration doit veiller scrupuleusement à l'intérêt public, et faire en sorte que les rues s'élargissent et s'alignent au fur et à mesure que les maisons en saillie menacent ruine par vétusté ou vices de construction.

(1) Conseil d'État, 14 juillet 1837, Plé et Delton ; 21 décembre 1837, Legrand, Frémy-Ligneville.

S'il est permis d'exécuter des travaux ou modifications aux bâtiments retranchables, ce n'est qu'à la condition que ces travaux ou modifications n'apporteront aucune amélioration à l'état ancien et ne pourront placer la maison que dans des conditions tout au plus équivalentes aux conditions anciennes.

TRAVAUX CONFORTATIFS

87. — En règle générale, toute reprise, soit en pierre, moellon ou brique, à des jambes étrières, piles, trumeaux ou dosserets est interdite d'une manière absolue.

Sont aussi considérés comme confortatifs : tout bouchement total ou partiel de baies dans un mur de face, autrement qu'en plâtras et plâtre à 0,16 d'épaisseur;

Tout remplacement de trumeaux en brique ou moellon, ou de poteaux en bois par des colonnes en fonte ou piliers en fer, substitution de poteaux en bois neufs à d'autres poteaux vieux ou déversés;

Tout adossement au mur de face de piliers, éperons, colonnes en fonte ou fer, ou poteaux venant décharger le mur de face, le soutenir ou le conforter directement ou indirectement; toute reprise dans la hauteur des caves ou fondations;

La pose de tirants, harpons, ancres ou chaînage quelconque reliant le mur de face ou ses éléments, à quelque étage que ce soit avec les murs, planchers ou parties intérieures du bâtiment;

La pose de poitrails ayant pour effet de reporter sur des points d'appui en bon état la charge qui repose sur un trumeau qui s'écrase ou sur un point d'appui quelconque insuffisant;

Les lancis et renformis en plâtre, et les enduits en mortier de chaux ou ciment.

En résumé, toutes ces prohibitions ne portent que sur les travaux à exécuter aux murs de face et aux fondations. Cette restriction est au surplus énoncée dans l'arrêt du Conseil du 27 février 1765, exigeant « permission pour toute espèce d'ouvrages aux « faces des dites maisons, édifices et bâtiments », et dans la Déclaration du Roi, du 10 avril 1783, interdisant, sans permission, « toute construction ou reconstruction de murs de face sur « rues. »

Dans la plupart des cas, même l'Administration et le Conseil d'État ont limité l'interdiction de travaux confortatifs aux murs de face dans la hauteur du rez-de-chaussée et des fondations.

ARRÊTS DU CONSEIL D'ÉTAT

88. — Nous citerons, d'après Frémy-Ligneville, quelques travaux considérés comme confortatifs par le Conseil d'État :

Recrépissage fait au mur de face de manière à le consolider [1];

Poteaux neufs mis dans la façade en remplacement des vieux [2];

Le placement d'une chaîne en fer et d'un tirant avec son ancre dans un mur de côté pour retenir la jambe étrière du mur de face, isolée par la démolition de la maison voisine [3];

Le redressement et la pose sur un dé neuf en pierre, d'un poteau existant à la baie d'une porte [4];

L'établissement d'un plancher dans une ancienne cage d'escalier formant l'angle d'une rue et ayant pour effet de soutenir le mur de face [5];

Le remplacement par des colonnes en fonte, de poteaux en bois qui servaient de soutien au poitrail d'une baie de boutique [6];

La dépose et le remplacement sous un poitrail avarié de trois piliers en fer auxquels il a été adapté par le haut et par le bas de fortes plaques de fer [7];

L'application sous un poitrail de deux poteaux en fer renfermés dans deux colonnes en bois [8];

La substitution de colonnes en fonte à d'autres piliers en fer et de nouveaux demi-poitrails à d'anciens [9];

Les ouvrages exécutés à une maison qui se détériore par suite de la rupture de l'assise supérieure de la jambe étrière [10],

La réparation d'une jambe étrière qui est en surplomb sur la voie publique et en état de péril imminent [11].

Le redressement d'un plancher et des applications d'enduit [12].

Un poitrail posé au rez-de-chausée en remplacement d'un trumeau et de linteaux qui existaient anciennement [13].

TRAVAUX AU-DESSUS DU REZ-DE-CHAUSSÉE

89. — Presque tous les exemples que nous venons de citer ne concernent que des travaux exécutés au rez-de-chaussée ; pendant un certain temps en effet, on ne considérait comme confortatifs

[1] 4 juillet 1827 ; 26 octobre 1828.
[2] 21 avril 1830.
[3] 22 août 1838.
[4] 11 avril 1837.
[5] 17 août 1836.
[6] 23 octobre 1835 ; 11 avril 1837 ; 5 septembre 1836.

[7] 12 novembre 1838.
[8] 5 décembre 1837.
[9] 22 février 1838.
[10] 11 avril 1837.
[11] 26 décembre 1827 ; 6 juin 1830.
[12] 12 juillet 1837 ; 21 décembre 1837.
[13] 19 décembre 1838.

que les travaux faits au rez-de-chaussée ou aux fondations, suivant
en cela les instructions tracées par une circulaire ministérielle du
13 février 1806, qui avait déclaré que la prohibition de réparer,
appliquée aux étages supérieurs d'une maison serait attentatoire à
la propriété, et le Conseil d'État avait jugé dans ce sens dans une
affaire Guibert (22 juin 1811), que la prohibition ne concerne que
les fondations au rez-de-chaussée de la façade, mais depuis longtemps l'administration est revenue sur une telle doctrine, attendu
qu'il est certains travaux au-dessus du rez-de-chaussée, dont
l'exécution peut avoir pour effet de prolonger la durée du mur
inférieur. C'est ainsi que le Conseil d'État s'est prononcé depuis.

Lorsque des travaux exécutés sans autorisation, bien qu'ils
n'aient eu lieu que dans la hauteur du 1er et du 2mo étage présentent un caractère confortatif, la démolition en doit être ordonnée et l'amende prononcée par le Conseil de Préfecture (1).

Pour que des travaux soient considérés comme confortatifs
dans le sens des lois sur la voirie, il n'est pas nécessaire qu'ils
aient été exécutés au rez-de-chaussée (2), il suffit qu'ils aient
réconforté la façade à quelque étage que ce soit, pour être sujets
à démolition, s'ils ont été exécutés sans autorisation.

Il résulte notamment de ces derniers Arrêts, qu'il est interdit
d'exécuter toute espèce de travaux ayant pour effet de conforter
directement ou indirectement le mur de face d'une maison retranchable, soit au rez-de-chaussé ou dans les fondations, soit même
aux étages supérieurs.

ARRÊTS DU CONSEIL D'ÉTAT RELATIFS A L'ALIGNEMENT ET AUX TRAVAUX EXÉCUTÉS A DES MAISONS RETRANCHABLES

90. — Nous rappelons ici, d'après Frémy-Ligneville et Leber-
quier, quelques arrêts du Conseil d'État, relatifs à l'exécution de
l'alignement et aux travaux exécutés à des maisons retranchables.

Le mur de face d'une maison soumise à reculement qui a été
démoli et reconstruit sur anciennes fondations est sujet à démolition (3).

La démolition est ordonnée toutes les fois que les propriétaires
en construisant ne se sont pas conformés à l'autorisation de bâtir et
à l'alignement qui leur a été délivré, alors même que l'arrêté d'alignement rendu sur leur demande ne leur aurait pas été notifié (4).

(1) Conseil d'État, 12 avril 1838, Fessin et Besson.
(2) 21 juin 1842, Baron.
(3) Conseil d'État, 13 avril 1809; 18 janvier 1831.
(4) Conseil d'État, 13 août 1811; 2 septembre 1829; 6 juin 1841.

Lorsque l'alignement n'a été déterminé par l'administration que depuis la construction faite sans autorisation, cette construction doit être maintenue s'il est reconnu que le nouvel alignement n'a pas été dépassé (1).

La construction est maintenue, si le nouvel alignement n'étant encore qu'un projet non adopté, elle a été faite conformément à l'ancien alignement (2).

Si l'alignement a été donné irrégulièrement par le Préfet (par un fonctionnaire compétent) il y a lieu d'ordonner démolition (3), mais une indemnité est due au propriétaire, obligé de démolir (4).

La démolition ne s'applique qu'aux travaux effectués, et non aux parties préexistantes du bâtiment (5).

Quand même un mur a été recrépi sans autorisation (6), il n'y a lieu de faire démolir que le recrépissage et non le mur.

Après là démolition des réparations prohibées le propriétaire peut laisser le bâtiment dans son état primitif, il n'est pas tenu de le laisser dans l'alignement (7).

Lorsqu'au lieu de bâtir dans l'alignement qu'il avait demandé et obtenu, un particulier a élevé en dehors de son mur sujet à reculement des constructions confortatives de ce mur, il doit être condamné à les démolir ; lui laisser la faculté de ne le faire qu'après la première réquisition de l'administration, ce serait le dispenser de se conformer dès à présent à l'alignement de grande voirie (8).

Dans le cas où les travaux exécutés par un propriétaire au rez-de-chaussée de sa maison sujette à reculement, ont eu pour effet de consolider un des points d'appui de cette maison, il y a lieu de maintenir l'arrêté du Conseil de Préfecture qui a ordonné la démolition des travaux (9).

Lorsqu'il est suffisamment constaté qu'un particulier a, sans autorisation, fait des travaux à une maison retranchable, il n'y a pas lieu d'ordonner une nouvelle visite des lieux (10).

Toutes les fois que des travaux ont été faits sans autorisation au mur de face, le propriétaire de la maison et l'entrepreneur sont passibles de l'amende (11).

Les propriétaires qui font des travaux dans l'intérieur ou même sur la partie retranchable des maisons sujettes à reculement (12), font ces travaux à leurs risques et périls, sans préjudice du droit

(1) Conseil d'État, 6 septembre 1826.
(2) Conseil d'État, 3 juin 1818 ; 8 août
(3) 4 mai 1828.   [1829.
(4) 12 décembre 1818.
(5) 20 novembre 1816.
(6) 26 août 1828.
(7) Conseil d'État, 8 mai 1822 ; 12 août
(8) 23 juin 1830, Courtot.   [1832.
(9) 29 août 1834, Hochard.
(10) 8 janvier 1836, Martin.   ⌊neuve.
(11) 23 mars 1836, Mouroult-de-Ville-
(12) 28 mai 1836, Debure et Neveu.

de l'administration d'en poursuivre la démolition, s'ils sont confortatifs du mur de face et dans le cas où ce mur viendrait à tomber ou à compromettre la sûreté de la voie publique.

Doit être rejetée la demande en vérification du fait de réconfortation, s'il est impossible de constater l'ancien état des lieux (1).

L'orsqu'il résulte de l'instruction que des travaux exécutés à une maison ont un caractère confortatif, il n'y a pas lieu d'admettre les allégations du contrevenant, si, par la suppression qu'il a faite des anciennes constructions, l'administration n'a pas été à même de vérifier leur dimension et leur état (2).

OBLIGATION DE SE CONFORMER AUX CONDITIONS DE LA PERMISSION

91. — Le propriétaire qui, en exécutant divers travaux à la façade de sa maison sujette à reculement, ne s'est pas conformé aux conditions de la permission qui lui a été délivrée par le Préfet, a commis une contravention à raison de laquelle il était passible d'une amende (3).

BATIMENTS RETRANCHABLES DÉGRADÉS PAR INCENDIE OU PAR MALVEILLANCE

92. — Si un bâtiment retranchable se trouve dégradé par incendie, par malveillance ou par accident, il ne peut être permis d'y exécuter des travaux confortatifs.

Le 2 juin 1869 (4), le Conseil d'État, statuant aux contentieux sur une requête présentée par un sieur Dupont, propriétaire d'une maison incendiée en partie, rue de la Ferronnerie, n° 13, et sujette à reculement, requête tendant à demander l'annulation d'une décision du Ministre de l'intérieur du 4 décembre 1867, confirmative d'un arrêté du Préfet du 18 mars précédent, qui a refusé l'autorisation d'exécuter certains travaux de réparation :

Considérant que le Préfet et le Ministre ont fait, dans la limite de leurs pouvoirs, des actes d'administration qui ne peuvent être l'objet d'un recours par la voie contentieuse, a rejeté la requête du sieur Dupont.

Cette décision est conforme à la jurisprudence suivie par le Ministre de l'intérieur qui avait confirmé notamment, le 22 décembre 1846, le refus d'autoriser la réparation d'un mur de face d'une maison retranchable, rue de Vaugirard, 98 (Beranger), dégradé par accident ;

----

(1) 25 mai 1836, Noiret.
(2) 5 septembre 1836, Husbrocq.
(3) Conseil d'État, 16 mars 1866, Chéret.
(4) Conseil d'État, 2 juin 1869.

93. — Et le 20 octobre 1847, le refus de réparer le pied-droit d'une porte cochère dégradée par le choc d'une voiture, rue du Faubourg-Saint-Antoine, n° 97 (Reboux).

DÉRASEMENT D'UN MUR DE CLOTURE RETRANCHABLE

94. — Le 13 février 1856, le Ministre de l'intérieur a confirmé un arrêté du Préfet de la Seine en date du 22 février 1855 , par lequel refus d'autorisation avait été fait à un sieur Bergeront, propriétaire d'un terrain rue des Batailles, n° 4, de déraser à la hauteur de 1^{m}20, un mur de clôture retranchable et de remplacer la partie dérasée par une clôture en planches ;

Attendu que le mur était en mauvais état, et que le remplacement de sa partie supérieure par des planches aurait pour effet, en déchargeant la partie inférieure, de prolonger sa durée et de retarder indéfiniment l'exécution de l'alignement.

DÉRASEMENT D'UN BATIMENT EN PÉRIL FAISANT SAILLIE SUR L'ALIGNEMENT

95. — Le propriétaire qui a satisfait aux mesures prescrites par le Préfet dans l'intérêt de la sécurité publique peut conserver le reste de sa construction ; nous ne connaissons pas, en effet, de règlements qui s'y opposent ni d'arrêts du Conseil d'État qui puissent faire jurisprudence dans cette matière. Nous partageons complétement, sur cette question, l'opinion de M. Husson. (Législation des travaux publics.)

« Le pouvoir de l'autorité administrative, en matière de sûreté publique, cesse là où le danger n'existe plus. Si donc un propriétaire, obligé de démolir les étages de sa maison pour cause de vétusté, entendait conserver le rez-de-chaussée, recouvert en forme de terrasse, il ne pourrait être contraint à livrer à la circulation la partie retranchable de sa propriété, si ce rez-de-chaussée pouvait être maintenu sans danger et sans aucune consolidation du mur de face. »

Il existe, à notre connaissance, plusieurs maisons retranchables, notamment rue Montmartre et rue Saint-Denis, dont les rez-de-chaussée ont été conservés après démolition des étages supérieurs.

MAISON NON ALIGNÉE ATTEINTE PAR UN PROJET DÉCLARÉ D'UTILITÉ PUBLIQUE

96. — A notre avis, si le Préfet de la Seine ne peut aggraver les servitudes de voirie, à l'égard d'une propriété atteinte par un

projet d'élargissemeni de rue ou de percement d'une voie nouvelle, il ne peut se faire non plus qu'une propriété soit affranchie
des servitudes de l'ancien alignement, par le fait seul de la déclaration d'utilité publique du nouveau projet.

97. — Un Arrêt d'une très-grande importance a été rendu par
le Conseil d'État, le 19 mai 1858, dans une affaire Perducet (¹), mais
il faut bien examiner dans quelles circonstances, et ne pas lui
donner plus de portée qu'il n'en a réellement.

Un décret du 11 août 1855 avait déclaré d'utilité publique l'élargissement à 20 mètres de la rue Saint-Jacques et autorisé le Préfet
de la Seine à acquérir, soit à l'amiable, soit par voie d'expropriation, les immeubles ou portions d'immeubles dont l'occupation se trouvait nécessaire.

Il résultait en outre du décret, que les maisons numéros pairs
devaient être acquises par la Ville de Paris, pour l'élargissement
immédiat de la rue Saint-Jacques.

Le sieur Perducet, propriétaire de la maison n° 144, ayant fait
exécuter sans autorisation des travaux à la façade de sa maison,
fut condamné par le Conseil de Préfecture à la démolition, à
l'amende et aux frais.

Recours au Conseil d'État, qui a prononcé en ces termes :

« Napoléon, etc....

« Vu le décret du 11 août 1855, par lequel a été déclaré d'utilité publique le projet d'élargissement de la rue Saint-Jacques ;

« Vu l'ordonnance du Bureau des Finances de la justice de Paris,
du 24 mars 1754 ;

« Vu l'Arrêt du Conseil, du 27 février 1765 ;

« Vu l'art. 52 de la loi du 3 mai 1841 ;

« Considérant que l'art. 1ᵉʳ du décret du 11 août 1855, ci-dessus
visé, déclare d'utilité publique l'élargissement à 20 mètres de la
rue Saint-Jacques et autorise le Préfet de la Seine à acquérir,
soit à l'amiable, soit, s'il y a lieu, par voie d'expropriation, conformément à la loi du 3 mai 1841, les immeubles ou portions
d'immeubles dont l'occupation sera nécessaire ; que l'art. 9 du dit
décret dispose qu'il pourra toutefois être procédé par l'application
des mesures ordinaires de voirie, conformément aux lois et règlements en vigueur, à l'exécution des alignements ayant pour objet
l'élargissement de la rue Saint-Jacques, au droit des propriétés
du côté des numéros impairs ; qu'il résulte de ces dispositions
rue les maisons du côté des numéros pairs doivent être acquises

(1)-Arrêt, Conseil d'État, 29 mai 1858, Perducet.

par la Ville de Paris, pour *l'élargissement immédiat* de la rue Saint-Jacques, et qu'elles sont, par suite, affranchies par le fait même de leur réunion à la voie publique, des servitudes ordinaires de voirie ; que, dans ces circonstances, le sieur Perducet a pu, sans autorisation, faire exécuter des réparations à la façade de sa maison sise rue Saint-Jacques, n° 144, et qu'ainsi c'est à tort que l'arrêté attaqué a ordonné la démolition des travaux et l'a condamné à l'amende et aux frais du procès-verbal de contravention :

« Art. 1ᵉʳ. — L'arrêté du Conseil de Préfecture de la Seine, du 19 juillet 1857, est annulé. »

98. — Il ne faudrait pas conclure de cet Arrêt, que toute propriété soumise à retranchement, par un alignement régulièrement approuvé, se trouverait affranchie des servitudes de voirie, par le fait seul qu'elle serait atteinte par un projet déclaré d'utilité publique.

La maison Perducet se trouvait dans une situation toute particulière et parfaitement définie dans l'Arrêt du Conseil d'État.

Le Décret du 11 août 1855, relatif à l'élargissement de la rue Saint-Jacques disposait, d'une manière toute spéciale, « qu'il pourrait être procédé, par l'application des mesures ordinaires de voirie, conformément aux lois et règlements en vigueur, à l'exécution des alignements ayant pour objet l'élargissement de la rue Saint-Jacques au droit des propriétés, côté des numéros impairs. »

Considérant, dit l'Arrêt, qu'il résulte de ces dispositions, que les maisons du côté des numéros pairs doivent être acquises par la Ville de Paris pour l'élargissement *immédiat* de la rue Saint-Jacques et qu'elles sont, par suite, affranchies, par le fait même de leur réunion à la voie publique, des servitudes de voirie, etc...

Il s'agissait là d'une exécution immédiate d'élargissement par voie d'expropriation, et si la propriété était réunie à la voie publique, comme le dit l'Arrêt, c'est que l'expropriation était prononcée, et le Conseil d'État ne voulait pas que l'Administration pût invoquer la servitude de voirie dans le but de réduire, dans une proportion quelconque, l'indemnité qui pouvait être due au sieur Perducet pour une dépossession prononcée en vue d'une exécution immédiate de l'élargissement.

Dans l'espèce, l'ancien alignement n'avait plus son effet pour les propriétés numéros pairs, par suite d'une déclaration expresse de l'autorité, ainsi que le veut l'Arrêt du Conseil d'État du 12 décembre 1834. (Pilhet.)

99. — En résumé, jusqu'à l'exécution du nouveau projet, la propriété doit, selon nous, conserver la situation qu'elle a, et supporter les charges de voirie, de viabilité et de police, par rapport à la rue sur laquelle elle se trouve.

Ses avantages ou ses charges ne doivent être ni augmentés ni réduits.

100. — Il ne faut pas perdre de vue que la servitude d'alignement et l'expropriation projetée ne constituent pas une double servitude; l'alignement est une lourde charge, puisqu'il pèse sur la propriété sans compensation, tandis que l'expropriation qui peut, il est vrai, être une gêne, un ennui, ne peut s'exécuter que moyennant une juste et préalable indemnité.

101. — D'autre part, pour qu'une propriété soit réunie à la voie publique, il faut que l'expropriation ait été prononcée.

Or, d'après l'art. 2 de la loi du 3 mai 1841, les tribunaux ne peuvent prononcer l'expropriation qu'autant que l'utilité en a été constatée et déclarée dans les formes prescrites par la présente loi; ces formes consistent :

1° Dans la loi ou Ordonnance royale qui autorise les travaux pour lesquels l'expropriation est requise;

2° Dans l'arrêté du Préfet, qui désigne les localités ou erritoires sur lesquels les travaux doivent avoir lieu, lorsque cette désignation ne résulte pas de la loi ou de l'Ordonnance royale;

3° Dans l'arrêté ultérieur par lequel le Préfet détermine les propriétés particulières auxquelles l'expropriation est applicable.

Cette application ne peut être faite à aucune propriété particulière qu'après que les parties intéressées ont été mises en état d'y fournir leurs contredits, selon les règles exposées au titre II.

En conséquence, rien n'est changé selon nous dans la situation, les droits et obligations des propriétaires, jusqu'à ce que l'arrêté de cessibilité ait été pris conformément à l'art. 11 de la loi du 3 mai 1841.

102. — Examinons la question à un autre point de vue.

Si le décret déclaratif d'utilité publique qui atteint un immeuble ne peut aggraver la situation du propriétaire, il est impossible d'admettre que le Conseil d'État ait entendu, en pareille circonstance, en déchargeant le propriétaire des servitudes ordinaires de voirie et en l'affranchissant des charges et obligations d'un ancien alignement régulièrement approuvé, lui créer une condition plus avantageuse que celle où il se trouvait précédemment, qui lui permet ainsi d'augmenter la valeur qu'avait sa propriété, telle qu'elle était avant l'entreprise des travaux, c'est-à-dire de permettre à un propriétaire qui doit être exproprié de profiter d'une plus-value résultant des travaux eux-mêmes.

Une semblable interprétation serait absolument contraire aux dispositions de la loi du 16 septembre 1807 (art. 49-53) applicable aux plans d'alignement de Paris comme à ceux des autres communes. (Avis du Conseil d'État du 3 septembre 1811.)

Voici le texte de ces articles :

« Art. 49. — Les terrains nécessaires pour l'ouverture de routes, « la formation de places et autres travaux reconnus d'utilité gé- « nérale seront payés à leurs propriétaires et à dire d'experts, « d'après leur valeur avant l'entreprise des travaux et sans nulle « augmentation du prix d'estimation.

« Art. 53. Au cas où, par les alignements arrêtés, un proprié- « taire pourrait recevoir la faculté de s'avancer, etc... Au cas où le « propriétaire ne voudrait point acquérir, l'administration publi- « que est autorisée à le déposséder de l'ensemble de sa propriété, « en lui payant la valeur telle qu'elle était avant l'entreprise des « travaux. »

103. — En résumé, à notre avis, l'Arrêt Perducet doit être interprété en ce sens que, lorsque le décret d'utilité publique a été rendu, que l'ancien alignement a cessé d'être exécutoire par une déclaration formelle de l'autorité ; qu'en outre, l'expropriation a été prononcée et que l'Arrêté de cessibilité a été pris, l'administration ne peut plus invoquer, dans le but de diminuer l'indemnité qui peut être due à un propriétaire, les servitudes de voirie, notamment l'interdiction de réparer ou soutenir ses constructions, ou l'obligation de démolir sans indemnité un bâtiment menaçant ruine et de ne recevoir que le prix du terrain dévolu à la voie publique.

104. — Ce que le Conseil d'État n'admet plus, en somme, contrairement à sa décision du 7 août 1839, c'est, ainsi que nous l'avons exposé plus haut aux modifications d'alignement, qu'on puisse frapper des servitudes ordinaires de voirie, les immeubles qu'un nouvel alignement retranche en totalité de la voie publique ou même atteint seulement dans une grande profondeur.

TRAVAUX DE NATURE A ÊTRE AUTORISÉS

105. — Mais si les travaux confortatifs sont interdits, l'administration autorise tous les travaux d'entretien ou de modification qui n'ont pas le caractère confortatif, notamment l'agrandissement et le débouchement de baies sans restauration des pieds-droits et jambages.

La substitution de poteaux en charpente de dimensions déterminées à des poiùts d'appui, piles ou trumeaux en maçonnerie en bon état, les bouchements de crevasses sans lancis.

Les ravalements, suivant l'état des constructions, mais sans lancis ni renformis, et à l'exclusion de tout travail en mortier ou en ciment.

La réfection d'entablements et corniches.

La pose de dalles de revêtement n'excédant pas 0,05 d'épaisseur au soubassement d'un mur.

L'exhaussement d'un poitrail, mais à la condition de n'exécuter le calage des portées qu'avec des billots en bois, et non de la pierre ou de la brique.

Le percement de baies, mais à la charge de ne faire au pourtour que de simples raccords en plâtras et plâtre de 0,16 au plus.

Le bouchement de baies en cloisons légères ou en plâtras posés à sec, de 0,16 d'épaisseur au plus, compris enduits.

Le percement de baies, de portes cochères ou charretières, en établissant les pieds-droits et jambages en charpente de dimensions déterminées suivant l'état de la partie de mur à supprimer, et dans le cas seulement où ces percements n'auraient pas pour effet de substituer une baie à une partie de mur menaçant ruine.

Le renouvellement d'un poitrail sans restauration des points d'appui.

Le percement de baies de boutiques et la pose d'un poitrail, mais dans le cas seulement où le travail n'aurait pas pour effet de reporter sur des points d'appui en bon état la charge des étages supérieurs qui déterminerait le déversement ou l'écrasement de parties de mur ou de points d'appui à supprimer.

En toutes circonstances, l'administration est juge des cas où les travaux peuvent être autorisés et des conditions à imposer dans les permissions.

106. — En cas de contestations, les propriétaires doivent adresser leur recours au Ministre de l'intérieur. (Voir contraventions.)

TRAVAUX SUR LA PARTIE RETRANCHABLE, DERRIÈRE

LE MUR DE FACE

107. — S'il est interdit, d'une manière absolue, d'exécuter un travail confortatif quelconque au mur de face, il n'est pas défendu d'exécuter derrière ce mur et à l'intérieur des bâtiments, toute espèce de travaux, mais à la condition expresse de ne réconforter ni directement ni indirectement le mur de face.

CONSEIL D'ÉTAT

108. — Le Conseil d'État s'est maintes fois prononcé dans ce sens (1), mais seulement pour des travaux à exécuter à l'intérieur des bâtiments existants ; mais il a en même temps posé ce principe que lorsque le mur de face vient à périr, tous les ouvrages qui se trouvent dans la partie retranchable doivent être détruits ; par conséquent il n'est dû, au propriétaire, d'indemnité que pour le terrain livré.

OBLIGATION DE DÉMOLIR TOUT CE QUI EST SUR LA PARTIE RETRANCHABLE LORSQUE LE MUR DE FACE VIENT A TOMBER

109. — Voici les termes de l'Arrêt du 7 février 1845 (2) sur cette question :

« Considérant qu'aucune disposition de la loi ne défend aux « propriétaires de maisons sujettes à reculement de faire des « travaux dans l'intérieur des dites maisons, même sur la partie « retranchable, pourvu que ces travaux n'aient pas pour effet de « réconforter directement ou indirectement le mur de face, que « dès lors les sieurs Macquart et Maiti pouvaient exécuter les « travaux intérieurs dont s'agit sans autorisation préalable ; mais « en ce cas à leurs risques et périls, sauf le droit qui appartient « toujours à l'administration de vérifier si les dits travaux sont « confortatifs du mur de face, et d'en poursuivre, s'il y a lieu, la « démolition et d'ordonner la destruction de tous les ouvrages « compris dans la partie retranchable, dans le cas où le mur de « face viendrait à compromettre la sûreté de la voie publique. »

Les mêmes dispositions se trouvent reproduites dans un arrêt du 3 juin 1858 (Cohas-Guesnier), et se trouvaient déjà dans l'Arrêt Laffitte du 1er septembre 1832.

110. — Aujourd'hui, en vertu du Décret du 26 mars 1852, une demande en autorisation ou tout au moins une déclaration avec plans à l'appui est obligatoire pour tout travail, même à l'intérieur des bâtiments, l'administration ayant le devoir de faire aux constructeurs toutes prescriptions dans l'intérêt de la sûreté publique et de la salubrité.

111. — En ce qui concerne les travaux à exécuter sur un ter-

(1) Conseil d'État, 1er septembre 1832 ; 28 mai 1835 ; 4 mai 1843 ; 12 janvier 1844 ; 7 février 1845 ; 12 décembre 1834 ; 3 février 1843 ; 22 juin 1843 ; 24 janvier 1845 ; 6 avril 1846.

(2) Conseil d'État, 7 février 1845.

rain ou derrière un mur de clôture, il peut se produire deux cas bien distincts.

112. — Ou les constructions seront éloignées du mur de clôture sur la rue et s'élèveront sur un jardin ou dans la cour d'un bâtiment; dans ce premier cas l'autorisation ne saurait être refusée et l'administration n'aurait même aucun motif de le faire, puisque le jour où le mur de face sur la rue viendra à périr, toutes les constructions existant sur le terrain retranchable devront disparaître.

113. — Ou bien les constructions seront adossées au mur de clôture et quelquefois même avec surélévation de ce mur; si dans ce second cas, la pose d'un plancher ou d'un comble sur le mur, la construction de murs de refend formant éperons doivent avoir pour effet de réconforter le mur, d'en prolonger la durée et de substituer une construction solide et durable au mur de clôture isolé, l'autorisation ne peut être accordée.

Dans le cas contraire, où la conversion du mur de clôture en mur de bâtiment, par l'adossement de constructions légères, n'aurait pas pour effet de conforter ce mur, l'autorisation ne saurait être refusée, c'est ainsi que l'a décidé le Conseil d'État par de nombreux arrêts, notamment :

30 décembre 1841 (Gogois); 27 décembre 1844 (Thomassin); 18 avril 1845 (Pilon); 26 avril 1847 (Deschamps); 3 juin 1858 (Cohas-Guesnier).

ADOSSEMENT D'UNE CONSTRUCTION A UN MUR DE CLOTURE RETRANCHABLE. — JURISPRUDENCE MINISTÉRIELLE

114. — Le Préfet de la Seine ayant persisté pendant un certain temps à refuser tout adossement à un mur de clôture, le Ministre de l'intérieur lui a adressé, le 8 mars 1845, au sujet d'un refus adressé à un sieur Labie, la note suivante, que nous croyons utile de reproduire :

« Monsieur le Préfet, des difficultés se sont élevées, depuis quelques années, entre la Ville de Paris et plusieurs propriétaires, à raison des constructions légères que ceux-ci demandaient l'autorisation d'établir, en les adossant à des murs de clôture riverains de la voie publique, mais soumis à reculement par les plans d'alignement des rues où ils sont situés.

« La Ville a refusé ces autorisations et, nonobstant les décisions que j'ai prises pour écarter ce refus, elle n'en a pas moins persisté à repousser les demandes qui lui étaient adressées aux mêmes fins.

« C'est ce qu'elle a fait encore à l'égard du sieur Labie, propriétaire d'une maison située rue Notre-Dame-de-Lorette, 60, à l'angle de la rue de La Rochefoucauld, qui avait demandé l'autorisation :

« 1° De surélever d'environ un mètre une partie du mur de sa maison, du côté de la dernière rue, afin d'y rattacher des constructions légères à établir au-dessus de la cour ;

« 2° A ouvrir dans ce mur des baies à l'effet de pratiquer une boutique.

« En réponse à la communication que je vous ai donnée de la réclamation formée près de moi par le sieur Labie, vous avez développé, dans une lettre du 30 septembre dernier, les considérations qui vous paraissent de nature à faire confirmer votre refus et à fixer d'une manière définitive, dans le sens restrictif du droit de propriété, la jurisprudence que vous aurez à suivre dans les affaires analogues à celle qui nous occupe.

« Les arguments que vous invoquez en cette circonstance ne sont que la reproduction de ceux dont vous vous étiez appuyé à l'occasion du recours du sieur Lecoq et que je n'ai pas jugé suffisants pour refuser d'admettre la demande de ce propriétaire, ainsi qu'il résulte de mes décisions motivées des 6 décembre 1842 et 8 février 1843, la dernière confirmative de la précédente.

« Néanmoins, et puisque vous soulevez de nouveau le débat, je vais une fois encore, Monsieur le Préfet, examiner la question.

« Dans votre lettre du 30 septembre, vous ne contestez pas que les travaux projetés par le sieur Labie n'auront point pour effet de réconforter, du moins d'une manière efficace, son mur de clôture qui est en bon état ; mais vous persistez à soutenir que la faculté qui serait laissée aux propriétaires de construire sur les terrains nus situés en arrière de murs de clôture, alors même que les constructions ne devraient point consolider ces murs, aurait par le fait de graves inconvénients pour l'exécution future des alignements : en droit, vous soutenez aussi que cette faculté ne saurait être accordée sans contrevenir à la jurisprudence établie et qui a notamment pour base l'Arrêt rendu le 25 décembre 1835 dans l'affaire Delafaye.

« En ce qui concerne le point de fait, je ne puis admettre, Monsieur le Préfet, et je m'en suis suffisamment expliqué dans mes décisions relatives au sieur Lecoq, que l'administration ait moins de moyens de surveiller les constructions à établir en arrière des simples murs de clôture, pour empêcher que les travaux n'apportent plus de solidité à ces murs, qu'elle n'en a pour prévenir la consolidation que pourraient donner aux façades de bâtiments habitables soumis à retranchement, les constructions intérieures que les règlements de voirie et notamment l'arrêt Laffitte, attribuent aux propriétaires le droit d'élever sur le sol retranchable.

« Dans l'un et l'autre cas, en effet, la surveillance qu'il lui appartient d'exercer ne rencontre pas plus d'obstacles, et les restrictions que contiennent les permissions qu'elle délivre lui laissent les moyens de vérifier et de constater si les travaux autorisés ont été dépassés et présentent un caractère autre que celui qu'ils devaient avoir.

« Il y a donc à mes yeux exagération dans les craintes que vous manifestez que l'arrêt Laffitte, appliqué aux terrains nus, ait cette conséquence préjudiciable qu'il donne naissance, sans que l'administration ait aucun moyen légal pour s'y opposer, à des constructions intermédiaires entre les murs de clôture et l'alignement exécutoire, constructions qui feraient obstacle à l'exécution de cet alignement lorsque le mur de clôture viendrait à disparaître.

« Ici encore l'inconvénient existerait pour les terrains nus comme pour les terrains bâtis; mais il est sans importance, parce qu'en tout état de cause, c'est le jour où le mur de face ou de clôture fait défaut et doit succomber, que toute construction faite sur la partie retranchable est condamnée à reculer, sans considération du plus ou moins de solidité.

« Vainement le propriétaire objecterait-il que ces constructions peuvent faire mur de face, la loi n'admet pas deux façades sur une rue au même bâtiment, et ce n'est pas à une distance plus ou moins grande de la ligne légale, mais bien sur la ligne légale même que le reculement doit être effectué.

« Le seul soin de l'administration consiste donc, je le répète, à empêcher que les constructions intérieures aient pour effet de consolider le mur de face ou de clôture, et c'est à elle d'y veiller.

« Je passe maintenant à l'examen du point de droit : à cet égard, je pourrais me borner à vous faire observer que les règlements généraux de voirie n'ont rien statué en ce qui touche la prohibition d'élever des constructions légères sur un terrain nu séparé de la voie publique par un mur de clôture retranchable ; qu'ainsi et à défaut de droit écrit, il semblerait conforme à l'équité de n'imposer d'autres servitudes aux propriétaires de terrains placés dans cette condition, que celles qui atteignent les propriétaires de bâtiments frappés de reculement, sauf toutefois à ne pas permettre, sur les terrains nus, l'établissement de constructions qui, en dépassant la hauteur des murs de clôture, pourraient placer la voie publique, sous le rapport de l'assainissement et de la salubrité, dans un état moins favorable que celui dont elle profitait précédemment.

« Pour étayer l'opinion contraire, vous invoquez de nouveau l'Arrêt Delafaye, qui vous paraît essentiellement applicable à l'espèce, bien qu'il ne résulte pas de cet Arrêt, d'une manière suffisamment explicite, que les travaux exécutés par ce propriétaire, en arrière de son mur de clôture, n'aient pas eu un caractère de solidité et de durée qui ait justifié la condamnation à démolir.

« Je vous opposerai à mon tour, Monsieur le Préfet, deux Arrêts postérieurs et qui ont définitivement résolu la question suivant le sens sous lequel je l'ai toujours envisagée.

« Le premier de ces Arrêts, rendu le 30 décembre 1841, à l'occasion du pourvoi du sieur Gogois, propriétaire d'une maison rue Neuve-Saint-Martin, à Paris, porte en substance que les travaux exécutés en arrière et au-dessus du mur de clôture de cette maison, n'ayant pas eu pour effet de réconforter le dit mur ni d'en prolonger la durée, il n'y a pas lieu d'en ordonner la démolition.

« Le second Arrêt, que je dois vous communiquer incessamment, et qui porte la date du 27 décembre 1844, a été rendu dans l'affaire du sieur Thomassin, propriétaire d'une maison rue Saint-Denis, n° 168; il prononce dans le même sens que le précédent, bien qu'une partie des travaux (*ceux consistant dans le déplacement d'un escalier pour le reporter à droite dans une petite cour*) aient eu lieu sur un terrain retranchable. Cet Arrêt va même plus loin, en ce qu'il déclare que les travaux auraient pu être exécutés sans que le propriétaire se fût même pourvu d'une autorisation préalable.

« Les actes précités ayant définitivement tranché la question, je dois supposer, Monsieur le Préfet, qu'elle ne se renouvellera plus et que l'administration, après s'être assurée que les demandes qui lui seraient ultérieurement adressées pour construire sur des terrains situés en arrière d'un mur de clôture, n'ont point pour objet des constructions durables ou propres à consolider un mur dans cette situation, s'abstiendra de persister dans des refus qui ne pourraient obtenir mon assentiment en présence des principes adoptés par le Conseil d'État.

« En ce qui concerne le sieur Labie, j'ai fait vérifier, par le Conseil des bâtiments civils, que les travaux projetés par ce propriétaire, qui renonce même (*bien qu'il l'eût d'abord demandé*) à surélever son mur de clôture, n'ont aucun caractère confortatif, et je vous invite en conséquence à lui délivrer l'autorisation qu'il vous avait demandée.

« Recevez, etc. »

Il résulte de cette note que le Ministre de l'intérieur admettait l'autorisation d'adosser des constructions à un mur retranchable, mais aux conditions toutefois que ces constructions ne dépasseraient pas la hauteur du mur de clôture, et que ce ne seraient pas des constructions durables ou propres à consolider le mur.

115. — Conformément à ces principes, le Ministre de l'intérieur, par une décision du 6 janvier 1846, approuvait un Arrêté en date du 31 mai 1845, par lequel le Préfet de la Seine avait refusé à un sieur Godillon, propriétaire d'une maison située à Paris, rue Neuve-Saint-Jean, n° 1, de convertir en mur de face un mur de clôture par l'établissement d'un plancher couvert en terrasse, afin de changer la baie de porte cochère en baie de boutique, attendu que les travaux projetés auraient eu pour effet de constituer une construction solide et durable sur un terrain retranchable, et qu'une fois le mur de clôture converti en mur de face par la pose d'un poitrail et d'un plancher au-dessus, l'administration n'aurait plus aucun motif pour refuser l'exhaussement de ce mur à la hauteur légale, de sorte qu'un nouveau bâtiment habitable s'élèverait sur une portion du sol dévolu à la voie publique, ce qui serait contraire à toutes les règles.

116. — Par une décision du 31 mai 1862, le Ministre approuvait l'Arrêté par lequel le Préfet de la Seine avait refusé à un sieur Bernard, rue de Lyon, n° 6, l'autorisation de transformer en bâtiments d'habitation deux hangars adossés au mur de clôture retranchable, attendu que le dérasement du mur, le percement de baies régulièrement espacées et munies de linteaux, la construction de deux murs de refend, la pose d'un plancher et d'une toiture en zinc, etc., auraient eu pour effet de prolonger la durée du mur.

117. — Enfin, le 5 octobre 1863, le Ministre approuvait un autre Arrêté du Préfet en date du 6 septembre 1862, refusant à un sieur Soyer, propriétaire, rue Truffault, n° 10, l'autorisation de construire un étage au-dessus d'un passage de porte cochère couvert par un simple appentis, attendu que les travaux auraient eu pour effet :

1° De substituer, sur un terrain retranchable, à un mur de clôture une construction solide et durable, et qui d'ailleurs placerait la voie publique dans des conditions de salubrité moins favorables que celles dont elle jouit présentement ;

2º De conforter un mur retranchable et d'en prolonger indéfiniment la durée.

En résumé, les constructions en adossement à un mur de clôture retranchable ne peuvent être que très-rarement autorisées, car il est difficile qu'elles ne confortent pas le mur directement ou indirectement.

MURS PIGNONS MIS A DÉCOUVERT PAR SUITE DE LA MISE A ALIGNEMENT D'UNE PROPRIÉTÉ VOISINE

118. — Le Conseil d'État ayant reconnu aux propriétaires le droit d'exécuter des travaux à l'intérieur des bâtiments, même sur la partie retranchable, mais à la condition de ne conforter ni directement ni indirectement le mur de face, il était logique d'autoriser la réparation et même la reconstruction d'un mur mitoyen laissé à découvert par suite de la mise à l'alignement de la maison voisine.

C'est ce que le Conseil d'État a admis par de nombreux arrêts.

RÉPARATION DES MURS PIGNONS DÉCOUVERTS

119. — Après avoir limité à l'épaisseur d'une brique à plat dans la hauteur du rez-de-chaussée, et d'une cloison de 0,08 dans les étages supérieurs, la clôture à établir pour garantir la maison mise à découvert (24 juin 1816, Delime), le Conseil d'État a décidé [1] que le mur mitoyen pouvait être réparé ou même reconstruit dans toute son étendue, mais à la condition toutefois d'observer un isolement avec le mur de face et de ne le conforter ni directement ni indirectement.

120. — Les travaux ne peuvent être autorisés lorsque la réparation du mur mitoyen aurait pour effet de conforter le mur de face retranchable [2].

121. — S'il peut être permis d'exécuter certains travaux aux murs mitoyens découverts, il y a lieu toutefois de se munir d'une autorisation ; à ce sujet, il a été décidé [3], quand un mur mitoyen

(1) Conseil d'État, 5 janvier 1860, Perié ; 31 janvier 1861, Royer ; 22 mai 1869, Clément ; 9 décembre 1864, Bourgeois.
(2) 13 juin 1870, Marin et Carré Kérisouët.
(3) Conseil d'État, 5 décembre 1834, Bertrand ; 23 mars 1836, Mouroult.

devient un mur de face, par suite de la démolition de la maison voisine, il est soumis aux servitudes que les règlements de la voirie imposent aux constructions riveraines de la voie publique, dès lors, il y a lieu de condamner à l'amende le propriétaire qui fait réparer ce mur sans autorisation préalable.

COPROPRIÉTÉ DU MUR MITOYEN MIS A DÉCOUVERT

122. — La Cour de cassation a rendu l'Arrêt suivant relativement à la propriété du mur mitoyen mis à découvert (¹) :

« Le propriétaire qui, pour se mettre à l'alignement, a reculé sa maison et a mis, par suite, en façade sur la voie publique municipale une partie de mur qui lui était mitoyen avec la maison contiguë, conserve la copropriété de cette partie de mur.

« Il la conserve alors même que l'indemnité qu'il a reçue, pour la valeur du terrain retranché de la voie publique, a compris la moitié du sol sous-jacent au mur mitoyen, s'il n'a pas été indemnisé de la valeur de ce mur lui-même ou des matériaux qui le composent. »

En conséquence de cet Arrêt, et hors le seul cas où le propriétaire de l'immeuble démoli aurait été indemnisé de la valeur des matériaux des murs pignons, le ravalement ou l'entretien de ces murs n'incombe pas à la ville, et l'administration ne peut refuser aux propriétaires voisins qui continuent à jouir de la copropriété des dits murs, l'autorisation de les enduire ou de les réparer, dans les conditions où ces permissions peuvent être accordées.

Dans le cas, au contraire, où le mur mitoyen a été mis à découvert par le fait de la démolition d'une maison expropriée par la ville de Paris, la mitoyenneté de ce mur, sol et construction, appartenant à la Ville, l'administration reste chargée de l'entretien du mur mis à découvert et il lui appartient d'en consentir la location à son profit pour affichage.

OUVERTURE DE BAIE DANS UN PIGNON RETRANCHABLE

123. — Lorsque la Ville de Paris est devenue propriétaire de la mitoyenneté d'un mur pignon mis à découvert par le reculement de la maison voisine, elle est fondée, d'après les règles du droit commun, à refuser de laisser ouvrir dans ce mur des jours et des issues.

(1) Cour de cassation, 7 novembre 1871, Arrêt Rupp.

C'est ainsi que l'a décidé le Ministre de l'intérieur le 19 juin 1852, approuvant l'Arrêté par lequel le Préfet de la Seine avait refusé à un sieur Roussilhe, propriétaire, rue du Faubourg-du-Temple, n° 92, l'autorisation d'ouvrir une baie de porte avec linteau dans le mur pignon de sa maison.

Cette question ne peut soulever aucun doute lorsque la maison voisine a été mise à l'alignement par voie d'expropriation; dans le cas même où l'alignement a été pris par simple mesure de voirie et où les matériaux resteraient la propriété de celui qui a reconstruit à l'alignement, la Ville de Paris étant devenue propriétaire de la moitié du terrain occupé par le mur mis à découvert, et ce terrain n'étant pas encore réuni à la voie publique, nous sommes d'avis que le propriétaire de la maison en saillie ne pourrait être autorisé à y ouvrir des jours ou des issues.

DISTINCTION ENTRE LES MURS PIGNONS MIS A DÉCOUVERT
ET LES MURS DE FACE

124. — Il ne faudrait pas conclure, en effet, des termes contenus dans l'Arrêt du 5 décembre 1834 : « Quand un mur mitoyen devient mur de face par suite de la démolition de la maison voisine etc..,» que le mur mis à découvert devenant mur de face, il est loisible au propriétaire de la maison en saillie d'y faire tels percements qui lui conviendraient. Si le mur devenant mur de face est soumis, ainsi que le dit l'Arrêt précité, aux servitudes que les règlements imposent aux constructions riveraines de la voie publique, et que par suite on ne puisse y exécuter aucun travail sans autorisation, il faut bien comprendre cependant qu'à cette obligation doit s'arrêter l'assimilation du mur découvert avec le mur de face ; en effet, le Conseil d'État admet toutes réparations confortatives et même la reconstruction du mur mitoyen, bien que se trouvant en saillie sur l'alignement et à la condition formelle de ne réconforter directement ni indirectement le véritable mur de face, mais il n'admet ni la réparation, ni la reconstruction de ce dernier mur, il ne regarde donc pas le mur mitoyen mis à découvert comme un véritable mur de face, mais bien comme un mur de refend. D'autre part, le terrain sous-jacent n'est pas encore réuni à la voie publique, il n'aura ce caractère que le jour où la maison en saillie aura disparu.

Enfin, si le propriétaire qui a reculé sa maison a subi la lourde servitude de l'alignement, l'autorité ne pourrait encore aggraver sa situation, en laissant ouvrir dans le mur mitoyen, dont le propriétaire conserve encore les matériaux conformément à l'Arrêt Rupp de la Cour de cassation, des baies de portes ou de boutiques dont l'usage obstruerait le devant de la maison reculée ou des baies de croisées par lesquelles on aurait des vues très-rapprochées dans l'intérieur de cette maison.

Il ne serait pas non plus permis d'ouvrir des jours dans le mur pignon d'une maison qui aurait été reconstruite en prenant alignement par avancement, le terrain qui se trouve au pied du mur pignon, bien que n'étant pas encore retranché de la voie publique, se trouvant déclassé par le fait du changement d'alignement et appartenir non plus au domaine public, mais au domaine privé communal, et par suite le mur conservant le caractère d'un mur mitoyen.

CAS OU DES OUVERTURES POURRAIENT ÊTRE PERMISES DANS UN MUR PIGNON MIS A DÉCOUVERT

125. — Le seul cas où les ouvertures dans un mur pignon mis à découvert pourraient être autorisées, à notre avis, est celui où le propriétaire de la construction, mise à l'alignement, posséderait aussi la construction laissée en saillie, ou si l'alignement ne s'exécutait que sur une partie de la longueur de l'immeuble au droit d'un mur de refend par exemple ; mais dans ce cas, attendu que le percement d'ouvertures dans la partie de mur mise à découvert constituerait évidemment une plus-value pour la construction en saillie, le propriétaire serait tenu de payer à la Ville une indemnité, ainsi que le veut l'art. 54 de la loi du 16 septembre 1807, ainsi conçu :

Art. 54 : « Lorsqu'il y aura lieu en même temps à payer une « indemnité à un propriétaire pour terrains occupés et à recevoir « de lui une plus-value pour des avantages acquis à ses propriétés « restantes, il y aura compensation jusqu'à concurrence ; et le sur-« plus seulement, selon les résultats, sera payé au propriétaire ou « acquitté par lui. »

RÉPARATIONS AUX MAISONS EN ARRIÈRE DE L'ALIGNEMENT

126. — Les maisons en arrière de l'alignement peuvent se trouver dans deux conditions bien distinctes :

1º Dans l'une, la construction peut être en retraite non-seulement de l'alignement, mais aussi de la voie publique dont elle serait séparée par une zone de terrain appartenant au même propriétaire. Dans ce cas, la maison doit être considérée comme élevée sur un espace intérieur, et le propriétaire peut être invité, dans l'intérêt de la sûreté et de la salubrité, à se clore à l'alignement, mais il peut exécuter à sa maison toutes les réparations qu'il lui conviendra de faire, sans autorisation.

Il n'est soumis à l'obligation de faire une demande et de produire des plans que lorsqu'il s'agit de modifications, de dispositions ou d'exhaussement des bâtiments, et cela en vertu des décrets des 26 mars 1852 et 27 juillet 1859.

2° Dans l'autre condition, la propriété joint immédiatement la voie publique actuelle, qui, en cet endroit, et d'après les plans généraux, doit être réduite dans sa largeur.

Il semble à Dalloz que, dans ce cas, l'autorisation est obligatoire tout aussi bien que si la construction était en saillie sur l'alignement.

Tel n'est pas notre avis. L'autorisation nous paraît être nécessaire, il est vrai, mais la condition n'est pas la même que pour une construction en saillie à laquelle il ne peut être permis de faire des travaux confortatifs.

Le Conseil d'État, dit Dalloz, interprète l'Arrêt du Conseil de 1765 qui régit les alignements en matière de grande voirie en ce sens que les terrains compris entre les limites de la route fixées par le plan d'alignement sont les seuls qui soient soumis aux règlements de la grande voirie ; que, par conséquent, les maisons construites en dehors de ces limites ne sont pas assujetties à la servitude imposée par l'Arrêt de 1765.

Il cite comme consécration de cette doctrine un avis du Conseil d'État du 21 août 1839, ainsi conçu :

AVIS DU CONSEIL D'ÉTAT DU 21 AOUT 1839

RELATIF AU DROIT DE L'ADMINISTRATION EN MATIÈRE DE

RÉPARATIONS CONFORTATIVES

127. — « Le Conseil d'État, considérant que l'approbation d'un « plan d'alignement attribue à la voie publique la jouissance immé- « diate des terrains libres qui doivent en faire partie et le droit « de jouir des terrains couverts de constructions à l'époque de « leur démolition volontaire ou forcée pour cause de vétusté ;

« Que la défense de réparer les dites constructions est la consé- « quence de cette attribution ;

« Que cette défense a pour objet d'empêcher que l'on ne pro- « longe indéfiniment la durée des constructions faisant saillies

« sur le sol attribué à la nouvelle voie publique et qui gênent la
« circulation ;

« Considérant, dès lors, que la défense de réparer les maisons
« qui sont en retraite sur l'alignement ne serait qu'un moyen in-
« direct de contraindre les propriétaires, sous peine de la ruine
« de leurs maisons, à acquérir le terrain qui se trouve entre elles
« et la limite de l'alignement, si ce terrain appartient à l'ancienne
« voie publique, ou à se clore sur la même limite si le terrain leur
« appartient ;

« Que l'art. 53 de la loi du 16 septembre 1807 autorise, en pa-
« reille circonstance, l'administration à déposséder le propriétaire
« de l'ensemble de sa propriété, sans qu'il puisse lui être tenu
« compte de la plus-value résultant de l'amélioration de la voie
« publique ;

« Est d'avis que l'administration n'a pas le droit de prohiber les
« réparations confortatives des constructions qui se trouvent en
« retraite de l'alignement. »

Or, cet Arrêt décide que l'administration n'a pas le droit d'interdire, dans ce cas, les réparations confortatives, mais ne dit pas que
les travaux puissent se faire sans autorisation ; nous ferons remarquer notamment qu'il parle du sol attribué à la nouvelle voie.

D'autre part, l'art. 53 de la loi du 16 septembre 1807, qui est
visé dans cet avis, se rapporte aux changements de direction, ouvertures de rues ou modifications importantes, puisqu'il dit tex-
tuellement :

« Les experts auront égard à ce que le plus ou moins de pro-
« fondeur du terrain cédé, la nature de la propriété, le *reculement*
« du reste du terrain bâti ou non bâti *loin de la nouvelle voie* peut
« ajouter ou diminuer de valeur relative pour le propriétaire....
« La cession et la revente seront faites comme il a été dit en
« l'art. 51 ci-dessus. »

C'est-à-dire que la cession ou la revente se rapportant à des
opérations, pour cause d'utilité publique, légalement reconnues
doivent être effectuées d'après un décret rendu en Conseil
d'État sur le rapport du Ministre de l'intérieur dans les formes
prescrites par la loi.

DISTINCTION A ÉTABLIR POUR LES PROPRIÉTÉS EN ARRIÈRE DE L'ALIGNEMENT

128. — Il ressort de tout ce qui précède, aussi bien que des
Arrêts du Conseil d'État, des 2 avril 1828, 29 juin 1842, que les

servitudes ou obligations de voirie ne sont pas applicables aux propriétés qui se trouvent éloignées ou séparées, par un espace quelconque, de l'alignement des rues nouvelles ou des rues dont on a changé la direction; enfin de celles dont un nouveau décret aurait modifié, d'une manière importante, la largeur précédemment approuvée, opérations qui ne peuvent s'exécuter que par expropriation comme mesure d'utilité publique.

Mais, selon nous, il n'y a aucune assimilation à établir entre ces diverses conditions et celle d'une maison en bordure d'une rue, et qui serait sujette à avancer par simple mesure de redressement de l'alignement; dans ce dernier cas la maison jouit de tous les avantages de la voie publique, elle doit participer aux charges et obligations des constructions riveraines; le seul avantage auquel le propriétaire puisse prétendre, c'est d'être traité comme si sa propriété était parfaitement alignée et d'être autorisé à exécuter des travaux confortatifs.

DE L'OBLIGATION DE SE CLORE A L'ALIGNEMENT

129.—Le Conseil d'État, par un grand nombre d'Arrêts (1), a décidé qu'on ne peut obliger un riverain à construire sur l'alignement de la route, ni à une distance quelconque de ses limites, mais que, suivant les circonstances, l'autorité pourra obliger les propriétaires à faire une clôture sur l'alignement, afin de supprimer les angles et les renfoncements dangereux pour la sûreté publique.

SUPPRESSION DÉFINITIVE DES RUES

130. — La suppression définitive d'une rue, pour cause d'utilité publique, ne peut avoir lieu que dans les formes voulues pour l'ouverture, et doit être ordonnée par la même autorité, sauf cependant le droit, qui appartient toujours à l'autorité municipale, de suspendre momentanément le passage pour cause d'utilité publique et à la charge de le rétablir.

Par le fait même de l'alignement auquel se soumettent les riverains sur la voie publique, ils acquièrent des droits de jour et d'issues dont on ne pourrait les priver sans leur tenir compte d'une indemnité.

C'est ainsi que l'ont jugé un Arrêt du Conseil d'État du 17 août 1825, un Arrêt de la Cour de Bourges du 6 avril 1829, et

(1) Consel d'État, 29 juin 1842; 15 mars 1844; 6 décembre 1844; 14 mars 1845.

deux Arrêts de la Cour de cassation des 12 février 1828 et 5 juillet 1836. Le dernier Arrêt juge en même temps la question de compétence relativement au règlement de l'indemnité et l'attribue aux tribunaux civils.

L'indemnité, en effet, ne doit pas être réglée par le jury ; car il ne s'agit pas ici d'une dépossession de propriété, d'une expropriation proprement dite, mais de la privation des droits de jours et d'issues sur la voie publique, c'est-à-dire de droits incorporels ; il s'agit d'un dommage causé à la propriété, dommage qui doit être réparé par application de l'art. 1382 du Code civil. Or, cette application est essentiellement de la compétence des tribunaux civils.

Telle est aussi l'opinion de M. Proud'hon (Domaine public) et de M. Dumay. Deux Arrêts du Conseil d'État des 10 décembre 1817 et 21 juin 1826 ont implicitement reconnu la compétence des tribunaux civils, pour le règlement de l'indemnité dans le cas qui nous occupe, en décidant que la question de savoir si le terrain d'une voie publique supprimée reste grevé envers les propriétaires limitrophes des droits de vue et de sortie, est de la compétence des tribunaux civils. (Frémy-Ligneville.)

SECTION II

Police des Constructions.

CONSTRUCTIONS INTÉRIEURES

131. — En dehors des obligations imposées aux constructions en bordure de la voie publique relativement à l'alignement et aux saillies, les constructions élevées dans les cours et espaces intérieurs sont, comme les précédentes, soumises à des règles communes relativement à la sûreté et à la salubrité, et les constructeurs doivent, en vertu du décret du 26 mars 1852, produire, avant de se mettre à l'œuvre, les plans et coupes cotés des bâtiments projetés, et se soumettre aux injonctions qui leur sont faites par l'Administration dans l'intérêt de la sûreté et de la salubrité.

MARCHE A SUIVRE PAR LE CONSTRUCTEUR A PARIS

132. — Résumons, au point de vue pratique, la marche à suivre par le propriétaire qui veut construire à Paris.

CONSTRUCTIONS EN BORDURE DE LA VOIE PUBLIQUE

133. — 1° Pour les bâtiments en bordure de la voie publique, une demande doit être adressée sur papier timbré au Préfet de la Seine. Cette demande doit être accompagnée de plans, façades et coupes cotés des constructions projetées et d'une coupe géologique des fouilles pour fondations.

Les plans de fondation doivent indiquer, d'une manière précise, la disposition des fosses d'aisances, de leurs châssis d'extraction, tampons mobiles, tuyaux de chute et d'évent.

Les plans du rez-de-chaussée et des étages en élévation indiqueront la nature des points d'appui, notamment pour les baies de plus de 2 mètres de largeur, les épaisseurs de murs et le mode de construction des conduits de fumée, les dimensions des cours et courettes.

Les façades, pour leur hauteur et leur largeur, les dimensions des baies, longueur de balcons, de devantures de boutiques, seront cotés d'une manière précise pour l'établissement des droits de voirie; les largeur et écartement de lucarnes seront cotés.

Les coupes porteront le tracé du périmètre légal applicable à la largeur de la rue sur laquelle on construit, la hauteur des étages, des chapeaux de lucarnes au-dessus de la base légale ou fictive du comble, c'est-à-dire de la ligne au-dessus de 11^m70, 14^m60, 17^m55 ou 20^m, suivant la largeur des rues, la hauteur des têtes de cheminées au-dessus du faîtage, le reculement des faces de lucarnes et murs dossiers du nu extérieur des murs de face sur rue ou sur cour ou espace intérieur, la hauteur et la saillie des balcons, aire et garde-corps au-dessus du sol de la rue, la saillie des pilastres, chambranles et corniches, la saillie des devantures de boutiques.

CONSTRUCTIONS A L'INTÉRIEUR

134. — 2° Pour les bâtiments sur cour ou espace intérieur, les plans doivent être produits avec les mêmes détails; il n'y a que les saillies du mur de face qui ne sont plus soumises à réglementation.

S'il y a lieu à rectification des plans, le constructeur est appelé par le commissaire-voyer chargé de faire les prescriptions dans l'intérêt de la sûreté et de la salubrité.

Lorsque les plans produits ou rectifiés sont conformes aux règlements, le commissaire-voyer propose, par un rapport, de délivrer la permission. Le propriétaire est invité à acquitter les droits de voirie et reçoit une permission après payement des droits.

Le propriétaire est tenu de faire tracer et reconnaître l'alignement, en prévenant le géomètre à l'Hôtel-de-Ville, dès que l'assise de retraite au-dessus des fondations est mise sur cales.

Dès que le bâtiment est élevé à toute sa hauteur et que la charpente du comble, les lucarnes et têtes de cheminées sont posées, le constructeur doit prévenir le commissaire-voyer de l'arrondissement et tenir à sa disposition les échafaudages, règles et instruments nécessaires pour exécuter le récolement de hauteur.

Avant de mettre les fosses d'aisances neuves en service, le propriétaire doit avertir le commissaire-voyer et tenir à sa disposition les échelles nécessaires pour la visite des fosses et attendre ensuite le permis de fermer.

Si le propriétaire a construit sur un terrain acquis de la Ville de Paris, la mainlevée de l'inscription prise par la Ville ne peut être délivrée qu'après visite et rapport du commissaire-voyer constatant que les conditions de contrat et les règlements de voirie ont été exécutés, et qu'en outre tous les droits de grande et de petite voirie ont été acquittés.

S'il s'agit de surélévation ou de modification à apporter à un bâtiment existant, le propriétaire doit faire la demande et produire les plans et coupes des travaux à exécuter et ne commencer les travaux qu'après délivrance de la permission.

Les autres formalités de récolement ou vérification sont les mêmes que pour les bâtiments neufs.

---

135. — En fait de saillies de petite voirie dont la nomenclature se trouve jointe aux décrets des 27 octobre 1808 et 28 juillet 1874, la demande d'établissement doit toujours être adressée sur papier timbré au Préfet de la Seine ; l'instruction de l'affaire est transmise au commissaire-voyer. Après son rapport, les intéressés sont invités, s'il y a lieu à permission, à payer les droits à la Caisse municipale.

Après l'exécution des travaux, quelle que soit leur nature, le commissaire-voyer adresse à l'administration un rapport pour exécution conforme à la permission délivrée ou un procès-verbal pour les contraventions commises.

POLICE DES CONSTRUCTIONS EN GÉNÉRAL

136. — *Nota*. Nous empruntons la plus grande partie de cette question au travail de MM. Lukomski et Perin. (Police des constructions.)

La police des constructions, envisagée au point de vue de l'art de bâtir, embrasse de nombreux objets. Il importe, en effet, que les édifices destinés à l'habitation des personnes ou à l'usage des habitants, soient élevés dans des conditions de stabilité qui protégent les citoyens contre les dangers d'écroulement ou de chute partielle; il n'est pas moins essentiel d'empêcher que le mode d'emploi des matériaux qui entrent dans la construction ne donne naissance à un autre danger aussi redoutable, celui de l'incendie. De là, pour l'autorité municipale, la nécessité de réglementer cette partie de la police et d'exercer une surveillance sur les constructions quelconques édifiées, soit dans le voisinage des voies publiques, soit à l'intérieur des propriétés. (Husson.)

A Paris, la police des constructions a été de bonne heure réglementée. Il existait, pour cette police, avant la Révolution, une juridiction spéciale créée par saint Louis, en 1268, connue sous le nom de Chambre des bâtiments, dont les règlements subsistent encore aujourd'hui. Ces règlements ont été maintenus en vigueur par l'art. 29, titre Iᵉʳ, de la loi des 19-22 juillet 1791, relative à l'organisation d'une police municipale et correctionnelle.

On y lit en effet : « Sont également confirmés provisoirement les règlements qui subsistent touchant la voirie, ainsi que ceux actuellement existants à l'égard de la construction des bâtiments et relatifs à la solidité et sûreté, sans que de la présente disposition il puisse résulter la conservation des attributions ci-devant faites sur cet objet à des tribunaux particuliers. »

D'autre part, l'art. 674 du Code Napoléon renvoie aux règlements et usages particuliers relativement à la distance et aux ouvrages intermédiaires requis pour certaines constructions. Paillet (Manuel des lois anciennes) en conclut que les règlements anciens sur ces matières sont encore en vigueur.

Citons à l'appui de cette opinion :

1° L'art 484 du Code pénal qui porte que : « dans toutes les matières qui n'ont pas été réglées par le présent Code et qui sont réglées par des lois et règlements particuliers, les Cours et tribunaux continueront de les observer. »

2° Les paroles des orateurs du gouvernement, qui ont déclaré, en présentant le projet du Code pénal au Corps législatif, que cet art. 484 avait en vue les lois et règlements alors en vigueur, relatifs à la formation, entretien et conservation des rues, chemins, voies publiques, ponts et canaux, à la construction, entretien, solidité, alignement des édifices et aux matières de voirie.

Voici l'indication des anciens règlements relatifs à la police des constructions :

ANCIENS RÉGLEMENTS RELATIFS A LA POLICE DES CONSTRUCTIONS

137. — Ordonnance de police sur les pignons et pans de bois (18 août 1667).

Règlements sur les pans de bois.

Edit de décembre 1607. — Edit du 16 juin 1693.

Règlements du 1ᵉʳ juillet 1712. — 28 avril 1719. — 13 octobre 1724. — 10 avril 1783.

Ordonnance du Châtelet sur la construction des cheminées. — 26 janvier 1672.

Jugement du Maître général des bâtiments sur les murs en fondation et en élevation. — 26 octobre 1685.

Ordonnance de police concernant les gouttières saillantes. — 13 juillet 1764.

Ordonnance de police du 1ᵉʳ septembre 1779. — 15 novembre 1781.

La Coutume de Paris, art. 190, concernant les foyers, fours et fourneaux contre un mur mitoyen.

Art. 191, concernant les aisances de privés ou puits contre un mur mitoyen.

Art. 193, concernant les latrines et privés.

Art. 189, 190, 206, 207, 208, concernant les murs mitoyens, les fours et cheminées.

Renvoyons en passant aux art. 657-662 du Code Napoléon.

NOUVEAUX RÈGLEMENTS

138. — Parmi les règles relatives à la police des constructions, il faut citer les obligations imposées aux constructeurs par :

L'Ordonnance royale du 24 septembre 1819 (fosses) ;

L'Ordonnance royale du 24 décembre 1823 (saillies) ;

Par les Décrets des :

26 mars 1852,

27 juillet 1859,

1er août 1864,

18 juin 1872,

et par l'Arrêté préfectoral du 8 août 1874 (conduits de fumée).

La police des constructions a été toujours regardée à Paris comme une annexe de la voirie. Voilà pourquoi, dans les temps anciens, les Trésoriers de France et les juges de la maçonnerie étaient compétents pour en connaître, aussi bien que les juges de police, alors même qu'il s'agissait de constructions éloignées de la voie publique. Le même état de choses s'est perpétué de nos jours, et, bien qu'à Paris le Préfet de police soit plus spécialement chargé de tout ce qui touche à la sûreté publique, la police des constructions neuves est restée placée dans les attributions des agents de la grande voirie, et par conséquent dans celles du Préfet de la Seine (Husson).

Nota. — Aujourd'hui, en vertu du décret du 10 novembre 1859, le Préfet de la Seine est également chargé de la police des anciennes constructions.

« Jusqu'en 1789 la police des construction avait été strictement exercée. A l'époque de la Révolution elle avait cessé d'exister, en raison sans doute de la suppression des charges et offices ; mais cette circonstance n'avait pas détruit, au fond, le droit toujours persistant pour l'administration, de surveiller les travaux des constructions et de prévenir ainsi les accidents et les dangers qu'aurait pu entraîner une liberté illimitée.

« S'il y avait la moindre incertitude sur ce point, il suffirait, pour la dissiper, de citer, d'une part, les dispositions contenues dans l'art. 50 du décret du 14 décembre 1789, et dans l'art. 3 du titre XI de la loi des 16-24 août 1790, qui confient à la vigilance de l'autorité municipale tout ce qui intéresse la sûreté publique, et d'autre part, l'art. 19 que nous avons reproduit plus haut de la loi des 19-22 juillet 1791. » (Observations du Ministre de l'intérieur sur le pourvoi du sieur Dumilâtre, 16 mars 1850.)

DE LA VISITE DES BATIMENTS

(Arrêté préfectoral du 24 nivôse an IX)

139. — Pour régulariser cette partie si importante du service de la voirie, le Préfet de la Seine, qui, à Paris, représente l'autorité municipale, prit, le 24 nivôse an IX (14 janvier 1801) un arrêté qui rétablit la visite des bâtiments en construction.

· Les considérants de cet arrêté méritent d'être rapportés ; citons entre autres ceux-ci :

« Considérant que la grande voirie municipale n'a pas seule-
« ment pour objet l'embellissement, mais encore la sûreté de la
« cité; qu'ainsi, loin de se borner à faire observer, dans les cons-
« tructions particulières, les alignements prescrits pour rendre
« plus commode la circulation dans l'intérieur de la ville, elle doit
« aussi surveiller, dans ces mêmes constructions, l'observation
« des règles de l'art de bâtir, d'où dépendent la solidité et la sû-
« reté des habitations;

« Que, de temps presque immémorial, cette partie importante de
« la grande voirie a été soigneusement exercée à Paris jusqu'en
« 1790;

« Qu'il est des exemples de constructions récentes fondées sur
« des terrains non solides, d'autres élevées avec des matériaux
« prohibés par les règles de l'art; que, dans la plupart, on remar-
« que avec inquiétude des murs trop légers et sans liaisons, des
« poutres posées sur des murs en moellons, souvent même des
« cheminées assises sur des planchers sans trémies, appuyées sur
« des pans de bois, etc., etc...;

« Qu'ainsi il est urgent de rétablir la surveillance qui existait
« autrefois sur ce fait, et de rappeler les constructeurs aux règles
« et aux lois dont il n'aurait jamais dû leur être permis de s'écar-
« ter.....'»

Puis l'arrêté renferme, dans ses deux premiers articles, les dispositions suivantes :

Art. 1er. — La surveillance des bâtiments en construction est
rétablie.

Art. 2. — Cette surveillance fera partie des attributions du bureau de grande voirie actuellement existant.

ARRÊT PRÉFECTORAL DU 23 BRUMAIRE AN XII

140. — Pour rendre cette surveillance plus efficace encore, le
Préfet de la Seine prit, à la date du 23 brumaire an XII (13 novembre 1802), un arrêté qui l'applique aux travaux de grosses constructions ou grosses réparations, tant sur la voie publique que dans
l'intérieur des bâtiments.....

Enfin, pour compléter les deux arrêtés précités, le Préfet de la
Seine en rendit un troisième, le 22 août 1809; en voici le préambule :

ARRÊTÉ PRÉFECTORAL DU 22 AOUT 1809

141. — « Vu nos arrêtés des 24 nivôse an IX et 13 brumaire an XII, en exécution desquels s'exerce dans la ville de Paris, conformément aux anciennes ordonnances non abrogées, en matière de grande voirie, la surveillance des bâtiments en construction ou en réparation, tant sur la voie publique que dans l'intérieur ;

« Considérant que l'objet des dits arrêtés a été e suppléer au service qui s'était fait jusqu'en 1789 par la Chambre dite des bâtiments;

« Considérant, dit l'art. 4, qu'en ce qui concerne la terminaison à l'amiable des contestations, il est facile de procurer cet avantage aux constructeurs, en portant d'abord les dites contestations, à l'instar de ce qui se pratiquait sous l'ancienne Chambre de maçonnerie, devant le bureau des inspecteurs généraux de la voirie, formé en bureau de consultation, etc... ;

« 5. — Que par ce mode d'instruction amiable, qui est de plein droit en matière administrative, la reprise des constructions suspendues comme vicieuses pourra devenir plus prompte, ce qui est une chose très-désirable pour les constructeurs et propriétaires, obligés sans cela de subir les délais que les formes purement contentieuses, non précédées de moyens de conciliation, consommeraient en pure perte. »

142. — On s'est demandé si les trois arrêtés préfectoraux que nous venons de citer avaient été légalement pris et si, par suite, il étaient exécutoires.

Or, les lois de 1789 et 1790, que nous avons mentionnées plus haut, confient à la vigilance de l'autorité municipale tout ce qui intéresse la sûreté publique; la police des constructions intéresse évidemment au plus haut degré la sûreté des citoyens. C'est donc à bon droit et en vertu des pouvoirs qu'il tenait des lois de 1789 et 1790 que le Préfet de la Seine, en sa qualité de maire de Paris, a pu prendre les trois arrêtés qui nous occupent.

RÉFORMATION DES VICES DE CONSTRUCTION. — VOIE AMIABLE

143. — Aujourd'hui, c'est encore conformément aux dispositions de ces Arrêtés que les commissaires-voyers d'arrondissement, lorsqu'ils ont reconnu, dans l'exécution des bâtiments, des vices de construction ou des infractions aux règlements et ordonnances concernant les bâtiments, se concertent avec un des commissaires-voyers divisionnaires (aujourd'hui commissaires-voyers principaux) pour visiter de nouveau les lieux.

Ils requièrent, sur place, la rectification des malfaçons ou vices de constructions et constatent dans un rapport, s'il y a lieu, le refus des constructeurs ou propriétaires d'y satisfaire.

En cas de non adhésion des dits constructeurs ou propriétaires, les commissaires-voyers les invitent à suspendre leurs travaux et à se trouver à la plus prochaine séance du bureau de consultation de la grande voirie, à l'Hôtel-de-Ville.

Au jour dit et tant en présence qu'en l'absence des constructeurs dûment invités, les rapports sont examinés et discutés par le bureau de consultation de la grande voirie.

Si le constructeur ou le propriétaire adhère à la décision prise par le bureau, il est invité à apposer sa signature au bas de la délibération contenant l'avis exprimé.

VOIE LÉGALE

144. — Dans le cas où les constructeurs ou propriétaires ne se sont pas présentés au bureau, s'ils refusent d'adhérer à la décision prise ou si, après y avoir adhéré, ils ne s'y conforment pas, il est suivi dans la forme ordinaire pour les contraventions de police. Il leur est notifié, par voie administrative, c'est-à-dire par les soins du maire de l'arrondissement, un Arrêté du Préfet enjoignant d'avoir à faire disparaître les malfaçons ou vices de construction dans un délai déterminé. Cet Arrêté sera pris en vertu des lois de 1789, 1790, 1837, 1867 et du Décret du 26 mars 1852. Faute de s'y conformer, il est dressé, par le commissaire-voyer, un procès-verbal pour infraction à un Arrêté légalement pris; ce procès-verbal sera vu par le Préfet de la Seine, pour être déféré à la justice.

Dans le cas où les vices de construction ne font pas craindre un péril imminent pour la sûreté publique, le constructeur peut se pourvoir, au contentieux devant le Conseil d'État, contre l'Arrêté du Préfet et les décisions ministérielles qui le confirment.

Le mode de procéder par visite de bâtiments et examen de la Commission de voirie n'est en résumé qu'un moyen, tout à l'avantage des constructeurs, d'éviter les lenteurs de la voie contentieuse et de terminer, par une voie amiable, les contestations sur les malfaçons ou vices de construction.

Assurément les commissaires-voyers réunis ne forment pas un Tribunal, c'est un bureau de consultation qui est chargé d'amener les propriétaires ou les constructeurs, par des avis ou par la voie de la persuasion, à exécuter les travaux qui leur sont demandés. La Commission ne prend pas de décision, parce qu'elle sait qu'elle n'en a pas le droit, elle discute les faits, les examine, entend les observations et donne son avis.

CONTESTATION. — APPEL AU MINISTRE

145. — Si le propriétaire ou le constructeur conteste l'utilité des mesures prescrites par l'Arrêté du Préfet, il pourra adresser son recours au Ministre de l'intérieur, conformément à l'art. 60 de la loi du 14 novembre 1789 et de l'art. 46, titre Ier, de la loi des 19-22 juillet 1791.

Le Ministre, après avoir pris l'avis du conseil des bâtiments civils, maintiendra ou annulera l'Arrêté du Préfet.

SECTION III

Règlements relatifs aux principaux éléments des constructions

146. — Les mesures que l'administration a le droit et le devoir de prendre, dans l'intérêt de la sécurité publique, peuvent varier à l'infini, suivant le mode de construction et la nature des matériaux employés ; cependant, nous rappellerons les dispositions relatives aux éléments principaux des constructions, jambes étrières, pieds-droits ou dosserets, sous-poitrails, filets ou poutres, murs en fondations, balcons, entablements ou corniches ; conduits de fumée en murs ou adossés, fosses d'aisances, pans de bois, planchers, dimensions des cours et courettes, hauteur des bâtiments sur cour, etc.

JAMBES ÉTRIÈRES

147. — Toutes les fois qu'un bâtiment à édifier ou à exhausser devra avoir plus d'un étage au-dessus du rez-de-chaussée, on devra établir des jambes étrières en pierre aux deux extrémités du mur de face.

148. — Cette jurisprudence de l'administration a été consacrée par un Arrêt du Conseil d'État [1], statuant au contentieux, le 26 décembre 1862, sur une requête présentée par un sieur Bourcier, propriétaire, rue de Sèvres, n° 111, contre une décision ministérielle du 12 avril 1861, approuvant un Arrêté du 30 mars 1860, par lequel le Préfet de la Seine, en autorisant le sieur Bourcier à construire un bâtiment composé d'un rez-de-chaussée et deux étages, lui avait imposé l'obligation d'établir des jambes étrières en pierre aux deux extrémités du mur de face.

[1] Conseil d'État, 26 décembre 1862. Bourcier.

Le dit sieur Bourcier prétendait utiliser la jambe étrière en moellon qui séparait sa propriété de la maison contiguë n° 113.

Cet Arrêt visait l'art. 4 du décret du 26 mars 1852.

COUTUME DE PARIS

149. — L'obligation d'établir des jambes étrières en pierre s'appuie sur les lois des bâtiments de Desgodets, d'après la Coutume de Paris, dont l'art. 207 est ainsi formulé :

« Il n'est loisible à un voisin, mettre ou faire mettre et asseoir
« poutres de sa maison dans le mur mitoyen d'entre lui et son
« voisin, sans y faire faire et mettre jambes parpeignes ou chaînes
« et corbeaux suffisants de pierres de taille, pour porter les dites
« poutres en rétablissant le mur ; toutefois, pour murs des champs,
« il suffit y mettre matière suffisante. »

Au paragraphe 13 des explications de cet article, Desgodets s'exprime ainsi :

« L'usage est de mettre à la tête des murs mitoyens sur la rue,
« en l'étage du rez-de-chaussée, une jambe de pierre de taille,
« soit boutisse, soit étrière. L'on nomme jambe boutisse celle dont
« la tête fait liaison de chaque côté dans les murs de face des deux
« maisons voisines, et la queue fait liaison par derrière avec le
« mur mitoyen.

« L'on nomme jambe étrière celle qui forme le mur et tableau
« ou pied-droit de baie de part et d'autre aux deux côtés de la tête
« et fait le parpin du mur mitoyen avec sa queue.

§ 14. « Les jambes boutisses ou étrières doivent régner depuis
« l'empatement du dessus de la fondation jusque sous les poi-
« treaux ou les premiers planchers ; et s'il y a des baies de portes
« ceintrées aux côtés de la jambe, elle sera étrière jusqu'au-dessus
« des impostes des ceintres, et le surplus au-dessus sera jambe
« boutisse au restant de la hauteur.

§ 15. « Les jambes étrières doivent être faites de grands
« quartiers de pierre de taille ; chaque assise d'une seule pierre,
« en liaison les unes sur les autres, par leurs queues dans le corps
« du mur mitoyen, au derrière les plus courtes ayant au moins
« quatre pieds de longueur, et les longues au moins quatre pieds et
« demi de long (soit 1^{m}30 et 1^{m}45) à compter du parement de
« leurs têtes jusqu'à l'extrémité de leurs queues dans le mur
« mitoyen ; et outre ce, la largeur de leurs têtes, compris les ta-
« bleaux des pieds-droits de chaque côté. »

150. — Quelques auteurs, et notamment Frémy-Ligneville, indiquent comme suffisantes des harpes de 0^{m}48 et 0^{m}65 dans les murs mitoyens, cest-à-dire des longueurs d'assises de 0^{m}98 et 1^{m}15 à partir du parement extérieur du mur ; mais comme il n'existe ni lois ni règlements formels à cet égard et que souvent l'appréciation est laissée aux experts nommés en cas de contestations, nous engageons les constructeurs à se baser sur les dimensions fixées par Desgodets.

Quant aux têtes ou dosserets à laisser en liaison dans les murs de face, nous sommes d'avis qu'ils ne peuvent être moindres de 0^{m}16, bien que Frémy-Ligneville les regarde comme suffisantes à 0^{m}12 ; enfin, nous engageons le constructeur qui élèvera le premier sa maison, s'il n'est pas d'accord avec son voisin, sur le dosseret à réserver, à laisser des harpes alternativement de 0^{m}16 et de 0^{m}32.

FONDATION SOUS LES JAMBES ÉTRIÈRES

151. — D'après Goupy, il ne serait pas nécessaire de fonder la jambe étrière en pierre jusqu'aux basses fondations, et l'on peut se contenter de l'asseoir sur libages en contre-bas de la retraite ou empattement du mur au droit du sol du rez-de-chaussée.

Bien que les jambes étrières soient assises en pleine maçonnerie sur l'empattement des murs en fondation, comme elles sont appelées généralement à recevoir la charge considérable des portées des poitrails, nous sommes d'avis qu'il y a lieu de les descendre en pierre jusqu'aux basses fondations.

Quoi qu'il en soit, le service de la voirie se contentera de jambes étrières en pierre dure avec harpes alternées de 0^{m}48 et 0^{m}65, dosserets de 0^{m}16 de chaque côté dans le mur de face et libages en contre-bas du sol, si le bâtiment ne s'élève pas à toute hauteur.

PIEDS-DROITS OU DOSSERETS

152. — Bien que les jambes étrières en pierre ne soient exigibles, d'après la jurisprudence administrative, que dans le cas où la construction est élevée de plus d'un étage au-dessus du rez-de-chaussée, lorsque le mur de face est percé d'ouvertures atteignant ou dépassant 2 mètres de largeur, les pieds-droits ou dosserets recevant les portées des poitrails de ces baies doivent être construits en pierre dure.

Les dimensions des assises de ces dosserets, si le mur n'est pas entièrement en pierre, devront varier en raison des efforts qu'elles auront à soutenir, mais nous pensons qu'il ne faut pas donner aux assises moins de 0^{m}40 et 0^{m}55 de longueurs alternées lorsqu'elles sont en liaison dans le surplus du mur.

Si les piles forment pieds-droits ou dosserets de chaque côté, elles devront être entièrement en pierre.

Cette mesure s'applique non-seulement aux piles ou dosserets placés dans les murs de face, mais encore aux piles ou dosserets intérieurs formant têtes ou chaînes dans les murs de refend, murs sur cours ou murs mitoyens et portant poutres, filets ou poitrails.

Lorsque ces chaînes ou pieds-droits porteront poitrail, les assises devront non-seulement former parpaing des murs dans lesquels elles seront engagées, mais encore former dosserets en saillie sur ces murs.

SCELLEMENT DES POUTRES EN MUR

153. — C'est encore à la Coutume de Paris qu'est empruntée cette réglementation.

Goupy, commentateur de Desgodets, s'exprime ainsi sur cette question :

« Cet article (207) de la Coutume de Paris, n'ordonne de mettre « des jambes sous poutres que dans les murs mitoyens ; cepen-« dant, dans la construction des bâtiments, la police des bâ-« timents oblige tous les propriétaires, lorsqu'ils veulent asseoir « des poutres dans un mur, de faire mettre au-dessous des jambes « de pierre, et un maçon qui ferait sceller et poser une poutre « dans un mur, sans y mettre des jambes de pierre au-dessous, « serait condamné à l'amende et le propriétaire serait obligé d'en « faire mettre une après coup. Ce règlement a force de loi, quoi-« que la Coutume n'ait prononcé que sur les murs mitoyens. »

POUTRE SUR DOSSERET

154. — Si le scellement d'une poutre en plein mur en moellon est considéré comme vice de construction, à plus forte raison est considérée comme vicieuse la pose d'un filet, poutre ou poitrail sur une tête ou dosseret en moellon ; aussi, comme il ne pourrait être permis, dans un mur de face retranchable, de remplacer des trumeaux ou parties de mur en moellon par des piles ou dosserets en pierre, ce qui constituerait un travail éminemment confortatif, l'administration autorise-t-elle les ouvertures de baies de 2 mètres et au-dessus de largeur, dans un mur de face retranchable, à la condition de poser sous les abouts des poitrails, des poteaux d'applique dont les dimensions sont déterminées suivant les espèces et de manière toutefois à ne pas constituer un ensemble d'une solidité supérieure à l'ancien état de choses.

CONSTRUCTION DES MURS

155. — En ce qui concerne la construction des murs, nous indiquerons sommairement les conditions prescrites, soit par un jugement du maître général des bâtiments, du 29 octobre 1685, soit les conditions indiquées par Davenne.

MURS EN FONDATION

156. — Les murs en fondation, depuis le bon et solide fond jusqu'au rez-de-chaussée des rues ou cours, doivent être construits en moellons et libages de bonne qualité (ou mieux encore en meulière) maçonnés avec chaux et sable (ou ciment).

Pour plus grande solidité, aux murs élevés en plâtre au-dessus du rez-de-chaussée, on posera au-dessus du dit rez-de-chaussée une ou deux assises de pierre de bonne qualité, et principalement aux murs pignons.

Tout étage au-dessous du sol du rez-de-chaussée sera voûté en maçonnerie (ou couvert par un plancher de fer hourdé).

Aucun mur en fondation, supportant des constructions supérieures, ne servira de parois pour fosses d'aisances ni de points d'appui pour les voûtes de ces fosses.

MURS EN ÉLÉVATION

157. — Les trumeaux ou pieds-droits à l'étage du rez-de-chaussée, s'ils n'excèdent pas 0^m61 de face, seront construits entièrement en pierre de taille.

On pourrait les construire dans de bonnes conditions, en briques reposant sur une assise de pierre formant socle, et une formant sommier; mais à condition que les baies y attenant n'excèdent pas 2 mètres de largeur.

Si un mur de face, ou un mur de refend portant plancher, doit s'élever dans la hauteur de cinq étages au-dessus du rez-de-chaussée, nous sommes d'avis qu'il y a lieu de lui donner au moins 0^m33 d'épaisseur de brique nue, dans la hauteur du rez-de-chaussée et du premier étage.

BALCONS, ENTABLEMENTS, CORNICHES

158. — (Voir aux Saillies.)

CONDUITS DE FUMÉE

159. — Au nombre des éléments les plus importants des constructions et les plus intéressants au point de vue de la stabilité et de la sûreté des édifices, il faut assurément ranger les foyers et conduits de fumée, qui pour leurs dimensions, leur direction et le mode d'exécution, ont toujours été l'objet de la surveillance de l'autorité et ont été soumis à des règlements et ordonnances que nous rappellerons ultérieurement.

Aujourd'hui ces objets sont réglementés par un arrêté du Préfet de la Seine, ainsi conçu :

ARRÊTÉ PRÉFECTORAL CONCERNANT LA CONSTRUCTION DES TUYAUX DE FUMÉE DANS L'INTÉRIEUR DES MAISONS DE PARIS (8 août 1874)

160. — Le Préfet du département de la Seine, vu le décret du 26 mars 1852 portant :

« Art. 4. § 1er. — Il (le constructeur) devra adresser à l'administration un plan et des coupes cotés des constructions qu'il projette et se soumettre aux prescriptions qui lui seront faites dans l'intérêt de la salubrité et de la sécurité publique ;

« Vu l'ordonnance du 11 décembre suivant, sur les prescriptions à suivre dans la construction des tuyaux de cheminée ;

« Vu l'arrêté préfectoral du 28 juillet 1873, qui institue une Commission spéciale pour rechercher, étudier et proposer les modifications qu'il convient d'apporter aux règlements en vigueur, concernant l'établissement des tuyaux de fumée dans l'intérieur des maisons ;

« Vu le projet de réglementation présenté par la Commission dont il s'agit ;

« Arrête :

« Art. 1er. — Il est interdit, d'une manière absolue, de pratiquer des foyers ou des conduits de fumée, dans les murs mitoyens et dans les murs séparatifs de deux maisons contiguës, qu'elles appartiennent ou non au même propriétaire.

« Art. 2. — Il est permis de pratiquer des conduits de fumée dans l'intérieur des murs de refend en moellons, ayant au moins 0m40 d'épaisseur, et dans les murs en briques ayant au moins 0m37 d'épaisseur, enduits compris.

« Art. 3. — Les conduits de fumée engagés dans ces murs ne pourront être exécutés qu'en briques, ou avec des matériaux en terre cuite pouvant se relier, au moyen de harpes courtes et longues, avec les matériaux constitutifs du mur.

« Il est absolument interdit de se servir, pour cet usage, de boisseaux ou pots en terre cuite ou en plâtre, et de pigeonner ces conduits avec des moules dans l'intérieur des murs.

« Art. 4. — Entre la paroi intérieure des tuyaux engagés dans les murs et le tableau des baies pratiquées dans ces murs, il sera toujours réservé un dosseret de maçonnerie pleine, ayant au moins 0^m45 d'épaisseur, enduits compris.

« Cette épaisseur pourra être réduite à 0^m25, à la condition que le dosseret soit construit en pierre de taille dure ou en briques de bonne qualité.

« Art. 5. — Tout conduit de fumée présentant une section intérieure de moins de 0^m60 de longueur sur 0^m25 de largeur, devra avoir, au minimum, une section de 4 décimètres carrés ; le petit côté des tuyaux rectangulaires n'aura pas moins de 0^m20 et le grand côté ne pourra dépasser le petit de plus d'un quart. Les angles intérieurs seront arrondis sur un rayon de 0^m05 au moins, et ces parties retranchées seront comptées dans la section.

« Art. 6. — Les tuyaux de cheminées non engagés dans les murs, ne seront autorisés que s'ils sont adossés à des piles en maçonnerie ou à des murs en moellons ayant au moins 0^m40 d'épaisseur, enduits compris, ou à des murs en briques ayant au moins 0^m22 d'épaisseur ou, dans le dernier étage, à des cloisons en briques de 0^m11 d'épaisseur.

« Ils devront être solidement attachés au mur tuteur.

« Ceux qui présenteront une section de 0^m60 de longueur sur 0^m25 de largeur pourront être en plâtre pigeonné à la main.

« Ceux de dimensions moindres devront, à moins d'une autorisation spéciale, être construits soit en briques, soit en terre cuite, et recouverts en plâtre.

« Art. 7. — L'épaisseur des languettes, parois et costières des tuyaux engagés dans les murs ou adossés, ne pourra jamais être inférieure à 0^m08, enduits compris.

« Art. 8. — Les tuyaux de cheminée ne pourront dévier de la verticale de manière de former avec elle un angle de plus de 30 degrés.

« Ils devront avoir une section égale dans toute leur hauteur et seront facilement accessibles à leur partie supérieure.

« Art. 9. — Ne sont pas assujettis aux prescriptions de construction indiquées dans les articles précédents, notamment en ce qui concerne la nature des matériaux à employer : 1° les tuyaux de fumée placés à l'extérieur des habitations ; 2° les tuyaux des foyers mobiles ou à flamme renversée, pourvu que ces tuyaux ne sortent pas du local où est le foyer; 3° enfin les tuyaux de fumée d'usine, autant qu'ils ne traversent pas d'habitation.

« Art. 10. — Ampliation du présent arrêté sera adressée à M. l'Inspecteur général des ponts et chaussées, directeur des travaux de Paris, qui est chargé d'en assurer l'exécution.

« Fait à Paris, etc... »

EXAMEN DE L'ARRÊTÉ DU 8 AOUT 1874
Murs mitoyens

161. — Le désir de livrer le plus de place possible à l'habitation ou au commerce, sur un terrain donné, avait conduit les constructeurs et les spéculateurs à loger dans l'épaisseur des murs mitoyens, ou des murs séparant deux maisons appartenant à un même propriétaire, les foyers ou conduits de fumée ; les mêmes motifs les avaient amenés à supprimer les murs de refend au rez-de-chaussée et souvent à l'entresol, et à les remplacer par des piles et colonnes isolées, supportant des poitrails ou filets à longue portée, de telle sorte, que là où la construction avait le plus besoin d'assiette, pour assurer la stabilité et s'opposer au roulement, on ne trouvait plus qu'un véritable quillage.

Les murs mitoyens, étant alors le plus souvent les seuls murs continus pouvant relier une construction dans toute sa profondeur et former, s'il nous est permis de nous exprimer ainsi, un châssis ou cadre rigide destiné à en assurer la stabilité; il importait de ne pas les laisser affamer par des conduits prenant quelquefois naissance au sous-sol, se multipliant aux divers étages, de telle sorte qu'à la partie supérieure de l'édifice, les murs qui avaient reçu les tuyaux des deux maisons, ne formaient plus en réalité qu'une construction vide pouvant se comparer à un assemblage de tuyaux d'orgues.

Dans la plupart des cas, ces murs séparaient des maisons disposées symétriquement, de telle sorte que les foyers, à chaque étage, se trouvaient adossés l'un à l'autre; la séparation entre les deux maisons se trouvait réduite à l'épaisseur d'une languette de briques, quelquefois seulement aux plaques de contre-cœur.

Le feu se déclarant dans une maison, pouvait se communiquer facilement à la maison voisine, quelquefois inoccupée, et prendre de grandes proportions avant qu'on en ait pu soupçonner l'existence.

Lorsque les tuyaux sont adossés et qu'il est nécessaire de les détruire pour arrêter le feu, on peut le faire sans attaquer le mur mitoyen, c'est-à-dire un des éléments les plus importants de la construction, et si l'édifice doit être entièrement détruit, le mur mitoyen intact et présentant une surface continue à son sommet peut offrir un refuge aux sapeurs-pompiers.

Enfin, chacun a pu voir que, dans bien des cas, les incendies allumés par la Commune ne se sont arrêtés qu'en rencontrant un mur plein dans toute son étendue.

Toutes ces raisons ont déterminé le Préfet de la Seine à proscrire, d'une manière absolue, l'introduction des foyers ou conduits de fumée dans les murs mitoyens ou séparatifs de deux maisons contiguës, ainsi qu'il est dit à l'art. 1er.

TUYAUX ENGAGÉS DANS LES MURS

162. — Les art. 2, 3, 4 et 5 sont relatifs à l'épaisseur et au mode de construction des murs de refend, dans lesquels il est permis de pratiquer des conduits de fumée, à la section et à la proportion ou rapport des dimensions des tuyaux.

TUYAUX ADOSSÉS

163. — L'art. 6 interdit les tuyaux ou groupes de tuyaux isolés et fixe la nature et les épaisseurs des murs auxquels peuvent être adossés les tuyaux de cheminées.

DES MURS TUTEURS

164. — Les épaisseurs des murs tuteurs doivent être au moins de 0m40 pour les murs en moellon, et de 0m22 pour les murs en briques.

Il est, en effet, contraire aux principes les plus élémentaires de la construction d'adosser, soit à des cloisons en briques de 0m054 ou de 0m11, soit à des cloisons armées, dites pans de fer, n'offrant aucune condition de stabilité, des groupes de tuyaux dont le poids amènerait le déversement des dites cloisons.

Les cloisons de 0m11, déchargées à chaque étage par des filets en fer, ont été complétement condamnées, comme constructions vicieuses, attendu que, pour que ces filets en fer aient une utilité quelconque et puissent supporter, par le fait, chacun un étage de cloisons ou de tuyaux, ils auraient dû conserver leur élasticité et par suite couper la cloison au droit de chaque plancher, en provoquer le déversement et enfin rompre les tuyaux justement à l'endroit le plus dangereux, c'est-à-dire dans le voisinage des plinthes et des parquets.

Quant aux pans de fer ou cloisons armées, la Commission chargée d'étudier la question n'a pu considérer ce mode de construction comme sérieux et a jugé qu'il n'y avait pas lieu de s'y arrêter, eu égard surtout à la déformation des fers dans les incendies.

En raison de la dépense considérable qu'il faudrait faire pour établir de véritables pans de fer offrant toute garantie de solidité et pouvant présenter un appui sérieux comme un pan de bois, indépendamment du hourdis et vu le faible avantage qu'ils présenteraient et qui consiste en une différence d'épaisseur de 0^m14 à 0^m25, du moindre pan de fer à un mur en briques, ce mode de construction ne peut se répandre.

DES LANGUETTES

165. — Les autres dispositions de l'arrêté fixent à 0^m08 les épaisseurs de toutes languettes de tuyaux, soit engagés, soit adossés, et rappellent des dispositions réglées précédemment par des Ordonnances de police.

Une Ordonnance de police, du 11 décembre 1852, résumant en partie les dispositions des anciens règlements, a fixé les règles à observer dans la construction des cheminées, âtres, tuyaux, fourneaux, calorifères. (Voir à l'Appendice.)

HOTTES DE FOURNEAUX

166. — Par suite des prescriptions imposées par la Commission des logements insalubres, en raison de nombreux accidents occasionnés par les gaz délétères de charbon, l'administration exige, pour tous les fourneaux de cuisine, l'établissement d'une hotte en communication directe avec un tuyau de cheminée et d'une *ventouse* ou prise d'air pour activer l'ascension des gaz.

FOSSES D'AISANCES

167. — Voir à l'Appendice.

DES PANS DE BOIS. — PANS DE BOIS EN FAÇADE SUR RUES.
ÉDIT DE DÉCEMBRE 1607

168. — Les pans de bois en façade sur la voie publique sont prohibés d'une manière formelle par l'art. 4 de l'Édit de décembre 1607, qui défend : « de permettre qu'il soit fait aucunes saillies, avances « et pans de bois aux bâtiments neufs et même à ceux où il y en « a à présent, contraindre les réédifier, n'y faire aucun ouvrage « qui les puissent conforter, conserver et soutenir. »

169. — Les règlements postérieurs sont moins absolus : ainsi, l'Édit du 16 juin 1693; l'Arrêt du Conseil du 27 février 1765; les règlements du Maistre général des bâtiments des 1er juillet 1712, 28 avril 1719, 13 octobre 1724; enfin, la Déclaration du Roi du 10 avril 1783, défendent d'élever aucuns pans de bois sur la voie publique sans en avoir obtenu la permission, à peine d'amende, outre la démolition.

170. — Une Ordonnance de police du 18 août 1667, faisait défense aux propriétaires de faire aucune pointe de pignon, forme ronde ou carrée, et enjoignait de faire couvrir les pans de bois, de lattes, clous et plâtres, tant en dedans qu'en dehors, de telle manière qu'ils soient en état de résister au feu.

AUTORISATION EXCEPTIONNELLE

171. — Aujourd'hui, l'administration n'accorde l'autorisation de construire des pans de bois que dans les deux cas suivants :

172. — 1º Lorsque la profondeur du terrain, sur lequel on doit construire, n'a pas plus de 8 mètres et à condition que le mur de face soit en maçonnerie, dans toute la hauteur du rez-de-chaussée.

DÉCISION MINISTÉRIELLE, 3 JUILLET 1846. — TERRAIN N'EXCÉDANT
PAS 8 MÈTRES DE PROFONDEUR

Cette jurisprudence a été sanctionnée par une décision du Ministre de l'intérieur, en date du 3 juillet 1846, confirmant un Arrêté du Préfet qui avait refusé une surélévation en pan de bois « après avoir fait vérifier en outre (dit la décision), que la « propriété du sieur Tresse (rue Française, nº 10), a plus de « 8 mètres de profondeur. »

173. — 2º Lorsque le pan de bois établi au-dessus de l'entablement forme attique, constitue le dernier étage possible et peut être considéré comme faisant partie du comble.

Cette deuxième disposition est conforme à un avis du Ministre de l'intérieur exprimé dans une lettre au Préfet de la Seine, en date du 25 février 1825, en ces termes :

AVIS DU MINISTRE DE L'INTÉRIEUR, 25 FÉVRIER 1825
ÉTAGES EN RETRAITE

« **174.** — Que l'usage de tolérer les étages dans les combles exige « qu'ils soient faits en retraite et en pans de bois, afin d'alléger « la surcharge des porte-à-faux, et ensuite parce que faisant partie « du comble, ils doivent comme les combles être construits en « charpente. Ce mode de construction (les pans de bois) n'a été auto- « risé par l'Édit de 1693, qu'à la condition d'une permission préa- « lable, permission, qu'en règle générale, l'autorité municipale peut « accorder ou refuser, mais qu'elle doit nécessairement donner « dans les cas semblables à celui d'ont il s'agit ici, par le motif « dont je viens de parler, sauf à elle à prescrire les précautions « qu'elle juge nécessaires. »

174. — Par application de cette décision ministérielle, le Conseit d'État a jugé ([1]) que les étages en attique et en retraite, au-dessus de l'entablement des maisons, ne peuvent être cons- truits en pierre, lorsque la hauteur de la façade en maçonnerie a déjà atteint la hauteur légale, mais qu'ils doivent être construits en pans de bois et en plâtre.

ORDONNANCE DE POLICE, 18 AOUT 1667

175. — Les pans de bois, qui pouvaient être permis excep- tionnellement, étaient soumis à des conditions particulières ; ainsi l'Ordonnance de police du 18 août 1667 :

1° Défend de construire aucun mur de face ni pans de bois de hauteur de plus de 8 toises depuis le rez-de-chaussée des rues jusqu'à l'entablement ;

2° Enjoint de faire couvrir les pans de bois de lattes, clous et plâtre, tant en dedans qu'en dehors, de telle manière qu'ils soient en état de résister au feu, sous peine, en cas de contravention, de 50 livres d'amende et démolition des ouvrages.

______
([1]) Conseil d'État, 22 août 1834. Cathrein et Pelagot.

DÉCLARATION DU ROI. — 10 AVRIL 1783

176. — La Déclaration du 10 avril 1783 avait également fixé à 48 pieds seulement la hauteur des maisons lorsqu'elles sont faites en pans de bois.

JURISPRUDENCE DU CONSEIL D'ÉTAT

177. — En ce qui concerne la hauteur particulière à donner aux pans de bois, le Conseil d'État a décidé que (1) :

Les Déclarations du Roi des 16 juin 1693 et 10 avril 1783, qui exigent pour les constructions en pans de bois une autorisation spéciale, et leur assignent pour maximum de hauteur 15^{m}60, n'ont pas été abrogées par les lettres patentes de 1784 qui ont déterminé des hauteurs générales pour toutes les maisons de Paris, sans faire d'exception pour les pans de bois.

(L'article 3 des lettres patentes de 1784 ordonne que la Déclaration de 1783 sera exécutée selon sa forme et teneur en ce qui n'y est pas dérogé.)

Le décret du 27 juillet 1859, qui régit actuellement les hauteurs des maisons, n'a pas abrogé ces dispositions.

178. — L'Édit de décembre 1607 et l'Édit du 16 juin 1693 sont toujours en vigueur, et c'est conformément à leurs dispositions que le Conseil d'État a jugé (2) que :

Le propriétaire qui avait supprimé sans autorisation le comble d'une maison (rue des Boucheries) et avait fait élever trois étages dont la façade était en pans de bois, devait être condamné à l'amende et à la démolition des ouvrages indûment faits.

Le propriétaire qui sans autorisation a fait élever, sur sa maison, deux étages en pans de bois doit être condamné à supprimer les étages et à payer une amende de 300 francs (3).

Nous ferons remarquer que le Conseil d'État ne prononce la démolition des ouvrages, que lorsque les travaux exécutés ne sont pas de nature à être permis.

Enfin, nous signalerons particulièrement les dispositions des Arrêts suivants :

Lorsqu'un locataire a construit, antérieurement à la permission de l'autorité administrative, et a contrevenu en outre à cette per-

---

(1) 2 août 1838, Sécretain. 18 novembre 1838, Guillaumot.
(2) Conseil d'État, 30 mai 1821, Lebaillif.
(3) 9 novembre 1836, Ballu. 12 juillet 1837, Debrien.

mission qui n'autorisait que de légères réparations, et *aux règlements qui interdisent de construire les façades sur rue en pans de bois,* c'est le propriétaire qui doit être condamné et à qui doit être imposée l'amende encourue (1).

Nous citerons, en dernier lieu, les Arrêts par lesquels la Cour de cassation a décidé que l'autorité municipale peut prohiber les pans de bois en vertu des lois des 16-24 août 1790 et 18 juillet 1837, qui lui imposent de veiller à la sûreté publique (2).

Sans rappeler les conditions imposées par les règlements du Maître général des bâtiments des 1er juillet 1712, 28 avril 1719, 13 octobre 1724, nous nous bornerons à indiquer que le sapin est prohibé à Paris pour les pans de bois.

L'ÉTABLISSEMENT DE PANS DE BOIS EN FAÇADE CONSTITUE UNE CONTRAVENTION DE GRANDE VOIRIE

179. — Bien que la prohibition d'exécuter des pans de bois, en façade sur la voie publique, constitue une véritable mesure de police ou de sûreté publique, attendu que l'interdiction qui les frappe suivant les règlements que nous avons rappelés, n'est pas relative au mode d'exécution, mais à leur nature même, les contraventions auxquelles donnent lieu leur construction, en façade sur la voie publique, sont des contraventions de grande voirie, et par suite sont portées devant le Conseil de préfecture.

PLANCHERS EN CHARPENTE

180. — En ce qui concerne la nature et la disposition des bois employés dans les planchers, nous rappellerons les règles indiquées par Davenne.

Les chevêtres n'auront pas plus de 2^m45 de longueur, lorsqu'ils seront assemblés de chaque bout dans les enchevêtrures, ni plus de 3 mètres lorsqu'une de leurs extrémités sera portée dans le mur ; le tout mesuré dans œuvre.

La grosseur des plus courtes solives de remplissage ou de travées, ne sera pas moindre de 0^m11 sur 0^m19 (nous préférons dix centimètres sur vingt, et jusqu'à trois mètres de portée; huit centimètres sur vingt nous paraissent suffisants.)

---

(1) 2 Août 1826, Dunoux. 5 Décembre 1834, Lesieur.
(2) Cour de cassation, 29 décembre 1820. 5 septembre 1835. 11 mars 1830. 5 décembre 1837.

Les pièces principales ne seront pas assemblées dans les poutres, poutrelles ou poitrails.

Les solives de remplissage ne seront ni scellées dans les murs, ni assemblées dans les poutres, poutrelles ou poitrails.

La portée des solives d'enchevêtrure et des sablières sera de 0^m25 dans les murs en moellon ou meulière et de 0^m16 dans les murs de pierre de taille (à notre avis il faut au moins 0^m20), la portée des solives de remplissage sera de 0^m16 dans les murs de toute nature.

Les solives d'enchevêtrure, les chevêtres et linçoirs et les sablières pourront avoir leurs portées sur des poutres, poutrelles ou poitrails ; dans ce cas, la longueur de la portée sera de 0^m16 (0^m20 d'après nous).

L'espacement des solives ne sera pas de plus de quatre à la latte (soit 0^m33 de milieu en milieu).

Les chevêtres au-devant d'une trémie de cheminée seront toujours placés à 1 mètre de distance au moins du mur, la largeur dans œuvre de la trémie ne sera pas moindre de 1^m15.

L'usage des liernes avec entailles et mortaises, pour recevoir des solives de travées de planchers, est prohibé.

Le bois de sapin ne sera employé dans la construction des planchers qu'en brin et à découvert par dessous.

(Selon nous, il faut entendre ici l'expression en brin, sans assemblage ou portant en plein sur filets ou sablières, et non pas à l'exclusion des bois de sciage.)

Tout plancher bas à l'étage de rez-de-chaussée ne sera établi qu'à un mètre au moins du niveau du sol le plus élevé.

Il y a contravention, dans l'emploi de vieux bois au lieu de bois neuf pour la construction d'un plancher, mais la démolition n'est point ordonnée si les bois sont sains, bien ferrés et peuvent être conservés.

(Conseil d'Etat, 6 janvier 1830.)

DES COURS

181. — Les cours destinées à éclairer et à aérer les pièces à l'usage d'habitation situées sur la face postérieure des bâtiments élevés en bordure des rues ou dans des espaces intérieurs, doivent avoir des dimensions suffisantes pour permettre au jour de pénétrer dans l'intérieur des habitations. Aucun règlement ne fixe les dimensions à donner aux cours, et suivant les espèces, l'administration peut apprécier les proportions qu'il convient de leur donner pour placer les maisons dans des conditions convenables de salubrité. Bien que la surface des courettes ait été fixée au minimum de 4 mètres, par le décret du 18 juin 1872, il ne faut pas perdre de vue que leurs fonctions se bornent à éclairer des dégagements, cabinets d'aisances, antichambres, cuisines, à l'exclusion de toute pièce destinée à l'habitation de nuit, et par suite, il ne faudrait pas en conclure qu'un espace de 5 ou 6 mètres par exemple serait suffisant pour constituer une cour.

A notre avis, une cour doit avoir au moins 12 mètres de superficie et son plus petit côté ne saurait dans aucun cas être moindre de 3 mètres.

Pour les constructions élevées dans des cas déterminés, à la hauteur maxima de 20 mètres, le décret du 18 juin 1872 a limité les cours à la surface minima de 40 mètres, le plus petit côté devant avoir au moins 4 mètres.

(Voir Hauteur des maisons.)

COUVERTURE DES COURS

182. — La couverture des cours, soit qu'elle concerne des constructions nouvelles, soit qu'elle se rapporte à des bâtiments déjà existants, a fixé l'attention de l'administration d'une manière toute spéciale, au point de vue de l'exécution de l'art. 4 du décret du 26 mars 1852.

En ce qui concerne les cours proprement dites, deux cas doivent être distingués : ou les localités prenant jour et air au-dessous de la couverture servent de magasin, de dépôt, etc..., ou elles sont affectées à l'habitation et se composent de chambres à coucher, cuisines, cabinets d'aisances, etc...

Dans le premier cas, l'intérêt de la salubrité exige seulement que la couverture de la cour soit surmontée d'un châssis ventilateur ou lanterne à faces verticales , sans fermeture et d'une hauteur de 0^m50 au moins. Dans le second cas, un espace sans couverture doit toujours être réservé au droit des ouvertures des pièces destinées à l'habitation.

(Note du Directeur de la voirie, 12 décembre 1862.)

DES COURETTES.

183. — Les petites cours ou courettes sont, à proprement parler, ces puits d'aérage et de ventilation, compris dans un bâtiment compact, en faisant partie intégrante, et dont les fonctions se bornent à aérer les escaliers, dégagements, cuisines ou cabinets d'aisances, mais nulle pièce habitable de nuit.

Les constructeurs étaient arrivés à réduire ces courettes à des dimensions impossibles et à les faire descendre jusqu'à 1 mètre seulement de superficie.

Le Décret du 18 juin 1872, sanctionnant une mesure que l'administration imposait depuis 1856, a fixé au minimum de 4 mètres la surface des courettes, le plus petit côté ne pouvant être moindre de 1^{m}60, et a interdit, en outre, de faire servir les courettes à éclairer et aérer aucune pièce à usage de chambre à coucher, si ce n'est au dernier étage de la maison.

Pour que les courettes soient établies dans les conditions les plus favorables, nous sommes d'avis que les murs qui les entourent doivent être montés verticalement jusqu'à leur rencontre avec la couverture des combles, qu'elles doivent être couvertes, à leur sommet, par des lanternes vitrées, avec isolement de 0^{m}50 au moins au-dessus du comble et mises en communication soit avec la rue, soit avec la cour principale, par un couloir, une trémie ou un tuyau d'une section suffisante, ou même avec l'étage souterrain par un large soupirail, une trémie ou un tuyau d'au moins 0^{m}25 carrés.

Nous considérons comme vicieuse la disposition qui consiste à retourner les pentes des combles sur les courettes de surface restreinte et à laisser les eaux pluviales ou ménagères s'écouler, soit au niveau du sol, dans des ruisseaux, soit au niveau du premier plancher, dans des chéneaux dont la surveillance et le nettoiement sont quelquefois difficiles et par suite sont cause d'une humidité et d'exhalaisons malfaisantes.

En ce qui concerne la lumière, les faces de la courette montées verticalement jusqu'à leur rencontre avec la couverture, sont plus avantageuses que des pentes de comble retournées sur la courette, attendu que la lumière qui profite aux étages inférieurs ne peut être, eu égard au peu de largeur des courettes, qu'une lumière diffuse ou réfléchie avec plus d'intensité par des parois enduites en plâtre que par des ardoises ou du zinc.

Au point de vue des règlements de voirie, les parois de la courette renfermée dans les conditions déterminées par le Décret du 18 juin 1872, peuvent être montées verticalement jusqu'à la couverture, sans que l'on soit tenu de retourner les pentes des combles.

HAUTEUR DES MAISONS. — HAUTEUR D'ÉTAGES

184. — Voir le chapitre spécial.

SECTION IV

Des Bâtiments en péril

185. — Nous avons indiqué ci-dessus la marche suivie par l'administration, lorsqu'il s'agit de remédier à un vice de construction ou à une cause de péril qui n'est pas imminent ; nous reviendrons plus loin sur cette question en parlant des contraventions de police.

Examinons maintenant quel est le droit de l'administration et les formalités qu'elle doit remplir, lorsqu'il s'agit de remédier à un péril pour cause de vétusté ou à un péril imminent.

DROIT DE L'ADMINISTRATION

186. — Le Décret du 10 octobre 1859 ayant fait passer dans les mains du Préfet de la Seine, les attributions du Préfet de police, en ce qui concerne la petite voirie, telle qu'elle est définie par l'Arrêté des Consuls du 12 messidor an VIII, et l'art. 21, section III de cet arrêté chargeant le Préfet de police « d'ordonner la démolition ou réparation des bâtiments menaçant ruine », c'est donc bien au Préfet de la Seine qu'incombe le droit d'agir en cette matière.

La volonté de la loi se manifeste encore d'une manière formelle dans l'art. 471, § 5 du Code pénal, qui punit d'une amende depuis 1 fr. jusqu'à 5 fr. « ceux qui auront négligé ou refusé d'exé- « cuter les règlements ou arrêtés concernant la petite voirie, ou « d'obéir à la sommation émanée de l'autorité administrative de « réparer ou démolir les édifices menaçant ruine. »

187. — Le droit d'agir appartient au Préfet, à l'exclusion du Conseil de Préfecture qui ne saurait, sans excéder les bornes de sa compétence, prescrire aucune mesure à l'égard des édifices qui menacent ruine par vice de construction ; tel est l'avis du Conseil d'État (1). Et, en effet, ces questions de péril ne sauraient en aucun

---

(1) Conseil d'État, 1er septembre 1832. 1er juin 1843.

cas être considérées comme ressortissant à la grande voirie, ce sont véritablement des questions de police.

Il ne faudrait pas en conclure, qu'il appartient au tribunal de police de prononcer sur le fait du péril et sur le fond de la question ; ce droit appartient tout entier au Préfet, ainsi que le veut l'Arrêté des Consuls ; nous verrons plus loin de quelle nature pourrait être l'intervention du tribunal.

MARQUES DE PÉRIL

188. — Les causes de péril peuvent varier à l'infini suivant les espèces, soit en raison de la nature des matériaux, du mode de construction, soit en raison des conditions générales de stabilité d'un édifice ; nous citerons toutefois quelques cas particuliers que la doctrine et la jurisprudence en cette matière ont pour ainsi dire posés en principe.

Il y a péril imminent :

1º Lorsque c'est par vétusté que l'une ou plusieurs jambes étrières, trumeaux ou pieds-droits sont en mauvais état (¹);

2º Lorsque le mur de face est en surplomb de la moitié de son épaisseur, dans quelque état que se trouvent les jambes étrières, les trumeaux et pieds-droits (²);

3º Si le mur sur rue est à fruit et qu'il ait occasionné, sur la face opposée, un surplomb égal au fruit de la face sur rue, ce qui indiquerait un déversement général ;

4º Lorsque les fondations sont mauvaises ;

5º S'il y a un bombement égal au surplomb dans les parties inférieures du mur de face.

MODE DE PROCÉDER

189. Les règles à suivre ont été établies par les Déclarations du Roi du 18 juillet 1729 et 18 août 1730. (Voir l'Appendice.)

Ces déclarations avaient indiqué la marche que devaient suivre, relativement aux périls imminents, les officiers de police et les commissaires généraux de la voirie qui connaissaient concurremment de ces sortes d'affaires.

Nous rapporterons à l'Appendice la Déclaration de 1729, qui réglait les fonctions des officiers du Châtelet. La seconde, de 1730,

____

(1) Conseil d'État, 26 décembre 1827.   (2) Conseil d'État, 19 mars 1823.

était entièrement conforme à la première, quant au fond de la procédure qui s'instruisait dans le premier cas devant le lieutenant de police, et dans le second, devant le Bureau des Finances.

Sur le vu du rapport, dressé par le commissaire-voyer et constatant l'état de ruine du bâtiment, le Préfet de la Seine prend un arrêté par lequel il ordonne de réparer ou de démolir la construction, dans un délai déterminé, suivant que le bâtiment se trouve aligné ou en saillie sur l'alignement.

Cet arrêté est notifié par voie administrative, au domicile du propriétaire, s'il est connu, ou aux personnes qui ont la maison ou en ont la garde.

La Cour de cassation a décidé que lorsque le propriétaire d'une maison menaçant ruine est domicilié dans un autre lieu, il n'est pas nécessaire, à peine de nullité, que les significations lui soient faites à personne ou domicile, il suffit qu'elles soient remises au mandataire qui a déjà stipulé pour lui, ou à son principal locataire, ou même à l'un des locataires.

L'arrêté désigne un expert chargé de procéder à la visite du bâtiment, au cas où l'utilité de la mesure serait contestée, avec indication du jour où la visite doit avoir lieu. Si le propriétaire conteste, il doit nommer un expert qu'il fait connaître au Préfet de la Seine, avant le jour fixé pour la visite des lieux.

Si les deux experts ne tombent pas d'accord, un tiers expert est nommé par le Préfet.

Si le rapport des experts établit la réalité du péril, le Préfet prend un nouvel arrêté portant que, dans un délai déterminé, le propriétaire du bâtiment sera tenu de le faire cesser et d'y mettre des ouvriers, faute de quoi et le dit temps passé, sans qu'il soit besoin d'un nouvel arrêté, il sera procédé à la démolition par les soins de l'administration.

Bien que l'Arrêté des Consuls du 12 messidor an VIII charge le Préfet d'ordonner la démolition ou la réparation des bâtiments menaçant ruine, nous sommes d'avis qu'avant d'exécuter d'office s'il y a lieu, la démolition, un procès-verbal doit être dressé pour inexécution d'un arrêté légalement pris et ce procès-verbal déféré au tribunal de simple police, lequel, en vertu de l'art. 471 du Code pénal, condamnera le propriétaire à l'amende et autorisera l'exécution des réparations ou la démolition aux frais du propriétaire, mais sans examiner s'il y a péril et s'il y a lieu ou non à démolition ; c'est au Préfet seul qu'appartient ce droit.

PÉRIL IMMINENT

190. — Lorsque le péril est tellement imminent, qu'il y a urgence à prendre des mesures de sûreté publique, le Préfet peut alors, sous sa responsabilité personnelle et sans attendre l'issue d'une expertise, ainsi que le permettent les art. 10 et 11 de la Déclaration de 1729, faire de suite procéder à la démolition, si le propriétaire n'exécute pas l'Arrêté qui lui a été signifié.

Toutefois la poursuite n'en continue pas moins, devant le tribunal de police, pour faire condamner le contrevenant à l'amende et aux frais de la démolition opérée.

Dans le cas d'exécution d'office, les frais de démolition sont avancés par la Ville de Paris, aux termes de la loi du 11 frimaire an VII, art. 4, et le remboursement en est poursuivi contre le propriétaire par privilége et préférence sur toutes les autres créances, conformément à la Déclaration du Roi du 18 août 1730.

RECOURS AU MINISTRE OU AU CONSEIL D'ÉTAT

191. — Les Arrêtés pris en matière de péril, par le Préfet de la la Seine, peuvent être attaqués, par la voie du recours, devant le Ministre de l'intérieur, et même par la voie contentieuse, devant le Conseil d'État, mais seulement lorsqu'il y a eu excès de pouvoir de la part du Préfet.

Le Conseil d'État, par un Arrêt du 20 mai 1845, a jugé que la décision du Ministre de l'intérieur, qui approuve un Arrêté préfectoral, lequel confirmant un Arrêté du Maire ordonne, pour cause de péril imminent, après l'accomplissement des formalités légales, la démolition de la façade d'une maison, ne peut pas être déféré au Conseil d'État par la voie contentieuse.

CHAPITRE III

DES SAILLIES

DÉFINITION DES SAILLIES

192. — On entend par saillies tout ce qui est en avant de la face verticale d'un bâtiment, au delà de l'alignement, depuis le sol de la rue, c'est-à-dire au-dessus de la retraite ou empattement du mur de face sur les fondations au droit du sol, jusqu'au comble.

Les saillies telles que pilastres, corniches, balcons, ont pour objet la décoration des façades; d'autres, telles que les devantures de boutiques, enseignes, tableaux, attributs, sont destinées à attirer les regards du passant et favoriser le commerce.

ANCIENS RÈGLEMENTS

193. — Au nombre des anciens Édits ou Ordonnances qui réglaient les avances et hauteurs des saillies et fixaient les droits à percevoir pour la délivrance des permissions, nous citerons :

194. — L'Ordonnance du Prévôt de Paris, du 22 septembre 1600, pour la police générale et règlement de la voirie.

195. — L'Édit de décembre 1607, sur les attributions du grand-voyer, la juridiction en matière de voirie, la police des rues et des chemins.

Cet Édit a confirmé et généralisé les dispositions de l'Ordonnance du 22 septembre 1600. Les articles 4, 5, 9, 13 et 14 défendaient, à peine d'amende, d'établir aucune saillie sans le congé et l'alignement du grand-voyer, réglaient les avances et les hauteurs des saillies (les auvents notamment ne pouvaient être établis à moins de 10 ou 12 pieds du sol), et fixaient les droits à payer pour auvents, enseignes, etc., à 30 sols; pour changement et réfection, à 15 sols.

196. — L'Ordonnance du Bureau des Finances, du 26 octobre 1666, dont les dispositions sont entièrement reproduites dans l'Ordonnance du 1ᵉʳ avril 1697.

197. — La Déclaration du Roi, du 16 juin 1693, portant règlement pour les fonctions et droits des officiers de la voirie, qui défendait, à peine d'amende, de construire, démolir, d'établir des saillies sans avoir obtenu l'alignement et permission des trésoriers de France et commissaires de la voirie, et fixaient les droits à payer à 5 livres, pour constructions d'auvents cintrés, travails à maréchaux, pose d'étais, etc..., et à 4 livres pour boutiques, échoppes, petits auvents, etc...., pour le rétablissement des dits objets par caducité ou autrement, ou changement, le droit était réduit à moitié.

198. — L'Ordonnance du Bureau des Finances, du 1er avril 1697, portant règlement sur les saillies et étalages à Paris qui défendait, à peine d'amende de 20 livres, d'établir aucune saillie sans permission, réglait les avances et hauteurs des saillies (les consoles d'auvents, entre autres, ne pouvaient descendre à moins de 10 pieds du rez-de-chaussée); à cette Ordonnance était joint un tarif des droits à payer aux voyers experts ; ces droits étaient réduits à moitié pour le rétablissement ou le changement des objets.

199. — L'Ordonnance du Bureau des Finances, du 25 mai 1761, réglant la saillie des enseignes et fixant à 15 pieds au moins leur hauteur au-dessus du pavé.

200. — L'Ordonnance de police sur le même objet, du 17 décembre 1761.

201. — L'Ordonnance de police sur les gouttières saillantes, du 13 juillet 1764.

202. — Tous ces règlements, émanés d'autorités que la Révolution de 1789 avait fait disparaître, étaient pour ainsi dire tombés en désuétude ; les étalages, enseignes, tableaux et devantures envahissaient la voie publique, il devint urgent d'y porter remède. L'Ordonnance royale du 24 décembre 1823 vint régler les saillies et fixer des bornes qu'il n'est plus permis de franchir ; une Ordonnance de police, du 9 juin 1824, régla ensuite quelques points du service.

DÉLIVRANCE DES PERMISSIONS

203. — Pour tout ce qui concerne les saillies de grande ou de petite voirie, distinction que nous établirons ultérieurement, il est défendu à tous propriétaires, locataires, entrepreneurs et autres, d'établir ni de faire établir aucun objet en saillie sur la voie publique, sans en avoir obtenu la permission du Préfet de la Seine.

Le droit de régler les saillies et de délivrer les permissions appartient au Préfet de la Seine, en vertu de l'Arrêt du Conseil du 27 février 1765, de la loi des 16-24 août 1790, de l'Arrêté des Consuls du 12 messidor an VIII, et du décret du 10 octobre 1859.

ORDONNANCE DU ROI, 24 DÉCEMBRE 1823

204. — Ordonnance du Roi, contenant règlement sur les saillies dans la ville de Paris, du 24 décembre 1823 :

« Vu l'Ordonnance du Bureau des Finances de Paris, du 14 décembre 1725, portant détermination des saillies à permettre dans cette ville;

« Vu les lettres patentes du 22 octobre 1733, concernant les droits de voirie;

« Vu les lettres patentes du 31 décembre 1781, ordonnant l'exécution de différents règlements relatifs à la voirie de Paris;

« Vu le décret du 27 octobre 1808 ;

« Sur le compte qui nous a été rendu des accidents multipliés arrivés dans notre bonne ville de Paris, par la chute d'entablements, de corniches et d'auvents en plâtre, et de la difformité, des embarras et des dangers que présente la saillie démesurée des devantures de boutiques, tableaux, enseignes, étalages, bornes et autres objets placés au-devant des murs de face des maisons;

« Considérant qu'il est indispensable de prendre des mesures promptes et efficaces afin de prévenir de nouveaux malheurs et de remédier aux abus qui se sont introduits, par suite de l'inexécution des anciens règlements;

« Notre Conseil d'État entendu, nous avons ordonné, etc. :

DISPOSITIONS GÉNÉRALES

205. — « Titre Ier. — Dispositions générales.

« Art. 1er. — Il ne pourra, à l'avenir, être établi sur les murs de face des maisons de notre bonne ville de Paris, aucune saillie autre que celles déterminées par la présente Ordonnance.

« Art. 2. — Toute saillie sera comptée à partir du nu du mur au-dessus de la retraite.

DIMENSIONS DES SAILLIES

206. — « Titre II. — Dimension des saillies.

« Art. 3. — Aucune saillie ne pourra excéder les dimensions suivantes :

SAILLIES FIXES

207. — « Section Ire. — Saillies fixes.

« Pilastres et colonnes en pierre :

  « Dans les rues au-dessous de 8 mètres de largeur.... 0 03
  « Dans les rues de 8 à 10 mètres de largeur........... 0 04
  « Dans les rues de 12 mètres de largeur et au-dessus.. 0 10

  (« Lorsque les pilastres et les colonnes auront une épaisseur plus considérable que les saillies permises, l'excédant sera en arrière de l'alignement de la propriété, et le nu du mur de face formera arrière-corps à l'égard de cet alignement ; toutefois, les jambes étrières ou boutisses devront toujours être placées sur l'alignement.)

« Dans ce cas, l'élévation des assises de retraite sera réglée à partir du sol :

  « Dans les rues de 10 mètres de largeur et au-dessous , à 0^m80
  « Dans celles de 10 à 12 mètres de largeur.............. 1 00
  « Dans celles de 12 mètres et au-dessus................ 1 15
  « Grands balcons..................................... 0 80
  « Herses, chardons, artichauts et fraises............... 0 80
  « Auvents de boutiques................................ 0 80
  « Petits auvents au-dessus des croisées................ 0 25
  « Bornes dans les rues, au-dessous de 10 mètres de largeur... 0 50
  « Bornes dans les rues de 10 mètres et au-dessus....... 0 80
  « Bancs de pierre au côté des portes des maisons....... 0 60
  « Corniches en menuiserie sur boutiques.............. 0 50
  « Abat-jour de croisées, dans la partie la plus élevée.... 0 33
  « Moulinets de boulangers et poulies................... 0 50
  « Petits balcons, y compris l'appui des croisées......... 0 22
  « Seuils, socles...................................... 0 22
  « Colonnes isolées en menuiserie...................... 0 16
  « Colonnes engagées en menuiserie.................... 0 16
  « Pilastres en menuiserie............................. 0 16
  « Barreaux et grilles de boutiques..................... 0 16
  « Appuis de boutiques................................ 0 16
  « Tuyaux de descente ou d'évier....................... 0 16
  « Cuvettes.. 0 16
  « Devantures de boutiques, toute espèce d'ornement compris... 0 16
  « Tableaux, enseignes, bustes, reliefs, montres, attributs, y compris les bordures, supports et points d'appui.. 0 16

« Jalousies... 0 16
« Persiennes ou contrevents..................... 0 11
« Appuis de croisées............................. 0 08
. « Barres de supports............................ 0 08
    («Les parements de décorations au-dessus du rez-de-
    chaussée n'auront que l'épaisseur des bois appliqués au
    mur.)

SAILLIES MOBILES

208. — « Section II. — Saillies mobiles.
« Lanternes ou transparents avec potence.............. 0 75
« Lanternes ou transparents en forme d'applique....... 0 22
« Tableaux, écussons, enseignes, montres, étalages, attri-
buts, y compris les supports, bordures, crochets et points
d'appui.. 0 16
« Appuis de boutique, y compris les barres et crochets.. 0 16
« Volets, contrevents ou fermetures de boutiques....... 0 16
« Art. 4. — Les saillies déterminées par l'article précédent
pourront être restreintes suivant les localités. »

DISPOSITIONS RELATIVES A CHAQUE ESPÈCE DE SAILLIE

209. — Titre III. — Dispositions relatives à chaque espèce de
saillie.
« Section Ire. — Barrières au-devant des maisons.
« Art. 5. — Il est défendu d'établir des barrières fixes au-devant
des maisons et de leurs dépendances, quelles qu'elles puissent
être, tant dans les rues et places que sur les boulevards, à moins
qu'elles ne soient reconnues nécessaires à la propreté, et qu'elles
ne gênent point la circulation.
« La saillie de ces barrières ne pourra, dans aucun cas, excéder 1^m50.
« Art. 6. — Les propriétaires, auxquels il aura été accordé la
permission d'établir des barrières, seront obligés de les maintenir
en bon état.
« Section II. — Bancs, pas, marches, perrons, bornes.
« Art. 7. — Il ne sera permis de placer des bancs au-devant des
maisons que dans les rues de 10 mètres de largeur et au-dessus.
Ces bancs seront en pierre, ne dépasseront pas l'alignement de la
base des bornes, et seront établis, dans toute leur longueur, sur
maçonnerie pleine et chanfreinée.
« Art. 8. — Il est défendu de construire des perrons en maçonnerie sur la voie publique.

« Les perrons actuellement existants seront supprimés, autant que faire se pourra, lorsqu'ils auront besoin de réparations.

« Il ne sera accordé de permissions que pour les pas et marches, lorsque les localités l'exigeront. Ces pas et marches ne pourront dépasser l'alignement de la base des bornes. En cas d'insuffisance de cette saillie, le propriétaire rachètera la différence de niveau, en se retirant sur lui-même. Néanmoins, les propriétaires des maisons riveraines des boulevards intérieurs de Paris pourront être autorisés à construire des perrons au-devant des dites maisons, s'il est reconnu qu'ils sont absolument nécessaires, et que les localités ne permettent pas aux propriétaires de se retirer sur eux-mêmes.

« Ces perrons, quelle qu'en soit la forme, ne pourront, sous aucun prétexte, excéder 1 mètre de saillie tout compris, ni approcher à plus de 1 mètre de distance de la ligne extérieure des arbres de la contre-allée.

« Art. 9. — Il est permis d'établir des bornes aux angles saillants des maisons formant encoignure de rues ; mais lorsque ces encoignures seront disposées en pan coupé de 60 centimètres au moins et de 1 mètre au plus de largeur, une seule borne sera placée au milieu du pan coupé.

« Section III. — Grands balcons.

« Art. 10. — Les permissions d'établir de grands balcons ne seront accordées que dans les rues de 10 mètres de largeur et au-dessus, ainsi que dans les places et carrefours, et ce d'après une enquête de *commodo et incommodo*.

« S'il n'y a point d'opposition, les permissions seront délivrées. En cas d'opposition, il sera statué par le Conseil de Préfecture sauf le recours au Conseil d'État.

« Dans aucun cas, les grands balcons ne pourront être établis à moins de 6 mètres du sol de la voie publique.

« Le Préfet de police sera toujours consulté sur l'établissement des grands et petits balcons.

« Section IV. — Constructions provisoires, échoppes.

« Art. 11. — Il pourra être permis de masquer, par des constructions provisoires ou des appentis, tout renfoncement deux maisons, pourvu qu'il n'ait pas au delà de 8 mètres de longueur, et que sa profondeur soit au moins de 1 mètre. Ces constructions ne devront, dans aucun cas, excéder la hauteur du rez-de-chaussée, et elles seront supprimées dès qu'une des maisos attenantes subira retranchement.

« Il est permis de masquer par des constructions légères, en forme de pan coupé, les angles de toute espèce de retranchement au-dessus de 8 mètres de longueur, mais sous la même condition que ci-dessus pour leur établissement et leur suppression.

« Le Préfet de police sera toujours consulté sur les demandes formées à cet effet.

« Art. 12. — Il est expressément défendu d'établir des échoppes en bois, ailleurs que dans les angles et renfoncements hors de l'alignement des rues et places.

« Toutes les échoppes existantes qui ne sont point conformes aux dispositions ci-dessus seront supprimées lorsque les détenteurs actuels cesseront de les occuper, à moins que l'autorité ne juge nécessaire d'en ordonner plus tôt la suppression.

« Section V. — Auvents et corniche de boutiques.

« Art. 13. — Il est défendu de construire des auvents et corniches en plâtre au-dessus des boutiques. Il ne pourra en être établi qu'en bois, avec la faculté de les revêtir extérieurement de métal : toute autre manière de les couvrir est prohibée.

« Les auvents et corniches en plâtre actuellement établis au-dessus des boutiques ne pourront être réparés. Ils seront démolis lorsqu'ils auront besoin de réparations et ne seront rétablis qu'en bois.

« Section VI. — Enseignes.

« Art. 14. — Aucuns tableaux, enseignes, montres, étalages et attributs quelconques, ne seront suspendus, attachés ni appliqués, soit aux balcons, soit aux auvents ; leurs dimensions seront déterminées au besoin par le Préfet de police, suivant les localités.

« Il pourra néanmoins être placé sous les auvents des tableaux ou plafonds en bois, pourvu qu'ils soient posés dans une direction inclinée.

« Tout étalage formé de pièces d'étoffes disposées en draperie et guirlande, et formant saillie, est interdit au rez-de-chaussée.

« Il ne pourra descendre qu'à 3 mètres du sol de la voie publique.

« Tout crochet destiné à soutenir des viandes en étalage devra être placé de manière à ce que les viandes ne puissent excéder le nu des murs de face ni faire aucune saillie sur la voie publique.

« Section VII. — Tuyaux de poêle et de cheminée.

« Art. 15. — À l'avenir, et pour toutes les maisons de construction nouvelle, aucun tuyau de poêle ne pourra déboucher sur la voie publique.

« Dans l'année de la publication de la présente ordonnance, les tuyaux de poêle crêtés, et autres, qui débouchent actuellement sur la voie publique, seront supprimés, s'il est reconnu qu'ils peuvent avoir une issue intérieure. Dans le cas où la suppression ne pourrait avoir lieu, ces mêmes tuyaux seraient élevés jusqu'à l'entablement, avec les précautions nécessaires pour assurer leur solidité et empêcher l'eau rousse de tomber sur les passants.

« Art. 16. — Les tuyaux de cheminée en maçonnerie et en saillie sur la voie publique seront démolis et supprimés lorsqu'ils seront en mauvais état ou que l'on fera de grosses réparations dans les bâtiments auxquels ils sont adossés.

« Les tuyaux de cheminée en tôle, en poterie et en grès, ne pourront être conservés extérieurement sous aucun prétexte.

« Section VIII. — Bannes.

« Art. 17. — La permission d'établir des bannes ne sera donnée que sous la condition de les placer à trois mètres au moins au-dessus du sol dans sa partie la plus basse, de manière à ne pas gêner la circulation. Leurs supports seront horizontaux. Elles n'auront de joues qu'autant que les localités le permettront, et les dimensions en seront déterminées par l'autorité.

« Les bannes devront être en toile ou en coutil, et ne pourront, dans aucun cas, être établies sur châssis.

« La saillie des bannes ne pourra excéder 1^m50.

« Dans l'année de la publication de la présente Ordonnance, toutes les bannes qui ne seront pas conformes aux conditions exigées plus haut, seront changées, réduites ou supprimées.

« Section IX. — Perches.

« Art. 18. — Les perches et étendoirs des blanchisseuses, teinturiers, dégraisseurs, couverturiers, etc., ne pourront être établis que dans les rues écartées et peu fréquentées, et après une enquête de *commodo et incommodo*, sur laquelle il sera statué, comme il a été dit en l'art. 10 ci-dessus.

« Section X. — Éviers.

« Art. 19. — Les éviers pour l'écoulement des eaux ménagères seront permis, sous la condition expresse que leur orifice extérieur ne s'élèvera pas à plus de 1 décimètre au-dessus du pavé de la rue.

« Section XI. — Cuvettes.

« Art. 20. — A l'avenir, et dans toutes les maisons de construction nouvelle, il ne pourra être établi, en saillie sur la voie publique, aucune espèce de cuvette pour l'écoulement des eaux ménagères des étages supérieurs.

« Dans les maisons actuellement existantes, les cuvettes placées en saillie seront supprimées lorsqu'elles auront besoin de réparations, s'il est reconnu qu'elles peuvent être établies à l'intérieur. Dans le cas contraire, elles seront disposées, autant que faire se pourra, de manière à recevoir les eaux intérieurement, et garnies de hausses pour prévenir le déversement des eaux et toute éclaboussure au dessous.

« Section XII. — Construction en encorbellement.

« Art. 21. — A l'avenir, il ne sera permis aucune construction en encorbellement, et la suppression de celles qui existent aura lieu toutes les fois qu'elles seront dans le cas d'être réparées.

« Section XIII. — Corniches ou entablements.

« Art. 22. — Les entablements et corniches en plâtre, au-dessus de 16 centimètres de saillie, seront prohibés dans toutes les constructions en bois.

« Il ne sera permis d'établir des corniches ou entablements de plus de 16 centimètres de saillie qu'aux maisons construites en pierre ou moellons, sous la condition que ces corniches seront en pierre de taille ou en bois, et que la saillie n'excédera, dans aucun cas, l'épaisseur du mur à sa sommité.

« On pourra permettre des corniches ou entablements en bois sur les pans de bois.

« Les entablements ou corniches des maisons actuellement existantes, qui auront besoin d'être reconstruits en tout ou en partie, seront réduits à la saillie de 16 centimètres, s'ils sont en plâtre, et ne pourront excéder en saillie l'épaisseur du mur et sa sommité, s'ils sont en pierre ou en bois.

« Section XIV. — Gouttières saillantes.

« Art. 23. — Les gouttières saillantes seront supprimées en totalité, dans le délai d'une année, à partir de la publication de la présente ordonnance.

« Il ne sera perçu aucun droit de petite voirie pour les tuyaux de descente qui seront établis en remplacement des gouttières saillantes supprimées dans ce délai.

« Section XV. — Devantures de boutiques.

« Art. 24. — Les devantures de boutiques, montres, bustes, reliefs, tableaux, enseignes et attributs fixes, dont la saillie excède celle qui est permise par l'art. 3 de la présente Ordonnance, seront réduits à cette saillie lorsqu'il y sera fait quelques réparations.

« Dans aucun cas, les objets ci-dessus désignés, qui sont susceptibles d'être réduits, ne pourront subsister, savoir : les devantures de boutiques au delà de neuf années, et les autres objets au delà de trois années, à compter de la publication de la présente ordonnance.

« Les établissements du même genre qui sont mobiles seront réduits dans l'année.

« Seront supprimées, dans le même délai, toutes saillies fixes placées au-devant d'autres saillies.

« Art. 25. — Il n'est point dérogé aux dispositions des anciens règlements concernant les saillies, ni au Décret du 13 août 1810, concernant les auvents des spectacles et de l'esplanade des boulevards, en tout ce qui n'est pas contraire à la présente ordonnance. »

ORDONNANCE DE POLICE, 9 JUIN 1824

210. — Ordonnance de police rendue pour l'exécution de l'Ordonnance royale du 24 décembre 1823, sur les saillies.

« Nous, Préfet de Police,

« Vu :

« 1° L'Ordonnance royale du 24 décembre 1823, concernant les saillies sur la voie publique, dans la ville de Paris ;

« 2° La loi des 16-24 août 1790, titre XI, art. 3, § 1er ;

» 3° L'art. 471 du Code pénal, §§ 4, 5, 6 et 7 ;

« 4° Les règlements généraux relatifs à la petite voirie ;

« 5° L'art. 21 de l'arrêté du Gouvernement, du 12 messidor an VIII (1er juillet 1800) ;

« Attendu qu'il importe, pour l'exécution de l'Ordonnance du 24 décembre, de prescrire les formalités particulières auxquelles doit donner lieu sa publication ;

« Ordonnons ce qui suit :

« Section Ire. — Art. 1er. — L'Ordonnance du Roi du 24 décembre dernier, portant règlement sur les saillies, auvents et constructions semblables, à permettre dans la ville de Paris, sera imprimée et affichée.

« Section II. — Saillies à établir.

« Art. 2. — Il est défendu à tous propriétaires, locataires, entrepreneurs et autres, d'établir, ni de faire établir, aucun objet n saillie sur la voie publique, sans en avoir obtenu la permission du Préfet de police, pour ce qui concerne la petite voirie.

« Art. 3. — Les permissions seront délivrées sur les demandes des parties intéressées, après que les droits de petite voirie auront été acquittés.

« L'espèce, le nombre et les dimensions des objets à établir devront, autant que faire se pourra, être indiqués sur les demandes. On sera tenu d'y joindre les plans qui seront jugés nécessaires.

« Art. 4. — Il est défendu d'excéder les limites et les dimensions fixées par les permissions, et d'établir d'autres objets que ceux qui y seront spécifiés.

« Il est enjoint, en outre, de remplir exactement les conditions particulières qui seront exprimées dans les permissions.

« Art. 5. — Les emplacements affectés à l'affiche des lois et actes de l'autorité publique ne devront être couverts par aucune espèce de saillie.

« Art. 6. — Il est défendu de dégrader ni masquer les inscriptions indicatives des rues et des numéros des maisons.

« Dans le cas où l'exécution des ouvrages nécessiterait momentanément la dépose des inscriptions des rues, il ne pourra y être procédé qu'avec l'autorisation de M. le Préfet de la Seine.

« Les numéros des maisons qui auront été effacés ou dégradés, à l'occasion des mêmes ouvrages, seront rétablis, en se conformant aux règlements sur la matière.

Art. 7. — Il est également défendu de dégrader ni déplacer les tentures et boîtes des réverbères de l'illumination publique, ni de rien entreprendre qui puisse empêcher ou gêner le service de l'allumage.

« Si l'établissement des saillies nécessitait le déplacement des dites tentures ou boîtes, ce déplacement ne pourra être fait que par l'entrepreneur général de l'illumination et d'après l'autorisation du Préfet de police.

« Art. 8. — Toute saillie, qui ne reposerait pas sur le sol, sera fixée et retenue de manière à prévenir toute espèce d'accident.

« Art. 9. — Il sera procédé à la vérification et au récolement des saillies par les commissaires de police des quartiers respectifs, ou par l'architecte commissaire et les architectes inspecteurs de la petite voirie, qui dresseront, à ce sujet, des procès-verbaux ou rapports qu'ils nous transmettront.

« Section III. — Saillies établies.

« Art. 10. — Toute saillie établie en vertu d'autorisation ne pourra être renouvelée ni réparée sans la permission du Préfet de police, en ce qui concerne la petite voirie.

« Les permissions seront délivrées, ainsi qu'il est dit à l'art. 3 de la présente ordonnance, et à la charge de se conformer aux dispositions des articles 4, 5, 6, 7 et 8; ce qui sera constaté de la manière prescrite en l'article 9.

« Art. 11. — Les propriétaires seront tenus de faire enlever toutes les saillies actuellement existantes qui masquent les inscriptions des rues et les numéros des maisons.

« Le remplacement de ces saillies sur d'autres points ne pourra avoir lieu sans une autorisation de la Préfecture de police.

« Art. 12. — Toute saillie, actuellement existante et non autorisée, sera supprimée, si mieux n'aiment les propriétaires ou locataires se pourvoir de la permission nécessaire pour la conserver.

« Les permissions ne seront accordées que suivant les formalités, et aux mêmes charges et conditions que celles indiquées en la deuxième section de la présente ordonnance.

« Art. 13. — Il est défendu de repeindre, ni faire repeindre aucune saillie, sans déclaration préalable au commissaire de police du quartier. A défaut de déclaration, les saillies repeintes seront considérées comme saillies nouvelles, s'il n'y a preuve contraire, et, comme telles, sujettes au droit.

« Section IV. — Dispositions particulières concernant certaines saillies :

« Perches.

« Art. 14. — Les perches dont l'établissement sera autorisé seront supprimées, sans délai, dans le cas où les impétrants changeraient de domicile ou renonceraient à la profession qu'exigeait l'usage de cette saillie.

« Il est défendu de déposer sur les perches des linges, étoffes et autres matières tellement mouillées que les eaux puissent tomber dans la rue.

« Lanternes ou transparents.

Art. 15. — A l'avenir, les lanternes ou transparents ne pourront être suspendus à des potences au moyen de cordes et poulies. Ils seront accrochés aux potences par des anneaux et crochets en fer, ou supportés par des tringles en fer contenues dans des coulisses et arrêtées avec serrure ou cadenas.

« Les transparents actuellement munis de cordes et poulies seront établis conformément aux dispositions ci-dessus, lorsqu'ils seront renouvelés.

« Art. 16. — Les transparents ne seront mis en place que le soir, et seront retirés aux heures où ils cessent d'éclairer.

« Art. 17. — Il est défendu de suspendre, pendant le jour, aux cordes des transparents, des pierres, plombs ou autres matières pouvant, par leur chute, blesser les passants.

« Bannes.

« Art. 18. — Les bannes ne seront mises en place qu'au moment où le soleil donnera sur les boutiques qu'elles sont destinées à abriter. Elles seront ôtées aussitôt que les boutiques ne seront plus exposées aux rayons du soleil.

« Néanmoins, les bannes placées au-devant des boutiques, sur les quais, places et boulevards intérieurs, pourront être conservées dans le cours de la journée, s'il est reconnu qu'elles ne gênent point la circulation.

« Etalages.

« Art. 19. — Les crochets, tringles, planches et toutes saillies servant aux étalages de viandes, formés par les marchands bouchers, charcutiers et tripiers, seront enlevés dans le délai d'un mois à compter de la date de la présente Ordonnance.

« Art. 20. — Les étalages formés de tonneaux, caisses, tables, bancs, châssis, étagères, meubles et autres objets journellement déposés sur le sol de la voie publique au devant des boutiques, sont expressément interdits.

« Décrottoirs.

« Art. 21. — Il est défendu d'établir en saillie, sur la voie publique, des décrottoirs au devant des maisons et boutiques.

« Ceux actuellement existants seront supprimés dans le délai de huit jours.

« Section V. — Dispositions générales.

« Art. 22. — Le pavé de la voie publique dégradé ou dérangé à l'occasion des établissements, réparations, changements ou suppressions de saillies, sera rétabli aux frais des propriétaires ou locataires par l'un des entrepreneurs du pavé de Paris, et non par d'autres, sous la direction de l'ingénieur en chef, chargé de cette partie.

Art. 23. — Les permissions de petite voirie seront délivrées sans que les impétrants puissent en induire aucun droit de concession de propriété ni de servitude sur la voie publique, mais à la charge au contraire de supprimer ou réduire les saillies au premier ordre de l'autorité, sans pouvoir prétendre aucune indemnité ni la restitution des sommes payées pour droit de petite voirie.

« Art. 24. — Les saillies autorisées devront être établies dans l'année à compter de la date des permissions. Dans le cas contraire, les permissions seront périmées et annulées, et l'on sera tenu d'en prendre de nouvelles.

« Art. 25. — Les contraventions aux dispositions de la présente Ordonnance seront constatées par des procès-verbaux ou rapports qui nous seront transmis, pour être pris telle mesure qu'il appartiendra.

« Art. 26. — Les propriétaires, locataires et entrepreneurs

sont responsables, chacun en ce qui le concerne, des contraventions au présent règlement.

« Art. 27. — Les Ordonnances de police contenant dispositions relatives aux saillies, sous les galeries du Palais-Royal et des rues Castiglione et Rivoli, sous les piliers des halles et dans tous les passages ouverts au public sur des propriétés particulières, continueront d'être observées. »

DISTINCTION A ÉTABLIR ENTRE LES SAILLIES

(Le Berquier)

311. — « Quelques auteurs ont fait une distinction entre les saillies, comme les pilastres, les entablements, les balcons et les saillies qui, bien qu'ayant par elles-mêmes une certaine fixité, ne font pas corps avec les constructions, telles que les échoppes, les auvents, les étalages et toutes les saillies de cette espèce. Les premières appartiennent à la grande voirie, les secondes à la petite voirie.

« Cette classification, dit M. Davenne, est fondée sans doute sur ce que les premières, une fois établies conformément aux conditions prescrites, n'intéressent point la viabilité des rues, présentent une solidité qui dispense de toute surveillance ultérieure ; tandis que les secondes, pouvant, par leur chute ou par l'excès de leurs dimensions, compromettre la sûreté publique ou gêner la circulation, appellent plus particulièrement l'attention de l'autorité, et, sous ce rapport, doivent être soumises à l'action de la police.

Au surplus, depuis le Décret du 10 octobre 1859, qui a réuni la grande et la petite voirie dans les mains du Préfet de la Seine (et toutes les rues de Paris étant soumises au régime de la grande voirie), cette distinction n'a plus d'importance que sous le rapport de la juridiction appelée à connaître des contraventions en cette matière. (Voyez Contraventions.)

Bien que l'Ordonnance de 1823 parle de saillies fixes et de saillies mobiles, il ne faudrait cependant pas s'attacher aux indications qu'elle renferme à cet égard pour déterminer, en cette matière, la compétence du Conseil de préfecture et celle du tribunal de simple police. L'Ordonnance de 1823 n'a eu pour objet, ainsi que l'énonce son préambule, que de prévenir les accidents, par une réglementation des saillies; elle n'a entendu rien changer à ce qui avait été antérieurement arrêté sous le rapport de la compétence spéciale des deux tribunaux. Or, c'est le Décret du

27 octobre 1808 qui a déterminé, parmi les objets de voirie, les saillies qui sont de la grande et de la petite voirie. C'est à la classification établie par ce Décret (et maintenu par le Décret du 28 juillet 1874) pour la perception des droits de grande et de petite voirie, qu'il convient surtout de recourir pour savoir si, en cas de contravention, doit être saisi le Conseil de préfecture ou le tribunal de simple police. »

Nous ferons observer toutefois que les contraventions relatives aux saillies de grande voirie ne seront déférées au Conseil de préfecture que lorsque ces saillies auront des dimensions extra-réglementaires, ne seront pas placées dans les conditions indiquées par l'ordonnance de 1823, ou qu'elles auront été établies sans autorisation, mais que les poursuites, pour défaut de solidité ou vices de construction des mêmes saillies, seront portées devant le tribunal de simple police.

Nous remarquerons en outre que la distinction établie par l'Ordonnance de 1823, de saillies fixes et saillies mobiles, s'entend d'objets à demeure et d'objets portatifs pouvant s'enlever à la main, sans indiquer si les uns ou les autres sont de grande ou de petite voirie.

DE QUEL POINT DOIVENT ÊTRE MESURÉES LES SAILLIES

212. — Aux termes de l'article 2 de l'Ordonnance de 1823 :
« Toute saillie doit être comptée à partir du nu du mur au-dessus
« de la retraite ». A quel point doit être prise la retraite ? Si l'on se
« reporte au jugement du Maître général des bâtiments, en date
« du 29 octobre 1685, sur les murs en fondation, on y lit : « Tous
« les murs en fondation, depuis le bon et solide fond, jusqu'au
« rez-de-chaussée des rues ou cours, devront porter des retraites
« ou empattements au rez-de-chaussée, ainsi qu'il est d'usage ; et
« pour plus grande solidité, aux dits murs élevés en plâtre au-
« dessus du rez-de-chaussée, on posera au-dessus dudit rez-de-
« chaussée, une ou deux assises, etc...... »

DE L'ASSISE DE RETRAITE

213. — La retraite ou empattement se trouve donc au rez-de-chaussée des rues ou cours, c'est-à-dire au niveau du sol ; s'il restait un doute sur la signification du mot rez-de-chaussée, il suffirait de se reporter aux lois des bâtiments, suivant la coutume de Paris, par Desgodets, article 187, explication § 7. « C'est toujours au *droit du sol* nommé *rez-de-chaussée* que les héritages sont séparés et où on doit prendre l'alignement de leur séparation. »

Les saillies doivent donc être mesurées au-dessus de la retraite, c'est-à-dire au rez-de-chaussée au droit du sol, point où l'on doit prendre l'alignement de la séparation de la voie publique et des constructions riveraines.

Ce n'est donc que par simple tolérance que l'usage s'est établi d'exécuter à la partie basse des murs de face, des saillies de 0ᵐ03 à 0ᵐ05 formant assise de retraite dans la hauteur qui est fixée par l'Ordonnance de 1823 à 0ᵐ80, 1 mètre ou 1ᵐ15, suivant les largeurs des rues, pour la retraite à exécuter sur le sol même des propriétés et en arrière de l'alignement, dans le cas où les constructeurs voudraient donner à des pilastres ou colonnes, une épaisseur sur les murs de face plus considérable que les saillies permises.

Mais cette assise de retraite n'étant qu'une simple tolérance et l'alignement devant s'exécuter depuis le sol de la rue, la saillie de retraite ne pouvait être déterminée par l'Ordonnance de 1823.

DES COLONNES ET PILASTRES

214. — Nous avons vu, à l'art. 2 de l'Ordonnance de 1823, que toute saillie doit être comptée à partir du nu du mur au-dessus de la retraite, c'est-à-dire à partir de l'alignement, et à l'art. 3, que nulle saillie ne peut excéder les dimensions suivantes :

SAILLIES RÉGLEMENTAIRES

215. — Pour les pilastres et colonnes en pierre, 3, 4 ou 10 centimètres suivant la largeur des rues.

Il résulte de là que, quels que soient les profils, socles, bases ou empattements des colonnes ou pilastres, aucune saillie, mesurée de l'alignement, ne peut excéder les 3, 4 ou 10 centimètres fixés, et que ce n'est pas du nu du fût ou du corps des colonnes ou pilastres que la saillie doit être mesurée, mais du socle de la plinthe ou de la moulure la plus saillante.

SAILLIES EXTRA-RÉGLEMENTAIRES

216. — L'Ordonnance de 1823 veut encore que, lorsque les pilastres ou colonnes ont une épaisseur plus considérable que les saillies permises, l'excédant soit pris en arrière de l'alignement de la propriété (sur le sol même de la propriété) ; par suite, le nu du mur de face forme arrière-corps à l'égard de l'alignement, mais dans ce cas, pour éviter, ainsi que le dit le préambule de l'Ordonnance , la difformité , les embarras et les dangers que présente la saillie démesurée des objets placés au-devant des maisons, la retraite de l'arrière-corps du mur de face ne peut être exécutée à partir du sol qu'à des hauteurs de 0^{m}80, 1 mètre ou 1^{m}15 , suivant la largeur des rues.

LES JAMBES ÉTRIÈRES SONT TOUJOURS SUR L'ALIGNEMENT

217. — Toutefois, les jambes étrières ou boutisses devront toujours être sur l'alignement ; en conséquence , il est complétement interdit de couvrir la jambe étrière d'un pilastre ou de dégager un arrière-corps sur l'alignement au droit de la jambe étrière.

DES CHAINES, BOSSAGES, REFENDS ET CHAMBRANLES

218. — Bien qu'aux termes de l'art. 1er de l'Ordonnance de 1823, il ne puisse être établi sur les murs de face d'autres saillies que celles déterminées par cette Ordonnance, et que les chaînes ou bossages et chambranles ne soient pas compris dans l'énumération des saillies permises, l'administration, assimilant dans la pratique les chaînes et chambranles aux pilastres, en autorise l'établissement, mais à la condition toutefois que ces chaînes, bossages ou refends et chambranles soient détachés, ne forment pas des assises continues au-devant d'un mur de face, et que la plus grande saillie des bossages des dites chaînes n'excède pas la saillie fixée pour les pilastres à 3, 4 ou 10 centimètres, suivant la largeur des rues.

BOSSAGES OU REFENDS CONTINUS OU FORMANT SOUBASSEMENT

219. — Lorsqu'on exécute soit en soubassement, soit en une partie quelconque d'un mur de face, des assises continues de refends ou bossages, il faut que la partie la plus saillante du bossage n'excède pas l'alignement ; il ne faudrait pas croire que l'alignement doit se prendre au fond du refend et surtout ne pas confondre les saillies de grande voirie, formant partie intégrante de la construction, avec les saillies de petite voirie essentiellement mobiles et indépendantes de la construction , telles que les devantures de boutiques.

Les assises de refends ou de bossages font partie de la construction même, forment une surface continue et par suite ne doivent pas excéder l'alignement.

Si l'on admettait un instant le contraire, tout constructeur ayant établi un mur de face en saillie de 3, 4 ou 10 centimètres, suivant les espèces, pourrait prétendre articuler l'alignement en exécutant, sur la face du mur, des refends de 3, 4 ou 10 centimètres de profondeur ; tel n'est pas l'esprit de la loi, le mur continu doit être à l'alignement.

L'alignement est la règle, la saillie est l'exception, et il ne peut être établi d'autres saillies que celles déterminées par l'Ordonnance de 1823.

Nous croyons devoir citer sur cette question une décision récente du Conseil de préfecture.

CONTRAVENTION, SAILLIES. — ARRÊTÉ DU CONSEIL
DE PRÉFECTURE

Affaire de la Panouze

220. — A la suite d'un procès-verbal de contravention du 30 janvier 1873, constatant que M. de la Panouze, propriétaire d'une maison rue du Faubourg-Saint-Honoré, n° 29, avait fait exécuter au-devant des pieds-droits formant pilastres à la partie centrale de la façade, un soubassement de 1^m20 de hauteur en moyenne et présentant une saillie de 0^m10 sur le nu du mur de face à l'alignement, au bandeau supérieur, et une saillie de 0^m14 par le bas, le Conseil de préfecture de la Seine a pris l'arrêté suivant :

Après en avoir délibéré conformément à la loi,

Considérant que l'art. 3 de l'Ordonnance du 24 décembre 1823, fixe à 0^m10 dans les rues de 12 mètres de largeur et au-dessus la saillie permise pour les pilastres et colonnes en pierre, et que lorsque le constructeur veut donner aux pilastres et colonnes une épaisseur plus considérable, le même article dispose que l'excédant sera en arrière de l'alignement de la propriété et que le nu du mur de face formera arrière-corps à l'égard de cet alignement ;

Considérant que l'Ordonnance n'autorise point pour le soubassement des pilastres une saillie excédant 10 centimètres ;

Considérant qu'aux termes de l'art. 1er de la dite Ordonnance, toute saillie doit être comptée à partir du nu du mur au-dessus de la retraite, c'est-à-dire à partir de l'alignement ;

Considérant qu'il résulte de l'instruction, que la partie inférieure du socle des pilastres qui décorent la façade en avant-corps de l'immeuble situé rue du Faubourg-Saint-Honoré 29, offre sur l'alignement une saillie de plus de 10 centimètres ;

Considérant, toutefois, que la contravention remonte à plus d'une année et que l'action pour l'application de la peine est éteinte par la prescription ;

Arrête :

Art. 1ᵉʳ. — Le sieur de la Panouze est relaxé des fins du procès verbal quant à l'application de l'amende.

Art. 2. — Dans le délai de trois mois, à compter de la notification du présent arrêté, le sieur de la Panouze réduira à la dimension permise l'épaisseur des pilastres sus-désignés ;

Sinon et faute de ce faire, il sera procédé à cette réduction, par l'administration et à ses frais.

Art. 3. — Le sieur de la Panouze est condamné aux dépens, dans lesquels entreront les frais de la vérification ordonnée par le Conseil le 10 juillet 1874.

DES BALCONS

221. — L'Ordonnance de 1823 fixe au maximum de 0^m80 la saillie des grands balcons, et de 0^m22 celle des petits balcons.

CE QUI CARACTÉRISE LES GRANDS OU LES PETITS BALCONS

222. — Les balcons se composent de deux éléments inséparables, le sol ou l'aire du balcon et le garde-corps ; la saillie et par suite le caractère du balcon sont déterminés par celui des deux éléments qui est le plus saillant; en conséquence, si le garde-corps forme sur le nu du mur une saillie de plus de 0^m22, ou s'il repose sur un appui, un bandeau, une corniche ou un entablement dépassant 0^m22 de saillie, le balcon doit être classé dans les grands balcons.

GRANDS BALCONS SUR ENTABLEMENT

(Jurisprudence du Conseil d'État)

223. — Le fait de poser un garde-corps sur un entablement d'ailleurs régulier et en saillie du nu du mur de face, constitue l'établissement d'un grand balcon, par suite ne peut être autorisé que dans les rues de 10 mètres de largeur ou de 9^m74, comme il sera dit plus loin, et se trouve soumis aux limitations et prohibitions de l'Ordonnance de 1823 ; c'est ce qui a été décidé par le Conseil d'État le 23 décembre 1842, dans l'affaire Guiraud.

224. — C'est encore dans ce sens, que le Conseil d'État s'est prononcé, le 14 novembre 1862, dans une affaire Lemké. (Décret rendu le 11 décembre 1862.)

La dame Lemké, propriétaire d'une maison, rue de Grammont, n° 17, avait fait établir une rampe en fer faisant balcon, sur l'extrémité de la corniche d'entablement et à 0^{m}50 en avant du mur de face.

Le Conseil, considérant qu'il résulte de l'Ordonnance de 1823 que les balcons dont la dimension excède 0^{m}22 doivent être considérés comme grands balcons ; que d'après la même Ordonnance, les permissions d'établir de grands balcons ne sont accordées que dans les rues de 10 mètres de largeur et au-dessus... ; que l'établissement d'une rampe en fer à l'extrémité de l'entablement et à 0^{m}50 en avant du mur de face constitue un ouvrage ayant la destination et le caractère d'un grand balcon ; que d'ailleurs la rue de Grammont n'a pas 10 mètres de largeur, et qu'il ne peut dès lors y être établi de grand balcon,

Condamne la dame Lemké à supprimer la rampe en fer établie sur l'entablement.

225. — Lorsque des balcons forment entablement, ils ne peuvent avoir une saillie plus grande que celle qui est fixée par les règlements pour les entablements ; c'est-à-dire que ces entablements, qui ne peuvent être qu'en pierre de taille, ne pourront avoir de saillie excédant l'épaisseur du mur à sa sommité (1).

GARDE-CORPS COURANTS ASSIMILÉS A DES PETITS BALCONS

226. — L'Ordonnance de 1823 et le Décret du 27 octobre 1808, portant tarif des droits de voirie, ne considéraient évidemment comme petits balcons que ceux qui, n'ayant pas plus de 0^{m}22 de saillie, n'embrassaient qu'une seule baie de croisée, et, en effet, les petits balcons n'étaient taxés qu'à la pièce et non au mètre courant, comme les grands balcons. Or, depuis quelque temps, quelques constructeurs, sans donner plus de 0^{m}22 de saillie aux garde-corps, les réunissaient et les prolongeaient devant les trumeaux, en les posant sur les corniches peu saillantes du rez-de-chaussée ou des étages supérieurs ; ces balcons n'avaient plus dès lors le caractère de petits balcons. Aussi, dans l'étude du nou-

(1) Conseil d'État, 6 septembre 1856, Sanejouand.

veau tarif des droits de voirie (du 28 juillet 1874), l'Administration a-t-elle jugé qu'il y aurait lieu de taxer ces balcons au mètre linéaire.

Toutefois, et attendu que les grands balcons ne peuvent être établis à moins de 6 mètres du sol, il ne peut être permis, par exception, de poser un garde-corps sur une corniche de rez-de-chaussée excédant 0ᵐ22 de saillie et placée à moins de 6 mètres du sol, que si le garde-corps n'excède pas 0ᵐ22 de saillie.

DU MODE DE CONSTRUCTION DES BALCONS

227. — L'Ordonnance de 1823 ne parle pas du mode de construction des balcons, mais elle prescrit que les corniches ou entablements dépassant 0ᵐ16 de saillie ne peuvent être qu'en pierre ou en bois et ne doivent pas excéder l'épaisseur des murs à leur sommité; on peut conclure de là que les grands ou petits balcons ne peuvent être qu'en pierre et que les pierres qui en forment le sol doivent faire parpaing des murs, les corniches ou entablements en bois ne pouvant être permis que sur les pans de bois, espèce qui ne peut se présenter que très-exceptionnellement pour les bâtiments en façade.

DES CONSOLES SOUS BALCONS

228. — Rien dans l'Ordonnance de 1823 ne règle le mode de construction des consoles de balcons ni leur saillie, mais attendu qu'elles constituent un des éléments des balcons, il est bien évident que leur saillie ne peut excéder la saillie fixée pour les balcons eux-mêmes.

CONSOLES EN PIERRE OU EN FER

229. — Quant à leur mode de construction, il doit présenter toutes les garanties de solidité désirables, aussi pensons-nous que lorsque les consoles sont en pierre, elles doivent former parpaing des murs dans lesquels elles sont engagées; si elles sont en fer, elles doivent être de force suffisante, et leurs scellements présenter toute sécurité.

CONSOLES EN PLATRE

230. — Nous admettons que rien ne s'oppose à ce que des consoles ou potences en fer, convenablement disposées et fixées, soient armées ou revêtues de consoles en bois ou en métal, assujetties de manière à donner toute garantie de solidité; mais il serait contraire à l'esprit de l'Ordonnance de 1823 de revêtir les consoles ou potences en fer, de plâtre mouluré ou non, formant saillie de plus de 0^m16 sur le nu du mur. En effet, si on se reporte aux motifs qui ont dicté l'Ordonnance de 1823, on y trouve ces termes :

« Sur le compte qui nous a été rendu des accidents multipliés arrivés dans notre bonne ville de Paris par la chute d'entablements, de corniches et d'auvents en plâtre..... »

Puis à l'art. 13 il est défendu de construire des auvents et corniches en plâtre au-dessus des boutiques.

Les devantures pouvant avoir 0^m16 de saillie, les auvents ou corniches en plâtre auraient excédé cette saillie.

Enfin, à l'article 22 :

« Les entablements ou corniches des maisons actuellement existantes, qui auront besoin d'être reconstruites en tout ou partie, seront réduits à 0^m16 s'ils sont en plâtre, etc. »

Aucune saillie en plâtre ne peut donc excéder 0^m16, et s'il est défendu de faire des corniches en plâtre qui peuvent être reliées aux murs ou plates-formes par des rappointis ou queues de carpes dans toute leur étendue, à *fortiori*, doit-on défendre de revêtir des consoles en fer à grandes saillies par des masses de plâtre creux ou imparfaitement scellé, dont la chute causerait des accidents.

DES GRANDS BALCONS DANS LES RUES DE 9^m74
SAILLIE 0^m75

231. — Aux termes de l'art. 10 de l'Ordonnance de 1823, les grands balcons dont le maximum de saillie est fixé à 0^m80, ne peuvent être établis que dans les rues d'une largeur de 10 mètres et au-dessus.

La largeur de 30 pieds (9^m74), fixée par la Déclaration du Roi du 10 avril 1783, comme minimum pour toutes les rues de Paris, présentant une légère différence en moins avec celle de 10 mètres, il s'en suit que si l'on s'attachait à la lettre à l'Ordonnance de 1823, on ne devrait pas permettre de construire des grands balcons dans les rues de 30 pieds, et qu'une différence, qui tient uniquement à l'expression de la largeur en mesure ancienne ou décimale, changerait, selon les cas, la position et les droits des propriétaires riverains, ce qui ne serait pas moins contraire à l'équité qu'aux intentions des rédacteurs de l'Ordonnance de 1823.

Telles étaient les considérations soumises au Ministre de l'intérieur le 8 septembre 1830, dans un rapport [par lequel le Préfet de la Seine proposait au Ministre de fixer à 0^{m}75 au lieu de 0^{m}80 a maximum de saillie à permettre pour les balcons dans les rues de 30 pieds (9^{m}74) de largeur.

Par une Note du 6 octobre 1830, le]Ministre de l'intérieur a approuvé la proposition ci-dessus et autorisé le Préfet à délivrer des permissions dans ce sens.

En conséquence, les grands balcons peuvent être autorisés dans les rues de 30 pieds (9^{m}74) au maximum de saillie de 0^{m}75.

DES AUVENTS

232. — Le maximum de saillie à permettre pour les auvents de boutiques ou marquises communément posés au-dessus des étaux de bouchers, cafés ou boutiques de marchands de tabac, est fixé à 0^{m}80; toutefois, il ne faut pas perdre de vue, qu'aux termes de l'art. 4 l'administration peut restreindre cette saillie suivant les localités.

Dans aucun cas, ces auvents ne peuvent être faits en plâtre, ils doivent être établis en bois on en fer et recouverts en métal et non-autrement; en conséquence, il est défendu de recouvrir ces auvents ou petites marquises en fer et vitrage, la chute du verre pouvant occasionner des accidents.

Le Conseil d'Etat, par un Arrêt du 30 juin 1845 (Balu), a jugé que l'Ordonnance de 1823, qui défend d'établir des auvents et corniches en plâtre au-dessus des boutiques, ne prohibe pas la construction de saillies en pierre de taille formant corps avec la construction.

HAUTEUR DES AUVENTS AU-DESSUS DU SOL

233. — Aux termes de l'art. 25 de l'Ordonnance de 1823, il n'est pas dérogé aux dispositions des anciens règlements concernant les saillies, ni au Décret du 13 août 1850 concernant les auvents des spectacles et de l'esplanade des boulevards, en tout ce qui n'est pas contraire à la présente Ordonnance.

En conséquence, l'obligation imposée par l'Édit de 1607 de ne pas poser les auvents plus bas que 10 pieds du sol en amont, se trouve maintenue.

234. — Sont aussi confirmés l'article de l'Ordonnance du Bureau des Finances du 1er août 1697, qui défend de descendre les consoles sous les auvents à moins de 10 pieds du rez-de-chaussée de la rue, et l'Ordonnance de police du 29 prairial an XII, approuvée par le Ministre de l'intérieur le 12 fructidor suivant, et renouvelée le 24 frimaire an XIV.

235. — L'Ordonnance de police concernant les auvents, appentis et autres saillies sur les boulevards intérieurs, portant :

« Art. 1er. — Tous auvents, appentis, plafonds, baraques et échoppes construits sans autorisation sur les boulevards intérieurs de Paris, depuis le 3 floréal an VII, seront supprimés.

« Art. 2. — Les propriétaires ou locataires de maisons qui ont outrepassé les dimensions de leurs permissions, seront tenus de se réduire et de s'y conformer sans délai.

« Art. 4. — ... Les auvents qui ont plus de 0^m81 seront réduits, néanmoins il devra être observé entre les auvents et les arbres une distance de 30 centimètres.

GRANDS AUVENTS OU MARQUISES

236. — Le décret cité dans l'art. 25 de l'Ordonnance de 1823 est ainsi conçu :

Décret du 13 août 1810

« Art. 1er. — La réparation ou l'établissement des auvents que les propriétaires ou locataires des maisons bordant l'esplanade du boulevard du Temple sont dans l'usage de pratiquer au-devant des dites maisons, seront permis sur les alignements qui seront donnés conformément aux lois.

« Art. 2. — Les dits auvents seront assimilés aux baldaquins, et comme tels assujettis au droit fixe de petite voirie de 50 francs au lieu de 4 francs que payent les auvents ordinaires, d'après le tarif annexé au Décret du 27 octobre 1808.

« Art. 3. — Les auvents de la nature de ceux indiqués en l'art. 1er qui pourraient être permis, dans l'intérieur de Paris, notamment pour descendre à couvert aux portes des spectacles, sont également assujettis à un droit de 50 francs. » (Voir le nouveau tarif du 28 juillet 1874.)

Nota. — Ces grandes marquises ou baldaquins ne sont autorisés qu'exceptionnellement et sur un rapport spécial du commissaire-voyer. Leur saillie est fixée dans chaque cas particulier.

AUVENTS ET MARQUISES INTERDITS AU DEVANT DES MAISONS DÉPOURVUES DE TROTTOIRS

237. — Par un Arrêté du Préfet de la Seine, en date du 29 février 1864, les auvents ou marquises ne sont permis qu'au-devant des maisons pourvues de trottoirs.

HAUTEUR MINIMA DES MARQUISES ET BANNES

238. — La hauteur minima des marquises est fixée à 3 mètres du sol, à la partie la plus basse de la marquise. Voici le texte de cet arrêté :

Arrêté préfectoral du 29 février 1864.

239. — « Le Préfet de la Seine,
« Vu la loi des 16-24 août 1790 ;
« Vu l'Ordonnance royale du 24 décembre 1823 ;
« Vu la décision de police du 15 février 1850 ;
« Sur le rapport du Directeur de la voirie de Paris, duquel il résulte qu'en présence des accidents qui se produisent fréquemment, il importe à la sûreté de la circulation que les dispositions réglementaires concernant les marquises et les bannes soient modifiées ;

« Arrête :
« Art. 1er. — A l'avenir, il ne pourra être établi de marquises et bannes qu'au devant des maisons pourvues de trottoirs.
« Art. 2. — La hauteur minima et la saillie maxima des marquises et bannes sont fixées ainsi qu'il suit :
« Marquises.. hauteur. 3^m00 Saillie. 0^m80.
« Bannes..... Id. 2 50 Id. 1^m50.
« Les hauteurs seront mesurées du sol du trottoir à la partie la plus basse de la marquise ou banne.
« Les saillies devront, dans tous les cas, s'arrêter à 0^m25 en arrière de l'arête de la bordure des trottoirs.
« Art. 3. — Le directeur de la voirie est chargé de l'exécution du présent arrêté. »

BORNES

240. — L'art. 9 de l'Ordonnance de 1823 permet d'établir des bornes aux angles saillants des maisons formant encoignure de

rues, mais aujourd'hui ces permissions sont absolument acci-
dentelles depuis qu'il est d'usage d'établir des trottoirs au-devant
des maisons; en effet, aux termes de l'art. 52 de l'Ordonnance de
police du 8 août 1829 :

« Quiconque fera construire un trottoir au-devant de sa propriété, sera tenu de faire supprimer, au moment même de la
construction, les bornes, pas, marches et bancs en saillie sur le
trottoir, et de faire réduire les seuils des devantures de boutiques
à l'alignement des dites devantures. »

SEUILS. — SOCLES

241. — L'Ordonnance de 1823, dont l'objet était de prévenir
les accidents en réglant la dimension des saillies, n'a rien changé
à ce qui avait été antérieurement arrêté par le Décret du 27 octobre 1808 qui, en établissant le tarif des droits pour permissions,
a déterminé, parmi les objets de voirie, les saillies qui sont de la
grande et de la petite voirie.

Nous le rappelons encore, les objets de grande voirie sont ceux
qui forment partie intégrante de la construction, et les objets de
petite voirie ceux qui sont indépendants de la construction et
sont posés après coup.

Or les seuils ou socles dont la saillie est fixée à 0^{m}22 par l'Ordonnance de 1823, figurent au tarif de 1808, sous le mot *seuil*,
parmi les objets de petite voirie, et ne peuvent être pris que dans
le sens de seuil ou socle de devantures de boutiques, soit seuil au
droit de la porte, socle au droit de la menuiserie de la devanture.

Le soubassement compris également parmi les objets de petite
voirie au tarif de 1808 et dénommé appui de boutique à l'Ordonnance de 1823, s'entend du soubassement de la devanture, soit en
menuiserie, soit en marbre et reposant sur le socle.

Ce serait une grave erreur que de croire que le mot socle peut
s'appliquer aux assises inférieures d'un mur de face, aucune
saillie de socle ou soubassement de mur ne peut être permise sur
l'alignement. (Voyez ce que nous avons dit au mot Retraite.)

La signification du mot socle, telle que nous la donnons, est
encore confirmée par l'Ordonnance de police du 15 février 1850,
rendue en vertu de l'art. 4 de l'Ordonnance de 1823 et d'après
laquelle les socles ne peuvent excéder de plus de 0^{m}02 la saillie
des devantures.

Il ne peut s'agir que d'une saillie de petite voirie (socle de devanture), puisque le Préfet de police ne pouvait réglementer que

des saillies de petite voirie et n'avait aucun droit en matière d'alignement ou de saillie de grande voirie.

Nous avons vu plus haut, à l'art. Bornes, que les seuils, bornes, pas, marches, doivent être supprimés lorsqu'il y aura trottoir.

GOUTTIÈRES. — CHÉNEAUX

242. — Une Ordonnance de police du 30 novembre 1831 interdit de laisser tomber directement sur la voie publique les eaux des toits et impose l'obligation d'établir des chéneaux et gouttières sous l'égout des toits et de conduire les eaux jusqu'au pavé des rues au moyen de tuyaux de descente appliqués le long des murs.

Cette obligation était déjà imposée sous l'ancienne législation par des Ordonnances de police des 13 juillet 1764 et 1er septembre 1779.

BANNES ET STORES

243. — Nous avons vu, en parlant des marquises, que le Préfet de la Seine, par un arrêté du 29 février 1864, pris en vertu de la loi des 16-24 août 1790, interdit l'établissement des bannes au-devant des maisons dépourvues de trottoirs et fixe la hauteur minima des bannes à 2^{m}50, mesurés du sol du trottoir à la partie la plus basse de la banne et la saillie maximum à 1^{m}50, la saillie devant dans tous les cas s'arrêter à 0^{m}25 en arrière de l'arête de la bordure des trottoirs.

Une lacune existe dans l'Ordonnance de 1823, qui défend d'établir sur les murs de face aucune autre saillie que celles déterminées par la dite Ordonnance, nous voulons parler des bannes ou stores que l'on pourrait établir soit au-devant de plusieurs croisées, soit au-devant d'une seule croisée, aux différents étages d'une maison.

La Commission supérieure de voirie, dans sa séance du 5 décembre 1872, a approuvé les dispositions suivantes, qui ont été transmises pour instruction aux commissaires-voyers.

Ces dispositions devraient, pour être régulières, faire l'objet d'un arrêté du Préfet de la Seine.

Bannes dans la hauteur du rez-de-chaussée.

244. — 1° En ce qui concerne les bannes posées dans la hauteur du rez-de-chaussée.

Les bannes posées au-dessus des devantures de boutiques continueront à être permises dans les conditions prescrites, avec la tolérance de hauteur de 2^m50 au lieu de 3 mètres.

Les stores devront toujours être proscrits au-devant des croisées, s'ils ne rentrent pas dans les conditions légales de hauteur et de saillie.

Stores ou bannes au-devant de l'étage qui surmonte le rez-de-chaussée.

245. — 2° En ce qui concerne les stores ou bannes posés au-devant de l'étage (entresol ou premier) qui surmonte le rez-de-chaussée.

Il y a lieu de les permettre, en les restreignant à la saillie qui peut être permise au rez-de-chaussée, lorsque ce premier étage ou entresol est destiné au commerce ou à l'industrie.

Stores ou bannes aux étages supérieurs.

246. — 3° En ce qui concerne les stores ou bannes posés dans les étages supérieurs.

Ils peuvent être autorisés, quand ils doivent être posés au-dessus des grands balcons, et à la condition de ne pas dépasser les dits grands balcons ni en saillie ni en longueur.

Les stores qui seraient posés devant plusieurs ouvertures, sans se trouver au-dessus d'un grand balcon, doivent être interdits.

Petits stores au-devant d'une seule croisée au-dessus du rez-de-chaussée.

247. — 4° En ce qui concerne les stores posés au-dessus du rez-de-chaussée au-devant d'une seule croisée.

Il y a lieu de les permettre, à la condition que leur développement ne dépassera pas une saillie de 0^m80 et que le pavillon extérieur dans lequel ils s'enrouleront n'aura pas une saillie de plus de 0^m16.

Bannes ou stores au-devant d'un étage d'attique.

248. — 5° En ce qui concerne les bannes ou stores posés au-devant de l'étage d'attique (au-dessus des terrasses formées par la retraite d'un mur de face).

Il y a lieu de les autoriser à la condition :

1° Que leur saillie n'excédera pas celle du garde-fou du grand balcon d'entablement ;

2° Que les appareils sur lesquels ils seront établis ne seront pas construits et fixés de manière à constituer une sorte de portion d'étage dépassant la hauteur légale.

BANNES SOUTENUES PAR DES CHASSIS

(Cassation, 28 mars 1840)

249. — Relativement aux bannes ou tentes établies sur châssis ou supports fixes, la Cour de cassation, par un Arrêt du 28 mars 1840, a jugé que l'individu qui, bien que l'autorisation lui ait été refusée, a établi sur un balcon, faisant saillie sur la voie publique, une banne soutenue par des châssis, commet la contravention de police prévue et punie par l'art. 17 de l'Ordonnance du 24 décembre 1823.

SAILLIES NON AUTORISÉES OU EXCÉDANT LES LIMITES FIXÉES PAR L'AUTORISATION

250. — Les avances ou saillies *établies sans autorisation* sur la voie publique ou *excédant les limites* fixées par l'autorisation *sont réputées n'exister que par simple tolérance*, et dès lors elles doivent être supprimées sur la réquisition de l'autorité municipale, quel que soit le laps de temps écoulé depuis leur établissement.

A cet égard, *il ne peut y avoir de prescription* en faveur du propriétaire.

CASSATION, 3 FÉVRIER 1844

251. — Nous citerons, à l'appui, des considérants d'un Arrêt de la Cour de cassation :

« Attendu que l'art. 5 de l'Édit de décembre 1607 défend de faire
« au nu des murs de face sur ou joignant la petite voirie urbaine,
« des saillies ou avances qui n'auraient pas été préalablement
« autorisées ; qu'il suit de là :

« 1° Que les saillies ou avances qui ont été effectuées sans per-
« mission, ou qui excèdent les limites déterminées par celle-ci,
« sont de *plein droit réputées n'exister que par simple tolérance* et ne
« peuvent, selon l'art. 2232 du Code civil, fonder ni possession ni
« prescription ;

« 2° Que *l'autorité municipale a toujours, par suite, le droit d'en-
« joindre à ceux qui les ont établies* de les détruire ou de les res-
« treindre, puisque *le* n° 1er *de l'article* 3, *titre XI, de la loi des*
« 16-24 *août* 1790 *a confié* à sa vigilance et à son autorité tout ce
« qui intéresse la sûreté et la commodité du passage dans les
« rues, quais, places et voies publiques ;

« _3° Que la négligence ou le refus d'exécuter ces arrêtés à cet égard_
« sont spécialement prévus et punis par le n° 5 de l'art. 471 du
« Code pénal, et que cette _contravention_ est entièrement distincte
« et indépendante de celle résultant soit du défaut d'autorisation,
« soit de l'infraction de la permission obtenue.

CHAPITRE IV

DROITS DE VOIRIE

252. — Le Décret du 28 juillet 1874 a modifié le tarif de 1808 ;
une certaine quantité d'objets ou de saillies qui ne sont plus
autorisés par l'Ordonnance royale du 24 décembre 1823 ou qui
sont tombés en désuétude, ne paraissent pas au nouveau tarif, et
d'autre part il a été apporté des modifications importantes au
tarif de 1808, dans le but de répartir les droits d'une manière plus
équitable en les proportionnant à l'importance des constructions
ou des saillies.

DISTINCTION DES DROITS DE GRANDE ET DE PETITE VOIRIE

253. — La distinction des droits, établie par le tarif de 1808, a
été maintenue en conservant les dénominations de :

Tarif pour la grande voirie et Tarif pour la petite voirie.

Les objets compris sous ces deux titres sont de nature essentiellement différente.

Les premiers s'appliquent exclusivement à la construction
même ou aux saillies qui en forment partie intégrante ; et les seconds concernent les saillies indépendantes des constructions.

Enfin la jurisprudence constante des tribunaux, de la Cour de
cassation et du Conseil d'État, ayant sanctionné dans la pratique
au point de vue de la compétence, cette distinction posée par le
Décret de 1808, le décret de 1874 a dû la respecter.

DÉCRET DU 28 JUILLET 1874

254. — Le Décret du 28 juillet 1874 est ainsi conçu :

Le président de la République française,

Sur le rapport du Ministre de l'intérieur ;

Vu le mémoire présenté par le Préfet de la Seine au Conseil municipal de Paris ;

Vu les délibérations du dit Conseil, en date des 27 et 30 décembre 1872 et les autres pièces de l'affaire ;

Vu le Décret du 27 octobre 1808 et l'Ordonnance royale du 24 décembre 1823 ;

Le Conseil d'État entendu,

Décrète :

Art. 1er. — A partir de la publication du présent Décret, les droits de voirie dans la ville de Paris pour délivrances d'alignements, permissions de construire ou de réparer et autres permis de toute espèce qui se requièrent en grande ou en petite voirie, seront perçus conformément aux tarifs ci-après.

Art. 2. — Le Décret du 27 octobre 1808 et les tarifs qui y sont annexés, sont rapportés en ce qu'ils ont de contraire au présent décret.

Art. 3. — Le Ministre de l'intérieur est chargé de l'exécution du présent Décret.

Fait à Versailles, le 28 juillet 1874.

Signé : MARÉCHAL DE MAC-MAHON.

Par le Président de la République :

Le Ministre de l'intérieur,

Signé : Général de CHABAUD-LA-TOUR.

TARIF POUR LA GRANDE VOIRIE (Décret du 28 juillet 1874)

DÉNOMINATIONS	DROIT — fixe		au mètre linéaire		au mètre superficiel		OBSERVATIONS
	fr.	c.	fr.	c.	fr.	c.	
SECTION 1re. — *Travaux neufs.*							
Construction :							
1° D'un bâtiment neuf..	»	»	2	»	»	»	Mesuré sur la longueur totale du rez-de-chaussée.
	»	»	»	»	1	»	Mesuré sur le produit de la hauteur moyenne de la face par la longueur totale. La taxe à percevoir au mètre superficiel pour la construction des bâtiments, est réduite de moitié pour les façades construites en moellon ou en pans de bois avec enduit en plâtre, sous réserve du droit de l'Administration de refuser l'autorisation de construire des façades de cette nature qui présenteraient des dangers au point de vue des incendies ou de la sécurité publique.
2° D'un mur de clôture ou d'une grille...............	»	»	2	»	»	»	
3° D'une clôture en planches, en treillage ou toute autre clôture légère.	»	»	»	50	»	»	Il est expliqué qu'il ne s'agit ici que des clôtures à demeure fixe et non des clôtures dites provisoires, servant à entourer momentanément une fouille, un atelier de construction, etc.
Baie.	1	»	»	»	»	»	Dans n'importe quelle partie d'un mur ou d'un bâtiment neuf ou surélevé, et quelles que soient ses dimensions, aussi bien dans les étages d'attique ou en retraite qui se trouvent dans un plan vertical au-dessus de l'entablement, que dans les étages sis au-dessous de l'entablement.
Balcon (grand) dépassant 0m22 de saillie. . . . .'.	»	»	20	»	»	»	Mesuré sur la longueur du balcon, non compris les retours.
Balcon (petit) ne dépassant pas 0m22 de saillie	»	»	10	»	»	»	
Balcon d'appui, garde-fou	»	»	5	»	»	»	Il s'agit ici des barres d'appui placées au droit des croisées, avec une très-faible saillie, et complétées ensuite par un ouvrage en fonte ou en fer qui garnit le vide dans la partie inférieure.
Barrière provisoire.	»	»	»	50	»	»	Mesurée, non pas en raison du développement linéaire de la barrière, mais en raison de la longueur de face du terrain clos.
SECTION II. — *Travaux modifiant des constructions existantes.*	»	»	»	»	o 50 par trimestre		Ce droit s'applique à la superficie du sol de la voie publique temporairement occupé. Il est valable pour un trimestre et renouvelable; le trimestre, considéré comme unité, est toujours exigible.
Surévélation d'un bâtiment. . -. . .	»	»	»	»	1	»	Mesuré sur le produit de la surélévation par la longueur totale de la partie surélevée.
Surélévation d'un mur de clôture. .	»	»	1	»	»	»	
Chaperon	»	»	1	»	»	»	Le dérasement d'un mur pour la conversion en mur bahut, orné d'une grille, donne lieu à la perception du droit complet d'alignement.
Conversion d'un mur de clôture en mur de face d'un bâtiment. . . .	»	»	»	»	»	»	(Voir construction d'un bâtiment neuf, sauf la déduction du droit d'alignement déjà perçu.)
Ravalement entier.	20	»	»	»	»	»	Non compris le droit d'échafaud.
Ravalement partiel.	10	»	»	»	»	»	Ne sera considérée comme partie de ravalement donnant lieu à la taxe, que celle qui atteindra un mètre superficiel.

TARIF POUR LA GRANDE VOIRIE (Suite)

DÉNOMINATIONS	DROIT fixe	DROIT au mètre linéaire	DROIT au mètre superficiel	OBSERVATIONS
	fr. c.	fr. c.	fr. c.	
Baie ouverte après coup ou agrandie. 1° Dans un bâtiment, au rez-de-chaussée, de 2 mètres et plus. .	20 »	» »	» »	Droit de poitrail non compris. . . . . .
2° Dans un bâtiment, au rez-de-chaussée, de 0ᵐ80 à 2 mètres. .	10 »	» »	» »	Droit de linteau ou fermeture non compris
3° Dans un bâtiment, au-dessus du rez-de-chaussée, de 0ᵐ80 et au-dessus.	10 »	» »	» »	Droit de linteau ou fermeture non compris
4° Dans un mur de clôture, baie de porte charretière ou cochère . .	15 »	» »	» »	
5° Dans un mur de clôture, baie de porte bâtarde.	10 »	» »	» »	
Baie de moins de 0ᵐ80 (dans sa plus grande dimension).	10 »	» »	» »	Compris le droit de linteau ou de fermeture,
Poitrail ou toute fermeture de baie de 2 mètres et au-dessus (soit en bâtiment, soit en mur de clôture) .	20 »	» »	» »	
Linteau ou toute fermeture de baie, plate-bande, arc en pierre, etc., de 0ᵐ80 à 2 mètres (soit en bâtiment, soit en mur de clôture) . . .	10 »	» »	» »	
Pied-droit, dosseret (soit en bâtiment, soit en mur de clôture) à rez-de-chaussée pour baie de 2 mètres et au-dessus.	20 »	» »	» »	Dans les murs de clôture, les poteaux en bois seront considérés comme dosserets.
Pied-droit, dosseret (soit en bâtiment, soit en mur de clôture) à rez-de-chaussée pour baie de moins de 2 mètres. . . . . ، . .	10 »	» »	» »	Ces droits ne seront dus que pour le cas où les pieds-droits ou dosserets seront véritablement construits dans une largeur excédant 16 centimètres. Lorsque le constructeur, après avoir ouvert une baie, ne fera pas autre chose que d'en dresser les tableaux et de créer, par conséquent, des dosserets dans la maçonnerie ancienne, sans rien y ajouter, la taxe ne sera pas appliquée.
Reprise dans la face d'un bâtiment. — Trumeau construit au rez-de-chaussée. — Bouchement de baie.	» »	» »	3 »	Mesuré sur la superficie de l'ouvrage effectué.
Point d'appui intermédiaire au rez-de-chaussée. — Pile, colonne, poteau, jambe-étrière	20 »	» »	» »	Pour chaque objet.
Echafaud.	» »	1 »	» »	Mesuré sur la longueur de face de la partie du bâtiment échafaudé. Les échafauds volants ne sont pas taxés. Ne sont pas taxés les échafauds placés à l'intérieur d'une barrière provisoire.
Entablement, corniche. Réfection entière , ...	20 »	» »	» »	Ces droits ne comprennent pas celui qui sera dû pour échafauds.
Entablement, corniche. Réfection partielle	10 »	» »	» »	
Etais	5 »	» »	» »	Compté par chaque groupe d'étais, par chaque chevalement, par chaque ensemble de contre-fiches réunies par des moises.

Au rez-de-chaussée, ne sont pas considérés comme baies les soupiraux de caves, ni les ouvertures pratiquées dans les devantures ou remplissages en mennuiserie. Toutefois, les soupiraux servant à l'éclairage des sous-sols destinés à l'habitation, au commerce ou à l'industrie, seront taxés comme baies de rez-de-chaussée.

TARIF POUR LA PETITE VOIRIE (Décret du 28 juillet 1874)

DÉNOMINATIONS	DROIT						OBSERVATIONS
	fixe		au mètre linéaire		au mètre superficiel		
	fr.	c.	fr.	c.	fr.	c.	
Section 1re. — *Saillies considérées comme fixes.*							
Appui de croisée. Tablette, le plus ordinairement posée au-dessus du soubassement d'une baie et ne dépassant pas 0m16 de saillie	5	»	»	»	»	»	
Barreaux ou grille au droit d'une croisée	10	»	»	»	»	»	
Chardon ou herse	5	»	»	»	»	»	
Tuyau de descente	10	»	»	»	»	»	
Croisée en saillie, volet, persienne	5	»	»	»	»	»	Un volet fermant une baie tout entière doit la totalité du droit. Deux volets réunis pour clore une même baie, formant paire, ne payeront qu'un seul droit.
Jalousie	20	»	»	»	»	»	
Moulures en menuiserie formant cadre ou chambranle	5	»	»	»	»	»	
Section II. — *Saillies considérées comme mobiles.*							
Abat-jour. Appareil placé au devant d'une baie pour modifier l'introduction de la lumière	10	»	»	»	»	»	
Réflecteur. Appareil disposé au-dessus des baies pour y faire affluer plus de lumière	10	»	»	»	»	»	
Baldaquin, marquise, transparent	»	»	4	»	»	»	
Banne	»	»	2	»	»	»	Sont considérés comme bannes, et taxés comme elles, les stores qui embrassent plusieurs croisées ou qui s'étendent devant les larges baies ouvertes le plus souvent dans la hauteur des entresols.
Store en élévation posé au droit d'une croisée et se développant en saillie	5	»	»	»	»	»	
Borne	5	»	»	»	»	»	
Grande marquise ayant plus de 0m80 de saillie	»	»	»	»	5	»	Mesuré sur la projection horizontale. Ne sont pas considérées comme grandes marquises, les grandes tentures en saillie disposées exceptionnellement, les jours de fêtes, devant les boutiques et portes cochères.
Devanture de boutique. Distinction faite du seuil	»	»	5	»	»	»	
Socle ou seuil. Parpaing recevant une devanture	»	»	2	»	»	»	
Tableau d'enseigne de boutique sous corniche en bois ou en pierre	»	»	2	»	»	»	Mesurés entre les deux points extrêmes de la saillie.
Devanture en réparation. Toute réparation ou renouvellement de châssis, porte, tableau, caisson ou soubassement	5	»	»	»	»	»	

TARIF POUR LA PETITE VOIRIE (Suite)

DÉNOMINATIONS	DROIT			OBSERVATIONS
	fixe	au mètre linéaire	au mètre superficiel	
	fr. c.	fr. c.	fr. c.	
Parement de décoration. Lambris appliqués sur les murs en élévation.	» »	5 »	» »	Ces lambris sont appliqués le plus souvent au-dessus de devantures de boutique, et leur saillie est limitée, par les termes de l'Ordonnance royale de 1823, à l'épaisseur du bois et, par l'usage, à 0m06.
Étalage.	20 »	» »	» »	Il est bien entendu qu'il ne s'agit ici que des étalages placés sur le mur bordant la voie publique et ne dépassant pas 0m16 de saillie.
Montre ou vitrine.	10 »	» »	» »	
Enseigne, tableau–enseigne, attributs, écussons.	5 »	» »	» »	
Enseignes découpées. Lettres appliquées sur les balcons	10 »	» »	» »	Comptées pour une enseigne complète, quel que soit le nombre de mots.
Grand tableau. Frises courantes portant enseigne	» »	1 »	» »	
Marche, seuil	» »	» »	» »	
Pilastres. Caissons isolés (en menuiserie)	5 »	» »	» »	
Lanterne	5 »	» »	» »	Sera considéré comme lanterne isolée chaque appareil, soit directement sur le nu d'un mur ou d'une devanture, soit sur une tringle courante et consistant en support, conduite ou tringle, avec globe, verre ou réflecteur.
Rampe et appareil d'illumination formant une saillie spéciale, composés de tubes droits ou recourbés et sur lesquels sont greffés de petits brûleurs avec ou sans globe.	» »	1 »	» »	Mesurés sur la projection horizontale. Les rampes posées sur des objets en saillie, corniches, moulures, etc., et ne formant pas, par elles-mêmes, une saillie spéciale, ne devront aucun droit. Les appareils formant une enseigne, un attribut, un chiffre, etc., seront considérés comme des enseignes, des attributs, etc., et taxés comme tels.
Échoppe. Construction mobile, non scellée, posée sur le sol de la voie publique.	» »	» »	» »	Droit proportionnel à la surface occupée et à la valeur du terrain. La valeur du terrain est délibérée par le Conseil municipal.

ARRÊTÉ PRÉFECTORAL DU 25 AOUT 1874

257. — Le Préfet du département de la Seine,

Vu le Décret en date du 28 juillet 1874 portant révision des droits de grande et de petite voirie pour la ville de Paris,

Arrête :

Art. 1er. — Le nouveau tarif des droits de voirie, dans Paris, est rendu exécutoire à partir du 1er septembre 1874.

Art. 2. — Le présent arrêté sera immédiatement imprimé et placardé dans Paris, et inséré, en outre, au *Recueil des actes administratifs de la Préfecture.*

Fait à Paris, le 25 août 1874.

Signé : FERDINAND DUVAL.

ANCIENS RÈGLEMENTS SUR LES DROITS DE VOIRIE

258. — Les anciens règlements sur le fait de la voirie avaient fixés les droits dus dans la ville de Paris pour délivrance d'alignement, permissions de construire ou réparer et autres permis de toute espèce qui se requièrent en grande ou en petite voirie.

259. — La perception des droits de voirie était mentionnée dans les actes de Jean Sarazin en 1270, dans les lettres patentes de 1595 et dans une Ordonnance de 1599.

260. — L'Édit de décembre 1607, article 5 (voir l'Appendice), attribuait au grand voyer 60 sols tournois pour congé ou permission d'édifice, pan de mur, jambes étrières, siéges, barrières, contre-fenestres, huis de caves, bornes, etc., et autres avances sur la dite voirie.

L'article 14 fixait les droits pour permissions nouvelles d'enseignes et d'auvents à 30 sols, et pour les changements et réfection d'enseignes et d'auvents à 15 sols tournois.

DÉCLARATION DU ROI 16 JUIN 1693

261. — La Déclaration du Roi du 16 juin 1693 portant règlement sur les fonctions et droits des officiers de la voirie leur attribuait, pour l'alignement de chaque maison, la somme de 6 livres ;

Pour permission d'apposition d'étais, pieux, barrières, travaux de maréchaux et auvents cintrés, la somme de 5 livres ;

Pour permission d'abat-jour, appuis de boutiques, auvents,

barreaux, etc., et autres choses formant avances sur la voie publique, une somme de 4 livres ;

Pour le rétablissement des mêmes saillies par caducité ou autrement, ou le changement des dites, le droit était réduit à moitié, soit 40 sols ;

Pour les boutiques et échoppes posées à neuf ou renouvelées, le droit était de 4 livres.

262. — L'Ordonnance du Bureau des Finances du 1ᵉʳ avril 1697, portant règlement sur les saillies et étalages à Paris, était suivie d'un tarif des droits à payer aux voyers experts pour toute permission ; les droits pour le rétablissement ou le changement des objets étaient réduits à moitié.

263. — Les lettres patentes du 22 octobre 1733 ont confirmé le tarif du 16 juin 1693.

264. — Tous ces actes avaient été rappelés et remis en vigueur par lettres patentes du 31 décembre 1781 et renouvelés par l'article 29, titre Iᵉʳ, de la loi des 19-22 juillet 1791.

DÉCRET DU 27 OCTOBRE 1808

265. — Enfin un Décret du 27 octobre 1808 a établi un nouveau tarif des droits à percevoir ; bien que ce tarif se trouve modifié par le Décret du 28 juillet 1874, nous rappellerons le dispositif du Décret de 1808 qui ne cesse pas d'être en vigueur.

« Art. 1ᵉʳ. — A compter du 1ᵉʳ juillet prochain, les droits dus dans la ville de Paris, d'après les anciens règlements sur le fait de la voirie pour les délivrances d'alignements, permissions de *construire ou réparer*, et autres permis de toute espèce, qui se requièrent en grande ou en petite voirie, seront perçus conformément au tarif joint au présent Décret.

« Art. 2. — La perception de ces droits sera faite à la Préfecture du département pour les objets de grande voirie, et à la Préfecture de police pour les objets de petite voirie, par le Secrétaire général de chacune de ces deux administrations, à l'instant même qu'il délivrera les expéditions des permis accordés.

« Art. 3. — Il sera tenu dans chacune des deux Préfectures : 1° un registre à souche, où seront inscrites, sous une seule série de numéros pour le même exercice, les minutes des dits permis, et d'où se détacheront les expéditions à en délivrer ; 2° un registre de recette, où s'inscriront, jour par jour, les recouvrements opérés.

« Ces deux registres seront cotés et paraphés par les Préfets, chacun pour ce qui concerne son administration.

« Art. 4. — Le versement des sommes recouvrées s'effectuera de quinze jours en quinze jours , à la caisse du Receveur municipal de la Ville de Paris.

« Art. 5. — Il sera, de plus, adressé au dit receveur, dans les dix premiers jours de chaque mois, et par chacun des Préfets pour son administration, un bordereau indicatif des permis accordés dans le mois précédent, du montant des droits dus par chacun, du recouvrement qui en a été fait ou qui reste à faire.

« Art. 6. — A l'envoi du bordereau prescrit par l'article ci-dessus, seront jointes les expéditions de permis qui se trouveraient n'avoir pas encore été retirées par les demandeurs, et dont les droits resteraient à acquitter. Le Receveur de la Ville en poursuivra le recouvrement dans les formes usitées en matière de contribution directe.

« Art. 7. — Il ne sera rien perçu en sus des droits portés au tarif, ou pour autres causes que celles y énoncées, même sous prétexte de droit de quittance , frais de timbres ou autres , à peine de concussion. »

 TRAITÉ PRATIQUE

266. — TARIF POUR LA GRANDE VOIRIE (27 octobre 1808)

DÉNOMINATION ET TARIF DES DROITS A PERCEVOIR	fr.	c.	DÉNOMINATION ET TARIF DES DROITS A PERCEVOIR	fr.	c.
Alignement pour chaque mètre de longueur de face ; savoir :			Exhaussement d'un bâtiment aligné, droit fixe	10	»
D'un bâtiment dans une rue de moins de 8 mètres de large	5	»	Idem, d'un bâtiment non aligné. (Voy. alignement.)	»	»
de 8 mètres jusqu'à 10 mètres.	6	»	Jambe étrière reconstruite à la face d'une maison alignée, droit fixe	10	»
de 10 mètres et au-dessus	7	»			
D'un mur de clôture	1	»	Jambe étrière à reconstruire suivant l'alignement. (Voy. alignement.	»	»
D'une clôture provisoire en planches	»	25	Linteau	10	»
Réparation partielle. (Voy. jambe étrière, pied-droit, etc.).	»	»	Mur. (Voy. alignement.)	»	»
Avant-corps en pierre, et pilastres (Voy. colonne), droit fixe, pour chaque	10	»	Ouverture ou percement de boutiques ou croisées	10	»
Balcon (petit) avec construction nouvelle pour chaque croisée	5	»	Pan de bois neuf, droit fixe, non compris l'alignement	20	»
Balcon (grand), pour chaque mètre de longueur	10	»	Idem, pour rétablissement partiel, droit fixe	10	»
Barrières au-devant des fouilles, cour, constructions et réparations	5	»	Pied-droit à reconstruire en la face d'une maison alignée, droit fixe	10	»
Bâtiments. (Voy. alignement.)	»	»	Idem, à reconstruire suivant l'alignement. (Voy. alignement.).	»	»
Colonnes engagées en pierre formant support, droit fixe pour chaque 5 centimètres de saillies en pierre. (Tolérées par l'ordonnance royale du 24 déc. 1823.)	»	»	Pilastres en pierre. (Tolérés par l'ordonnance royale du 24 décembre 1823.) (Voy. colonnes.).	»	»
Colonnes isolées en pierre, droit fixe. (Même observation qu'à l'article précédent.)	»	»	Poitrail, droit fixe	10	»
			Idem	10	»
			Réparation à la face d'un bâtiment. (Voy. alignement.)	»	»
Contre-fiches pour constructions et réparations, droit fixe	5	»	Ravalement avec échafaud, droit fixe	10	»
Dosserets, droit fixe	10	»	Idem, partiel	5	»
Encorbellement pour chaque 5 centimètres de saillie	5	»	Tour creuse ou enfoncement	10	»
			Tour ronde, ne sera plus autorisée	Mém.	
Entablement avec échafaud, droit fixe	10	»	Trumeaux à reconstruire en la face d'une maison alignée, droit fixe	10	»
Idem, en partie	5	»	Idem, à reconstruire suivant l'alignement. (Voy. alignement.)	»	»
Etais ou Etrésillons. (Voy. contre-fiches.)	5	»			

267. — **TARIF POUR LA PETITE VOIRIE** (27 octobre 1808)

DÉNOMINATION ET TARIF DES DROITS A PERCEVOIR	fr.	c.
Abat-jour...	4	»
Abat-vent des boutiques.....	4	»
Appui à demeure, compris les sou-bassements...	4	»
Appui sur les croisées ou fenêtres.	2	»
Appui mobile...	4	»
Auvent ordinaire en menuiserie .	4	»
Auvent (petit) au-dessus des croi-sées...	2	»
Auvent cintré en plâtre avec fer et fentons...	12	50
Baldaquins...	50	»
Balcons (petits) ou balustres aux fenêtres sans construction nou-velle...	2	»
Banc...	4	»
Bannes...	4	»
Barreaux de boutiques et de croi-sées...	4	»
Barres de support...	4	»
Barrière au-devant des maisons.	50	»
Barrière au-devant des démoli-tions pour cause de péril....	5	»
Bornes appuyées contre le mur, en quelque nombre qu'elles soient.	4	»
Bornes isolées...	4	»
Bouchons de cabarets ou couron-nes...	4	»
Bustes formant étalage....	4	»
Cadran. (Voy. tableau.)....	»	»
Cage. (Voy. étalage.)...	»	»
Changement de menuiserie des croisées...	4	»
Chardons de fer ou herses....	4	»
Châssis à verres, sédentaires ou mobiles...	4	»
Clôture ou fermeture de rue pour bâtir. (Voy. pieux.)...	»	»
Colonnes engagées en menuiserie et parement de décoration...	20	»
Colonnes isolées...	20	»
Comptoirs ou établis mobiles .	4	»
Conduites ou tuyaux de plomb pour conduire les eaux des mai-sons...	4	»
Csntre-fiches à placer en cas de péril...	5	»
Contrevent ou fermeture de bou-tiques et croisées...	4	»

DÉNOMINATION ET TARIF DES DROITS A PERCEVOIR	fr.	c.
Corniches en bois...	4	»
Corniches en plâtre...	10	»
Cuvettes. (Voy. conduite.)....	4	»
Degrés. (Voy. marches.)...	4	»
Devanture de boutique en menui-serie...	25	»
Dos-d'âne ou étalage. (Voy. étaux).	4	»
Echoppes sédentaires ou demi-sédentaires...	10	»
Echoppes mobiles...	4	»
Enseignes. (Voy. tableau.)...	4	»
Etablis. (Voy. comptoirs.)....	4	»
Etais ou étrésillons. (Voy. contre-fiches...	»	»
Etalages...	4	»
Etaux de boucher...	4	»
Eviers et gargouilles...	4	»
Fermetures de boutiques. (Voy. portes.)...	4	»
Fermetures de croisées fixées. (Voy. châssis.)...	4	»
Gargouilles d'éviers. (Voy. éviers.)	4	»
Grilles de boutiques ou de croi-sées. (Voy. barreaux.)...	4	»
Grilles de caves...	4	»
Herses ou chardons de fer. (Voy. chardons.)...	4	»
Jalousies. (Voy. châssis de verre.)	4	»
Marches, pour chaque...	5	»
S'il n'y en a qu'une...	4	»
Montre ou étalage...	4	»
Moulinet de boulanger...	4	»
Perches, pour chacune...	10	»
Perron...	50	»
Pieux pour barrer les rues...	25	»
Pilastres en bois...	4	»
Plafonds...	4	»
Poêles ou tuyaux de poêles...	4	»
Portes ouvrant en dehors...	4	»
Potences de fer ou en bois...	4	»
Poulies...	4	»
Seuil...	4	»
Siége de pierre ou de bois...	4	»
Soubassements...	5	»
Stores...	4	»
Tableaux servant d'enseignes..	4	»
Tapis d'étalage. (Voy. étalage.)..	4	»
Tuyaux de poêles. (Voy. poêles.).	4	»
Volets servant d'enseignes....	4	

DROITS POUR RÉPARATION OU RENOUVELLEMENT DES OBJETS POSÉS EN SAILLIE

268. — Aux termes de l'Édit de 1607 et de l'Arrêt du Conseil de 1765, nul ne peut construire, réparer ou établir une saillie quelconque sur ou joignant la voie publique, sans avoir obtenu les permissions qui se requièrent en grande ou en petite voirie. En outre, d'après le dispositif du Décret de 1808, les droits doivent être perçus à l'instant même que les permissions sont délivrées. En conséquence, les droits sont dus, aussi bien pour le renouvellement, le rétablissement ou la réparation d'un mur, d'un bâtiment ou d'une saillie quelconque, que pour le premier établissement du mur ou de la saillie. Le tarif de 1808, non plus que celui de 1874, n'ont fait en cela la distinction qui avait été faite dans les anciens tarifs qui réduisaient à moitié le droit à payer, notamment pour les réparations ou le renouvellement des saillies.

DROITS APPLICABLES AUX MURS DE FACE EN BRIQUES

269. — Le nouveau tarif de 1874 ne mentionne pas de réduction de prix applicable aux murs de face construits en briques, comme il le fait pour les façades construites en moellon.

Sur l'avis de la Commission supérieure de voirie, le directeur des travaux a décidé qu'il y avait lieu de procéder par analogie et d'établir la distinction posée par le tarif du 28 juillet 1874. En conséquence :

Quand la brique sera décorative, apparente, avec joints tirés au crochet, ou appareillée avec la pierre, elle devra être taxée au prix porté pour la pierre de taille ; elle bénéficiera au contraire de la réduction à moitié de la taxe, lorsqu'elle sera recouverte d'enduits en plâtre, parce qu'elle pourra être assimilée, dans ce cas, aux façades construites en moellon.

MODE DE RECOUVREMENT DES DROITS DE VOIRIE

270. — Il résulte clairement de l'article 6 du Décret de 1808 et de l'Arrêt de la Cour de cassation du 3 février 1844, que nous avons reproduit en traitant des saillies non autorisées, que les droits de voirie qui n'ont pas été acquittés, peuvent être mis en recouvrement dans les formes usitées en matière de contribution directe.

Cette dernière disposition se trouve confirmée par la loi du 18 juillet 1837, sur l'administration municipale, loi par laquelle les questions relatives aux droits de voirie sont ainsi réglées :

« Art. 31. — Les recettes ordinaires des communes se composent...... des droits de voirie et autres légalement établis.

« Art. 43. — Les tarifs des droits de voirie sont réglés par Ordonnance du Roi, rendue dans la forme des règlements d'administration publique.

« Art. 44. — Les taxes particulières dues par les habitants ou propriétaires, en vertu des droits et usages locaux, seront réparties par délibération du Conseil municipal approuvée par le Préfet. Ces taxes sont perçues suivant les formes établies pour le recouvrement des contributions publiques. »

DEMANDE DE RÉDUCTION OU EXONÉRATION DES DROITS DE VOIRIE

271. — Il suit de là que toute demande en réduction ou exonération des droits de voirie, adressée à Paris au Préfet de la Seine, doit être soumise au Conseil municipal.

DE LA NON-PRESCRIPTION DES DROITS DE VOIRIE

272. — Nous croyons utile de rapporter ici une décision importante du Conseil d'État, qui repousse l'assimilation du payement des droits de voirie à une réparation civile et rejette la prétention d'invoquer à ce titre le bénéfice de la prescription.

CONSEIL D'ÉTAT

—

Séance du 28 avril 1876

« Au nom du Peuple Français :

« Le Conseil d'État statuant au contentieux, sur le rapport de la section du contentieux ;

« Vu la requête sommaire et le mémoire ampliatif présentés par le sieur Mosnier, demeurant à Paris ;

« La dite requête et le dit mémoire enregistrés au Secrétariat du contentieux du Conseil d'État, les 26 octobre 1874 et 27 janvier 1875, et tendant à ce qu'il plaise au dit Conseil annuler un

Arrêté en date du 17 juillet 1874, par lequel le Conseil de préfecture du département de la Seine a rejeté sa demande en annulation des contraintes décernées contre lui, pour le payement des droits de voirie, qui lui étaient réclamés à raison de la construction de diverses maisons situées rue Clapeyron, rue de Moscou et boulevard des Batignolles, à Paris ;

« Ce faisant, attendu que, aux termes de l'article 6 du Décret du 27 octobre 1808, les droits de voirie à Paris sont recouvrés dans la même forme que les contributions directes; que l'article 149 de la loi du 3 frimaire an VII, aux termes duquel les contribuables en retard ne peuvent plus être poursuivis après trois années consécutives écoulées sans poursuites, est applicable au recouvrement de ces droits de voirie, que dès lors, aucune poursuite ne pouvait être exercée contre le requérant en 1873, en raison de droits de voirie applicables à des constructions élevées en 1867 et 1868; que cette fin de non-recevoir opposée à l'action dirigée contre le sieur Mosnier, doit être examinée préjudiciellement à toute fin de non-recevoir qui pourrait être opposée à la réclamation du requérant devant le Conseil de préfecture ;

« Décharger le requérant des condamnations prononcées contre lui ;

« Vu l'Arrêté attaqué ;

« Vu la réclamation du sieur Mosnier devant le Conseil de préfecture, en date du 27 juin 1873 ;

« Vu les observations présentées par le Préfet de la Seine, au nom de la Ville de Paris, les dites observations enregistrées comme ci-dessus le 3 juin 1875, et tendant au rejet de la requête par les motifs que l'unique moyen invoqué par le requérant devant le Conseil d'État, et tiré de l'article 149 de la loi du 3 frimaire an VII, est non-recevable, comme n'ayant pas été produit devant le Conseil de préfecture, et est d'ailleurs mal fondé, l'État des droits de voirie à recouvrer sur le sieur Mosnier n'ayant pu être remis au Receveur municipal, par suite de l'incendie des archives de l'Hôtel-de-Ville, que le 25 janvier 1873, et le délai de trois ans n'ayant pas couru pendant le temps durant lequel le Receveur municipal n'a pas eu de titre, lui permettant d'agir contre le sieur Mosnier ;

« Vu les observations présentées par le Ministre de l'intérieur en réponse à la communication qui lui a été donnée du pourvoi ; les dites observations enregistrées comme ci-dessus le 23 octobre 1875 ;

« Vu le mémoire en réplique présenté par le sieur Mosnier, le dit mémoire enregistré comme ci-dessus le 24 décembre 1875, et par lequel il persiste dans ses précédentes conclusions, par les motifs indiqués dans son mémoire ampliatif, et en outre par les motifs que le fait d'avoir construit sans payer les droits de voirie constitue, ainsi que le requérant l'a soutenu devant le Conseil de préfecture, une contravention, et que l'action, tant civile que pénale pour la répression de cette contravention, est prescrite après une année révolue, conformément à l'article 640 du Code d'instruction criminelle; que, d'ailleurs, les rôles de contributions sont annuels et qu'aucun rôle n'a été dressé dans les années auxquelles s'appliquent les droits de voirie réclamés; qu'enfin le requérant n'a reçu aucun avertissement, ni sommation, plus de trois mois avant la requête formée par lui devant le Conseil de préfecture;

« Vu l'état général des droits de voirie à recouvrer sur le sieur Mosnier;

« Vu la note adressée par le receveur municipal au Directeur des travaux de Paris, en date du 9 septembre 1873, de laquelle il résulte notamment qu'un commandement a été dressé le 8 mai 1873 au sieur Mosnier, lequel a été l'objet d'une saisie le 14 juin suivant;

« Vu le mémoire de la Ville de Paris devant le Conseil de préfecture;

« Vu les autres pièces produites et jointes au dossier;

« Vu la loi du 28 pluviôse an VIII; ·

« Vu le Décret du 27 octobre 1808;

« Vu la loi du 3 frimaire an VII, article 149; l'Arrêté consulaire du 16 thermidor an VIII, article 17, et l'article 640 du Code d'instruction criminelle;

« Ouï M. Le Vavasseur de Precourt, maître des requêtes, en son rapport;

« Ouï Me Bellaigne, avocat du sieur Mosnier, en ses observations;

« Ouï M. David, maître des requêtes, commissaire du gouvernement, en ses conclusions;

« Sur la fin de non-recevoir opposée par la Ville de Paris à la réclamation du sieur Mosnier, devant le Conseil de préfecture, et tirée de ce que cette réclamation aurait été tardivement présentée;

« Considérant qu'il n'est pas établi que le sieur Mosnier ait reçu plus de trois mois avant le 28 juin 1873, date de sa réclamation devant le Conseil de préfecture, aucun avertissement ou une sommation portant à sa connaissance les droits de voirie qui lui étaient réclamés; que, dès lors, c'est à tort que le Conseil de préfecture a rejeté sa requête comme tardivement présentée;

« Sur le moyen tiré de l'article 640 du Code d'instruction criminelle ;

« Considérant que les droits de voirie dont il s'agit sont réclamés au sieur Mosnier comme taxes municipales et non pas à titre de réparation civile de contravention qu'il aurait commise ; que dès lors, le sieur Mosnier n'est pas fondé à invoquer le bénéfice de l'article 640 du Code d'instruction criminelle, aux termes duquel l'action publique et l'action civile pour la répression d'une contravention sont prescrites après une année révolue, à partir du jour où elle a été commise ;

« Sur les moyens tirés de ce que l'état des droits de voirie réclamés au sieur Mosnier n'aurait pas été dressé dans l'année pour laquelle ces droits étaient réclamés, et de ce qu'aucune poursuite n'aurait été exercée dans le délai de trois ans fixé par l'article 149 de la loi du 3 frimaire an VII et l'article 17 de l'Arrêté consulaire du 16 thermidor an VIII ;

« Considérant, d'une part, qu'aucune disposition de loi ou de décret n'a prescrit, sous peine de déchéance, la confection, dans un délai déterminé, des états tenant lieu de rôles des sommes à recouvrer pour droits de voirie ; d'autre part, que les articles 149 de la loi du 3 frimaire an VII et 17 de l'Arrêté du 16 thermidor an VIII, n'ont eu pour but que de déterminer le délai dans lequel les percepteurs devraient, sous peine de déchéance, exercer des poursuites et se bornent à déclarer déchus de toute action contre les contribuables, ceux qui n'auraient fait aucune poursuite dans le délai de trois ans, à partir du jour où le rôle leur aura été remis ; que c'est seulement à l'effet de s'opposer aux poursuites dirigées contre lui par les voies judiciaires et devant les tribunaux compétents pour prononcer sur la validité de ces poursuites ; que le sieur Mosnier, poursuivi par voie de commandement et de saisie, peut se prévaloir des dispositions de l'article 149 de la loi du 3 frimaire an VII et de l'Arrêté du 16 thermidor an VIII, et que c'est devant ces tribunaux qu'il peut demander l'annulation des poursuites qui n'auraient pas été faites dans les délais prescrits par les dits articles ;

« Décide :

« Art. 1er. — La requête du sieur Mosnier est rejetée.

« Art. 2. — Expédition de la présente décision sera transmise au Ministre de l'intérieur. »

DROITS DE VOIRIE POUR TRAVAUX NÉCESSITÉS PAR CHANGEMENTS APPORTÉS AU NIVELLEMENT DE LA VOIE PUBLIQUE

273. — Lorsque des travaux sont exécutés à la face d'une maison bordant la voie publique, par suite du changement apporté au nivellement de cette voie, qu'il s'agisse de reprise du mur de face ou du rétablissement des saillies dans les conditions autrefois existantes, il n'est pas dû de droits de voirie si, dans le chiffre de l'indemnité allouée au propriétaire, il n'a pas été tenu compte des droits à payer pour les reprises à exécuter ou pour les objets et saillies à rétablir; mais si une indemnité quelconque a été accordée au propriétaire, celui-ci devra justifier de ce qu'il ne lui a pas été tenu compte des droits de rétablissement des choses en leur ancien état.

Si, au contraire, il a été tenu comptedes droits, dans le règlement de l'indemnité ou si le propriétaire rétablit le mur de face ou les saillies dans des conditions différentes de l'ancien état, les droits de grande ou de petite voirie devront être acquittés.

CHANGEMENT DE PROPRIÉTAIRE

274. — Lorsqu'un immeuble a changé de propriétaire à la suite d'un procès-verbal constatant une contravention de voirie, la responsabilité de la contravention incombe à l'ancien propriétaire, au point de vue de la pénalité, mais la condamnation au payement des droits de voirie doit être prononcée contre le nouveau propriétaire, ces droits étant une charge de l'immeuble, qui le suit en quelques mains qu'il passe.

(Conseil de préfecture de la Seine. — Préfet contre Ruelle et Drouillet, 22 juin 1865.)

CHAPITRE V

DE LA HAUTEUR DES MAISONS, DES COMBLES ET DES LUCARNES

DÉCRET DU 27 JUILLET 1859

275. — La hauteur des maisons, les combles et les lucarnes dans la ville de Paris sont réglés actuellement par un Décret impérial du 27 juillet 1859, rendu dans la forme des règlements d'administration publique, en vertu du Décret du 26 mars 1852, relatif aux rues de Paris.

Ce Décret du 27 juillet 1859 doit être considéré comme légal et obligatoire, attendu qu'il a été rendu en exécution d'un acte qui a reçu lui-même force de loi en vertu de l'article final de la Constitution.

Certaines modifications ont été apportées aux dispositions du Décret de 1859, par de nouveaux Décrets des 1ᵉʳ août 1864 et 18 juin 1872.

ANCIENS RÉGLEMENTS

276. — Avant d'examiner le Décret de 1859, nous croyons utile de nous reporter aux règlements antérieurs.

Nous citerons seulement pour mémoire, l'Ordonnance du Bureau des Finances du 18 août 1667, qui défendait aux particuliers de construire aucun mur de face de hauteur de plus de huit toises, depuis le rez-dé-chaussée des rues jusqu'à l'entablement. Mais jusqu'à la promulgation du Décret de 1859, la Déclaration du roi du 10 avril 1783 et les lettres patentes du 25 août 1784, qui la modifiaient en plusieurs points, n'avaient pas cessé d'être en vigueur.

DÉCLARATION DU ROI DU 10 AVRIL 1783

277. — L'article 5 de la Déclaration de 1783 est ainsi conçu :

« La hauteur des maisons et bâtiments en la ville et faubourgs de Paris, autres que les édifices publics, sera et demeurera fixée, savoir :

« Dans les rues de 30 pieds de largeur et au-dessus, à 60 pieds,
lorsque les constructions seront faites en pierres et moellons, et à
48 pieds seulement lorsqu'elles seront faites en pans de bois ;

« Dans les rues depuis 24 jusques et y compris 29 pieds de largeur, à 48 pieds, et dans toutes les autres rues à 36 pieds seulement ;

« Le tout y compris les mansardes, attiques, toits et autres
constructions quelconques, au-dessus de l'entablement ;

« Ordonnons en conséquence, que les maisons et bâtiments
dont l'élévation excède celles ci-dessus fixées, y seront réduites
lors de leur reconstruction. »

Comme on le voit d'après cette rédaction, nulle distinction n'é-
tait faite entre la hauteur des murs de face et la hauteur des combles ou lucarnes ; tout devait être renfermé sous une hauteur déterminée, les hauteurs des murs de face et des combles pouvant
varier à condition que la hauteur totale fût comprise dans les hauteurs fixées proportionnellement à la largeur des rues.

LETTRES PATENTES DU 25 AOUT 1784

278. — De nombreuses difficultés s'étant élevées sur l'application de cette Déclaration, les lettres patentes du 25 août 1784
vinrent les expliquer et les modifier ; mais il est très-important de
remarquer, dans le préambule de ces lettres patentes, que les dispositions qui réglementent la hauteur des bâtiments, proportionnellement à la largeur des rues, ont été prises dans un intérêt public de salubrité et de sécurité ; tel est, en effet, le texte de ce
préambule :

« Par l'article 5 de notre Déclaration du 10 avril 1783, nous
avons fixé la hauteur des maisons et bâtiments, en la ville et faubourgs de Paris, autres que les édifices publics, dans une proportion qui nous a paru convenable à la largeur des dites rues, non-
seulement pour rendre l'air plus salubre, en facilitant la circulation, mais encore pour la sûreté des habitants, surtout en cas
d'incendie ; étant informé que l'exécution de cet article présente
des difficultés qu'il est à propos de résoudre, en prévoyant les différents cas résultant des différentes dispositions des emplacements
à bâtir, soit dans les rues fixées à 30 pieds de largeur, soit dans les rues
plus étroites, soit enfin aux encoignures des rues d'inégale largeur ; en conséquence, nous avons cru devoir expliquer à ce sujet
nos intentions et ces causes, etc... »

La Déclaration continue :

9

« Art. 1er. — Ordonnons qu'à l'avenir la hauteur des façades des maisons et bâtiments, en la ville et faubourgs de Paris, autres que celle des édifices publics, sera et demeurera fixée à raison de la largeur des différentes rues, savoir :

« Dans les rues de 30 pieds de largeur et au-dessus, à 54 pieds ;

« Dans les rues depuis 24 jusques et y compris 29 pieds de largeur, à 45 pieds ;

Et dans toutes celles au-dessous de 23 pieds de largeur, à 36 pieds ;

« Le tout mesuré du pavé des rues, jusques et y compris les corniches ou entablements, même les corniches des attiques, ainsi que la hauteur des étages en mansarde, qui tiendraient lieu des dits attiques ;

« Voulons que les façades ci-dessus fixées ne puissent jamais être surmontées que d'un comble, lequel aura 10 pieds d'élévation, du dessus des corniches ou entablements jusqu'à son faîte, pour les corps de logis simples en profondeur ; de 15 pieds pour les corps de logis doubles ;

« Défendons d'y contrevenir, sous quelque prétexte que ce soit, sous les peines portées par notre Déclaration du 10 avril 1783. » (Art. 2, 3, voir l'Appendice.)

Le Parlement, en enregistrant les lettres patentes de 1784, y avait ajouté une restriction importante qui avait modifié le règlement en ces termes :

« A charge qu'à partir du dessus de l'entablement, l'élévation des toits en hauteur ne pourra excéder la moitié de la profondeur des maisons. »

Le pouvoir royal n'ayant pas rejeté cette modification, elle s'incorpora au règlement.

279. — Les lettres patentes de 1784, réduisant les hauteurs des maisons, avaient donc réglé séparément et la hauteur des façades et la hauteur des combles, mais il restait encore un doute sur la forme et l'inclinaison des combles, et bien que la hauteur du faîtage fût, dans tous les cas, limitée à la demi-épaisseur des bâtiments, rien ne déterminait la forme ou l'inclinaison du comble ; devait-il être à pan droit à 45 degrés, ou pouvait-il affecter une forme brisée ou une courbure quelconque ?

Des arrêts du Conseil d'État, qui avaient établi la jurisprudence, avaient bien résolu la question dans ce sens que les combles ne devaient, en aucun cas, dépasser la ligne rampante à 45 degrés ; mais, en résumé, le Conseil n'avait statué que sur des espèces.

Des arrêtés ministériels du 28 pluviôse an V et du 29 février 1825, avaient modifié les règlements de 1783 et 1784, et le Préfet de la Seine, dans un arrêté général et réglementaire du 1er novembre 1844, avait modifié les dispositions de ces nouveaux règlements, mais le Conseil d'État s'est refusé à les ratifier, aussi bien qu'il refusa son approbation au nouveau règlement rendu par le Chef du pouvoir exécutif le 15 juillet 1848, sur la proposition du Préfet de la Seine, attendu, disait-il, que les lettres patentes de 1784, enregistrées au Parlement, avaient force de loi et ne pouvaient être rapportées que par un acte du pouvor législatif.

280. — Ainsi, jusqu'à la promulgation du Décret du 27 juillet 1859, la Déclaration de 1783 et les lettres patentes de 1784 furent les seuls règlements en vigueur.

Nous allons passer à l'examen du Décret du 27 juillet 1859 ; mais en exposant chaque article, nous rappellerons les arrêts du Conseil d'État qui ont été rendus pour l'application des règlements antérieurs, et nous constaterons le sens qu'avaient donné à ces règlements la doctrine et la jurisprudence ; le Décret de 1859 n'ayant rapporté les dispositions des règlements, ordonnances et autres actes, qu'en ce qu'elles ont de contraire à ce Décret.

DÉCRET DU 27 JUILLET 1859

(Examen et discussion)

281. — Décret impérial portant règlement sur la hauteur des maisons, les combles et les lucarnes, dans la ville de Paris, du 27 juillet 1859. (Bulletin des lois, 722, n° 6,843. — Voir l'Appendice.)

Napoléon, par la grâce de Dieu et la volonté nationale, empereur des Français, à tous présents et à venir, salut.

« Sur le rapport de notre Ministre secrétaire d'État au département de l'intérieur ;

« Vu la Déclaration du 10 avril 1783 ;

« Les Lettres patentes du 25 août 1784 ;

« Les Décrets du 14 décembre 1789 ; 16-24 août 1790 ; 19-22 juillet 1791 ;

« Le Décret du 26 mars 1852, et notamment les articles 4 et 7, ce dernier ainsi conçu :

« Il sera statué, par un décret ultérieur, rendu dans la forme « des règlements d'administration publique, en ce qui concerne « la hauteur des maisons, les combles et les lucarnes ; »

« Avons décrété et décrétons ce qui suit :

TITRE PREMIER

De la Hauteur des Maisons

—

SECTION PREMIÈRE

De la hauteur des façades des bâtiments bordant les voies publiques.

—

ARTICLE PREMIER

« La hauteur des maisons bordant les voies publiques dans la
« ville de Paris est déterminée par la largeur légale de ces voies
« publiques. »

HAUTEUR PAR RAPPORT A LA LARGEUR LÉGALE

282. — Ce premier paragraphe du Décret de 1859 diffère de l'article 1ᵉʳ des lettres patentes de 1784 par l'addition du mot *légale*.

Quelle est la portée qu'il faut donner à l'addition de ce mot?

Comment faut-il l'interpréter, par rapport aux constructions neuves élevées à l'alignement, et par rapport aux constructions à surélever construites sur l'alignement, ou en saillie sur l'alignement?

Il semblerait, au premier abord, que le législateur de 1859 n'a plus fait de distinction entre les maisons à construire à l'alignement et les maisons existant en saillie sur l'alignement et que l'on voudrait surélever ; mais il faudrait admettre alors qu'il eût abandonné complétement les principes de salubrité et d'intérêt général qui avaient servi de base aux lettres patentes de 1784.

Il faudrait admettre aussi que le propriétaire d'une maison sujette à reculement eût les mêmes droits et les mêmes avantages que celui qui, ayant reconstruit sa maison, a satisfait, autant qu'il était en lui, à la servitude si lourde de l'alignement, et par suite a contribué à l'amélioration de la voie publique et des conditions de jour, d'air et de salubrité de la ville ; c'est-à-dire que celui-là qui serait un obstacle à l'exécution de la largeur légale, aurait le droit d'élever sa maison à la hauteur proportionnelle à une largeur légale qui ne pourra être obtenue que par la destruction de la maison même que l'on devrait surélever : ce serait contraire à l'équité et à la raison.

C'est dans ce sens qu'a eu lieu la discussion du Décret de 1859, dans la séance du Conseil d'État du 9 février 1856, et nous allons voir au surplus que le Conseil d'État, s'en rapportant à la jurisprudence suivie jusqu'à ce jour, n'a pas introduit d'article spécial aux exhaussements ; les termes du Décret de 1859 ne laissent pas de doute à cet égard.

En effet, après avoir fixé, dans l'art. 1er, la hauteur des maisons bordant les voies publiques, il est dit : à l'art. 2 (Voyez l'Appendice) :

ARTICLE DEUXIÈME

« Les façades qui seront construites sur la voie publique, soit « en retraite de l'alignement, soit à fruit ou de toute autre ma- « nière, ne peuvent être élevées qu'à la hauteur déterminée pour « les maisons construites à l'alignement. »

Il est donc parfaitement entendu que l'art. 1er, qui a déterminé, en raison de la largeur légale des voies publiques, les hauteurs à permettre pour les maisons bordant la voie publique, ne les a déterminées que pour les maisons construites à l'alignement, ainsi que le dit l'art. 2mo.

Si, d'autre part, l'on se reporte au préambule des lettres patentes de 1784, il résulte clairement des termes :

« En prévoyant les différents cas résultant des dispositions différentes des *emplacements à bâtir...* », que les lettres patentes n'ont déterminé les hauteurs que pour les constructions neuves, par conséquent alignées.

Les lettres patentes de 1784 et le Décret de 1859 sont restés muets en ce qui concerne l'exhaussement des maisons, cependant les cas d'exhaussement se sont souvent présentés et nous allons examiner comment la jurisprudence s'est établie à leur égard.

Les maisons à surélever peuvent se trouver dans deux situations bien différentes : ou bien elles sont à l'alignement ou en arrière de l'alignement, ou bien elles sont sujettes à reculement.

EXHAUSSEMENT D'UNE MAISON ALIGNÉE

283. — Si la maison à surélever est placée sur l'alignement, il peut encore se présenter deux cas particuliers :

Dans le premier cas, la maison placée vis-à-vis, c'est-à-dire de l'autre côté de la rue, étant alignée, et alors la largeur effective de la voie publique étant en même temps la largeur légale, il ne s'est pas élevé de difficultés et l'autorisation d'exhausser les constructions qui n'atteignaient pas la hauteur correspondante à la largeur légale a toujours été accordée, aussi bien sous l'empire des lettres patentes de 1784, que depuis la promulgation du Décret de 1859.

284. — Dans le cas où la maison, vis-à-vis de la maison alignée que l'on veut exhausser, est retranchable, et, par suite, la largeur de la rue moindre que la largeur légale, la maison alignée ayant satisfait, en ce qui la concerne, à la largeur légale en articulant l'alignement légal, peut être portée à la hauteur légale, soit qu'il s'agisse de construction neuve, soit qu'il s'agisse d'exhaussement. C'est précisément ce point que le Décret de 1859 a entendu fixer d'une manière définitive par l'addition du mot *légale*, pour faire cesser ces prétentions qui, à une certaine époque, avaient été soulevées par l'administration, que les lettres patentes de 1784 devaient être interprétées en ce sens, que la hauteur des maisons alignées, soit pour les constructions neuves, soit pour les exhaussements, fût déterminée, non point par la largeur décrétée et future des rues, mais par leur largeur actuelle et réelle.

En résumé, le Décret de 1859, par l'addition du mot *légale*, a consacré la jurisprudence que le Conseil d'État avait établie par des Arrêts rendus dans le cours des années 1843, 1844, 1845.

285. — Si la rue n'a pas encore sa largeur légale, d'après un nouveau plan d'alignement régulièrement adopté, le propriétaire de la maison située sur le nouvel alignement peut élever sa maison à la hauteur proportionnelle à la largeur future ([1]).

286. — Lorsqu'une rue, d'après un nouveau plan d'alignement, doit être élargie de telle sorte que les maisons pourront être portées à une hauteur plus grande qu'auparavant, celles de ces maisons que le nouveau plan ne soumet pas à reculement, peuvent être portées à la nouvelle hauteur, avant que la rue ait été élargie, et cela au moyen de surélévation des bâtiments existants, aussi bien qu'en cas de réédification complète ([2]).

EXHAUSSEMENT DES MAISONS SUJETTES A RECULEMENT

287. — Si le Conseil d'État, dans les Arrêts précités, a donné satisfaction aux propriétaires lorsqu'il s'agissait de maisons alignées, il n'a jamais varié dans ses décisions relatives à l'exhaus-

---

([1]) Conseil d'État, 3 février 1843, Dehérain.
([2]) Conseil d'État, 27 novembre 1844, Guérard ; 5 juin 1845, Trubert.

sement de maisons retranchables et a toujours maintenu ce principe :

288. — « Qu'une maison retranchable ne peut être exhaussée en prenant pour base la largeur que la rue doit avoir, attendu qu'on ne peut profiter, pour élever sa maison, d'un état de choses futur, qui ne pourra être obtenu que par la démolition et le recul de cette maison [1]. »

ÉLARGISSEMENT FUTUR D'UNE RUE

289. — Le Conseil d'État a statué dans le même sens, dans le cas de l'élargissement futur d'une rue, en décidant que :

« Lorsque, par suite de l'alignement futur d'une rue, régulièrement adopté, les maisons situées dans cette rue sont susceptibles de recevoir une plus grande élévation, un propriétaire ne peut porter sa maison à la hauteur proportionnelle à la largeur à venir, sans mettre la dite maison à l'alignement correspondant à cette hauteur [2]. Mais pour jouir de l'avantage que procure l'élargissement d'une rue, il faut que le nouveau plan d'alignement ait été régulièrement adopté. »

C'est dans ce sens que le Conseil d'État a rendu l'arrêt suivant [3] :

290. — « Pour pouvoir exciper d'un nouveau plan qui a accru la largeur d'une rue, et pour s'en prévaloir utilement dans une construction, en prenant pour base cette nouvelle largeur, il faut que l'adoption du nouveau projet d'alignement ait eu lieu.

« Tant que le projet n'a pas été adopté, les constructions doivent être faites sur l'ancien alignement, et le propriétaire doit se conformer, pour la hauteur de sa maison, à la largeur attribuée à la rue par l'ancien alignement. »

EXHAUSSEMENT D'UNE MAISON RETRANCHABLE, EXÉCUTÉ SUIVANT L'ALIGNEMENT

291. — Enfin le Conseil d'État est allé plus loin encore dans les affaires Brajoux et Lessorre, en décidant que :

« Lorsqu'une maison est retranchable, un propriétaire ne peut surélever sa maison, même en construisant la surélévation dans l'alignement légal, c'est-à-dire sur l'alignement que doit avoir la

---

(1) Conseil d'État, 4 juillet 1827, Thille.
(2) Conseil d'État, 21 décembre 1837, Piollet.
(3) Conseil d'État, 30 juin 1843, Chapelain.

maison dès qu'elle sera abattue et reconstruite, en profitant de la hauteur proportionnelle à la largeur légale (1);

« Considérant que le sieur Brajoux prétend vainement n'avoir pas contrevenu aux lettres patentes ci-dessus visées (de 1784) en construisant la surélévation de sa maison, dans l'alignement fixé par les dites lettres patentes, puisqu'il ne pouvait procéder à cette surélévation qu'autant que sa maison serait rentrée dans l'alignement donné par l'Administration; qu'en réprimant cette contravention, le Conseil de préfecture a fait une juste application des lettres patentes de 1784..., etc.... »

(Les conclusions dans l'affaire Lessorre ont été identiques.)

CONCLUSION

292. — En résumé, le Décret de 1859 repose sur les mêmes principes que les lettres patentes de 1784, l'intérêt de la salubrité; seulement, le Décret de 1859 a consacré, d'une manière précise, les droits des propriétaires des maisons alignées, d'élever à la hauteur légale les constructions exécutées sur l'alignement légal; mais, d'autre part, la jurisprudence suivie par l'Administration relativement aux exhaussements de maisons retranchables, et consacrée par le Conseil d'État, est restée la même, après comme avant le Décret de 1859; hauteur proportionnelle à la largeur effective de la voie au droit de l'immeuble retranchable à exhausser, et non hauteur correspondant à la largeur légale.

C'est ainsi, au surplus, que le Directeur des travaux de Paris rappelait le mode à suivre aux agents de la voirie, dans une instruction du 12 décembre 1873.

L'art. 1er du décret de 1859 continue ainsi :

293. « § 2. — Cette hauteur, mesurée du trottoir ou du pavé au pied des façades, des bâtiments, et prise, dans tous les cas, au milieu de ces façades, ne peut excéder, y compris les entablements, attiques, et toutes les constructions à plomb du mur de face, savoir :

294. — « § 3. — 11m70 pour les voies publiques au-dessous de 7m80 de largeur.

295. — « § 4. — 14m60 pour les voies publiques de 7m80 et au-dessus, jusqu'à 9m75.

296. — « § 5. — 17m55 pour les voies publiques de 9m75 et au-dessus.

297. — « § 6. — Toutefois, dans les rues ou boulevards de

____

(1) Conseil d'État, Brajoux, 1832; Lessorre, 25 octobre 1833.

20 mètres et au-dessus, la hauteur des bâtiments peut être portée jusqu'à 20 mètres, mais à la charge, par les constructeurs, de ne faire, en aucun cas, au-dessus du rez-de-chaussée, plus de cinq étages carrés, entresol compris.

POINT OU DOIT ÊTRE MESURÉE LA HAUTEUR D'UNE FAÇADE

298. — Ni la Déclaration de 1783, ni les lettres patentes de 1784, n'avaient déterminé le point de la façade où devait être mesurée la hauteur d'une maison dans une rue en pente ; le Décret de 1859, en fixant au milieu de la façade le point où l'on doit mesurer la hauteur, a voulu que dans ce cas qui se présente fréquemment, la hauteur à donner à la façade fût prise à la moyenne, entre le point le plus élevé et le point le plus bas de la rue ; il a consacré, en adoptant cette disposition, la jurisprudence suivie par l'administration et approuvée par le Conseil d'État dans des Arrêts du 22 juin 1850, Ternaux-Compans ; du 9 août 1851, Odiot ; du 13 août 1852, Philippon de la Madelaine.

299. — Mais, à notre avis, pour rester dans l'équité et respecter l'intention du législateur, il y a certaines espèces où la hauteur ne doit pas être prise au milieu de la façade (les termes, dans tous les cas s'appliquant aux différentes hauteurs, $11^m70, 14^m60, 17^m55$). La hauteur devant être toujours la hauteur moyenne, lorsqu'une maison sera située au bas de l'angle formé par la rencontre de deux rues en pente, si l'on mesurait la hauteur au milieu du développement de la façade, cette hauteur serait prise au point le plus bas de la rue, et par suite, la hauteur moyenne de la construction serait inférieure à la hauteur légale.

Dans le cas contraire, où une maison se trouverait au sommet de l'angle de deux rues en pente, la hauteur légale mesurée à ce point, milieu de la façade, et le plus élevé de la rue, excéderait la hauteur moyenne de la construction.

Il faut donc, pour rester dans l'esprit du Décret, que dans ces espèces particulières, le point où la hauteur sera mesurée, corresponde à la cote moyenne entre le point le plus haut de la rue et le point le plus bas de la rue au-devant de la façade.

MODE SUIVANT LEQUEL DOIT ÊTRE MESURÉE LA FAÇADE D'UN BATIMENT

300. — D'après le paragraphe 2° de l'article 1er du Décret de 1859, la hauteur permise pour les façades des maisons comprend

.les entablements, attiques et toutes les constructions à plomb du mur de face, mais elle ne comprend pas les combles, dont il est question dans les articles 7 et suivants.

Aux termes des lettres patentes de 1784, les étages en mansardes qui tiennent lieu d'attiques se trouvaient compris dans cette hauteur ; le Décret de 1859 n'en a pas fait mention.

Mais il suit de là que l'entablement d'une façade doit être compris sous la hauteur permise, que nulle construction attique ou autre ne peut s'élever au-dessus de cette hauteur à plomb du mur de face et que, pour qu'un étage en retraite, renfermé toutefois dans le périmètre général d'une construction, puisse être considéré comme faisant partie du comble, et par suite autorisé, il faut que cet étage soit franchement en arrière de l'aplomb du mur de face.

ARRÊTS DU CONSEIL D'ÉTAT SOUS L'EMPIRE DES LETTRES
PATENTES DE 1784

301. — Le Conseil d'État a rendu, sous l'empire des lettres patentes de 1784, des Arrêts qui peuvent servir à l'explication du Décret de 1859 ; il a décidé notamment :

« Qu'un étage au-dessus de l'entablement construit en briques et à plomb du mur de face ne saurait être considéré comme faisant partie du comble; qu'il doit être réputé attique faisant partie de la façade et compté dans le calcul de la hauteur de celle-ci [1].

302. — « Qu'il en est de même de constructions en plâtre formant attique, lors même qu'elles ne sont élevées qu'aux deux extrémités de la façade [2].

303. — « Qu'un étage carré substitué à un étage lambrissé devait être considéré comme faisant partie de la façade et, par suite, compris dans le mesurage de la hauteur de la maison [3].

304. — « Que si le propriétaire a établi derrière le mur de face de sa maison, qui n'est qu'un simple masque, un étage carré substitué à des mansardes qui existaient précédemment, et si ces constructions, exécutées sans autorisation, ont porté l'élévation de sa maison au-dessus de la hauteur fixée par les règlements, il y a lieu de prononcer la condamnation à l'amende et d'ordonner la démolition des constructions [4].

305. — « Mais, d'autre part, il a été jugé par le Conseil

---

[1] Conseil d'État, 22 avril 1842, Lavallé.
[2] Conseil d'État, 1er juin 1843, Née et Lemaire.
[3] 28 août 1844, Lehéon.
[4] 10 juillet 1835, Joineau.

d'État ([1]) que, lorsqu'un étage ou attique se trouve, par suite de sa retraite, compris en dedans de la ligne rampante du comble, il n'y a pas lieu d'ordonner la démolition de la partie du dit attique, qui excède la hauteur du mur de face.

Il y a, en outre, un certain nombre d'Arrêts du Conseil d'État qui jugent que la démolition d'étages construits dans les combles ne doit être ordonnée que parce que ces étages dépassent la hauteur que ces combles pourraient atteindre d'après les règlements.

MODE SUIVI PAR L'ADMINISTRATION

306. — Depuis la promulgation du Décret de 1859, l'administration appliquant une réglementation plus large, admet, en résumé, que le constructeur ne dépassant par la hauteur légale pour tout mur de face, y compris entablement, attique...., etc., élevé sur le plan vertical de l'alignement, peut se mouvoir dans le périmètre légal déterminé par la ligne verticale élevée à l'alignement et le périmètre du comble tracé comme il sera dit plus loin, et établir des étages en retraite ou en attique, à la condition de ne pas dépasser le périmètre général réglementaire.

HAUTEUR A PERMETTRE DANS LES RUES DE 9ᵐ74 DE LARGEUR

307. — La largeur légale d'un certain nombre de rues de Paris, étant fixée par Décrets ou Ordonnances royales à 9ᵐ74, un doute s'était élevé relativement à la hauteur à permettre aux maisons en bordure de ces voies publiques, puisque le Décret de 1859 avait fixé à 9ᵐ75 et au-dessus la largeur des rues donnant droit à la hauteur de 17ᵐ55.

Sur le rapport que nous avons fait de la question, comme membre de la Commission supérieure de voirie, après examen des lettres patentes de 1784, des Décrets des 15 juillet 1848, 27 juillet 1859, ainsi que de la discussion qui a eu lieu au Conseil d'État relativement à ce dernier Décret; attendu que la largeur de 9ᵐ74 attribuée à un certain nombre de voies publiques provient de ce que, dans la conversion en mètres de l'ancienne largeur de 30 pieds, opération qui donnait pour chiffres exacts 9ᵐ74518, on s'est arrêté à la seconde décimale sans la forcer; il a été décidé que l'administration accorderait aux voies cotées à 9ᵐ74 le bénéfice de la hauteur de 17ᵐ55, comme pour les voies de 9ᵐ75 et au-dessus.

(1) 12 mai 1847, Délry.

DE LA HAUTEUR DE 20 MÈTRES

308. — Dans le texte primitif du Décret de 1859, le paragraphe relatif à la hauteur de 20 mètres était ainsi rédigé :

« Toutefois, dans les rues ou boulevards de 20 mètres et au-dessus, la hauteur des bâtiments peut être portée jusqu'à 20 mètres, mais à la charge par les constructeurs de ne faire, en aucun cas, au-dessus du rez-de-chaussée, plus de cinq étages carrés, entresol compris. »

Cette rédaction, interprétée dans le sens le plus large pour le constructeur, permettait de croire que cette hauteur de 20 mètres était un droit, à la charge de ne pas faire plus de cinq étages ; mais ce n'était pas ainsi que l'entendait M. Haussmann, alors Préfet de la Seine, qui avait fait rendre le Décret. Il voulait se réserver la faculté de permettre la hauteur exceptionnelle de 20 mètres, à la condition que les constructeurs de maisons dans le même îlot, construisissent les façades en raccordant entre elles les lignes principales de corniches, entablements, balcons, combles, etc., conditions qu'il imposait, au surplus, aux acquéreurs de terrains vendus par la Ville de Paris, en bordure des voies ouvertes par expropriation.

Dans ces cas spéciaux, les maisons situées aux points les plus bas des îlots, et par suite les plus élevées, ne devaient pas dépasser 20 mètres. C'est ainsi qu'ont été construites notamment les maisons en bordure des boulevards Malesherbes et du Prince-Eugène.

DÉCRET DU 1ᵉʳ AOUT 1864

309. — Cependant de nombreuses réclamations s'étant élevées de la part des propriétaires de terrains non vendus par la Ville de Paris, pour faire cesser toute difficulté, M. Haussmann obtint, le 1ᵉʳ août 1864, un Décret aux termes duquel l'article 1ᵉʳ, § 6 du Décret du 27 juillet 1859, fut remplacé par la disposition suivante :

« Toutefois, dans les rues ou boulevards de 20 mètres de largeur et au-dessus, l'administration municipale pourra, en vue du raccordement et de l'harmonie des lignes de construction, permettre de porter la hauteur des bâtiments jusqu'à un maximum de 20 mètres, mais à la charge par les constructeurs, etc... »

La hauteur de 20 mètres n'était donc plus un droit pour le constructeur ; l'administration se réservait la faculté de l'accorder
dans des conditions déterminées, et cette disposition nouvelle
ouvrait la porte à des faveurs et à des exceptions toujours fâcheu-
ses en administration.

Aussi, lorsque l'administration renonça à exiger le raccordement
des lignes principales, le principe de salubrité, d'après lequel les
hauteurs des maisons étaient proportionnées aux largeurs des
rues, restant la seule règle, le Décret du 1ᵉʳ août 1864 fut rapporté
et les dispositions relatives aux hauteurs de 20 mètres furent
modifiées par un Décret du 18 juin 1872, de la manière suivante :

DÉCRET DU 18 JUIN 1872

310. — « Art. 1ᵉʳ. — Les propriétaires d'immeubles en façade
des rues ou boulevards de 20 mètres de largeur et au-dessus,
auront le droit de construire à la hauteur maxima de 20 mètres,
sous les conditions ci-après :

« 1° Il ne peut être fait, en aucun cas, au-dessus du rez-de-
chaussée, plus de cinq étages carrés, entresol compris ;

« 2° Dans chaque construction élevée à la hauteur de 20 mètres,
il est ménagé une cour de 40 mètres et dont le plus petit côté doit
avoir au moins 4 mètres.

« Cette dernière disposition n'est pas applicable aux terrains
prenant façade sur deux rues et d'une dimension telle qu'il ne
peut y être élevé qu'un seul corps de bâtiment double en profondeur et occupant tout l'espace compris entre les deux voies.

« En dehors de ce cas, si la dimension et la configuration du
terrain ne permettent pas de ménager dans l'intérieur de la propriété une cour de 40 mètres, la construction ne peut être élevée
à la hauteur de 20 mètres qu'avec l'autorisation de l'administration
municipale.

« Art. 2. — Quelle que soit la hauteur des maisons à construire,
la surface des courettes ne peut, en aucun cas, être inférieure à
4 mètres; le plus petit côté doit avoir au moins 1ᵐ60.

« Les courettes ne peuvent servir à éclairer ni à aérer aucune
pièce à usage de chambre à coucher, si ce n'est au dernier étage
de la maison.

« Art. 3. — Le Décret du 1ᵉʳ août 1864 est rapporté.

« Le Décret du 27 juillet 1859 est maintenu en ce qui n'est pas
contraire au présent Décret. »

POINT OU DOIT ÊTRE MESURÉE LA HAUTEUR DE 20 MÈTRES

311. — Le mot maxima, qui suit l'indication de la hauteur de 20 mètres, alors qu'il n'est pas employé dans l'énoncé des hauteurs de 11^m70, 14^m60, 17^m55, avait laissé un doute dans l'esprit d'un certain nombre de commissaires-voyers ; ils avaient interprété l'expression hauteur maxima comme une hauteur qui ne doit pas être dépassée, et par suite avaient conclu que la hauteur de 20 mètres devait être mesurée au point le plus bas du sol, au pied de la façade du bâtiment.

312. — Dans une instruction du 20 octobre 1874, le Directeur des travaux de Paris donnant, aux termes du Décret, l'interprétation la plus large en faveur des constructeurs, considérant que l'administration a renoncé au système des raccordements, que la hauteur de 20 mètres est devenue une hauteur légale et qu'il n'y a plus lieu, par suite, d'adopter pour la mesurer un mode différent de celui qui est prescrit par le Décret du 27 juillet 1859, pour les autres hauteurs réglementaires, a décidé que, quelle que soit la hauteur réglementaire à laquelle pourra être élevée une construction, on devra toujours la mesurer au milieu du développement de la façade qui devra profiter de cette hauteur.

POINT OU DOIT ÊTRE PRISE LA BASE DU COMBLE DANS UNE CONS-
TRUCTION D'UNE HAUTEUR SUPÉRIEURE A 17^m55

313. — L'article 1er, § 6 du Décret du 27 juillet 1859, modifié par les Décrets des 1er août 1864 et 18 juin 1872, et relatif à la hauteur à permettre pour les maisons à construire en bordure des voies publiques de 20 mètres de largeur et au-dessus, en autorisant d'élever les bâtiments à la hauteur maxima de 20 mètres, à la charge de ne faire, en aucun cas, au-dessus du rez-de-chaussée plus de cinq étages carrés, entresol compris, a-t-il entendu que la hauteur des bâtiments, quelle qu'elle fût, entre 17^m55 et 20 mètres, serait intégralement occupée par les cinq étages ? ou, en d'autres termes, lorsque la largeur d'une voie publique est de 20 mètres et au-dessus, et que le rez-de-chaussée et les cinq étages d'un bâtiment en bordure de cette rue ne forment ensemble qu'une hauteur moindre de 20 mètres et supérieure à 17^m55, soit 18 mètres, 18^m50 ou 19 mètres, le constructeur a-t-il le droit d'user de la hauteur complémentaire de 2 mètres, 1^m50 ou 1 mètre pour en faire participer un sixième étage carré, compris en partie dans le comble ?

Évidemment non. Si l'on se reporte aux termes des paragraphes 3, 4 et 5 du Décret de 1859, relatifs aux hauteurs de 11^m70, 14^m60 et 17^m55, à permettre dans les rues de largeurs variables mais inférieures à 20 mètres, on remarquera que ces hauteurs sont déterminées d'une manière précise, qu'il n'est pas dit, par exemple, que la hauteur pourra être portée jusqu'à 11^m70 ou sera de 17^m55 de hauteur maxima, et que, d'autre part, le nombre d'étages n'est pas limité.

En conséquence, si le législateur n'avait pas eu en vue de favoriser la création d'étages élevés dans les maisons à construire sur les larges voies nouvelles, s'il n'avait pensé qu'à rendre les hauteurs de maisons proportionnelles aux largeurs des rues dans l'intérêt de la salubrité et de la sûreté des habitants, il se serait borné à dire, comme pour les rues de largeurs moindres :

La hauteur des maisons pour les voies de 20 mètres et au-dessus de largeur ne pourra excéder 20 mètres.

Cette hauteur exceptionnelle, qui de 17^m55 peut être portée jusqu'à 20 mètres et peut par conséquent, au gré du constructeur, être de 18 mètres, 18^m50, 19 mètres, etc., jusqu'à 20 mètres, ne doit donc pas s'entendre et s'appliquer comme les hauteurs de 11^m70, 14^m60 ou 17^m55, elle est soumise à des conditions déterminées. En un mot, si le Décret a mis cette condition de ne faire en aucun cas plus de cinq étages carrés au-dessus du rez-de-chaussée, c'est qu'il a entendu que lorsqu'on permettrait d'élever une maison à une hauteur supérieure à 17^m55, soit à 18 mètres, 18^m50 ou 19 mètres et aussi jusqu'à 20 mètres, cette hauteur serait intégralement employée à faire cinq étages et pas plus, c'est-à-dire à donner plus de hauteur aux étages.

En résumé, il doit rester établi que les constructeurs, traçant sur leur coupe le périmètre général de leur bâtiment, peuvent placer le centre de l'arc de cercle à la hauteur de 20 mètres, lors même qu'ils n'élèvent pas leur façade à cette hauteur; mais s'ils usent de cette faculté, ils ne peuvent établir au-dessus du plancher haut du cinquième étage aucune portion d'étage carré ou d'attique.

Cette disposition a été consacrée par six Arrêtés du Conseil de préfecture, 27 avril 1875 : 1° Picard et Patrice ; 2° Boudier-Princiet et C° ; 3° Villain et C° ; 4° Bull., 15 avril 1875 : 1° Chazette ; 2° Laporte et Cochelin, qui a décidé que l'article 13 du Décret du 27 juillet 1859 était applicable à tous les bâtiments, aussi bien à ceux qui peuvent être élevés jusqu'à 20 mètres qu'à tous les autres; la portion des 20 mètres non employée pour les cinq étages au-dessus du rez-de-chaussée ne peut profiter qu'au comble.

Mais, d'un autre côté, si la construction étant élevée à 20 mètres, les cinq étages au-dessus du rez-de-chaussée occupent intégralement cette hauteur de 20 mètres, c'est-à-dire si le dessus du plancher haut du cinquième étage se trouve placé sur le plan horizontal situé à 20 mètres au-dessus du trottoir, ou même si ce plancher est plus élevé que ce plan à 20 mètres, ce qui peut arriver lorsque le mur de face est retraité au cinquième étage , le constructeur peut, dans le périmètre légal tracé pour le comble, inscrire un sixième étage carré en retraite, puisqu'il se trouvera renfermé dans le périmètre général de la construction, qu'il n'y aura que cinq étages carrés dans la hauteur de 20 mètres et que la forme du comble peut varier au gré du constructeur.

Nous examinerons, en traitant de l'article 5ᵐᵉ, de la hauteur à donner aux façades du côté des cours ou jardins.

Des bâtiments riverains de la voie publique

ARTICLE DEUXIÈME

314. — « Les façades qui seront construites sur la voie publique, soit en retraite de l'alignement, soit à fruit ou de toute autre manière, ne peuvent être élevées qu'à la hauteur déterminée pour les maisons construites à l'alignement. »

Cet article deuxième visant les bâtiments en retraite de l'alignement, mais ayant façade sur la voie publique, ne peut évidemment pas s'appliquer aux bâtiments placés en arrière d'une grille ou d'un mur de clôture à 10 ou 12 mètres de la voie publique; une construction élevée dans ces conditions serait régie par l'art. 5ᵐᵒ, qui traite des bâtiments situés dans les cours ou espaces intérieurs; mais, d'un autre côté, il ne faudrait pas croire que dans une rue de 7ᵐ80 de largeur, ne donnant droit qu'à une hauteur de 11ᵐ70, il suffirait d'élever la construction à 1 mètre en arrière de l'alignement et derrière un mur de clôture, pour assimiler cette construction à un bâtiment élevé dans un espace intérieur.

Assurément, il est impossible de déterminer, d'une manière absolue, quelle est la distance en retraite atteinte par l'art. 2ᵐᵒ, et c'est ainsi que l'a compris le Conseil d'État, dans la discussion du Décret, en concluant qu'il fallait nécessairement laisser à l'administration une certaine latitude d'appréciation.

315. — A notre avis, pour qu'un constructeur puisse bénéficier de l'art. 5ᵐᵒ, et construire à 17ᵐ55, par exemple, dans une rue au-dessous de 7ᵐ80 de largeur, il faudrait au moins que la distance du mur de face à l'alignement fût supérieure au complément de la largeur produisant 9^m75; c'est-à-dire que, si la rue n'a que 7 mètres de largeur, la distance entre l'alignement et la face du bâtiment devra être supérieure à 2^m75.

316. — Si le bâtiment est en façade sur la voie publique, dans les conditions de l'article 2mo, soit que ce bâtiment se trouve séparé de l'alignement par une faible distance, soit qu'il joigne l'alignement par une construction en retraite ou à fruit au-dessus du rez-de-chaussée, il devra alors, selon nous, se trouver inscrit dans le périmètre déterminé par deux lignes verticales tracées l'une à l'alignement, l'autre au pied du mur de la post-face sur la cour et par le périmètre légal du comble tracé, comme nous l'indiquons plus loin dans l'examen de l'article 8mo; en prenant pour base légale du comble l'horizontale tracée à la hauteur çorrespondante à la largeur de la rue et joignant les deux verticales.

317. — On pourrait se poser la question inverse, c'est-à-dire, supposer sur un boulevard donnant droit à 20 mètres comme hauteur, un bâtiment en façade composé de deux ailes à l'alignement et d'un milieu en arrière-corps. Évidemment, si la retraite de l'arrière-corps n'est pas considérable et ne constitue pas une cour, le bâtiment central pourra s'élever à 20 mètres, comme les ailes; mais si l'espace compris entre l'alignement et la façade du bâtiment central formait cour, ce bâtiment central tomberait rigoureusement sous l'application de l'art. 5mo et, cependant, dans certains cas, l'administration pourrait autoriser les 20 mètres.

318. — En résumé, il ne peut être posé de règle absolue sur l'article 2mo; chaque espèce doit être appréciée pour ce qu'elle est, avec ses dispositions et les circonstances qui lui sont propres.

ARTICLE TROISIÈME

319. — « Tout bâtiment situé à l'encoignure de deux voies publiques d'inégale largeur, peut, par exception, être élevé du côté de la rue la plus étroite, jusqu'à la hauteur fixée pour la plus large.

« Toutefois, cette exception ne s'étendra sur la voie la plus étroite, que jusqu'à concurrence de la profondeur du corps de bâtiment ayant face sur la voie la plus large, soit que ce corps de bâtiment soit simple ou double en profondeur.

« Cette disposition exceptionnelle ne peut être invoqué que pour les bâtiments construits à l'alignement déterminé pour les deux voies publiques. »

Le texte de cet article est formel et ne peut prêter à l'interprétation; pour bénéficier sur la rue la plus étroite de la hauteur correspondante à la voie la plus large, il faut que le bâtiment soit aligné sur les deux voies. En conséquence, on ne saurait prétendre profiter de la hauteur fixée pour la voie la plus large, lorsqu'il s'agirait de surélever un bâtiment d'angle qui ne serait pas aligné en même temps, sur les deux rues; dans ce cas, la hauteur sur la façade ou les façades non alignées, ne pourrait dépasser la hauteur proportionnelle à la largeur effective et réelle de la rue sur laquelle est cette façade.

D'autre part, les deux façades étant alignées, si le retour sur la voie la moins large n'excède pas sensiblement la profondeur du bâtiment en façade sur la voie la plus large, l'administration jugeant toujours les espèces, accorde assez facilement la permission de donner sur la rue la moins large, la hauteur unique accordée pour la voie la plus large.

Mais, dans le cas où la façade sur la rue la plus étroite se prolonge bien au delà de la profondeur du bâtiment sur la voie la plus large, il faut décrocher la hauteur de la façade en retour, à la profondeur du bâtiment en façade sur la voie la plus large, ou tout au moins, et cela suivant les espèces, au premier mur de refend, qui suit cette profondeur ou environ à 15 mètres de l'angle des deux rues; et, dans ce cas, le surplus de la façade sur la rue la plus étroite ne peut avoir que la hauteur fixée pour cette rue.

ARTICLE QUATRIÈME

320. — « Pour les bâtiments, autres que ceux dont il est parlé dans l'article précédent, et qui occupent tout l'espace compris entre deux voies d'inégale largeur ou de niveau différent, chacune des deux façades ne peut dépasser la hauteur fixée en raison de la largeur ou du niveau de la voie publique sur laquelle chaque façade sera située.

« Toutefois, lorsque la plus grande distance entre les deux façades n'excède pas 15 mètres, la façade bordant la voie publique la moins large ou du niveau le plus bas, peut, par exception, être élevée à la hauteur fixée pour la rue la plus large ou du niveau le plus élevé. »

321. — Le cas prévu par le premier paragraphe de cet article, c'est-à-dire d'un bâtiment occupant tout l'espace compris entre deux voies distantes de 15 mètres, se présente très-rarement, soit par les situations relatives mêmes des rues de Paris, soit par la disposition des constructions; il est rare, en effet, qu'un bâtiment

compact ait une profondeur de beaucoup supérieure à 15 mètres;
la nécessité absolue d'éclairer les différentes pièces d'une habitation ne permet guère l'établissement de bâtiments compacts,
c'est-à-dire sans cour ou arrière-corps dépassant de beaucoup
15 mètres, et dans cette hypothèse de cour ou arrière-corps, le
bâtiment ne formant plus un seul tout compact, chacune de ses
parties, ou plutôt chaque corps de bâtiment ne pourra s'élever
qu'à la hauteur permise pour la rue sur laquelle il sera en façade.

322. — Dans les cas exceptionnels où la distance des deux
rues excédant 15 mètres, un bâtiment compact occupe tout cet
espace, l'administration examine les espèces et souvent accorde
la faculté prévue au deuxième paragraphe.

323. — Dans les cas prévus au second paragraphe, c'est-à-dire
lorsque la distance qui sépare les deux façades n'excède pas
15 mètres, la base du comble, pour les deux façades est située sur
un plan horizontal tracé à la hauteur fixée pour la rue la plus
large, ou du niveau le plus élevé, et le constructeur bénéficie sur
la rue la plus étroite ou la plus basse du supplément de hauteur
résultant, soit de la différence des hauteurs proportionnelles, soit
de la différence des niveaux.

Il faut bien observer, dans tous les cas, que la construction doit
être alignée sur les deux rues, et qu'un bâtiment retranchable sur
l'une ou l'autre rue ne pourrait être élevé sur chacune des deux
rues qu'à la hauteur proportionnelle à la largeur effective de chacune des rues.

SECTION II

De la hauteur des bâtiments situés en dehors des voies publiques

ARTICLE CINQUIÈME

324. — « Les bâtiments situés en dehors des voies publiques,
dans les cours et espaces intérieurs, ne peuvent excéder, sur
aucune de leurs faces, la hauteur de 17m55, mesurée du sol.

« L'administration peut, toutefois, autoriser par exception des
constructions plus élevées pour des besoins d'art, de science ou
d'industrie.

« Dans ces cas exceptionnels, elle fixe les dimensions, la forme
et le mode de construction de ces surélévations. »

HAUTEUR DES FAÇADES INTÉRIEURES SUR COURS OU JARDINS
DES BATIMENTS RIVERAINS DE LA VOIE PUBLIQUE

325. — Il résulte de l'intitulé même de la section II, « De la hauteur des bâtiments élevés en dehors des voies publiques », que l'article 5ᵐᵒ qui compose cette section ne s'applique qu'aux bâtiments situés en dehors des voies publiques et nullement, par exemple, à la face sur cour ou jardin d'un bâtiment bordant la voie publique. Pour cette post-face des bâtiments en bordure des voies publiques, la hauteur est la même que pour la face sur la rue, que cette hauteur soit de 11ᵐ70, 14ᵐ60, 17ᵐ55 ou 20 mètres, ou pour mieux dire la hauteur de cette post-face se trouve sur le plan horizontal déterminé par la hauteur permise sur la rue ; c'est à ce plan commun que se trouvera la base du comble sur la rue et sur la cour, et cela quel que soit d'ailleurs le niveau de la cour par rapport à la rue, qu'il soit plus haut ou plus bas.

326. — On ne saurait prétendre, par exemple, que la face sur cour d'un bâtiment n'ayant droit du côté de la rue qu'à la hauteur de 14ᵐ60, peut s'élever à 17ᵐ55. En effet, en premier lieu, le bâtiment borde la voie publique et ne peut donc être compris au nombre des bâtiments visés par l'article 5ᵐᵒ, et d'autre part, si l'on prétendait que, pris du côté de la cour, ce bâtiment doit être considéré comme bâtiment intérieur, il faudrait admettre qu'au-dessus du plan horizontal à 17ᵐ55, côté de la cour, le bâtiment ait droit à un comble d'une hauteur égale à la demi-épaisseur de ce bâtiment, augmentée des saillies et corniches ; mais, puisque du côté de la rue le faîtage ne peut s'élever qu'à la même hauteur, mais mesurée à partir d'un plan pris à 14ᵐ60 et non à 17ᵐ55, il en résulterait que le comble aurait deux faîtages situés dans un plan vertical présentant sur la rue une face verticale de 2ᵐ95 au-dessus du faîtage légal par rapport à la rue.

327. — Dans le cas, au contraire, où la largeur de la rue permettrait d'élever le bâtiment à 20 mètres du côté de la rue, si la face sur cour de ce même bâtiment était considérée comme face d'un bâtiment en dehors de la voie publique, il faudrait donc que la hauteur du côté de la cour ne fût que de 17ᵐ55, mais alors la question du faîtage serait encore la même que dans le cas précédent. Tout cela serait absurde et inadmissible.

328. — En résumé, au-dessus de la hauteur fixée pour les bâtiments en façade sur rue et proportionnellement à leur largeur, commence le comble qui n'a qu'une base unique et par rapport à

la rue et par rapport à la cour ; là où il n'y a qu'un seul corps de
bâtiment il n'y a que deux éléments, le bâtiment élevé au carré,
si nous pouvons nous exprimer ainsi, et le comble, mais non pas
deux moitiés de bâtiment ni deux moitiés de comble.

HAUTEUR DES BATIMENTS SITUÉS DANS LES COURS OU ESPACES INTÉRIEURS

329. — Avant la promulgation du Décret de 1859, la hauteur
des maisons élevées en dehors des rues de Paris n'a jamais été
réglementée.

Les lettres patentes de 1784 ne s'appliquaient qu'aux bâtiments
bordant la voie publique ; cependant le but que l'on se proposait,
au nom de la salubrité, en proportionnant la hauteur des maisons
aux largeurs des rues, n'aurait été atteint qu'imparfaitement, si
l'on n'avait en même temps limité la hauteur des bâtiments construits à l'intérieur des propriétés ; au surplus, le Décret-loi
de 1852, en vertu duquel a été rendu le Décret de 1859, était
conçu dans des termes généraux ; le texte dit : « En ce qui concerne la hauteur des maisons », et non pas « des maisons bordant la voie publique », c'est donc régulièrement que la nouvelle
réglementation a été prise.

Les formes, les dimensions et les proportions des cours variant
à l'infini, il était impossible de proportionner les hauteurs des
bâtiments aux largeurs des cours ; aussi le législateur, admettant
la réglementation la plus large, a-t-il fixé à 17^{m}55, mesurée sur la
face dont le sol est le plus bas, et par suite, sur la face du bâtiment la plus élevée, la hauteur à donner au bâtiment ; c'est-à-
dire la hauteur où se trouvera le plan horizontal formant la base
du comble.

330. — Il n'y a donc qu'une hauteur applicable à tout bâtiment
intérieur, 17^{m}55 ; il ne faudrait pas croire, cependant, que le constructeur ait toujours le droit absolu d'élever ses bâtiments à cette
hauteur, quelles que soient les dimensions auxquelles seraient
réduites les cours, et nous partageons entièrement, à ce sujet,
l'opinion de Dalloz, lorsqu'il dit :

« Cependant ces cours et espaces peuvent être étroits, l'air et
la lumière y pénétrant plus difficilement que dans les rues, et l'on
se trouve dès lors en face des inconvénients que la limitation de
la hauteur des maisons a pour objet de prévenir.... »

« Nous ne croyons pas que l'administration soit désarmée
contre un état de choses qui présenterait des dangers pour la

salubrité publique ; le Décret de 1859 ne lui accorde pas, il est vrai, le droit de prescrire à un propriétaire, de ne donner à une construction intérieure que la hauteur proportionnelle à la largeur de la cour, mais si par l'effet de cette hauteur, l'humidité, la privation d'air et de lumière rendaient évidemment la maison insalubre, l'administration aurait le droit d'intervenir et de prendre les mesures nécessaires , en vertu de la loi du 13 avril 1850, sur l'assainissement des logements insalubres. »

331. — Il est bien entendu qu'on ne peut assimiler à un espace intérieur, ces courettes ou puits d'air incorporés à un bâtiment, qui en forment partie intégrante, et sur lesquels d'ailleurs on ne peut éclairer aucune pièce destinée à l'habitation de nuit, ainsi que le prescrit le Décret du 18 juin 1872. Les parois de ces courettes peuvent être montées verticalement jusqu'aux combles. (Voir à ce sujet ce que nous avons dit à l'article sur les courettes.)

332. — En résumé, lorsqu'un espace intérieur sera assez grand pour former une véritable cour et en remplir les fonctions, c'est-à-dire, permettra d'éclairer des pièces habitables, la hauteur des bâtiments donnant sur cet espace intérieur ne pourra excéder 17^{m}55, au-dessus commencera le comble. Si l'espace intérieur n'est qu'une courette, les faces du bâtiment sur cette courette pourront s'élever verticalement jusqu'à la rencontre du comble.

333. — L'exception prévue par le paragraphe 2 de l'article cinquième, s'applique à des édifices intérieurs présentant un caractère monumental, tels que chapelles, salles de concerts, théâtres, etc., etc., ou à des constructions ayant une destination spéciale et déterminée, et nullement à des constructions ordinaires dans lesquelles on n'aurait d'autre but que d'augmenter le nombre des étages.

Dans ces cas particuliers, l'administration prend chaque espèce pour ce qu'elle vaut et autorise, s'il y a lieu, des hauteurs exceptionnelles, en fixant, comme il est dit au paragraphe 3, les conditions spéciales de ces surélévations.

SECTION III

De la hauteur des Étages

—

ARTICLE SIXIÈME

334. — « Dans tous les bâtiments, de quelque nature qu'ils soient, il ne peut être exigé, en exécution de l'article 4 du Décret du 26 mars 1852, une hauteur d'étage de plus de 2ᵐ60.

« Pour l'étage dans le comble, cette hauteur s'applique à la partie la plus élevée du rampant. »

Cette disposition, prise dans un intérêt de salubrité publique, était insérée dans les permissions de voirie délivrées par le Préfet de la Seine depuis 1853 ; le législateur l'a confirmée, tout en fixant la hauteur de 2ᵐ60 comme un maximum.

—

TITRE II

Des Combles

—

SECTION PREMIÈRE

Des combles au dessus des façades élevées au maximum de la hauteur légale.

—

ARTICLE SEPTIÈME

335. — « Le faîtage du comble ne peut excéder une hauteur égale à la moitié de la profondeur du bâtiment, y compris les saillies et corniches.

« Le profil du comble, sur la façade du côté de la voie publique, ne peut dépasser une ligne inclinée à 45 degrés, partant de l'extrémité de la corniche ou de l'entablement. »

336. — Les lettres patentes de 1784 avaient fixé à 10 pieds pour les bâtiments simples en profondeur, et à 15 pieds pour les bâtiments doubles, l'élévation du faîtage mesurée du dessus des façades fixées par les dites lettres patentes, quelle que soit d'ailleurs la profondeur des bâtiments ; en outre, la forme ou l'inclinaison des combles n'était pas déterminée et devait varier suivant la profondeur des bâtiments, avec une élévation de faîtage invariable; toutefois, en raison de la restriction apportée par le Parlement, et lorsque la profondeur des bâtiments doubles était inférieure à 30 pieds, l'élévation des toits ne pouvait excéder la moitié de la profondeur de ces bâtiments.

AVIS DU CONSEIL D'ÉTAT SOUS L'EMPIRE DES LETTRES PATENTES DE 1784

337. — De nombreuses difficultés s'étaient élevées sous l'empire des anciens règlements ; nous en citerons quelques-unes rapportées dans l'ouvrage de MM. Lukomski et Perin, dont la solution peut servir à établir la manière dont on doit mesurer la profondeur d'un bâtiment.

338. — Pour apprécier la profondeur du bâtiment, on ne doit en mesurer que le corps principal, sans tenir compte des ailes [1].

339. — Mais lorsqu'il ne s'agit pas d'une cour, mais d'une courette incorporée à un bâtiment compact, et en faisant pour ainsi-dire partie intégrante, il a été jugé par le Conseil d'État [2], que le calcul de la hauteur légale du faîtage d'un bâtiment unique éclairé dans le fond par une petite cour ayant seulement trois mètres de superficie, doit être établi sur toute la profondeur du bâtiment pris dans son ensemble, et non sur chacune des parties de la dite construction séparée par la cour dont il s'agit.

340. — Dans une affaire analogue [3], la maison se trouvant comprise entre le boulevard Beaumarchais et la rue Amelot, séparées entre elles par une distance de plus de 15 mètres, il se trouvait au milieu des constructions une cour d'une superficie de 15 mètres environ. Le propriétaire, un sieur Fournier, prétendait calculer la hauteur du faîtage du corps de bâtiment en façade sur la rue Amelot, sans avoir égard à la cour intermédiaire, c'est-à-dire, en considérant sa maison comme un corps de bâtiment unique.

Le Conseil d'État a maintenu la condamnation prononcée par le Conseil de préfecture, obligeant le sieur Fournier à démolir la portion du comble du bâtiment sur la rue Amelot, qui excédait la demi-épaisseur du corps de bâtiment, compris entre la dite rue et la cour intérieure.

(1) Conseil d'État, 10 août 1844, Tenilloys ; 9 décembre 1845, Chevalier.
(2) 12 mai 1847, Lavallée et Courtignon.
(3) 30 juin 1853, Fournier.

341. — Le Conseil d'État a encore statué (¹) que, dans une maison dont la profondeur n'est pas uniforme, la hauteur du faîtage doit être calculée, non d'après la moyenne des différentes profondeurs du bâtiment, mais bien d'après la profondeur particulière du corps de logis sur lequel se trouve située la partie du faîtage dont il s'agit de déterminer la dimension.

342. — Pour déterminer la hauteur du faîtage et des combles d'une maison dont la façade est à fruit, c'est-à-dire en retraite à mesure qu'elle s'élève (²), on doit tenir compte du fruit et mesurer le périmètre de la maison à partir du sommet d'une verticale élevée à l'alignement, et prolongée jusqu'à la hauteur permise pour la façade.

AUTORISATION NÉCESSAIRE POUR FAIRE UN TRAVAIL AU COMBLE.

343. — Il ne peut être exécuté de travaux aux combles sans autorisation.

(Dalloz, n° 1772. — Féraud-Giraud, n° 320.)

(Conseil d'État, 24 janvier 1845. « Haro. »)

344. — Il a été décidé (³) que lorsque le mur de face d'une maison excède la hauteur légale, il ne peut être fait au comble aucun travail sans une autorisation spéciale, alors même que les travaux réduiraient la hauteur des combles à l'inclinaison voulue, et n'auraient pas pour effet de réconforter la façade.

RAPPROCHEMENT DES ARTICLES PREMIER ET SEPTIÈME

345. — Si l'on rapproche les termes de l'article 7me du Décret de 1859, réglant le profil du comble sur la façade du côté de la voie publique, de ceux de l'article 1er, déterminant la hauteur *des façades* des maisons bordant les voies publiques, on saisira mieux la distinction établie par les deux articles, et on comprendra mieux, comme nous l'avons démontré plus haut, que l'article 1er ne s'applique pas seulement à la façade du côté de la rue, mais qu'il règle en même temps les deux faces du bâtiment bordant la voie publique, tandis que le paragraphe 2me de l'article 7me ne régit que le profil du comble sur la rue, le versant de la post-face sur la cour se trouvant déterminé par l'article 8me, qui permet de substituer le quart de cercle à la ligne à 45 degrés.

(1) Conseil d'État, 3 janvier 1848, Rey frères et consort.
(2) 28 juillet 1850, Auffroy.
(3) 6 juin 1844, Piat et Liégard.

ARTICLE HUITIÈME

346. — « Sur les quais, boulevards, places publiques, et dans les voies publiques, de 15 mètres au moins de largeur, ainsi que dans les cours et espaces intérieurs en dehors de la voie publique, la ligne droite inclinée à 45 degrés dans le périmètre indiqué ci-dessus peut être remplacée par un quart de cercle dont le rayon ne peut excéder la hauteur fixée par l'article 7me.

« La saillie de l'entablement sera laissée en dehors du quart de cercle. »

MANIÈRE DE TRACER LE PÉRIMÈTRE LÉGAL D'UN BATIMENT

347. — Il résulte du texte même du Décret de 1859, ainsi que de l'examen que nous venons de faire des différents articles, que le périmètre légal obtenu par la hauteur légale de la façade, et le tracé du comble, est un périmètre fictif dans lequel le constructeur peut tracer la coupe du bâtiment à construire, et se mouvoir comme il l'entendra, à la condition de ne pas le dépasser.

PÉRIMÈTRE, COTÉ DE LA RUE

348. — S'il s'agit d'un bâtiment en bordure de la voie publique, la hauteur légale, dans l'espèce, soit 17^{m}55, sera tracée à partir du sol pris au milieu de la façade sur une verticale élevée à l'alignement.

Au sommet de cette verticale, on tracera une ligne horizontale représentant la base légale du comble, aussi bien sur la cour que sur la rue, quel que soit d'ailleurs le niveau de la cour par rapport à la rue.

Une autre verticale, élevée au pied du mur de face sur la cour, limitera le bâtiment de ce côté.

Il est bien entendu que sur aucune des deux faces, le mur élevé à plomb, soit de l'alignement, soit du pied de la face sur cour, ne pourra dépasser, y compris entablements ou attiques, la hauteur de 17^{m}55, mesurée comme il a été dit sur la façade.

349. — Pour déterminer la silhouette ou périmètre légal du comble, côté de la rue, il faudra se rappeler que l'Ordonnance de 1823, sur les saillies, a limité la saillie de l'entablement à l'épaisseur d'un mur à son sommet; or, l'épaisseur du mur de face, suivant l'usage de Paris, étant de 0^{m}50, l'épaisseur au sommet est de 0^m45; on devra donc porter en dehors de la verticale à l'alignement, et sur la ligne horizontale, base légale du comble, une longueur de 0^m45 dont l'extrémité sera le point de départ de la ligne à 45 degrés qui déterminera le profil légal du comble, du côté de la voie publique. Il résulte de là, que si le bâtiment a, par exemple, 10 mètres de profondeur, l'élévation du faîtage ne pourra dépasser 5^m45, et aussi que tout étage d'attique, étage en retraite y compris ses corniches ou entablements, ne pourra dépasser la ligne à 45 degrés, non plus que les reliefs de chéneaux et membrons, comme il est dit à l'article 10mo.

Enfin, il résulte clairement du paragraphe 2me de l'article 1er, que, pour qu'un étage d'attique ou de retraite puisse s'élever au-dessus des 17^m55, base du comble, il faut que cet étage soit franchement en retraite du parement extérieur du mur de face.

PÉRIMÈTRE, COTÉ DE LA COUR

350. — Pour déterminer le périmètre légal du comble du côté de la cour, le quart de cercle qui remplace la ligne à 45 degrés sera tracé avec un rayon égal à la moitié de la profondeur du bâtiment, soit dans l'espèce 5 mètres, augmenté de 0^m45 de saillie d'entablement, et le centre de l'arc de cercle se trouvera reporté sur la base du comble de 0^m45 en arrière du milieu du bâtiment ou plutôt de la demi-distance des deux verticales menées du pied de chaque mur, de telle sorte, que l'arc de cercle partira de la verticale élevée du pied du bâtiment, et s'élèvera à 5^m45 au-dessus de la base du comble, jusqu'à la rencontre de la ligne à 45 degrés menée de la façade.

COMBLE DES BATIMENTS SUR RUES DE 15 MÈTRES ET AU-DESSUS
DE LARGEUR ET DANS LES COURS

351. — Si le bâtiment est en bordure de voies de 15 mètres et au-dessus de largeur, ou élevé dans un espace intérieur, le périmètre du comble sur ses deux faces sera limité par deux arcs de cercle tracés, comme il est dit ci-dessus, avec le même rayon, et deux centres situés à droite et à gauche de l'axe du bâtiment et à 0^m45 de distance de cet axe, soit éloignés l'un de l'autre de 0^m90.

ARTICLE NEUVIÈME

352. — « Les combles des bâtiments situés à l'angle d'une voie publique de 15 mètres au moins de largeur, et d'une voie publique de moins de 15 mètres, peuvent, par exception, être établis sur cette dernière voie suivant le périmètre déterminé par l'article 8me, mais seulement dans la même profondeur que celle fixée par l'article 3me. »

Pour l'application des règles posées dans l'article 9me, nous renverrons purement et simplement aux commentaires de l'article 3me.

ARTICLE DIXIÈME

353. — « Dans les cas prévus par les trois articles précédents, les reliefs de chéneaux et membrons ne doivent pas excéder la ligne à 45 degrés partant de l'extrémité de l'entablement, ou le quart du cercle qui, dans le cas prévu par l'article 8me, peut remplacer cette ligne. »

Les termes de cet article sont tellement précis, que nous ne pensons pas qu'il y ait lieu d'y rien ajouter.

ARTICLE ONZIÈME

354. — « Les murs de dossier et les tuyaux de cheminées ne pourront percer la ligne rampante du comble, qu'à 1m50, mesurés horizontalement du parement extérieur d'un mur de face, ni s'élever à plus de 60 centimètres au-dessus du faîtage. »

355. — Il ne faut pas oublier, pour l'application des articles 10me et 11me, que les dispositions indiquées se rapportent à des maisons élevées au maximum de la hauteur légale, que les cotes d'élévation et distance sont toujours prises par rapport au périmètre légal, et que, d'autre part, ces articles s'appliquent aussi bien aux faces sur cour qu'aux faces sur rues, ainsi que le prescrit l'article 14me ; seulement, les contraventions relatives aux faces et profil de comble sur rue, sont de la compétence du Conseil de préfecture, tandis que celles relatives aux faces et profil de comble sur les cours ou espaces intérieurs, ressortissent au tribunal de simple police.

Nous reviendrons sur cette question en traitant des contraventions au Décret de 1859.

ARTICLE DOUZIÈME

356. — « 1° La face extérieure des lucarnes doit être placée

en arrière du parement extérieur du mur de face, donnant sur la
voie publique, et à une distance d'au moins 30 centimètres.

« 2° Elles ne peuvent s'élever, compris leur toiture, à plus de
3 mètres au-dessus de la base des combles.

« 3° Leur largeur ne peut excéder 1^{m}50 hors œuvre.

« 4° Les jouées de ces lucarnes doivent être parallèles entre
elles.

« 5° Les intervalles auront au moins 1^{m}50, quelle que soit la largeur des lucarnes.

« 6° La saillie de leurs corniches, égout compris, ne doit pas
excéder 15 centimètres.

« 7° Il peut être établi un second rang de lucarnes, en se renfermant dans le périmètre déterminé par les articles 7me et 8mo. »

357. — Les anciens règlements ne contenaient aucune disposition particulière relative aux dimensions, à la hauteur ou à
l'écartement des lucarnes ; le Décret de 1859, en fixant ces différentes conditions, a entendu limiter d'une manière précise, les
saillies qu'il serait possible d'établir en dehors du périmètre
général des combles, de manière à ménager, dans de justes proportions, l'espace qui doit rester libre et permettre à l'air et à la
lumière de circuler soit dans les rues, soit dans les cours. Aussi
ne faut-il pas perdre de vue que les expressions : base des combles, hauteur des combles, hauteur des lucarnes, etc..., ne peuvent se rapporter qu'au périmètre légal dans lequel il est permis de
se mouvoir; s'il restait un doute à cet égard, il suffirait pour le
faire disparaître de peser avec soin les termes de l'article 13mo, que
nous allons rapporter avant de discuter la question de la hauteur des lucarnes.

SECTION II

*Des combles au-dessus des façades élevées à une hauteur moindre que
la hauteur légale.*

ARTICLE TREIZIÈME

358. — « Les combles au-dessus des façades qui ne seraient
pas élevées au maximum de hauteur déterminé dans le titre Ier,
peuvent dépasser le périmètre fixé par l'article 7 , mais ils
ne doivent pas toutefois, ainsi que leurs chéneaux, membrons,
lucarnes et murs de dossier, excéder le périmètre général des

bâtiments, fixé tant pour les façades que pour les combles, par les dispositions du titre Ier et de la Ire section du présent titre. »

ARTICLE QUATORZIÈME

359. — Les dispositions du présent titre sont applicables à tous les bâtiments placés ou non sur la voie publique.

DE LA HAUTEUR DES LUCARNES AU-DESSUS DE LA BASE DES COMBLES

(Discussion de l'article 12)

360. — L'art. 13mo démontre, de la manière la plus nette, que le périmètre légal déterminé par la hauteur légale des façades et le tracé du comble, conformément aux articles 7mo et 8mo, constitue un cadre dans lequel le constructeur peut se mouvoir, et composé de deux éléments, le corps de la construction ou le carré du bâtiment, et au-dessus, le comble légal dont la base légale est déterminée par la ligne horizontale tracée à la hauteur fixée pour la façade.

En conséquence, lorsque le législateur a dit, au paragraphe 2 de l'article 12mo, que les lucarnes ne peuvent s'élever, compris leur toiture, à plus de 3 mètres au-dessus de la base des combles, n'a-t-il pu entendre qu'une chose : c'est que cette hauteur serait mesurée à partir de la base légale des combles, et non d'une base variable au gré du constructeur, suivant le plus ou moins de retraite donné à l'étage d'attique ; l'article 13 le prouve surabondamment, puisqu'il dit que lorsque les façades ne sont pas élevées au maximum de hauteur, c'est-à-dire, lorsque la base réelle du comble est au-dessous de la base légale, les combles, leurs chéneaux, lucarnes, etc..., peuvent dépasser le périmètre et les hauteurs fixées par l'article 7mo.

C'est à tort que l'on voudrait invoquer une décision du Conseil de préfecture du 16 janvier 1866, confirmée par un Arrêt du Conseil d'État, dans une affaire Tapon-Chollet, d'après laquelle le sieur Tapon-Chollet a été renvoyé des poursuites exercées contre lui par le Préfet de la Seine, pour avoir élevé des lucarnes à 4 mètres au-dessus de la base des combles, attendu que le procès-verbal de contravention était incomplet et aurait dû mentionner que la base réelle du comble se trouvait placée au-dessus de la hauteur fixée par la base légale du dit comble.

En effet, dit le Conseil d'État : « Considérant que notre Ministre de l'intérieur ne s'est pourvu devant nous, en notre Conseil d'État, que contre la disposition de l'Arrêté ci-dessus visé qui a renvoyé le sieur Tapon-Chollet et consorts des poursuites exercées contre eux ; en ce qui touche la hauteur des lucarnes au-dessus de la base des dits combles, et qu'il soutient, conformément au procès-verbal du 16 février, que ces lucarnes s'élevant à 4 mètres au-dessus de la base des dits combles, le sieur Tapon-Chollet et consorts ont contrevenu aux dispositions de l'article 12 de notre Décret du 27 juillet 1859; considérant qu'il a été reconnu par le Conseil de préfecture, après vérification, que les lucarnes ne s'élèvent pas à plus de 2^m90 au-dessus de la base des dits combles... »

Mais il tombe sous le sens qui si les lucarnes s'élevaient à 4 mètres au-dessus de la base légale du comble, et qu'elles n'aient excédé que de 2^m90 la hauteur au-dessus de la base réelle, c'est qu'alors cette base de comble se trouvait à 1^m10 au-dessus de la hauteur légale de la façade, c'était donc alors une contravention à la hauteur de la façade qu'il fallait constater ; il y a là évidemment une fausse interprétation du Décret, nous ne saurions trop insister sur ce point.

361. — Les dispositions relatives à la hauteur des lucarnes au-dessus de la base des combles, à leur largeur, et leur écartement, ainsi que celles qui réglementent les chéneaux et murs dossiers, atteignent aussi bien les faces des bâtiments sur les cours ou espaces intérieurs que les faces en bordure des voies publiques, ainsi que le veut l'article 14mo; seulement, nous verrons plus loin que les contraventions commises dans les deux cas différents, ressortissent; savoir: celles relatives aux façades sur la voie publique, au Conseil de préfecture, et celles relatives aux faces sur les espaces intérieurs, au tribunal de simple police.

362. — Enfin, remarquons en dernier lieu que les dimensions, écartement et largeur des lucarnes, ainsi que les chéneaux et murs dossiers des bâtiments dont les façades ne sont pas élevées au maximum de la hauteur légale, peuvent dépasser les dimensions fixées par l'article 7mo, mais toujours à la condition de ne pas sortir du périmètre général fixé par le titre Ier et la section Ire du titre II.

TITRE III

ARTICLE QUINZIÈME

363. — « Les murs de face, les combles, les lucarnes, dont les dimensions et la forme excèdent actuellement celles ci-dessus prescrites, ne peuvent être réconfortés ni reconstruits, qu'à la charge de se conformer aux dispositions qui précèdent.

« Toutefois, l'interdiction de réconforter les bâtiments situés en dehors des voies publiques, dans les cours ou espaces intérieurs, ne sera appliquée à ces bâtiments qu'à l'expiration d'un délai de vingt ans, à partir de la promulgation du présent Décret. »

Il résulte de cet article, que tous les bâtiments en bordure des voies publiques qui ne se trouvent pas dans les conditions fixées par les articles précédents, ne peuvent être réconfortés ni reconstruits qu'en les ramenant aux dispositions réglementaires, mais que les bâtiments en dehors des voies publiques ne seront soumis à cette obligation qu'à partir du 27 juillet 1879.

TITRE IV

Dispositions Diverses

ARTICLE SEIZIÈME

364. — « Les dispositions du présent Décret ne sont pas applicables aux édifices publics. »

On doit comprendre sous la dénomination d'édifices publics, tous les bâtiments construits dans un intérêt public ou national, tels que les églises, temples, palais de justice, bourses, arsenaux, arcs de triomphe, etc... Nous sommes entièrement de l'avis de M. Husson, lorsqu'il dit : « La justice et la raison conseillent d'appliquer l'exception de limitation de hauteur, toutes les fois qu'un monument satisfait à un besoin public, et peut être ainsi assimilé aux édifices que l'administration construit elle-même dans l'intérêt des habitants. Mais c'est à l'autorité chargée de veiller à l'exécution des règlements, qu'il appartient de reconnaître le caractère des édifices pour lesquels on prétendrait revendiquer le bénéfice de l'exception. »

Les chapelles, les théâtres ou salles de concerts, présentant un caractère monumental, pourraient être considérés comme des édifices publics, mais c'est toujours à l'administration municipale qu'il appartient de décider la question. D'après l'opinion de Féraud-Giraud, la fixation de la hauteur des édifices ne peut donner lieu à un recours contentieux utile, de la part des propriétaires qui se croiraient lésés par l'adoption d'une élévation qui dépasserait les limites fixées pour les constructions ordinaires. »

ARTICLE DIX-SEPTIÈME

365. — « Les dispositions des règlements, Ordonnances et autres actes qui seraient contraires au présent Décret, sont et demeurent rapportées. »

ARTICLE DIX-HUITIÈME

366. — « Notre ministre secrétaire d'État au département de l'intérieur est chargé de l'exécution du présent Décret. »
« Fait au Palais de Saint-Cloud, le 27 juillet 1859.
                              « Signé : NAPOLÉON.
« Par l'Empereur : le Ministre secrétaire d'État au département de l'intérieur,
                    « Signé : DUC DE PADOUE. »

CONTRAVENTIONS POUR LES HAUTEURS DES MAISONS

367. — Le Décret de 1859 ne parle pas des contraventions, mais il résulte de son article 17, qu'on doit s'en référer sur ce point aux anciens règlements, Ordonnances et autres actes contraires au dit Décret :

Or, l'article 7 de la Déclaration du roi du 10 avril 1783 étant ainsi conçu :

Art. 7. « Ceux qui contreviendront à l'exécution de la présente Déclaration, soit en perçant de nouvelles rues, soit en élevant leurs maisons au-dessus des hauteurs ci-dessus déterminées, ou en y adaptant des bâtiments en saillie, et porte-à-faux..., seront condamnés, quant aux propriétaires, en trois mille livres d'amende...., et à l'égard des maîtres maçons et autres ouvriers, en mille livres d'amende.... »

Les lettres patentes de 1784, qui ont modifié la Déclaration de 1783, en ce qui concerne la hauteur des maisons, ajoutaient : « Défendant d'y contrevenir, sous quelque prétexte que ce soit, « sous les peines portées par notre déclaration du 10 avril 1783. »

Enfin, l'article 3 des mêmes lettres patentes disposait : « Or-« donnons au surplus que notre Déclaration du 10 avril 1783 sera « exécutée selon sa forme et teneur, en ce qui n'y est pas dérogé. »

Les contraventions au Décret de 1859, en ce qui concerne les faces des bâtiments et des combles du côté des voies publiques, seront donc poursuivies conformément aux dispositions des derniers règlements, c'est-à-dire à la Déclaration du 10 avril 1783 et aux lettres patentes du 25 août 1784, mais les amendes seront réduites conformément à l'article 1er de la loi du 23 mars 1842.

(Voir Contraventions en général.)

HAUTEUR SUR LES VOIES PUBLIQUES

368. —Il résulte d'un Arrêt du Conseil d'État du 28 janvier 1864, affaire Belloir, que les dispositions du Décret de 1859, relatives aux façades des bâtiments bordant les voies publiques, aux combles et aux lucarnes du côté des voies publiques, ont été prises dans l'intérêt de la voirie et, par suite, que les contraventions y relatives ressortissent au Conseil de préfecture (1).

HAUTEUR SUR LES COURS ET ESPACES INTÉRIEURS

369. — En ce qui concerne les bâtiments en aile et en retour sur les cours et, par suite, les bâtiments intérieurs, il résulte d'un Arrêt du Conseil d'État du 23 janvier 1866, affaire Eustache, que la disposition de l'article 5 du Décret de 1859, qui fixe le maximum de hauteur des bâtiments situés en dehors des voies publiques, sur les cours ou espaces intérieurs, a été prise dans un intérêt de sûreté et de salubrité publiques, et non dans l'intérêt de la voirie, et que les contraventions y relatives ressortissent, non pas au Conseil de préfecture, mais au Tribunal de simple police (2).

(1) Conseil d'État, 28 janvier 1864, Belloir.
(2) Conseil d'État, 23 janvier 1866, Eustache.

COMPÉTENCE

370. — Ces questions de compétence, soulevées lors de la discussion même du Décret de 1859 au sein du Conseil d'État dans les séances des 13 et 20 février 1856, avaient été résolues dans le sens des Arrêts que nous venons de citer. En conséquence, les contraventions aux dispositions des articles 1, 2, 3, 4, 7, 8, 9, 10, 11, 12 et 13 du Décret de 1859, sont de la grande voirie et, comme telles, soumises au jugement du Conseil de préfecture.

371. — Et les contraventions aux dispositions des articles 5, 6 et 14 (cet article 14 faisant porter sur les constructions sur cours et espaces intérieurs les dispositions des articles 7, 8, 9, 10, 11, 12 et 13), sont de la petite voirie, dans l'acception qui lui est donnée à Paris, et comme telles soumises au jugement du Tribunal de police.

Questions diverses

CAGES VITRÉES POUR DAGUERRÉOTYPE. — CONSTRUCTIONS LÉGÈRES
SUR ENTABLEMENTS

372. — Nous avons vu que l'article 7 de la Déclaration du 10 avril 1783, non abrogée par le Décret du 27 juillet 1859, considérait comme une contravention, le fait d'avoir adapté aux maisons des bâtiments en saillie et porte-à-faux. Le Conseil d'État a consacré cette jurisprudence dans plusieurs Arrêts concernant des constructions légères sur terrasses ou entablements, et notamment [1] dans une affaire Leproux, 10 septembre 1855, relativement à une cage vitrée pour daguerréotype établie sur une terrasse, bordant le sixième étage et dépassant la hauteur légale du bâtiment. Le Conseil d'État a décidé à ce sujet, que les règlements qui fixaient à Paris la hauteur des maisons s'appliquaient même aux constructions qui, ne faisant pas partie du bâtiment, y seraient seulement superposées.

373. — Au sujet d'une volière et de poteaux garnis de grillages et de toile destinés à supporter une tente de 8m55, en retraite de la balustrade de la terrasse du cinquième étage, le Conseil d'État [2] a, considérant que le procès-verbal constate que le sieur Winkler, locataire du sieur Loreau, a fait exécuter sans autorisation, à la

---

(1) Conseil d'Etat, 10 septembre 1855, Leproux.
(2) Conseil d'État, 8 mars 1860, Loreau et Winckler ; poteaux et grillage.

maison de ce propriétaire, diverses constructions fixes dépassant de 1 mètre environ la hauteur autorisée par les lettres patentes du 25 août 1784; que ce fait constitue une contravention de grande voirie, condamne, etc...

HAUTEUR SUR COURS. — PRESCRIPTION DE LA CONTRAVENTION

374. — Un jugement du Tribunal de première instance, en date du 21 novembre 1868, statuant sur appel d'un jugement de simple police rendu le 9 septembre 1868, a décidé notamment :

1° Que la contravention résultant de ce que les constructions dans les cours ou espaces intérieurs, ont été élevées au delà de la hauteur légale prescrite par le Décret de 1859 et contrairement à la permission délivrée, est une contravention permanente, mais non successive, qui se prescrit par un an et un jour de l'achèvement des travaux;

2° Que la contravention étant prescrite, le juge de simple police ne peut ordonner la démolition des constructions ni prononcer des peines.

MURS DOSSIERS ET TUYAUX DE CHEMINÉES SORTANT DU PÉRIMÈTRE LÉGAL DU COTÉ DES COURS.

375. — Un jugement du Tribunal de première instance, en date du 18 décembre 1868, statuant sur appel d'un jugement du Tribunal de simple police du 21 octobre 1868, qui condamnait les sieurs Kasch et Fort à l'amende et à la reconstruction des murs dossiers et de souches de cheminées, selon le mode prescrit par le Décret du 27 juillet 1859, a confirmé le dit jugement, contrairement aux prétentions émises par les contrevenants; que l'article 11 du Décret ne s'appliquait qu'aux murs dossiers et tuyaux de cheminées construits sur le rampant du comble, du côté de la rue; attendu, dit le jugement du Tribunal de première instance, que l'article 14 rend applicables à tous les bâtiments, joignant ou non la voie publique, les dispositions du titre II du Décret de 1859.

DE LA HAUTEUR DES BATIMENTS AU POINT DE VUE DES MODIFICATIONS APPORTÉES AU NIVELLEMENT DES RUES

376. — Un sieur Bodereau, propriétaire d'une maison sise rue de Vienne, 9, réclamait une indemnité à la Ville de Paris, pour la réparation des dommages causés à sa maison par l'abaissement du sol de la voie publique.

Entre autres causes de préjudice, ce propriétaire a allégué l'impossibilité où, par suite de changement de niveau, il se trouverait de surélever, jusqu'à la hauteur réglementaire, calculée sur l'ancien niveau de la rue, sa maison qui n'avait que trois étages seulement.

Le Conseil de préfecture de la Seine, dans sa séance du 9 juillet 1869, a rendu un arrêté fixant à une somme de 9,120 fr. 50 c. le montant de l'indemnité due au sieur Bodereau, pour réparation du dommage causé à son immeuble par l'exécution des travaux d'abaissement du sol de la voie publique. Cette indemnité est allouée pour réparation de dommage direct et matériel résultant de la modification de l'accès de l'immeuble et pour fournir au propriétaire les moyens de raccorder sa maison avec le nouveau sol de la voie publique, de la façon la plus convenable.

Le Conseil de préfecture a jugé, en outre, qu'à la suite des travaux de raccordement, la maison n'aura aucune plus-value ni subi aucune dépréciation dont il doive être tenu compte ; en conséquence, il a rejeté le chef d'indemnité basé sur l'impossibilité où se trouvait le sieur Bodereau de surélever sa maison jusqu'à la hauteur réglementaire calculée d'après le niveau ancien du sol de la voie publique.

Nous partageons entièrement l'avis du Conseil de préfecture. En effet, si l'indemnité pour travaux de nivellement a été reconnue légitimement due, par le Conseil d'État, dans ses décisions des 1er décembre 1809, 7 avril 1824, 17 août 1825, 21 juin 1826, 14 juillet 1830, 25 avril 1833, 13 janvier 1853, 30 juillet 1857, etc..., c'est toujours dans le cas d'un dommage direct et matériel, en raison de l'état actuel de l'immeuble et des changements que les travaux de nivellement rendent nécessaires, pour continuer à en jouir comme par le passé.

La loi du 28 pluviôse an VIII, art. 4, en attribuant au Conseil de préfecture « la connaissance des réclamations des particuliers qui se plaindraient des torts et dommages procédant du fait personnel des entrepreneurs et non du fait de l'administration..., » a distingué avec soin les dommages qui atteignent directement et matériellement l'immeuble, de ceux qui procèdent du fait de l'administration, c'est-à-dire des mesures qu'elle prend concernant la direction, la largeur et le nivellement des voies publiques.

Dans le premier cas, une indemnité est due, parce qu'il est porté atteinte à des droits acquis de servitude continue et apparente sur la rue, tandis que dans le second, qui résulte des mesures de l'administration, il n'est dû aucune réparation, puisque les dites mesures ne portent pas atteinte à des droits acquis, les propriétaires riverains ne pouvant prétendre que la direction, la largeur et le nivellement de la rue leur soient acquis à toujours dans leur état actuel, à peine de dommages-intérêts, comme s'ils avaient, à cet égard, sur le domaine public, une servitude discontinue et non apparente.

Le Conseil de préfecture a considéré, avec juste raison, que le décret qui a fixé la hauteur réglementaire des constructions en raison de la largeur légale des rues, est une mesure de police administrative, de laquelle il résulte à la fois, pour les propriétaires riverains une prohibition de bâtir au delà d'une hauteur déterminée, et une faculté en deçà, mais non un droit acquis absolu à la dite hauteur, c'est-à-dire une servitude active sur le domaine public, à laquelle il ne pourra être porté atteinte, sans indemnité, par une autre mesure de l'administration ; telle que la diminution de la largeur de la rue, qui emporte une diminution de la hauteur réglementaire des constructions, ou un abaissement du niveau de la rue qui entraîne une semblable diminution.

Si de telles mesures, que l'administration a le droit de prendre après les formalités légales, n'obligent pas les riverains à réduire sans indemnité la hauteur des bâtiments existants, c'est qu'il y aurait alors une atteinte directe et matérielle à des droits acquis ; il n'en est pas de même quand le propriétaire, n'ayant pas usé de la faculté de bâtir jusqu'à la hauteur réglementaire, cette hauteur se trouve diminuée par une mesure de l'administration, régulièrement prise, qui change soit le nivellement, soit la largeur de la rue.

Au surplus, dans l'hypothèse contraire, c'est-à-dire dans le cas où une rue serait portée à une largeur supérieure à sa largeur actuelle, ou bien où le niveau d'une rue serait relevé, l'administration n'a jamais contesté aux riverains le droit d'élever ou de surélever les maisons à la hauteur réglementaire et proportionnelle à la largeur nouvelle, et calculée sur le niveau de la rue surélevée.

En résumé, nous sommes d'avis que la faculté de surélévation ne constitue pas, au profit des riverains, une servitude sur le domaine public et que la péremption fixée à une année, pour les permissions de bâtir, a limité, d'une manière précise, le délai au delà duquel les riverains ne peuvent invoquer leur droit de jouir des conditions dans lesquelles ils se trouvaient lorsqu'ils ont construit.

HAUTEUR DES PANS DE BOIS EN FAÇADE SUR RUE

(Voir l'article spécial sur les Pans de bois.)

CHAPITRE VI

DES CONTRAVENTIONS

Considérations générales

(Extrait du *Dictionnaire général d'administration*, publié sous la direction
de M. Alfred Blanche)

DÉFINITION

377. — Suivant la définition du Code pénal, la contravention
est l'infraction que les lois punissent des peines de police.

La contravention existe par le seul fait matériel de la désobéis-
sance aux prescriptions de la loi ou de la négligence à les suivre,
indépendamment de toute intention criminelle, de toute volonté
mauvaise.

RÉPRESSION

378. — Les contraventions sont réprimées, les unes par les
peines correctionnelles, les autres par les peines de simple police; les unes sont justiciables des tribunaux ordinaires, les autres
des tribunaux administratifs.

COMPÉTENCE

379. — Les tribunaux administratifs connaissent des contraventions en matière de grande voirie, telles qu'anticipation, dépôts de fumiers ou autres objets et toutes espèces de détériorations commises sur les grandes routes, etc., etc.... Les tribunaux
ordinaires sont saisis de toutes les autres contraventions; elles
sont dévolues, suivant la pénalité attachée à leur infraction, les
unes aux tribunaux correctionnels, les autres aux tribunaux de
simple police.

PÉNALITÉ

380. — Les contraventions soumises aux tribunaux administratifs sont réprimées par des amendes plus ou moins élevées ; la quotité en est déterminée par les lois spéciales qui les régissent.

Les contraventions dont le jugement appartient aux tribunaux de police correctionnelle encourent, le plus souvent, l'amende, la confiscation spéciale, quelquefois aussi l'emprisonnement.

Les contraventions dont la punition est laissée aux tribunaux de simple police ont pour peines celles de police, c'est-à-dire l'emprisonnement, l'amende et la confiscation spéciale, suivant leur gravité.

RÉCIDIVE

381. — La loi pénale a considéré la récidive comme une cause légale d'aggravation de peines. Elle n'a pas soustrait les contraventions aux conséquences du fait de récidive.

DISTINCTION DES CONTRAVENTIONS

382. — Nous avons vu précédemment que toutes les rues de Paris se trouvaient soumises au régime de la grande voirie, mais que toutefois, sous le rapport de la compétence, il y a lieu de distinguer ce qui est, à Paris, de grande voirie et ce qui est de petite voirie. Il faut donc rechercher si la matière, objet du litige, est classée dans les choses de grande ou de petite voirie, si elle appartient à l'autorité préfectorale ou simplement à l'autorité municipale, l'infraction devant être soumise, dans le premier cas, au Conseil de préfecture, et, dans le second cas, au tribunal de simple police.

CONTRAVENTIONS DE GRANDE VOIRIE

383. — Nous croyons devoir rappeler ici que tout ce qui concerne la direction, l'ouverture et la largeur des rues, la conservation de la voie publique, l'alignement, la construction ou la reconstruction, ou la consolidation ou l'exhaussement des murs et parties d'édifices joignant la voie publique, la hauteur des maisons, des combles, et les lucarnes des faces de bâtiments bordant la voie publique, appartient à la grande voirie. Le Conseil d'État a rendu au contentieux de nombreuses ordonnances établissant, comme application des dispositions de l'Arrêt du Conseil du 27 février 1765, qui est formel à cet égard, qu'en matière de grande voirie, toute construction élevée, tous travaux faits sans autorisation le long d'une route, constituent une infraction punissable aux termes des règlements. (16 juillet 1840, Vauchel ; — 23 juillet 1840, Juetz ; — 23 juin 1841, veuve Schwartz ; — 15 juillet 1841, Radiguet ; — 15 juillet 1846, Coqueret..., etc.....)

CONTRAVENTIONS DE PETITE VOIRIE ET DE POLICE

384.—Au contraire, tout ce qui intéresse la commodité de la circulation, la propreté, la salubrité et la sûreté de la voie publique, ainsi que les parties d'édifice qui ne font pas corps avec lui, c'est-à-dire les saillies fixes ou mobiles, telles que devantures de boutiques, tableaux..., etc., et toutes saillies ne faisant pas partie de la construction, appartient à la petite voirie.

Enfin, nous avons vu, en traitant des vices de constructions et des questions de péril, que les faits qui s'y rattachent, ainsi que la police des constructions en général, appartiennent aux tribunaux de police. Il en est de même des questions de hauteur des bâtiments sur cours ou espaces intérieurs.

Dans tous les cas, le Préfet étant seul chargé de l'administration par l'article 3, titre II, de la loi du 28 pluviôse an VIII, l'intervention des Conseils de préfecture, comme celle des tribunaux, n'a lieu qu'à la requête du Préfet, pour faire juger contradictoirement la contravention, obtenir régulièrement les moyens de contrainte et faire prononcer l'application de la peine.

SECTION PREMIÈRE

Des contraventions de grande voirie

—

COMPÉTENCE EN MATIÈRE DE GRANDE VOIRIE

(Lukomski et Périn)

385. — La loi des 7, 8, 11 septembre 1790 avait décidé. art. 6 :

« Que l'administration, en matière de grande voirie, appartiendrait aux corps administratifs (aujourd'hui les Préfets), et la police de conservation, tant pour les grandes routes que pour les chemins vicinaux, aux juges du district. »

La loi des 7-14 octobre 1790 ajouta :

« Que l'administration, en matière de grande voirie, attribuée aux corps administratifs par l'article 6 de la loi de septembre, comprenait, dans toute l'étendue du royaume, l'alignement des rues, bourgs et villages qui servent de grande route. »

Or, les rues de Paris, que les anciens règlements, notamment les édits de 1599, juin 1604 et mai 1635, assimilaient aux grandes routes, et par suite soumettaient déjà au régime de la grande voirie, s'y trouvaient définitivement soumises par la Déclaration du roi du 10 avril 1783, qui appliquait aux rues de Paris les règles établies par l'Arrêt du 27 février 1765 pour les routes entretenues par le roi.

Par suite de cette assimilation et en vertu des lois de 1790, les contraventions de grande voirie qui se commirent à Paris furent envoyées au Tribunal correctionnel jusqu'en 1802.

A cette époque intervint la loi du 29 floréal an X (19 mai 1802), qui a eu pour effet de transférer aux Conseils de préfecture, créés par la loi du 28 pluviôse an VIII, la police de conservation des routes (avis du Conseil d'État du 20 novembre 1839), et par suite le jugement des contraventions, sauf recours au Conseil d'État.

CONSTATATION DES CONTRAVENTIONS

386. — Aux termes de l'article 2 de la loi du 29 floréal an X, les contraventions en matière de grande voirie doivent être constatées concurremment par les maires et adjoints, les ingénieurs des ponts et chaussées, leurs conducteurs, les agents de la navigation, les commissaires de police, et par la gendarmerie.

COMMISSAIRES-VOYERS

387. — A Paris, les contraventions sont constatées par les commissaires-voyers, et bien qu'ils ne soient pas dénommés dans la loi du 29 floréal an X, ni dans les Décrets des 18 août 1810 et 16 novembre 1811, leur droit de dresser des procès-verbaux nous paraît légal comme leur institution. Il résulte des anciens règlements de voirie, et notamment des Édits de mai 1635, mars et juin 1693, 31 mars 1699, de la Déclaration du roi du 10 avril 1783, des lettres patentes du 25 août 1784, règlements confirmés par l'article 29 de la loi des 19 et 22 juillet 1791, que le Conseil d'État a lui-même admis que les procès-verbaux des commissaires-voyers font foi jusqu'à preuve du contraire (1).

(1) Arrêt du Conseil d'État, Husbrocq, 3 septembre 1836.

388. — « Considérant, est-il dit dans l'Arrêt du 3 septembre 1836, que les commissaires-voyers de la Ville de Paris, bien qu'ils n'aient pas reçu de la loi le pouvoir de dresser des procès-verbaux faisant foi jusqu'à inscription de faux, sont des agents de l'administration ayant mission de faire des rapports qui, lorsqu'ils ont été vérifiés et approuvés par l'Administration supérieure, font foi jusqu'à preuve du contraire. »

Cette condition est toujours remplie ; les procès-verbaux des commissaires-voyers adoptés par la Commission de voirie, sont déférés au Conseil de préfecture par une décision spéciale du Préfet, ainsi conçue : « Vu pour être déféré au Conseil de préfecture. »

389. — Le Conseil d'État a déclaré en outre, dans des Arrêts de 1840, 1845 ([1]), que les procès-verbaux des commissaires-voyers n'ont pas besoin d'être affirmés. Le droit des commissaires-voyers se trouve donc établi d'une manière indiscutable.

(Extrait du *Dictionnaire d'Administration* de M. Alfred Blanche.)

L'exécution des Arrêts de condamnation, de même que les poursuites, ont lieu à la diligence du Préfet. Les procès-verbaux qui constatent les contraventions sont sujets au timbre et à l'enregistrement, ils doivent en conséquence être visés pour timbre et enregistrés en débet, sauf recouvrement des frais sur les parties condamnées.

(Instruction des 16 frimaire et 4 germinal an XI. Arrêt du Cons., 15 juillet 1842, Gaulet.)

Il en est de même des arrêtés de condamnations rendus par les Conseils de préfecture ; le Receveur de l'enregistrement fait l'avance des frais et en poursuit le remboursement, ainsi que le payement des amendes prononcées. (Instruction du 4 vendémiaire an XIII.)

Les procès-verbaux de contravention doivent être enregistrés dans le délai de trois jours.

Les jugements doivent être rendus en séance publique et le déclarer, à peine de nullité.

DU JUGEMENT ET DE L'APPEL

390. — La notification des décisions des Conseils de préfecture doit avoir lieu par ministère d'huissier (Instruction, 12 septembre 1816, consacrée par une jurisprudence constante), mais les poursuites s'exercent sans le concours de ces officiers, comme

(1) Conseil d'État, 16 juillet 1840, Perilleux et Richard ; 23 août 1845, Pourchot.

le prescrit l'article 4 de la loi du 29 floréal an X, ils doivent être requis lorsqu'il y a lieu à saisie de meubles, attendu qu'il s'agit là d'un acte purement judiciaire.

391. — Lorsque les Conseils de préfecture prononcent sur les contraventions du ressort de la grande voirie, ils doivent statuer sans s'arrêter à la question préjudicielle qu'opposerait le propriétaire en se fondant sur ce que ses travaux ne sont pas confortatifs, sauf au Conseil d'État, jugeant sur l'appel et statuant au fond, à décider la question en dernier ressort.

(Arr. du Cons. 23 février 1841, Delyonne, Parisot et Richard; 15 juin 1842, Gaulet).

DE L'APPEL

En matière de grande voirie, l'appel des Arrêtés du Conseil de préfecture est porté devant le Conseil d'État, jugeant au contentieux. (Voir annexe, Décret du 22 juillet 1806.)

392. — Les Arrêtés des Conseils de préfecture sont susceptibles d'opposition lorsqu'ils n'ont pas été rendus contradictoirement; si donc un Conseil de préfecture a prononcé par défaut une condamnation contre un particulier, celui-ci est recevable à former opposition contre la décision qui l'a frappé. Le recours qu'il formerait, en pareil cas, devant le Conseil d'État, ne serait pas admis, et il serait renvoyé à se pourvoir, devant le Conseil de préfecture lui-même, par la voie de l'opposition.

(Arr. Cons. 23 décembre 1844. Dretsth, Wagner.)

393. — Pour la ville de Paris en particulier, suivant une nouvelle jurisprudence consacrée par quelques Ordonnances rendues au contentieux (23 juin 1845, Chassaignoles; 30 juin 1846, Cropez, Borniche et autres), les pourvois doivent être introduits dans les mêmes circonstances par le Ministre de l'intérieur et non par le Préfet de la Seine.

En cela le Conseil d'État, qui avait plusieurs fois admis des pourvois portés directement devant lui par le Préfet, s'est déjugé par cette seule raison, suivant l'énoncé des dernières Ordonnances, que le Préfet n'a pas qualité, qu'il n'est pas recevable, et que c'est au Ministre à poursuivre les contraventions en cette matière. Quant au délai à se pourvoir, qui est de trois mois, il court pour les particuliers du jour où l'arrêté du Conseil de préfecture leur a été signifié par huissier.

Pour l'administration, ces arrêtés sont attaquables dans les trois mois de leur date.

Des pénalités , des remises et de la prescription

—

DES PÉNALITÉS

394. — Il y a deux sortes de pénalités en matière de voirie, à savoir :

L'amende qui est prononcée dans l'intérêt de la vindicte publique, et la suppression ou plus exactement la démolition, à titre de réparation civile ou dommages-intérêts, des ouvrages qui ont été exécutés soit sans autorisation , soit contrairement à la permission délivrée, soit en dehors de cette permission.

395. — La défense d'exécuter toute espèce d'ouvrage sur la voie publique, sans une autorisation formelle, trouve sa pénalité dans l'Arrêt du Conseil du 27 février 1765 (¹) ; en conséquence, c'est une amende de 300 fr. qui doit être prononcée d'après cet Arrêt.

Pour les contraventions de grande voirie , la quotité des amendes qui avaient été fixée par les anciens Édits, selon la nature des contraventions à un chiffre variant de 50 à 3,000 fr., peut être abaissée par les Conseils de préfecture jusqu'à un minimum de 16 fr. et ne doit pas s'élever au-dessus de 300 fr., en vertu de la loi du 23 mars 1842.

RÉDUCTION DE L'AMENDE. — AVIS DU CONSEIL D'ÉTAT (²)

396. — L'Arrêté du Conseil de préfecture qui abaisse l'amende au-dessous du maximum fixé par la loi de 1842 , doit être annulé comme entaché d'excès de pouvoir.

397. — Il est de règle invariable en jurisprudence, que le jugement qui prononce l'amende doit, en même temps, ordonner la démolition de l'œuvre qui fait l'objet de la contravention ; mais, en matière de grande voirie, le Conseil d'État n'admet pas que lorsque les travaux n'ont point d'effet confortatif, il y ait lieu d'en ordonner la démolition (27 août 1840, Aubanel ; 23 février 1841, Delyonne, Parisot et Richard ; 30 décembre 1841, Gogois ; 15 juin 1842, Gaulet ; 29 juin 1842 , dame Bresson ; 15 juin 1842 , Caventou et Lortias ; 6 septembre 1842, Borchat).

Plusieurs travaux confortatifs, mais de natures diverses, exécutés

(1) Conseil d'État, 5 décembre 1834, Lesieur.
(2) 6 juin 1844, Moulinier; 9 janvier 1861, Anglade.

simultanément au mur de face d'une maison, ne constituent qu'une seule contravention qui ne doit être punie que d'une seule et même amende. (Arr. Cons. 4 février 1836, Baflault et Pelletier).

Cependant, suivant une autre Ordonnance (Juetz, 23 juillet 1840), le Conseil d'État admet qu'un particulier qui commet deux contraventions différentes, pour des travaux exécutés au même édifice, telles par exemple, que celles qui consisteraient dans des réparations confortatives au rez-de-chaussée, et dans la surélévation non autorisée de la façade, doit être puni de deux amendes.

398. — Quant aux amendes, les Conseils de préfecture ne peuvent prononcer que celles que prononce le Code pénal, quelle que soit la nature de la contravention, soit qu'il s'agisse de travaux faits sans autorisation à un bâtiment, ou de dépôts et embarras sur le sol de la voie publique (30 décembre 1843, Allibe, Miége, etc.)

Le Conseil d'État n'admet pas de distinction quant à l'amende à prononcer entre des travaux exécutés à une maison placée sur l'alignement et ceux qui l'auraient été à un bâtiment retranchable.

Le défaut d'autorisation préalablement demandée et obtenue, rend, dans les deux cas, le propriétaire et l'entrepreneur passibles de l'amende encourue, aux termes de l'Arrêt du Conseil du 27 février 1765. (Arrêt du Conseil, 18 janvier 1845, Lardonné).

DES REMISES

399. — Il peut être fait remise aux contrevenants des peines prononcées contre eux par le Conseil de préfecture ; les demandes des remises d'amende doivent être adressées, pour Paris, au Ministre de l'intérieur.

Le Préfet est consulté, et ces demandes sont ensuite soumises au chef du Gouvernement par la voie gracieuse, sans passer au Conseil d'État.

En ce qui concerne la remise de la démolition ordonnée par l'arrêté, c'est au Préfet de la Seine qu'est dévolu le droit d'apprécier les circonstances qui peuvent motiver le maintien, à titre de tolérance, des travaux condamnés par le Conseil de préfecture ; mais au Ministre de l'intérieur est attribué le pouvoir de statuer définitivement.

Ajoutons qu'un Arrêté préfectoral portant refus d'autoriser certains travaux, et contrairement auquel ces travaux ont été exécutés, peut toujours être réformé par l'autorité supérieure, même lorsqu'une décision du Conseil de préfecture, passée en force de chose jugée, a prononcé la démolition des dits travaux.

(Arrêt du Cons., 1828, Turgot; Déc. min., 27 octobre 1838, dame Hautefeuille; Arr. Cons., 30 décembre 1843, Lebas de Courmont; 27 décembre 1844, Thomassin et Wargny.)

DE LA PRESCRIPTION

400. — Il faut distinguer, relativement à la prescription, la nature des pénalités auxquelles elle s'applique, savoir : la démolition de l'œuvre ou la suppression des objets qui constituent la contravention et l'amende.

La jurisprudence du Conseil d'État assimile toute entreprise non autorisée à une usurpation de la voie publique et repousse, en conséquence, la prescription dans tous les cas, sans égard à la nature des travaux, qu'il y ait ou non anticipation; c'est ce qui résulte d'une Ordonnance-Arrêt du 16 juillet 1840 (Vidal), qui dispose en ces termes :

« Vu l'Arrêt du Conseil du 27 février 1765; la loi du 29 floréal an X; le titre IX du Décret du 16 septembre 1811; les articles 638 et 640 du Code d'instruction criminelle ;

« Considérant que l'existence des constructions élevées par les sieurs Vidal frères, sans autorisation, le long de la route royale n° 118, d'Albi en Espagne, constitue une infraction *permanente* aux dispositions de l'Arrêt du Conseil du 27 février 1765, et que la répression, *quel que soit le laps de temps écoulé, peut et doit être poursuivie dans l'intérêt toujours subsistant de la grande voirie.* »

401. — D'autres Ordonnances-Arrêts (13 avril 1842, Guyard; même date, Bonnaud et Soubiratz; 23 décembre 1844, Wagner), sont fondées sur le même principe; la première est ainsi conçue :

« Considérant que l'existence du pan de bois établi sur le mur de soutènement de la route, constitue une infraction *permanente*, dont la répression, *quel que soit le laps de temps écoulé, peut et doit être poursuivie dans l'intérêt toujours subsistant de la viabilité.* »

402. — On voit, par ces citations, que le Conseil d'État attribue aux contraventions qualifiées *permanentes*, quelles qu'elles soient, un caractère de perpétuité ou, si l'on veut, de continuité qui emporte à ses yeux les conséquences du *délit successif*, et, par suite, l'inapplicabilité des dispositions du Code sur les prescriptions, abstraction faite de la nature des travaux et du fait de l'anticipation. Quant aux amendes du ressort du Conseil de préfecture, les articles 639, 640 du Code d'instruction criminelle, y sont applicables comme à celles que prononcent les tribunaux de police, car le Conseil de préfecture, en cette matière, statue comme tribunal de simple police et non comme tribunal correctionnel. C'est ce qui a été décidé par diverses Ordonnances rendues au contentieux (16 juillet 1840, Vidal ; 13 avril 1842, Guyard ; 19 avril 1844, Petit et autres espèces). Ainsi l'amende, aux termes de l'article 639, est prescrite après deux années révolues de la date du jugement et, suivant l'article 640, l'action publique et l'action civile se prescrivent après une année révolue, à partir du jour où les contraventions ont été commises. (Voir à l'Annexe.)

INTERRUPTION DE LA PRESCRIPTION

403. — Le Conseil d'État, statuant au contentieux, le 23 décembre 1864, sur un recours du Ministre des travaux publics demandant l'annulation de trois Arrêtés par lesquels le Conseil de préfecture de la Seine a déclaré prescrites les actions publiques exercées plus d'une année après le jour où les contraventions avaient été commises, a décidé que :

Si l'article 640 du Code d'instruction criminelle, qui établit la prescription, la reconnaît acquise après une année, si dans cet intervalle il n'est point intervenu de condamnation, cet article ne distingue pas entre la condamnation contradictoire et la condamnation par défaut ; que si l'opposition formée à la décision par défaut a pour effet de remettre en discussion ce qui a été précédemment décidé, elle n'anéantit pas l'interruption de prescription qui a été la conséquence de la dite décision et que la prescription ne commence à courir qu'à partir de la notification de l'opposition qui peut y être formée.

JURISPRUDENCE DU CONSEIL D'ÉTAT ET DE LA COUR
DE CASSATION

404. — Nous croyons utile de citer différents Arrêts du Conseil d'État et de la Cour de cassation, qui ont consacré la jurisprudence exposée ci-dessus, relativement aux contraventions et à la prescription.

405. — Pour des contraventions occultes, pour des réparations cachées, le délai de la prescription ne court que du jour où elles ont été connues et où la contravention a été constatée (¹).

____

(1) Conseil d'État, 2 septembre 1829.

406. — La prescription s'applique à l'amende. La permanence des travaux prohibés ne la suspend pas, n'y fait pas obstacle ; mais la prescription ne s'applique pas à l'obligation de démolir des travaux contraires aux règlements de voirie (1).

407. — L'intérêt public de la viabilité est imprescriptible, comme la voie publique elle-même (2) ; les travaux nuisibles à cet intérêt sont un empiètement qui ne peut être toléré et que l'administration peut en tout temps faire supprimer.

Il suit de là, qu'après la prescription accomplie, quant à l'amende, le Préfet a le droit de prendre un nouvel Arrêté pour ordonner au propriétaire de supprimer les travaux prohibés, et en cas d'inexécution, il y a une nouvelle contravention à cet Arrêté, laquelle peut être poursuivie devant le Conseil de préfecture ou le Tribunal de simple police, suivant qu'il s'agit de grande ou de petite voirie.

PRESCRIPTION DE L'AMENDE SEULE

408. — La prescription de l'amende n'empêche pas le Conseil de préfecture, ou le tribunal de police, de rester compétents pour ordonner la démolition d'après l'article 159 du Code d'instruction criminelle, la démolition n'étant pas une peine, mais une réparation civile du dommage causé à la voie publique.

Instruction criminelle, art. 159. — Si le fait ne présente ni délit, ni contravention de police, le tribunal annulera la citation et tout ce qui aura suivi, et *statuera par le même jugement sur les demandes en dommages-intérêts.*

DROIT DU CONSEIL DE PRÉFECTURE D'ORDONNER UNE EXPERTISE

409. — Le Conseil de préfecture, appelé par la loi du 28 pluviôse an VIII, à prononcer sur les difficultés en matière de grande voirie, est d'ailleurs par cette seule attribution, investi du droit de faire tous les actes préparatoires nécessaires pour éclairer sa religion.

En conséquence, il lui appartient de prescrire, au besoin qu'il sera procédé par trois experts à la connaissance des travaux litigieux, à l'effet de s'assurer s'ils réconfortent une construction sujette à reculement (3).

(1) Cassation, 18 avril 1835; 23 mai 1835.
(2) Conseil d'État, 13 avril 1842; 26 juin 1842.
(3) Arrêt du Conseil d'État, 18 janvier 1831, d'Herbecq.

DÉLAI POUR DÉMOLITION

410. — Quand le Conseil de préfecture ordonne la démolition, il doit fixer un délai dans lequel le contrevenant l'effectuera, sauf le droit qui reste toujours au Préfet de la faire opérer auparavant, en vertu de son pouvoir administratif, si le bâtiment menace ruine et compromet la sûreté publique ([1]).

SURSIS POUR DÉMOLITION

411. — Il y a lieu de surseoir, pendant l'instruction de l'affaire, jusqu'à examen définitif, à la démolition des constructions ou réparations prohibées, lorsqu'elle entraînerait un dommage irréparable, s'il était jugé qu'il n'y avait pas lieu de démolir ([2]).

DE LA PREUVE CONTRAIRE. — APPEL

412. — La preuve contraire étant réservée au contrevenant, devant le Conseil de préfecture, le propriétaire poursuivi à raison de travaux confortatifs, faits à une maison sujette à reculement, peut être admis à discuter les faits relatifs à la prétendue contravention ([3]).

413. — La partie condamnée par le Conseil de préfecture pour avoir fait des travaux confortatifs, peut encore administrer la preuve contraire devant le Conseil d'État ([4]).

RECOURS AU MINISTRE. — DÉLAI

414. — S'il n'est intervenu aucune décision dans le délai de quatre mois, du recours adressé au Ministre de l'intérieur, contre une décision de l'autorité administrative, les parties peuvent considérer leur réclamation comme rejetée et se pourvoir devant le Conseil d'État ([5]).

---

(1) Conseil d'État, 23 juin 1830.
(2) Conseil d'État, 4 novembre 1821; 13 août 1823.
(3) Conseil d'État, 8 juin et 20 julllet 1832.
(4) Conseil d'État, 23 mars 1836.
(5) Décret du 2 novembre 1864.

Contraventions de grande voirie

PROCÉDURE

415. — En traitant, dans les chapitres précédents, les questions d'alignement, de permissions de construire ou de réparer, de saillies, de hauteur de maisons, etc..., nous avons vu quels étaient les règlements, décrets, lois et ordonnances qui régissent les diverses natures de travaux.

416. — Le Conseil de préfecture appelé à connaître des contraventions de grande voirie, après avoir visé le règlement spécial à l'espèce qui lui est soumise, prend ses arrêtés en visant, savoir :

1° L'article 29 de la loi des 19 et 22 juillet 1791 ([1]) ;
2° L'article 4 de la loi du 28 pluviôse an VIII ([2]) ;
3° La loi du 29 floréal an X ([3]) ;
4° La loi du 23 mars 1842 ([4]) ;
5° La loi du 21 juin 1865, article 12 ([5]) ;
6° Le Décret du 12 juillet 1865 ([6]) ;
7° Le titre VIII, livre II, du Code de procédure civile ([7]).

LOI DES 21-26 JUIN 1865, RELATIVE AUX CONSEILS DE PRÉFECTURE

417. — Loi des 21-26 juin 1865.
Relative aux Conseils de préfecture.
Art. 8. — Les séances des Conseils de préfecture statuant sur affaires contentieuses, sont publiques.
Art. 11. — A l'avenir, seront portées devant les Conseils de préfecture, toutes les affaires contentieuses dont le jugement est attribué au Préfet en Conseil de préfecture, sauf recours au Conseil d'État.
Art. 12. — Le recours au Conseil d'État, contre les Arrêtés des Conseils de préfecture, relatifs aux contraventions dont la répression leur est confiée par la loi, peut avoir lieu par simple mémoire, déposé au sacrétariat général de la préfecture ou à la sous-préfecture, et sans l'intervention d'un avocat au Conseil d'État. — Il est

(1) Voir à l'Appendice.   (5) Voir ci-après.
(2)   Id.   (6)   Id.
(3)   Id.   (7)   Id.
(4)   Id.

délivré au déposant récépissé du mémoire, qui doit être transmis immédiatement, par le Préfet, au secrétariat général du Conseil d'État.

MODE DE PROCÉDURE DEVANT LES CONSEILS DE PRÉFECTURE

418. — Décret impérial des 12-18 juillet 1865, concernant le mode de procéder devant les Conseils de préfecture.

Art. 1er. — Les requêtes et mémoires introductifs d'instance, et en général, toutes les pièces concernant les affaires sur lesquelles le Conseil de préfecture est appelé à statuer par la voie contentieuse, doivent être déposés au greffe du Conseil. — Ces pièces sont inscrites, à leur arrivée, sur le registre d'ordre qui doit être tenu par le secrétaire greffier ; elles sont, en outre, marquées d'un timbre qui indique la date de l'arrivée.

Art. 2. — Immédiatement après l'enregistrement des requêtes et mémoires introductifs d'instance, le Préfet ou le conseiller qui le remplace, désigne un rapporteur auquel le dossier de l'affaire est transmis dans les vingt-quatre heures.

Art. 3. — Le rapporteur est chargé, sous l'autorité du Conseil de préfecture, de diriger l'instruction de l'affaire, il propose les mesures et les actes d'instruction. — Avant tout, il doit vérifier si les pièces dont la production est nécessaire pour le jugement de l'affaire sont jointes au dossier.

Art. 4. — Sur la proposition du rapporteur, le Conseil de préfecture règle les communications à faire aux parties intéressées, soit des requêtes et mémoires introductifs d'instance, soit des réponses à ces requêtes et mémoires. — Il fixe, eu égard aux circonstances de l'affaire, le délai qui est accordé aux parties pour prendre communication des pièces et fournir leurs défenses ou réponses.

Art. 5. — Les décisions prises par le Conseil, pour l'instruction des affaires, dans les cas prévus par l'article précédent, sont notifiées aux parties dans la forme administrative.

Il est donné récépissé de cette notification ; à défaut de récépissé, il est dressé procès-verbal de la notification par l'agent qui l'a faite.

Le récépissé ou le procès-verbal est transmis immédiatement au greffe du Conseil de préfecture.

Art. 6. — Lorsque les parties sont appelées à fournir des défenses sur les requêtes ou mémoires introductifs d'instance,

comme il est dit en l'article 4 ci-dessus, ou à fournir des observations en vertu de l'article 29 de la loi du 21 avril 1832, elles
doivent être invitées, en même temps, à faire connaître si elles
entendent user de droit de présenter des observations orales à la
séance publique où l'affaire sera portée pour être jugée.

Art. 7. — La communication aux parties se fait au greffe, sans
déplacement de pièces.

Art. 8. — Lorsqu'il s'agit de contraventions, il est procédé comme
il suit, à moins qu'il n'ait été établi d'autres règles par la loi. —
Dans les cinq jours qui suivent la rédaction d'un procès-verbal
de contravention et son affirmation quand elle est exigée, le Sous-
Préfet fait faire au contrevenant notification de la copie du procès-
verbal ainsi que de l'affirmation, avec citation devant le Conseil
de préfecture. — La notification et la citation sont faites dans la
forme administrative. La citation doit indiquer au contrevenant
qu'il est tenu de fournir ses défenses écrites dans le délai de
quinzaine, à partir de la notification qui lui est faite, et l'inviter à
faire connaître s'il entend user du droit de présenter des observations orales. — Il est dressé acte de la notification et de la citation. Cet acte doit être envoyé immédiatement au Sous-Préfet, il
est adressé par lui sans délai au Préfet, pour être transmis au Conseil de préfecture et y être enregistré comme il est dit en l'art. 1er.

Lorsque le rapporteur a été désigné, s'il reconnaît que les
formalités prescrites dans le troisième et le quatrième alinéa du
présent article n'ont pas été remplies, il en réfère au Conseil
pour assurer l'accomplissement de ces formalités.

Art. 9. — Lorsque l'affaire est en état de recevoir une décision,
le rapporteur prépare le rapport et le projet de décision.

Art. 10. — Le dossier, avec le projet et le rapport de décision,
est remis au secrétaire greffier, qui le transmet immédiatement
au commissaire du gouvernement.

Art. 11. — Le rôle de chaque séance publique est arrêté par le
Préfet ou par le conseiller qui le remplace, sur la proposition du
commissaire du gouvernement.

Art. 12. — Toute partie qui a fait connaître l'intention de présenter des observations orales, doit être avertie par lettre non
affranchie, à son domicile ou à celui de son mandataire ou dé-
fenseur, lorsqu'elle en a désigné un, du jour où l'affaire sera
appelée en séance publique. Cet avertissement sera donné quatre
jours au moins avant la séance.

Art. 13. — Les Arrêtés pris par les Conseils de préfecture dans
les affaires contentieuses, mentionnent qu'il a été statué en séance

publique. — Ils contiennent les noms et conclusions des parties, le vu des pièces principales et des dispositions législatives dont ils font l'application. — Mention y est faite que le commissaire du gouvernement a été entendu. — Ils sont motivés. — Les noms des membres qui ont concouru à la décision y sont mentionnés. — La minute est signée par le président, le rapporteur et le secrétaire-greffier.

Art. 14. — La minute des décisions des Conseils de préfecture est conservée au greffe pour chaque affaire, avec la correspondance et les pièces nécessaires à l'instruction ; les pièces qui appartiennent aux parties leur seront remises sur récépissé, à moins que le Conseil de préfecture n'ait ordonné que quelques-unes de ces pièces resteraient annexées à sa décision.

Art. 15. — L'expédition des décisions est délivrée aux parties intéressées par le Secrétaire général. — Le Préfet fait transmettre aux administrations publiques, expédition des décisions dont l'exécution rentre dans leurs attributions.

Art. 16. — Les décisions des Conseils de préfecture doivent être transcrites, par ordre de date, sur un registre dont la tenue et la garde sont confiées au secrétaire greffier. — Tous les trois mois, le Président du Conseil s'assure que ce registre est à jour.

Art. 17. — Lorsque la section du contentieux du Conseil d'État pense qu'il est nécessaire, pour l'instruction d'une affaire dont l'examen lui est soumis, de se faire représenter des pièces qui sont déposées au greffe du Conseil de préfecture, le Président de la section fait la demande de ces pièces au Préfet. — Le secrétaire de la section adresse au secrétaire greffier un récépissé des pièces communiquées : il sera fait renvoi du récépissé lorsque les pièces auront été rétablies au greffe du Conseil de préfecture.

---

419. — Le titre VIII, livre II du Code de procédure civile, est relatif aux jugements par défaut et oppositions.

Nous emprunterons à l'ouvrage de MM. Lukomski et Périn (Police des constructions) les articles suivants, relatifs à la responsabilité des entrepreneurs, ouvriers à journée ou acquéreurs.

RESPONSABILITÉ DES ENTREPRENEURS

420. — La poursuite doit être exercée :

1º Contre le propriétaire ;

2º Contre l'entrepreneur, s'il a dirigé ou exécuté les travaux, encore bien qu'il n'a fait qu'exécuter les ordres du propriétaire (¹).

La condamnation à une amende distincte est prononcée contre chacun d'eux, conformément à la Déclaration du 10 avril 1783, article 7 (²).

Mais la poursuite contre le propriétaire peut donner lieu, de la part de celui-ci, à une action en responsabilité contre l'entrepreneur (³), s'il prétend que c'est à son insu et même contre sa volonté que l'entrepreneur a donné à ses constructions une hauteur illégale. Cette action doit être portée devant les Tribunaux civils. Le Tribunal administratif n'a même pas besoin de donner acte au propriétaire des réserves qu'il ferait pour exercer son recours contre l'entrepreneur.

OUVRIERS A JOURNÉE

421. — En général, les procès-verbaux ne sont pas dressés contre les ouvriers employés à la journée par les propriétaires. (Conseil de préfecture de la Seine, Thomas et Vincent, 8 décembre 1864.)

RESPONSABILITÉ DES ARCHITECTES

422. — On ne doit dresser de procès-verbaux contre les architectes que s'ils dirigent ou exécutent les travaux, au même titre que le ferait un entrepreneur (⁴), et non s'ils ont seulement fourni des plans et donné des conseils.

Si un propriétaire condamné à l'amende et à la démolition voulait faire supporter à son architecte le montant de toutes les condamnations, il y aurait lieu à un recours de sa part contre ce dernier devant les Tribunaux civils (⁵). (Féraud-Giraud, nº 333.)

---

(1) Conseil d'État, 23 février 1839, Séguin.
(2) 18 novembre 1846, Engenhard.
(3) 21 juin 1844, Rémond.
(4) Cour de cassation, 30 avril 1863, Gros.
(5) Conseil d'Etat, 21 juin 1844, Rémond.

POURSUITES CONTRE L'ACQUÉREUR

423. — La démolition des constructions élevées contrairement. aux règlements de la voirie et aux permissions administratives, données en conséquence de ces règlements, peut être poursuivie, non-seulement contre les propriétaires qui ont fait élever eux-mêmes ces constructions, mais encore contre les tiers auxquels ils les ont ensuite vendues (¹).

L'AMENDE EST PERSONNELLE

424. — Le propriétaire d'une maison à laquelle des travaux ont été exécutés sans autorisation avant son acquisition, ne doit pas être mis en cause sur les poursuites exercées contre l'auteur de ces travaux (²).

L'amende à laquelle un propriétaire a été condamné pour contravention de grande voirie est personnelle au propriétaire, et ne peut être prononcée de nouveau ou recouvrée contre l'acquéreur à qui il a transmis ultérieurement sa propriété, mais la démolition des ouvrages peut et doit être continuée et poursuivie contre cet acquéreur (³).

JURISPRUDENCE DU CONSEIL DE PRÉFECTURE DE LA SEINE

425. — Sur ces questions de responsabilité, le Conseil de préfecture de la Seine a rendu diverses décisions importantes, que nous croyons devoir rappeler.

CONTRAVENTIONS PAR LES LOCATAIRES, RESPONSABILITÉ DES PROPRIÉTAIRES

426. — Les propriétaires sont responsables des contraventions de grande voirie commises par leurs locataires, sauf leur recours, s'il y a lieu, contre ceux-ci. (Préfet de la Seine contre Noirot, 4 juin 1863.)

Les travaux de construction exécutés dans un terrain doivent être considérés comme faits au nom du propriétaire, qui est dès

---

(1) Conseil d'État, 5 décembre 1839, Lemarié-Loustal, 20 juin 1821.
(2) Conseil d'État, 28 juillet 1849, Gorin.
(3) Conseil d'État, 22 juin 1850, Ternaux-Compans, 14 février 1861, Delarivière.

lors responsable de toute contravention de voirie commise sur
son immeuble, sauf tel recours que de droit. En conséquence, il y
a lieu, en cas de contravention, de condamner les propriétaires
seulement et de mettre hors de cause les locataires constructeurs;
l'intervention des locataires n'est même pas recevable. (Préfet de
la Seine contre Desplanques et consorts, 8 novembre 1864.)

427. — Les conventions intervenues entre le propriétaire et le
locataire d'un terrain ne sauraient, dans aucun cas, dégager le
propriétaire de ses obligations envers l'administration. En les
mentionnant parmi les personnes qui peuvent commettre des
contraventions de voirie, l'Arrêt du Conseil du 27 février 1765 a
entendu rendre les locataires responsables des travaux exécutés
par eux en leur qualité de locataires, tels que l'établissement de
devantures de boutiques, la pose d'enseignes ou l'exécution de
tout autre ouvrage établi à l'intérieur de la propriété.

Quant aux travaux qui ont pour résultat de modifier l'immeuble
lui-même et qui ne peuvent, dès lors, être entrepris que par le
propriétaire ou avec son consentement exprès ou tacite, la responsabilité n'en doit pas incomber aux locataires. (Préfet de la
Seine contre Chapus et dame Léautey, 17 novembre 1863.)

428. — Les travaux exécutés dans une maison par un locataire
(dans l'espèce, une loge de photographe établie sur le comble et
dépassant la hauteur réglementaire) rendent le propriétaire de la
maison responsable de la contravention de voirie, sauf son recours
contre qui de droit. (Conseil de préfecture, Bouillet et Siffre,
21 février 1865; dans le même sens, Conseil d'État, 4 mai 1825,
Tardif; 23 février 1844, de Lyonne et consorts.)

RESPONSABILITÉ DU LOCATAIRE CONSTRUCTEUR

429. — Lorsqu'en vertu de conventions privées, et suivant les
dispositions des articles 553 et 555 du Code Napoléon, le locataire
d'un immeuble y a fait élever, pour son compte, des constructions
qui doivent, en fin de bail, appartenir au propriétaire, il y a lieu
de le considérer, au point de vue de la voirie, comme propriétaire
des bâtiments pour lesquels il est imposable à la contribution
foncière et comme responsable de la contravention. S'il a été
dressé un procès-verbal de contravention contre le locataire constructeur, à raison du bâtiment qu'il a ainsi fait élever, il peut être
personnellement poursuivi ; mais il est nécessaire de comprendre
dans les poursuites et dans les condamnations à prononcer, le propriétaire de l'immeuble qui, d'après l'art. 555 du Code Napoléon,

a le droit de conserver les constructions en fin de bail, puisque la démolition des travaux indûment exécutés doit être ordonnée en même temps contre lui et contre le locataire qui les a construits. (Leboucher et Liez, 11 juillet 1865.)

USUFRUITIER ET NU-PROPRIÉTAIRE

430. — La contravention peut être poursuivie contre l'usufruitier et le nu-propriétaire conjointement ([1]).

SECTION II

Contraventions de petite voirie

POUVOIR DE L'AUTORITÉ MUNICIPALE

431. — Nous avons vu, en traitant la question de la police des constructions à Paris, que le Préfet de la Seine, investi par le Décret du 10 octobre 1859, des attributions conférées au Préfet de police par l'art. 21 de l'Arrêté des Consuls du 12 messidor an VIII, en ce qui concerne la petite voirie, était, par le fait, chargé de permettre ou de défendre l'ouverture des boutiques, l'établissements des auvents ou constructions du même genre qui prennent sur la voie publique, les échoppes, étalages mobiles, d'ordonner la démolition ou réparation des bâtiments menaçant ruine.

D'autre part, il convient de remarquer que le Préfet de la Seine, en même temps qu'il est le représentant de la grande voirie, est aussi le représentant de l'autorité municipale et de la Ville de Paris. A ce dernier titre, il possède les attributions qui se rattachent essentiellement aux objets dont les lois de 1790 et 1791, et l'art. 471 du Code pénal, confient la surveillance aux autorités municipales et la répression aux tribunaux de police.

L'art. 29, titre Ier, de la loi du 19-22 juillet 1791, est ainsi conçu : « Sont également confirmés provisoirement les règlements qui subsistent touchant la voirie, ainsi que ceux actuellement existants à l'égard de la construction des bâtiments et relatifs à leur solidité et sûreté, sans que de la présente disposition, il puisse résulter la

---

[1] Conseil d'État, 16 mai 1837.

conservation des attributions ci-devant faites sur cet objet à des tribunaux particuliers. »

Il ne suffit pas que le Préfet de la Seine soit chargé de réglementer et de surveiller tel ou tel détail de la voirie parisienne, pour que l'inobservation de ses règlements devienne contravention de grande voirie. Il ne suffirait pas non plus qu'il prît un arrêté, par lequel il déclarerait que telle ou telle infraction serait désormais poursuivie comme contravention de grande voirie et, comme telle, déférée au Conseil de préfecture, tandis que d'après les règlements elle serait de la compétence du tribunal de simple police. Aussi nous avons vu, en discutant les décrets du 26 mars 1852 et du 27 juillet 1859, qui semblent réglementer des objets de grande voirie, que certains articles, dont la teneur n'intéresse pas directement la voie publique, s'appliquent à la police des constructions ou à la réglementation d'objets de petite voirie.

<h3 style="text-align:center">DES DIFFÉRENTES CONTRAVENTIONS DE PETITE VOIRIE
ET DE POLICE</h3>

432. — Les contraventions de petite voirie et celles relatives à la police des constructions, en ce qui concerne les bâtiments en bordure de la voie publique ou les constructions intérieures, s'appliquent :

1° Aux saillies qui ne font pas partie intégrante de la construction, telles qu'elles sont définies et détaillées dans le tarif des droits de voirie joint au Décret du 27 octobre 1808 et au tarif du 28 juillet 1874 et réglées par l'Ordonnance royale du 24 décembre 1823 ;

2° A l'infraction au Décret du du 26 mars 1852, en ce qui concerne la production des plans de construction ;

3° Aux articles du Décret du 27 juillet 1859, qui réglementent les hauteurs des maisons, les combles et les lucarnes du côté des cours ou dans les espaces intérieurs ;

4° Aux vices de construction, soit sur les rues, soit à l'intérieur des propriétés, ainsi qu'aux périls des bâtiments ;

5° Aux contraventions à l'Ordonnance royale du 24 septembre 1819, relative aux fosses d'aisances ; à la loi du 22 avril 1850, sur l'assainissement des logements insalubres ;

6° Enfin, aux infractions aux règlements administratifs et aux arrêtés publiés par l'autorité municipale, tels qu'ils sont définis par l'art 471 du Code pénal.

VICES DE CONSTRUCTION

433. — Le Conseil d'État, par un Arrêt du 16 mars 1850, a décidé que les vices de construction et malfaçons dans les bâtiments élevés sur la voie publique qui sont de nature à compromettre la sûreté et la sécurité des passants, ne constituant pas des contraventions aux lois et règlements de la grande voirie, n'appartiennent point à la connaissance du Conseil de préfecture.

COMPÉTENCE

434. — Nous avons examiné dans les chapitres précédents les questions relatives aux saillies, l'Ordonnance royale du 24 décembre 1823, les Décrets du 27 octobre 1808 et du 28 juillet 1874. le Décret du 27 juillet 1859 sur les hauteurs des maisons, les combles et les lucarnes, la Police des constructions, les Ordonnances royales de 1729 et 1730, relatives aux bâtiments en péril. On trouvera à l'Annexe le Décret du 26 mars 1852, l'Ordonnance royale du 24 septembre 1819 sur les fosses d'aisances, la loi du 22 avril 1850 sur les logements insalubres ; enfin, les Arrêtés du Préfet de la Seine et les Ordonnances de police concernant les fosses mobiles.

Nous allons examiner quelles sont les règles relatives aux contraventions de petite voirie de la compétence du Tribunal de simple police.

La compétence de ce Tribunal résulte de l'art. 471, § 5, du Code pénal, qui répute contravention l'inobservation des règlements et arrêtés de petite voirie, combiné avec l'article 138 du Code d'instruction criminelle, qui attribue la connaissance des contraventions aux Tribunaux de simple police. Les procès-verbaux sont dressés par les commissaires voyers et déférés au Tribunal de simple police par le Préfet de la Seine.

Le Tribunal appliquera le paragraphe 5 de l'art. 471 du Code pénal, ainsi conçu : « Seront punis d'amende, depuis 1 fr. jusqu'à 5 francs inclusivement, § 5 : Ceux qui auront négligé ou refusé d'exécuter les règlements ou arrêtés concernant la petite voirie, ou d'obéir à la sommation émanée de l'autorité administrative, de réparer ou de démolir les édifices menaçant ruine.

Si le particulier contrevient à un Arrêté préfectoral, le Tribunal de police appliquera le n° 15 de l'article 471 du Code pénal. (Conseil d'État, 22 décembre 1852, Pichon ; 20 juin 1850, Dumas et

Germain.) Cet article est ainsi conçu : « Seront punis.... ceux qui auront contrevenu aux règlements légalement faits par l'autorité administrative, et ceux qui ne se seront pas conformés aux règlements ou Arrêtés, publiés par l'autorité municipale, en vertu des articles 3 et 4, titre XI, de la loi des 16-24 août 1790, et de l'article 46, titre Ier, de la loi des 19-22 juillet 1791. »

S'il est contrevenu aux anciens règlements, le juge prononcera les peines que ces règlements édictent ; dans le cas où ils ne renfermeraient pas de pénalité, le tribunal appliquera le n° 5 de l'article 471 du Code pénal, pour contravention à un règlement de petite voirie.

POUVOIR DU JUGE

435. — Le tribunal prononce une amende de 1 franc à 5 francs (art. 471) et, en cas de récidive, un emprisonnement de trois jours au plus (art. 474).

Le juge doit, en outre, à titre de dommages-intérêts, ordonner la démolition ou la rectification des ouvrages exécutés contrairement aux règlements ou aux règles de l'art de bâtir. (Code d'inst. crim., art. 161 ; Husson, page 945 ; Dalloz, tome IX, page 457, n°s 876 et suivants ; Conseil d'État, 4 juillet 1827 ; Cass., 30 mars 1822.)

JURISPRUDENCE DE LA COUR DE CASSATION. — DE LA DÉMOLITION

436. — Le tribunal ne peut refuser d'ordonner la démolition (Cass., 7 août 1829, Becq ; 22 novembre 1826, Pagès), sous prétexte que ce chef de condamnation constituerait une peine non prononcée par la loi. (Cass., 7 août 1829, Sellier ; 4 janvier 1829, Berlin.) La Cour de cassation, qui pendant bien longtemps avait refusé d'admettre la distinction suivie par le Conseil d'État, entre les travaux qui auraient pu être autorisés et ceux qui n'étaient pas susceptibles d'autorisation ; la démolition, suivant elle, devant toujours être ordonnée, est revenue sur cette jurisprudence et décide aujourd'hui, non pas que la démolition doit toujours être ordonnée, mais qu'elle doit l'être, s'il y a lieu. (Arrêt des Chambres réunies, 14 décembre 1846, Michelini.)

La Cour de cassation a décidé, comme le Conseil d'État, que la démolition, au cas où elle peut être appliquée, ne doit s'entendre que de la démolition des ouvrages faits en contravention, et non des anciennes parties de l'édifice auxquelles on n'a pas touché (4 décembre 1856, Couasnon).

En tout cas, la démolition de la construction tout entière doit être ordonnée, si cette construction, dans sa totalité, a été élevée en contravention aux règlements. (12 mai 1843, Dupont.)

Il n'est pas nécessaire que le juge prononce la démolition, en termes exprès; il peut se servir, sans contrevenir à la loi, d'une expression équivalente qui renferme explicitement, ou même implicitement, l'injonction de démolir.

Ainsi il a été jugé que, dans le cas de construction non autorisée, la condamnation au rétablissement des lieux, prononcée en sus de l'amende, satisfait complétement aux vœux de la loi, en ce qu'elle renferme complétement l'injonction de démolir et laisse d'ailleurs, à l'autorité administrative, la mission qui lui appartient de prescrire le mode d'exécution qui peut le mieux assurer le rétablissement prescrit. (Cass., 2 février 1861, Marin.)

SURSIS POUR LA DÉMOLITION

437. — Le tribunal, en condamnant la démolition de constructions faites en contravention, n'a pas le droit de conférer au contrevenant la faculté de se soumettre à ne faire cette démolition qu'à la première réquisition qui lui en sera faite par l'administration. (Conseil d'État, 23 juin 1830.)

De même, le juge ne peut, sans excès de pouvoir, accorder au contrevenant un délai pour se conformer à l'exécution de l'Arrêté du Maire. (Cass., 18 décembre 1840, Morin.)

Les Arrêtés des Maires, ou à Paris du Préfet, agissant comme Maire, sont exécutoires par provision, et le juge de police ne peut pas renvoyer à statuer, jusqu'après la décision de l'autorité administrative, sous prétexte que le prévenu est en réclamation devant l'autorité supérieure. (Crim., Cass., 26 juillet 1827.)

RESPONSABILITÉ DES OUVRIERS

438. — La contravention à l'Arrêté municipal peut être poursuivie, non-seulement contre les propriétaires, mais aussi contre les ouvriers. (Cass., 1er juillet 1853, Boltzinger; 13 juillet 1860, Fardé.)

RESPONSABILITÉ DES PROPRIÉTAIRES

439. — La Cour de cassation a jugé, comme le Conseil d'État, que lorsque les locataires commettent des contraventions, les mesures répressives qui interviennent doivent atteindre les propriétaires, sauf leur recours contre les locataires, et ce même lorsque les travaux ont été exécutés à l'insu du propriétaire. (Cass., 22 février 1844, François.)

Procédure

(Extrait du *Dictionnaire d'Administration*, de M. A. Blanche)

DES POURSUITES

440. — Le tribunal de police ne peut être saisi que par une citation faite à la requête du ministère public ou de la partie civile, c'est-à-dire pour la petite voirie, par le Préfet de la Seine, agissant comme Maire. (Cass., 23 juillet 1807.)

La loi ne déterminant d'ailleurs aucune forme particulière pour ces sortes de citations, il n'est pas nécessaire, à peine de nullité, que la citation soit motivée (Cass., 11 février 1808); elle est suffisamment libellée lorsqu'elle porte assignation à comparaître à tel jour et à telle heure pour avoir contrevenu à telle loi ou règlement. (Cass., 29 août 1806.)

La citation doit être faite par l'huissier du juge de paix. (Cass., 22 frimaire an XIII.)

DU JUGEMENT

441. — Les jugements doivent être rendus en séance publique et le déclarer, à peine de nullité. (C. I., art. 353.) Il est nécessaire aussi, à peine de nullité, que les tribunaux de police qui prononcent des peines pour contravention à un règlement administratif, insèrent, dans le libellé de leur jugement, le texte même du règlement auquel il a été contrevenu. (C. I., art. 163 ; Cass., 11 octobre 1810.)

Les tribunaux de police doivent, du reste, appliquer les règlements de la police municipale, sans se permettre de les modifier, ou de déclarer qu'une mesure que ces règlements prescrivent a été suffisamment remplacée par une mesure analogue que le contrevenant aurait prise. (Cass., 11 mai 1810.)

De même, le juge de police auquel est déféré une contravention à un Arrêté municipal motivé sur l'intérêt de la salubrité publique, n'a pas le droit d'apprécier ou de faire apprécier par des experts la légitimité du motif et, dans le cas où il ne lui paraîtrait pas exact, de déclarer l'Arrêté obligatoire. (Cass., 2 juillet 1841 ; Dalloz, Jurisprud. générale.)

En thèse générale, l'autorité judiciaire n'a pas le pouvoir d'interpréter l'Arrêté pris par un maire en matière de police municipale ; si cette interprétation est nécessaire, le juge doit surseoir à prononcer jusqu'à ce que le sens de l'arrêté ait été déterminé par l'autorité compétente. (Cass., 16 juillet 1826.)

Est-ce à dire, toutefois que le tribunal de police n'a point à s'occuper de la question de compétence et qu'il doit l'appui de sa sanction à tout Arrêté pris par l'autorité municipale, alors même qu'il statuerait sur des faits ou porterait des défenses hors du pouvoir dévolu à cette autorité ? Non, sans doute, et la Cour de cassation a maintes fois établi le contraire ; ainsi, par un Arrêt du 9 août 1828, elle a posé en principe que l'autorité judiciaire doit, quand on lui demande d'appliquer un règlement de police, examiner si ce règlement est conforme aux lois qui déterminent la nature, l'étendue et la limite des pouvoirs de l'autorité qui l'a rendu, et au cas de la négative, en refuser l'application ; que seulement elle ne peut s'occuper du plus ou moins d'opportunité de ce règlement, et se refuser de l'appliquer, sous prétexte par exemple, qu'il contiendrait des mesures trop rigoureuses et d'ailleurs sans utilité.

En principe, les règlements de l'autorité municipale ne sont obligatoires qu'autant qu'ils statuent sur des objets que la loi a confiés à la vigilance de cette autorité. (6 août 1813, 20 novembre 1818, 21 août 1829, 4 janvier 1839.)

DE L'APPEL

442. — Les jugements du tribunal de simple police ne sont susceptibles d'appel qu'autant qu'outre l'amende (dont le maximum est de 5 francs), ils prononcent des réparations civiles ; or, en matière de voirie, la réparation civile consiste dans la démolition de l'œuvre qui constitue la contravention. (C. I, art. 172 ; Cass., 11 septembre 1818 ; 3 mai 1833 ; 29 janvier 1835.) Ainsi un jugement qui ne prononce qu'une simple amende n'excédant pas 5 fr. est rendu en dernier ressort. (Cass., 3 septembre 1811.) Il ne peut dès lors être attaqué qu'en cassation. (C. I., art. 117.)

L'appel est suspensif, c'est-à-dire, qu'il doit être sursis à la démolition ordonnée jusqu'au jugement définitif (C. I., art. 173), sans préjudice du droit qui appartient au Maire (à Paris, au Préfet de la Seine), quand il ne s'agit que de simples dépôts ou encombrements de la voie publique, de les faire enlever d'office et aux frais des contrevenants, s'il y a lieu.

Cet appel est porté au tribunal de police correctionnelle dans un délai de dix jours, à partir de celui de la signification de la sentence à personne ou domicile.(C. I., art. 174.)

Les parties ont la faculté d'interjeter appel, soit par déclaration au greffe du tribunal qui a rendu le jugement attaqué, soit par exploit signifié au ministère public, et contenant citation devant le tribunal de police correctionnelle. (Cass., 3 août 1833, 7 décembre 1833.)

Tout jugement de police qui renvoie un inculpé de la plainte portée contre lui, est en dernier ressort. (Cass., 10 avril 1812, 26 mars 1813.)

C'est le ministère public seul qui a qualité pour se pourvoir en cassation contre un jugement du tribunal de police, rendu en dernier ressort ; le Maire n'est compétent qu'autant qu'il a rempli cette fonction ou qu'il y était partie à un autre titre. (Cass., 22 janvier 1837.)

Le délai de recours en cassation est de trois jours et court à dater de la prononciation du jugement, sans qu'il soit besoin d'une signification, d'où il suit qu'à défaut de pourvoi dans les trois jours de la prononciation, le jugement acquiert l'autorité de la chose jugée. (C. I., art. 373 ; Cass., 19 novembre 1835), et il n'en peut plus être appelé que dans l'intérêt de la loi.

Dans aucun cas, le ministère public n'est recevable à interjeter appel devant la juridiction correctionnelle, d'un jugement de simple police ; cette faculté appartient exclusivement à la partie condamnée ; il suit de là, que la peine prononcée en première instance ne peut jamais être aggravée en appel ; il ne reste au ministère public d'autre moyen que de se pourvoir en cassation. (Cass., 26 mars 1818.)

Quant à l'appel dans l'intérêt de la loi, c'est-à-dire lorsque le jugement a acquis, par l'expiration du délai de pourvoi, force de chose jugée, et qu'il ne s'agit plus dès lors que de la conservation d'un principe méconnu, il ne peut être exercé par le commissaire de police remplissant les fonctions du ministère public près le tribunal de police. (Cass., 23 septembre 1826.) Ce droit n'appartient qu'aux procureurs généraux ou au ministère public près les Cours d'assises. (24 août 1815.)

DES PÉNALITÉS

443. — Nous avons vu précédemment, en traitant du pouvoir du juge, que de même qu'en matière de grande voirie, les contraventions dites de petite voirie et contraventions à la police des constructions, entraînent deux sortes de pénalités : l'amende et la démolition des ouvrages exécutés sans permission ou contrairement à la permission délivrée ;

Que l'amende varie de 1 fr. à 5 fr. (art. 471 du Code pénal), et que le jugement qui prononce l'amende doit en même temps ordonner la démolition de l'œuvre qui fait l'objet de la contravention. (Cass., 27 novembre 1840 , Lenoble ; 13 août 1841, Briol, etc.)

L'administration qui poursuit n'a donc ni le pouvoir d'ordonner, ni encore moins celui de faire exécuter d'office la démolition.

DES REMISES

444. — La remise des amendes n'appartient qu'au chef de l'État, mais il est très-rare que des demandes en remise d'amende se produisent à l'occasion des condamnations pour contravention de petite voirie, vu le peu d'importance de ces amendes.

Quant à la remise de la démolition, prononcée à titre de répation, c'est au Préfet de la Seine, comme autorité municipale et représentant la partie et la Ville, qu'il appartient de consentir la remise entière et définitive de la peine de la démolition, lorsque l'intérêt public ne la réclame pas absolument, ou seulement un sursis illimité, sous condition de l'exécuter à la première réquisition de l'administration.

DE LA PRESCRIPTION. — PRESCRIPTION DE L'AMENDE

445. — Pour ce qui concerne les amendes de police, on sait que les condamnations prononcées par les tribunaux se prescrivent, aux termes de l'art. 639 du Code d'instruction criminelle, après deux années révolues à compter de la date du jugement.

Suivant l'article 640 du même Code, l'action publique et l'action civile pour les mêmes contraventions, se prescrivent après une année révolue à compter du jour où elles ont été commises.

L'application de ces règles ne fait donc pas de difficulté, lorsqu'il s'agit d'amendes prononcées par jugement, ou seulement encourues.

PRESCRIPTION POUR LA DÉMOLITION

446. — Mais à l'égard des autres pénalités, c'est-à-dire de la démolition de l'œuvre ou de la suppression des objets qui constituent la contravention, la jurisprudence de la Cour de cassation semble présenter quelques incertitudes, et ses décisions peuvent être diversement interprétées.

La Cour décide, par exemple, suivant deux Arrêts en fait de voirie urbaine (10 août 1835 et 23 mai 1835), que la prescription d'un an est applicable à la reconstruction d'une façade de maison et à des réparations confortatives exécutées sans autorisation, et que la permanence de la contravention ne peut faire assimiler ce fait à un délit successif.

Puis, par un autre Arrêt du 20 avril 1841 (Tortoni), elle déclare que celui qui a reconstruit en saillie sur la voie publique, contrairement aux défenses portées par les règlements locaux, ne peut acquérir, par aucun laps de temps, le droit de les conserver.

DES SAILLIES

447. — D'autre part, en ce qui concerne les saillies et avances sur la voie publique, nous avons vu, en traitant des saillies de petite voirie, que la Cour de cassation, par un Arrêt du 3 février 1844 (Riva Madginier), a décidé que les saillies ou avances qui ont été effectuées sans permission ou qui excèdent les limites déterminées par celle-ci, sont de plein droit réputées n'exister que par simple tolérance et ne peuvent, suivant l'article 2232 du Code civil, fonder ni prescription, ni possession ; que l'autorité municipale a toujours, par suite, le droit d'enjoindre à ceux qui les ont établies de les détruire ou de les restreindre, puisque le n° 1 de l'article 3, titre XI de la loi des 16-24 août 1790 a confié à sa vigilance et à son autorité tout ce qui intéresse la sûreté et la commodité du passage dans les rues, quais, places et voies publiques ; que la négligence ou le refus d'exécuter ces Arrêtés à cet égard, sont spécialement prévus et punis par le n° 5 de l'article 471 du Code pénal, et que cette contravention est essentiellument distincte et indépendante de celle résultant soit du défaut d'autorisation, soit de l'infraction de la permission obtenue. Il paraît, au premier aperçu, difficile de saisir la raison de la différence que fait la Cour de cassation entre les diverses espèces que nous venons de citer, touchant l'application d'un principe qui doit être invariable. Indépendamment de ce que la distinction entre la *contravention permanente* et le *délit successif* semble au fond plus subtile que réelle, on a peine à concevoir comment, en présence d'une contravention déclarée permanente, le droit de poursuite attribué à l'administration ne serait pas également permanent, ainsi que l'a du reste jugé plusieurs fois le Conseil d'État. Dans un Arrêt plus récent (12 décembre 1845, Albert Noël), la Cour, statuant en matière de vicinalité, a donné à ses motifs des développements qui permettent d'en apprécier plus exactement le sens et la portée.

En distinguant dans cet Arrêt l'action en revendication d'une partie de la voirie publique, de la poursuite pour contravention à un règlement de police, la Cour de cassation a suffisamment indiqué que si l'administration municipale, au lieu de demander, devant le juge, la destruction des travaux comme conséquence de la condamnation encourue aux termes de l'article 471 du Code pénal, avait poursuivi l'usurpation du sol communal, par application de l'article 479 du même Code, le Tribunal n'aurait pu se dispenser de prononcer la restitution, à la voie publique, de la portion usurpée, et par suite la démolition de l'œuvre indûment entreprise.

HAUTEUR DES BATIMENTS SUR COUR

448. — Relativement à une contravention au Décret du 27 juillet 1859, au sujet d'un excédant de hauteur d'un bâtiment sur cour, un jugement du Tribunal de première instance, en date du 21 novembre 1868, statuant sur appel d'un jugement de simple police rendu le 9 septembre précédent (affaire Rettig, boulevard du Prince-Eugène), a décidé notamment :

1° Que la contravention résultant de ce que les constructions dans des cours ou espaces intérieurs ont été élevées au delà de la hauteur légale prescrite par le Décret de 1859, et à l'autorisation donnée, est une contravention permanente mais non successive, qui se prescrit par un an et un jour, à partir de l'achèvement des travaux ;

2° Que la contravention étant prescrite, le juge de simple police ne peut ordonner la démolition des constructions ni prononcer des peines.

CONCLUSION

449. — En résumant ces observations, nous croyons pouvoir
établir cette règle : que les contraventions qui ont pour résultat
de constituer une usurpation du sol de la voie publique par
l'exécution de saillies non autorisées ou dépassant les dimensions
réglementaires, ne sauraient se prescrire, et que le Préfet peut
toujours prendre un Arrêté pour requérir la suppression des dites
saillies ; que la prescription, au contraire, peut être invoquée, après
les délais légalement fixés, pour les contraventions aux règlements
de petite voirie et aux règlements de police, tels que ceux relatifs
à la hauteur des maisons dans les cours, permissions de bâtir à
l'intérieur, défaut de production de plans, réformation des vices
de construction, en exceptant, bien entendu, les cas où ces vices
de construction pourraient compromettre la sûreté publique.

APPENDICE

—

COUTUME DE PARIS

Rédigée au mois de février 1580.

. . . .

189

CONTRE-MUR POUR CHEMINÉES ET ATRES

Qui veut faire cheminée et âtre contre un mur mitoyen, doit faire contre-mur de thuillots ou autres choses semblables et suffisantes, de demi-pied d'épaisseur.

190

CONTRE-MUR POUR FORGE, ETC.

Qui veut faire forge, four ou fourneaux contre un mur mitoyen, doit laisser demi-pied de vuide et intervalle entre deux du mur du four ou forge, et doit être le dit mur, d'un pied d'épaisseur.

191

CONTRE-MUR POUR AISANCES OU PUITS

Qui veut faire aisances de privés ou puits contre un mur mitoyen, doit faire contre-mur d'un pied d'épaisseur; et où il y a d'un chacun côté puits, ou puits d'un côté et aisances de l'autre, suffit qu'il y ait quatre pieds de maçonnerie d'épaisseur entre deux, comprenant les épaisseurs des murs d'une part et d'autre; mais entre deux puits suffisent 3 pieds pour le moins.

192

CONTRE-MUR POUR TERRES LABOURÉES ET FUMÉES ET POUR TERRES JECTICES

Celui qui a place, jardin ou autre lieu vuide qui joint immédiatement au mur d'autrui, ou à mur mitoyen, et y veut faire labourer et fumer, est tenu d'y faire contre-mur de demi-pied d'épaisseur; et s'il y a terres jectices, il est tenu faire contre-mur d'un pied d'épaisseur.

193

IL FAUT AVOIR PRIVÉS EN LA VILLE ET FAUXBOURGS DE PARIS

Tous propriétaires des maisons en la ville et fauxbourgs de Paris, sont tenus avoir latrines et privés suffisants en leur maison.

. . . .

207

POUR METTRE POUTRES ET SOLIVES EN UN MUR MITOYEN

Il n'est loisible à un voisin, mettre ou faire mettre et asseoir poutres de sa maison dans le mur mitoyen d'entre lui et son voisin, sans y faire faire et mettre jambes parpaignes ou chaines et corbeaux suffisans de pierre de taille, pour porter les dites poutres, en rétablissant le dit mur; toutefois pour les murs des champs suffit y mettre matière suffisante.

208

POUTRES COMMENT SE PLACENT DANS LES MURS MITOYENS

Aucun ne peut percer le mur mitoyen d'entre lui et son voisin, pour y mettre et loger les poutres de sa maison, que jusqu'à l'épaisseur de la moitié du dit mur, et au point du milieu, en rétablissant le dit mur et en mettant ou faisant mettre jambes, chaines ou corbeaux, comme dessus.

Ordonnance du « Prévot de Paris », ou son lieutenant civil, pour la police générale et règlement de la voirie.

22 septembre 1600.

Art. 1er. — Défenses sont faites et réitérées à tous maçons, charpentiers, menuisiers et autres ouvriers, artisans, de ne faire à l'avenir *aucuns bâtiments, pans de murs, jambes étrières* ou autres édifices sur les rues, chemins et voies de la dite ville de Paris, faubourgs et banlieue, *sans avoir au préalable pris l'alignement* du voyer ou de son commis.

Art. 2. — Et quant aux alignements des encoignures des rues étant en et au dedans de l'étendue des dits lieux, ils seront pris par le dit voyer en présence de nous et du Procureur du roi comme il a été de tout temps observé.

Art. 3. — Pareilles défenses sont faites aux dits maçons, charpentiers, menuisiers et tous autres ouvriers, de ne mettre, asseoir, maçonner et attacher au devant des maisons *aucune avance sortant hors œuvre ou ouvrant sur rue et voirie* depuis le rez-de-chaussée en amont, *sans avoir pris permission* et alignement pour *les hauteurs et saillies d'icelles.*

Art. 4. — Comme aussi semblables défenses sont faites à tous les dits maçons, charpentiers, menuisiers et tous autres artisans *de n'innover aucune chose* au devant des dites maisons et autres lieux où *il y a saillie* ou *pans de bois, iceux réédifier, ni faire aucun ouvrage en icelles qui les puisse conforter, conserver ou soutenir, ni faire aucun encorbellement en avance pour porter aucun mur, pan de bois ou autre chose en saillie* et porte à faux sur les dites rues : ainsi faire le tout continuer à plomb depuis le rez-de-chaussée tout contremont.

Art. 5. — Semblables défenses sont faites à tous les susdits ouvriers de n'excéder, ni outrepasser ès avances qu'ils feront sur la voirie les hauteurs et longueurs portées et contenues par les permissions et alignemens qui leur seront baillés par écrit... le tout à peine de 50 écus d'amende et de prison contre les contrevenants, et de pouvoir... abattre et démolir ce qui se trouvera avoir été fait et entrepris contre et au préjudice de ce que dessus.

(L'Édit de décembre 1607 a confirmé et généralisé les dispositions ci-dessus.)

Art. 6. — *Défenses sont faites* à tous charpentiers, menuisiers et serruriers de ne faire asseoir ni ferrer ci-après aucune *fermeture de boutiques étant en avant ou en saillie sur la voirie*, soit par le pied ou goussets par le haut, ni de deux assemblages brisés ou s'ouvrant par le milieu en forme de trappes, l'une se soutenant par le haut, l'autre s'abattant par le bas : ains seront assis et plantés d'un droit alignement après les pans de murs, jambes ou poteaux étriers, et la fermeture en fenêtres et coulisse pour la commodité publique, et ordonnons qu'à l'avenir tous les établis que les marchands et autres personnes désirent avoir au devant de leurs maisons et boutiques pour étaler et faire montre des marchandises étant en icelles, seront faites ou construites d'un ais ou membrure, qui servira de coulisse à la fermeture des dites boutiques, sans aucune avance ou saillie par le pied ni goussets par le haut en forme de brillants brisés, ferrés ou emboités afin qu'ils se puissent renverser ou oter à toute occasion que le public se trouvera oppressé ou incommodé au passage ès endroits où ils seront posés et assis.

Art. 7. — Et ne pourra néanmoins, le dit voyer ou son commis, donner ses alignemens et permissions, à savoir ès plus grandes et plus larges rues des dites ville et faubourgs, pour les ais et membrures qui serviront de coulisse à la fermeture des boutiques, comme dessus est dit, que deux pouces pour seulement servir de liaison et maintenir les dites fermetures de boutiques et les battants et contr'avances qui seront mis en icelles membrures ou ais, comme dit est, de cinq à six pouces. Les établis ou écoffrois ne pourront être attachés à fer ni à clous, et les auvents seront de dix à douze pieds de longueur, deux pieds et demi de chassis en largeur et affichés de douze pieds de hauteur du rez-de-chaussée, et aux petites rues à l'équipolent et selon qu'il jugera pour la commodité du public.

Art. 13. — Défenses sont aussi faites à tous teinturiers, foulons, tondeurs, fripiers et tous autres, de ne mettre sécher sur perches, soit ès fenêtres de leurs greniers ou autrement, sur rues et voies, aucuns draps, toiles ou autres choses qui puissent incommoder ou empêcher le public, ou offusquer la vue des dites rues à peine de dix écus d'amende.

Nota. — Les articles 12, 14, 18, 19 défendent le dépôt sur la voie publique d'objets de toute nature, voitures, matériaux, marchandises.

Édit s r les attributions du grand-voyer, la juridiction en matière de voirie, la police des rues et chemins, etc.

Décembre 1607.

HENRY, par la grâce de Dieu, Roy de France et de Navarre :
A tous présens et à venir, salut.

Ayant reconnu cy-devant combien il importoit au public que les grands chemins, chaussées, ponts, passages, rivières, places publiques et rues des villes de cestuy nostre royaume fussent rendus en tel estat que, pour le libre passage et commodité de nos sujets, ils n'y trouvassent aucun destourbier ou empesche-ment ; nous avions à cette occasion, fait expédier nostre édict du mois de mai 1599, pour la création du titre d'office de l'estat de grand-voyer de France, afin que celui qui en seroit par nous pourvu, y apportast un tel soin, vigilance et affection, que nous et le public en pust tirer l'utilité requise, ce qu'ayant fait depuis pour la personne de nostre très-cher et amé cousin le sieur duc de Sully, grand-maistre de nostre artillerie, gouverneur et nostre lieutenant général en Poitou, qui s'en seroit jusqu'à présent si dignement acquitté, qu'il nous a donné tout sujet de contente-ment. Mais d'autant que depuis la discontinuation de ladite charge de grand-voyer, il s'est glissé plusieurs désordres au fait de ladite voyrie, particulièrement en nostre ville de Paris, par les entreprises des juges des seigneurs hauts-justiciers, lesquels, outre leurs fonctions ordinaires, disputent les droits attribuez à leurs charges ; aussi par la négligence de nos officiers en icelle, pour n'avoir assez donné à connoistre à un chacun ce que portoient les règlemens cy-devant sur ce fait et sur les droits qui sont attribuez à la voyrie de ladite ville ; nous avons estimé non-seulement utile, mais très-nécessaire pour le bien de nos sujets, leur donner une particulière connoissance sur celui de ladite voyrie, comme aussi pour leurs droits, que nous voulons estre doresnavant perceus par nos voyers, ou ceux qui seront par eux commis à cet effet.

A ces causes, nous, de l'avis de nostre Conseil, auquel estoient plusieurs princes de nostre sang et autres notables seigneurs de nostre royaume, avons, par cestuy nostre édit et règlement perpétuel et irrévocable, voulu et ordonné que les articles contenus en iceluy concernant ladite voyrie soient entretenus, suivis et observez de point en point par tous nos sujets

Art. 1er. Que la justice de la voyrie sera à l'avenir exercée, ainsi et par les juges qu'elle avoit accoustumé auparavant, sans toutefois préjudicier aux droits d'icelle.

Art. 2. Nous voulons que nostre grand-voyer ou autres par lui commis ayent la connoissance de ladite voyrie, tant des villes, fauxbourgs et grands chemins, vulgairement appelez chemins royaux, et que nos amez et féaux conseillers, les gens de nostre chambre du trésor de Paris, connoissent tous différends qui interviendront pour leurs droits deus et affectez à ladite voyrie, ausquels nous avons attribué et attribuons la connoissance de tels différens, qui y seront par eux jugez et terminez, nonobstant et sans préjudice de l'appel, jusqu'à la somme de dix livres parisis d'amende et au-dessous, et pour les sommes excédant dix livres parisis par provision, pour ce qui est de nostre domaine seulement et du prévost de Paris, pour ce qui regarde à la police, comme les alignemens, périls éminens et autres cas semblables de la ville et fauxbourgs d'icelle, et par appel en nostredicte cour de parlement ; la moitié desquelles amendes à nous réservée sera remise entre les mains du receveur de nostre domaine de ladite ville, et l'autre moitié appartenant audit grand-voyer et sesdits commis, pour et au lieu des frais qu'il convient faire journellement en l'exercice de sa charge, au payement desquelles les particuliers seront contraints en vertu des sentences ou extraits du greffe en la manière accoustumée.

Art. 3. Voulons aussi et nous plaît que lorsque les rues et chemins seront encombrez ou incommodez, nostredit grand-voyer ou ses commis enjoignent aux particuliers de faire oster lesdits empeschemens, et sur l'opposition ou différens qui en pourroient résulter, faire condamner lesdits particuliers qui n'auront obéy à ses ordonnances, trois jours après la signification qui leur en sera faite, jusqu'à la somme de dix livres et au-dessous pour lesdites entreprises par eux faites, et pour cet effet les faire assigner à sa requeste pardevant ledit prévost de Paris, auquel nous donnons aussi tout pouvoir et jurisdiction.

Art. 4. Deffendons à nostredict grand-voyer ou ses commis de permettre qu'il soit fait aucunes saillies, avances et pans de bois ès rues aux bastimens neufs et mesme à ceux où il y en a à présent de contraindre les réédifier, ny faire ouvrages qui les puissent conforter, conserver et soutenir, ny faire aucun encorbellement en avance pour porter aucun mur, pan de bois ou autres choses en saillie, et porter à faux sur lesdites rues, ains faire le tout continuer à plomb, depuis le rez de chaussée tout contre mont, et pourvoir à ce que les rues s'embellissent et élargissent au mieux que faire se pourra, et en baillant par luy les alignemens, redressera les murs où il y aura ply ou coude, et de tout sera tenu de donner par écrit son procez-verbal de luy signé ou de son greffier, portant l'alignement desdits édifices de deux toises en deux toises, à ce qu'il n'y soit contrevenu : pour lesquels alignemens nous lui avons ordonné soixante sols parisis pour maison, payables par les particuliers qui feront faire lesdites édifications sur ladite voyrie, encore qu'il y eût plusieurs alignemens en icelle, n'estant compté que pour un seul.

Art. 5. Comme aussi nous deffendons à tous nosdits sujets de ladite ville, fauxbourgs, prévosté et vicomté de Paris, et autres villes de ce royaume, faire aucun édifice, pan de mur, jambes, estriers, encoigneures, caves ny caval, forme ronde en saillie, siéges, montoirs à cheval, auvens, enseignes, establies, cages à menuiserie, chassis à verre et autres avances sur ladite voyrie, sans le congé et alignement de nostredict grand-voyer ou desdits commis. Pourquoy nous luy avons attribué et attribuons soixante sols tournois, et après la perfection d'iceux seront tenus lesdits particuliers d'en avertir ledit grand-voyer ou son commis, afin qu'il recolle lesdits alignemens, et reconnoisse si lesdits ouvriers auront travaillé suivant iceux, sans toutefois payer aucune chose pour ledit recollement et confrontation, et, où il se trouveroit qu'ils auroient contrevenu auxdits allignemens, seront lesdits particuliers assignez pardevant le prévost de Paris ou son lieutenant, pour voir ordonner que la besongne mal plantée sera abattue, et condamnez à telle amende que de raison, applicable comme dessus.

Art. 6. Deffendons au commis de nostredict grand-voyer, de prendre aucuns droits pour mettre les treillis de fer aux fenestres sur rues, pourvu qu'ils n'excèdent les corps des murs qui seront tirez à plomb, et pour ceux qui sortiront hors des murs payeront la somme de trente sols tournois.

Art. 7. Faisons aussi deffense à toutes personnes de faire creuser aucunes caves sous les rues, et pour le regard de ceux qui voudront faire degrez pour monter à leurs maisons, par le moyen desquels les rues estrécissent, faire sièges ès dites rues, estail ou auvent, clorre ou fermer aucunes rues, faire planter bornes au coin d'icelles, ès entrées des maisons, poser enseignes nouvelles ou faire le tout réparer, prennent congé dudit grand-voyer ou commis. Pour lesquelles choses faites de neuf, et pour la permission première, nous lui avons atttribué et attribuons la somme de trente sols tournois pour la visitation d'icelles ; et pour celles qu'il conviendra seulement réparer et refaire, la somme de quinze sols tournois, et où aucuns voudroient faire lesdites entreprises sans lesdites permissions, le pourra faire condamner en ladite amende de dix livres payable comme dessus, ou plus grande somme, si le cas y échet, et faire abattre lesdites entreprises ; le tout au cas que lesdites entreprises incommodent le public ; et pour cet effet sera tenu le commis dudit grand-voyer se transporter sur les lieux auparavant que donner la permission ou congé de faire lesdites entreprises.

Art. 8. Pareillement avons deffendu et deffendons à tous nosdits sujets de jeter dans les rues eaux ny ordures par les fenêtres, de jour ny de nuit, faire préaux ny aucuns jardins en saillie, aux hautes fenestres, ny pareillement tenir fiens, terreaux, bois, ny autres choses dans les rues et voyes publiques plus de vingt-quatre heures, et encore sans incommoder les passans, autrement lui avons permis et permettons de les faire condamner en l'amende comme dessus, auquel voyer ou commis nous enjoignons se transporter par toutes les rues, mesme par les maisons, de quinze jours en quinze jours, afin de commander qu'elles soient délivrées et nettoyées, et que les passans ne puissent recevoir aucunes incommoditez.

Art. 9. Deffendons aussi à toutes personnes de faire des éviers plus haut que le rez-de-chaussée, s'ils ne sont couverts jusqu'audit rez-de-chaussée, et mesme sans la permission de nostredit grand-voyer, ses lieutenans ou commis, pour laquelle permission luy sera payé trente sols indistinctement, tant pour ceux qui sont au rez-de-chaussée que ceux qui ne se trouveront audit rez-de-chaussée.

Art. 10. Ordonnons à nostredit grand-voyer ou commis de faire crier aux quatre festes annuelles de l'an, de par nous et de par luy, à ce que les rues soient nettoyées, et outre qu'il y ait à ordonner aux charretiers conduisans terreaux et gravois et autres immondices de les porter aux champs, aux lieux destinés aux voyries ordinaires, et au défaut de luy obéir, saisira les chevaux et harnois des contrevenans, pour en faire son rapport, sans qu'il puisse donner mainlevée qu'il n'en soit ordonné.

Art. 11. Enjoindra aux sculpteurs, charrons, marchands de bois et tous autres, de retirer et mettre à couvert, soit dans leurs maisons ou ailleurs, ce qu'ils tiennent d'ordinaire dans les rues, comme pierres, coches, charrettes, charriots, troncs, pièces de bois et autres choses qui peuvent empescher ou incommoder le

libre passage desdites rues, comme aussi aux teinturiers, foullons,
fripiers, et tous autres, de ne mettre seicher sur perche de bois,
soit ès fenestres de leurs greniers ou autrement, sur rues et voyes
aucuns draps, toiles et autres choses qui peuvent incommoder ou
offusquer la vue desdites rues, sur les peines que dessus, et sur
ces contraventions qui se feront, lesdites deffenses étant faites par
ledit sieur grand-voyer ou les commis, seront les contrevenans
condamnez en l'amende comme dessus.

Art. 12. Voulons et nous plaist que ledit grand-voyer et ses
commis ayent l'œil et connoissance du pavement desdites rues,
voyes, quais et chemins, et où il se trouvera quelques pavez
cassez, rompus ou enlevez, qu'ils les fassent refaire et rétablir
promptement, mesme faire l'ouverture des maisons des refusans
d'icelles, aux dépens des détempteurs desdites maisons, injonction
préalablement faite auxdits détempteurs, et prendra garde que le
pavé de neuf soit bien fait et qu'il ne se trouve plus haut élevé
que celuy de son voisin.

Art. 13. Deffendons au commis de nostredit grand-voyer de
donner aucune permission de faire des marches dans les rues, mais
seulement continuer les anciennes ès-lieux où elles n'empêchent
le passage.

Art. 14. Ne pourra aussi nostredict voyer ou commis donner
permission d'auvent plus bas que dix pieds, à prendre du rez-de-
chaussée en amont, et pour ceux qu'il donnera, ensemble pour les
enseignes luy appartiendra pour les permissions nouvelles trente
sols tournóis, et pour le changement des enseignes, réfection et
changement d'auvent, n'en prendre que quinze sols tournois.

Art. 15. Et d'autant que la plus grande partie des abus commis
en ladite voyrie sont provenus à cause des permissions que
donnent les commis d'aucuns seigneurs hauts-justiciers tant laïcs
qu'ecclésiastiques prétendans avoir droit de voyrie en nostredicte
ville, fauxbourgs, prévosté et vicomté de Paris, qui n'ont tenu
compte, délivrant lesdites permissions, de prendre exactement
garde, si elles estoient conformes aux règlemens et ordonnances
faites sur le fait de ladite voyrie. A cette cause, nous voulons et
entendons qu'où il se trouvera que lesdits voyers particuliers
ayent cy-devant donné ou donnent cy-après icelles permissions
contre la teneur de nosdits édits et ordonnances, ledit sieur grand-
voyer, ses lieutenans ou commis, les feront appeler pour les faire
condamner à réparer ce qui auroit été mal fait, le tout sans préjudice desdits seigneurs, et autres prétendus droits de haute-justice
et voyrie en nostredite ville et fauxbourgs, lesquels nous voulons,

après la vérification du présent règlement, estre appelez à la diligence de nostre procureur général, auquel mandons ainsi le faire, pour eux ouïs, et les titres qu'ils produiront veus et examinez, leur estre pourvu, ainsi que de raison.

Art. 16. Entendons aussi que ledit grand-voyer et ses commis en la ville, prévosté et vicomté de Paris, jouissent bien et duement, comme les autres voyers ont cy-devant jouy, de tous les autres menus droits qui lui sont attribuez par les titres de ladite voyrie, extraits de nostre chambre des comptes, trésor et chastelet de Paris, comme chandelles, gasteaux, beurre, œufs, fromages, figues, raisins, bouquets, roses et plusieurs autres menus droits qui se cueillent et perçoivent par chacun an ès jours et saisons accoustumés, de ceux et celles qui estallent et placent sur ladite voyrie, tant ès marchez, rues, voyes et places publiques de nostredicte ville, fauxbourgs, prévosté et vicomté de Paris; tous lesdits droits ordonnez estre percèus par plusieurs arrests, sentences et jugemens donnez, tant par nostredite cour de parlement, les conseillers de ladite justice de nostre trésor que par nostre prévost de Paris.

Art. 17. Voulons et nous plaist que ledit grand-voyer ou commis pourvoyent des places vulgairement et anciennement appelées les places ordonnées par le feu roy saint Louis, estre aumosnées à pauvres femmes, veuves et filles orphelines à marier, sises tant ès halles de Paris, rue au Feure, qu'ès environs, comme aussi de toutes les autres places dépendantes de ladite voyrie sises tant ès dites halles, cimetière Saint-Jean, grand et petit Chastelet, marché neuf, place Maubert, et autres lieux et endroits de nostre ville et fauxbourgs de Paris, pour en jouir comme cy-devant les voyers en ont jouy bien et deuement.

Art. 18. Lesquels lieutenans et commis de nostre grand-voyer pourront commettre en chacune ville un maçon ou autre personne capable pour donner les alignemens sur les rues, dont le nom sera registré en la justice ordinaire, le surplus des autres charges et fonctions, ledit commis les fera en personne. En quoy faisant luy sera obéy, sans qu'il soit besoin de sergent pour faire faire lesdites significations appartenant à sadite charge, sauf s'il employe autres gens sous luy pour voir les contraventions, auquel cas seront tenus les commis des lieutenans de nostredit grand-voyer de se servir de sergens ordinaires.

Si donnons en mandement à nos amez et feaux conseillers, les gens de nostre cour de parlement, baillifs, senechaux, prevost, et à tous autres juges et officiers, et à chacun d'eux en droit soy, comme il appartiendra, que ces présentes il fasse lire, publier et enregistrer, et le contenu en y celui, suivre, garder et observer selon sa forme et teneur, sans souffrir ny permettre qu'il y soit contrevenu en manière que ce soit, cessant et faisant cesser tous empeschemens au contraire ; et afin que ce soit chose ferme et stable à toujours, nous avons fait mettre nostre scel à cesdites présentes.

Donné à Paris, au mois de décembre, l'an de grâce mil six cent sept et de nostre règne le dix-neuvième.

HENRY.
Par le Roy :
POTIER.

Enregistré au parlement de Paris le 14 mars 1608.

Ordonnance de police sur les pignons et pans de bois.

Du 18 *août* 1667.

Faisons défenses aux propriétaires de faire faire aucune pointe de pignon, forme ronde ou carrée.

Enjoignons aux propriétaires de faire couvrir à l'avenir les pans de bois, de lattes, clous et plâtre, tant en dedans qu'en dehors, en telle manière qu'ils soient en état de résister au feu, le tout à peine de 150 livres d'amende.

24 *septembre* 1668. (Latrines.)

Une Ordonnance de police, rendue par **M. de la Reynie**, enjoignait aux propriétaires de maisons dans lesquelles il n'y avait pas de latrines, d'en faire construire, réglait la manière dont elles seraient construites, et enjoignait en outre de faire des ventouses conduites jusqu'au-dessus des combles.

Ordonnance du Châtelet sur la construction des cheminées.

Du 26 *janvier* 1672.

Art. 1. — Ordonnons qu'à l'avenir, tant aux bâtiments qu'en tout rétablissement de maisons, il sera fait des enchevêtrures au-dessous de tous âtres de foyers de cheminées, de quelque gran-

14

deur que puissent être les dites cheminées et maisons où elles seront faites.

Art. 2. — Que pour les dits âtres et foyers, il sera laissé quatre pieds d'ouverture au moins, et trois pieds de profondeur depuis le mur jusqu'au chevêtre qui portera les solives.

Art. 3. — Qu'il y aura six pouces de recouvrement de toute part, tant aux dits chevêtres qu'aux solives d'enchevêtrure, et que, pour soutenir le dit recouvrement, les chevêtres et solives d'enchevêtrures seront garnis suffisamment de chevilles de fer de six à sept pouces de longueur et de clous de bateaux ; en sorte qu'après le recouvrement, il puisse rester, pour les tuyaux des cheminées, au moins trois pieds d'ouverture dans œuvre, et neuf à dix pouces de largeur aux tuyaux, aussi dans œuvre.

Art. 4. — Seront faites pareilles enchevêtrures dans tous les étages, à l'endroit des tuyaux de cheminées de quatre pieds d'ouverture, à la réserve néanmoins de la profondeur, qui ne sera que de seize pouces seulement, depuis le mur jusqu'au chevêtre, et lequel chevêtre sera recouvert de plâtre de cinq à six pouces, en sorte qu'il se trouve toujours neuf à dix pouces au dit tuyau.

Art. 5. — Que les languettes des cheminées qui seront faites de plâtre, auront deux pouces et demi d'épaisseur au moins en toute leur élévation.

Art. 6. — Qu'en tous bâtiments neufs, seront laissés des moellons sortant du mur pour faire liaison des jambages des cheminées, et où ils ne pourraient être laissés, seront employés des clous de fer hachés à chaud, de longueur au moins de neuf pouces, et ne seront pour ce employés, tant aux dits bâtiments neufs qu'aux rétablissements, aucunes chevilles ou fentons en bois.

.... Enjoignons en outre très expressément à tous propriétaires ou locataires de maisons de faire tenir nettes les cheminées des lieux qu'ils habitent, à peine de cent livres d'amende contre ceux qui se trouveront habiter les maisons ou chambres dans les cheminées desquelles le feu aura pris à faute d'avoir été nettoyées, encore qu'aucun autre accident ne s'en fût suivi.

Arrêt du Conseil concernant les caves sous les rues.

3 *juillet* 1685.

Le roi, étant en son Conseil, a ordonné et ordonne que les propriétaires des maisons retranchées et à retrancher, suivant les arrêts de son Conseil, jouiront des caves qu'ils ont sous les rues,

conformément aux contrats faits entre eux et les prévôts des
marchands et échevins de la ville ; les voûtes des dites caves
préalablement vues et visitées par les Trésoriers de France
commis à cet effet...

Jugement du Maître général des bâtiments sur les murs en fondation.

Du 29 octobre 1685.

Tous les murs en fondation, depuis le bon et solide fond jusqu'au rez-de-chaussée des rues ou cours, seront construits avec
moellons et libages de bonne quatité bien ébouzinés, les lits et
joints piqués et élevés d'arrase et liaison jusqu'au rez-de-chaussée,
lesquels murs en fondation seront maçonnés avec chaux et sable,
et d'épaisseur suffisante pour l'élévation qu'il y aura au-dessus,
observant d'y mettre des parpaings et boutisses le plus qu'il
se pourra.

Il est pareillement ordonné que le mortier soit fait et composé
de bon sable graveleux, dans lequel mortier il entrera les deux
tiers de sable, et l'autre tiers de chaux éteinte.

Les murs qui seront élevés au-dessus du rez-de-chaussée, avec
moellons et mortier de chaux et sable, seront de pareille qualité
que ceux des fondations ci-dessus, en y observant les retraites ou
empattements au rez-de-chaussée, ainsi qu'il est d'usage.

Ainsi, le mur de fondation qui aura deux pieds (65 centimètres)
d'épaisseur, portera au rez-de-chaussé un mur de dix-huit pouces
(49 centimètres), lequel sera posé au milieu de l'épaisseur du premier, de manière à laisser déborder celui-ci de trois pouces
(81 millimètres) de chaque côté. Il ne sera fait   construit de gros
murs en fondations maçonnés avec plâtre.

Quant aux murs que l'on construira avec moellons et plâtre au-
dessus du rez-de-chaussée, on observera de même de piquer et
tailler les moellons par assises et liaisons, ainsi qu'aux murs faits
avec moellons et mortier de chaux et sable, vulgairement appelés
de limozinerie, dont le plâtre que l'on emploiera à la construction
des dits murs sera passé au crible ou panier. Défense d'en user
autrement à l'avenir, à peine d'amende contre les ouvriers contrevenants, et de démolition de leurs ouvrages.

Et pour plus grande solidité aux dits murs élevés en plâtre au-
dessus du rez-de-chaussée, on posera au-dessus du dit rez-de-
chaussée une ou deux assises de pierre de bonne qualité, et principalement aux murs de pignon.

Déclaration du roi portant règlement pour les fonctions et droits des officiers de la voirie.

Du 16 juin 1693.

Voulons que, conformément aux édits, arrêts et règlements de la voirie, et de l'édit du mois de mars dernier, tous nos alignements soient donnés par nos Trésoriers de France, dont les opérations seront faites par nos commissaires généraux, pour lesquelles nous leur avons attribué, pour alignement de chacune maison, la somme de six livres, sans que, pour une jambe étrière, commune entre deux maisons, ils puissent prendre ni percevoir qu'un seul droit d'alignement, à peine de concussion.

Faisons défenses à tous particuliers, maçons et ouvriers, de faire démolir, construire ou réédifier, aucuns édifices ou bâtiments, élever aucuns pans de bois, balcons ou auvents cintrés, établir travails de maréchaux, poser pieux et barrières, étais ou étrésillons, sans avoir pris les alignements et permissions de nos dits Trésoriers de France, à peine contre les contrevenants de vingt livres d'amende, pour lesquelles permissions d'apposition d'étais, pieux, barrières, travails de maréchaux et auvents cintrés, il sera payé aux dits commissaires de la voirie cinq livres.

Toutes permissions ou congés pour apposition des objets ci-après :

Abat-jour,	Éviers,
Appuis de boutiques,	Fermeture de croisée ou
Auvents,	de soupirail ouvrant sur
Barreaux,	la rue,
Bouchons,	Huis de cave,
Bornes,	Marches,
Cages,	Montants,
Châssis à verres saillants,	Montoirs à cheval,
Comptoirs,	Montres,
Contre-vents ouvrant en	Pas,
dehors,	Portes,
Dos-d'âne,	Plafonds,
Échoppes,	Perches,
Enseignes,	Râteliers,
Établis,	Seuils,
Étalages,	Siéges,
Étaux,	Tableaux,

et autres choses formant avances sur la voie publique, seront accordés par nos dits commissaires de la voirie ; et pour chacune permission, il leur sera payé quatre livres, ensemble pour les boutiques et échoppes posées de neuf, des savetiers, revendeuses, tripières, bouquetières, vendeuses de sel, de morue, salines, et pour chacune desquelles boutiques et échoppes il leur sera payé pareil droit de quatre livres, quoiqu'il y en ait eu de posées auparavant. Et pour le rétablissement des choses ci-dessus exprimées, par caducité ou autrement, ou changement d'icelles, il ne leur sera payé que demi droit de quarante sous ; et pareil droit pour les petits auvents et pour les appuis saillants mis sur les croisées ou fenêtres. Défendons pareillement à tous nos dits sujets de faire mettre et poser les choses ci-dessus, qu'au préalable ils n'aient pris des dits commissaires la permission et payé les droits, à peine de dix livres d'amende. Ne seront toutefois les choses ci-dessus exprimées, soit qu'elles soient posées de neuf ou rétablies, sujettes aux dits droits, si elles n'excèdent le nu et le corps des murs ou pans de bois, sur lesquelles elles seront attachées ou posées.

Ordonnance du Bureau des finances, portant règlement sur les saillies et étalages.

Du 1ᵒʳ avril 1697.

.... Faisons pareillement défenses à tous particuliers, propriétaires, maçons, charpentiers et autres, de faire ni faire faire aucuns ouvrages qui puissent conserver ou conforter les saillies, traverses et avances sur rues, voies et places publiques, construire aucun nouveau bâtiment, mur de clôture et autres édifices, élever ni construire aucun pan de bois, ni même rétablir aucune maison, mur de clôture, jambe d'encoignure ou étrière sur les rues et voies publiques, sans au préalable en avoir pris la permission et l'alignement de nous, à peine de démolition et de vingt livres d'amende...

Faisons aussi défenses à tous particuliers, propriétaires ou locataires de maisons, menuisiers, charpentiers et autres ouvriers, de faire ni faire faire aucuns balcons, avant-corps, travail ou auvent de maréchal, ni auvent cintré ou forme ronde au devant de leurs maisons et boutiques, qu'après avoir pris notre permission, *en conséquence du consentement des deux propriétaires voisins*, ou iceux préalablement ouïs où il échet, aussi à peine de démolition,

confiscation des matériaux, et de pareille amende ; et s'il convient
de mettre des consoles sous les dits auvents cintrés, elles ne pourront descendre plus bas qu'à dix pieds du rez-de-chaussée, à
peine de démolition.

TARIF POUR LES SAILLIES

Un tarif de novembre 1697 établissait les droits à payer pour
chaque permission ou congé, pour apposition d'auvents, etc..., et
autres choses faisant avance sur la voie publique.

Règlement du Maître général des bâtiments sur la construction des entablements.

Du 1ᵉʳ juillet 1712.

Ordonnons qu'à l'avenir, dans la construction de tous les bâtiments, les entrepreneurs, ouvriers et autres qui seront employés
seront tenus, à l'égard de la maçonnerie qui se fera sur les pans
de bois, outre la latte qui doit s'y mettre de quatre pouces en
quatre pouces, suivant les règlements, d'y mettre des clous de
charrettes, de bateaux et chevilles de fer, en quantité, et enfoncés
suffisamment pour soutenir les entablements, plinthes, corps,
avant-corps et autres saillies.

Pour les murs de face des bâtiments qui se construiront avec
moellons et plâtre, ou mortier de chaux et sable, outre les moellons en saillie dans les dites plinthes et entablements, aussi suivant les règlements, ils sont pareillement tenus d'y mettre des
fentons de fer, aussi en quantité suffisante, pour soutenir les
dites plinthes et entablements, corps et avant-corps, et autres
saillies.

Et quant aux bâtiments qui se construiront en pierres de taille,
les entablements porteront le parpaing du mur outre la saillie ; et,
au cas que la saillie de l'entablement soit si grande qu'elle puisse
emporter la bascule du derrière, ils seront tenus d'y mettre des
crampons de fer pour les retenir dans le mur de face au
dessous.

Le tout à peine contre chacun des contrevenants, entrepreneurs
abusant et mésusant de l'art de la maçonnerie, de demeurer
garants et responsables, en leurs propres et privés noms, des
dommages et intérêts des parties, sans préjudice de plus grande
peine, si le cas y échéait.

Règlement du Maître général des bâtiments sur les pans de bois, à Paris.

Du 13 octobre 1724.

Il est défendu à tous architectes, entrepreneurs, maçons, charpentiers et autres ouvriers travaillant à la construction des maisons et bâtiments, même au propriétaire faisant travailler à la journée, de faire construire aucuns pans de bois sur rue et autres endroits, sans que les poteaux formant les dits pans de bois ne soient ruellés, tamponnés et espacés plus de neuf à dix pouces (25 à 27 centimètres) d'entrevous, et lattés avec lattes de cœur de chêne de trois pouces en trois pouces (8 centimètres).

Déclaration du Roi relativement à l'ouverture des passages.

29 janvier 1726.

Art. 2. — Suivant les défenses portées par l'article 4 et par l'article 10 de notre Déclaration du 18 juillet 1724, aucun propriétaire ne pourra percer ni ouvrir aucunes nouvelles rues dans l'étendue de notre dite ville de Paris et de ses fauxbourgs, quand même les dites nouvelles rues ne seraient ouvertes que par un bout, ou qu'elles n'auraient que des entrées obliques ; ni bâtir dans l'intérieur d'un même terrain, quoique enclos de murs ou édifices, un nombre de maisons, quand même elles n'auraient quant à présent aucune issue sur des rues déjà formées, mais seulement sur une rue pratiquée dans l'intérieur du dit terrain ou enclos qui pourrait, par l'ouverture de la clôture du dit terrain, former dans la suite une rue publique, n'entendant néanmoins comprendre dans les dites défenses les entrées des maisons ou avenues sur des rues déjà formées.

Déclaration du Roi concernant les formes à suivre pour la démolition des bâtiments en péril.

Du 18 juillet 1729.

Art. 1er. — Les commissaires auront une attention particulière dans leur quartier, pour être instruits des maisons et bâtiments où il y aurait quelque péril.

Art. 2. — Aussitôt qu'ils en auront avis, ils se transporteront sur le lieu, et dresseront procès-verbal de ce qu'ils auront remarqué, et qui pourrait être contraire à la sûreté publique.

Art. 3. — Ils feront assigner sans retardement à la requête de notre procureur au Châtelet, les propriétaires au premier jour d'audience de la police de notre Châtelet de Paris.

Art. 4. — Les assignations seront données au domicile du propriétaire, s'il est connu, et s'il est dans l'étendue de notre bonne ville de Paris et faubourgs d'icelle, sinon les assignations pourront être données à la maison même où se trouvera le péril, en parlant au principal locataire ou à quelqu'un des locataires, en cas qu'il n'y en ait pas de principal ; et vaudront les dites assignations comme si elles avaient été données au propriétaire.

Art. 5. — Au jour marqué par l'assignation, le commissaire fera son rapport à l'audience, et si la partie ne comparaît pas, le lieutenant général de police, sur les conclusions d'un de nos avocats, ordonnera, s'il y échet, que les lieux seront visités par un expert, qui sera par lui nommé d'office.

Art. 6. — Si la partie comparaît et qu'elle ne dénie pas le péril, le lieutenant général de police ordonnera, sur les dites conclusions, que la partie sera tenue de faire cesser le péril dans le temps qui sera par lui prescrit, et sera enjoint au dit commissaire d'y veiller.

Art. 7. — Au cas que la partie soutienne qu'il n'y ait aucun danger, elle aura la faculté de nommer un expert de sa part, pour faire la visite conjointement avec l'expert qui sera nommé par notre Procureur au Châtelet, ce qu'elle sera tenue de faire sur-le-champ ; sinon sera passé outre à la visite pour l'expert seul, qui aura été nommé par notre dit Procureur.

Art. 8. — La visite sera faite dans le temps qui aura été prescrit par la sentence en présence de la partie, ou elle dûment appelée au domicile de son Procureur, si elle a comparu, sinon au domicile prescrit par l'article 4 ci-dessus, et ce, soit que la sentence ait été donnée contradictoirement ou par défaut, sans qu'il soit nécessaire, même dans le cas de la sentence rendue par défaut, d'attendre l'expiration de la huitaine ; et au cas qu'il y ait deux experts et qu'ils se trouvent de différents avis, il en sera nommé un tiers par le lieutenant général de police à la première audience, partie pareillement présente, ou dûment appelée au domicile de son Procureur.

Art. 9. — Sur le vu du rapport de l'expert ou des experts, la partie ouïe à l'audience, ou elle dûment appelée au domicile de son Procureur, s'il y en a, ou, s'il n'y en a pas, dans la forme prescrite par l'article 4 ci-dessus et ouï le commissaire en son rapport, ensemble notre avocat en ses conclusions, le lieutenant général de police ordonnera, s'il y a lieu, que, dans le temps qui sera par lui prescrit, le propriétaire de la maison sera tenu de faire cesser le péril et d'y mettre à cet effet des ouvriers, à faute de quoi le dit temps passé, et sans qu'il soit besoin d'autre jugement, sur le simple rapport du commissaire, portant qu'il n'y a été mis d'ouvriers, il en sera mis, de l'ordonnance du dit commissaire, aux frais de la partie, à la diligence du receveur des amendes qui en avancera les deniers, dont il lui sera délivré par le lieutenant général de police exécutoire sur la partie, pour être remboursée par privilége et préférence à tous autres, sur le prix des matériaux provenant des démolitions, et subsidiairement sur les fonds et superficie des bâtiments des dites maisons.

Art. 10. — Dans les occasions où le péril serait si urgent que l'on ne pourrait attendre le jour de l'audience, ni observer les formalités ci-dessus prescrites sans risquer quelque accident fâcheux, en ce cas, les commissaires du Châtelet pourront en faire leur rapport au lieutenant général de police, en son hôtel, et y faire appeler les parties en la forme prescrite par l'article 4, lequel pourra ordonner, par provision, ce qu'il jugera absolument nécessaire à la sûreté publique.

Art. 11. — Seront les sentences et ordonnances rendues à ce sujet exécutées par provision, nonobstant et sans préjudice d'appel.

Ordonnance du Bureau des finances de Paris, concernant l'application des précédents Arrêts sur la police générale des routes et chemins.

Du 29 mars 1754.

... Art. 4. — Faisons défenses à tous habitants, propriétaires, locataires ou autres ayant maisons ou héritages le long des rues, grandes routes et autres grands chemins, de construire ou reconstruire, soit en entier soit en partie, aucuns bâtiments sans en avoir pris alignement, ni de poser échoppes ou choses saillantes sans en avoir obtenu la permission.

Ordonnance du Bureau des finances, rendue en conformité d'un Arrêt du Conseil d'État du 19 novembre 1669, relatif aux enseignes.

Du 25 mai 1761.

Les enseignes seront à la hauteur de quinze pieds (cinq mètres) au moins, depuis le pavé de la rue jusqu'à la partie inférieure du tableau.

Ordonnance de police relative aux enseignes.

Du 17 décembre 1761.

Une Ordonnance de police du 17 décembre 1761, ordonnait de réduire les enseignes en forme de tableaux appliqués sur le mur, ne dépassant pas quatre pouces de saillie sur le nu du mur et devant être attachés avec crampons de fer haut et bas scellés en plâtre dans le mur.

Ordonnance de police concernant les gouttières saillantes.

Du 13 juillet 1764.

... Art. 3. — Disons qu'à l'avenir, tous ceux qui voudront se servir de gouttières saillantes ou de conduits pour recevoir les eaux pluviales de leurs maisons, seront tenus de les appliquer le long des murs, depuis le toit jusqu'au niveau des rues, et de les construire de manière qu'ils n'aient que quatre pouces en saillie du nu du mur.

Arrêt du Conseil concernant les permissions de construire et les alignements sur les routes entretenues aux frais du roi.

Du 27 février 1765.

Le roi étant informé que l'exécution des plans pour les traverses des routes construites par ses ordres dans les villes, bourgs et villages de quelques généralités, souffre différents retardements et est même quelquefois totalement intervertie par des alignements donnés aux propriétaires des maisons ou autres édifices sur les dites routes, par des officiers de justice ou prétendus voyers, qui n'ayant aucune connaissance des dits plans, s'ingèrent, sous différents prétextes, dans l'exercice d'une fonction que Sa Majesté ne leur a pas confiée, et s'étant fait rendre compte de ce qui se pratique à cet égard au Bureau des finances de la généralité de Paris, dans le ressort duquel, pour prévenir de pareils abus, le dit Bureau a prescrit, par son Ordonnance du 29 mars 1754, que tous les alignements pour constructions, reconstructions et permissions relatives à toute espèce d'ouvrages à la face des bâtiments étant sur les dites routes, ainsi que pour établissement d'échoppes et choses saillantes seraient donnés par les Trésoriers de France, commissaires de Sa Majesté, ou en l'absence des dits sieurs commissaires, par un autre desdits Trésoriers de France, et ce dans l'un ou l'autre cas, conformément aux plans, levés et arrêtés par ordre de Sa Majesté, qui sont ou seraient déposés par la suite, ainsi que les minutes des dits alignements et permissions, au greffe du dit Bureau des finances, pour être par le dit Bureau statué sur toutes les contraventions et exécution des Édits et Déclarations de Sa Majesté, et ayant reconnu que les dispositions de cette Ordonnance en conservant et maintenant la compétence des Bureaux des finances sur cette matière, parent à tous les inconvénients, Sa Majesté aurait cru, en confirmant les dispositions de la dite Ordonnance, devoir les étendre à tous les Bureaux des finances du royaume.

A quoi voulant pourvoir : vu la susdite Ordonnance du Bureau des finances de Paris du 29 mars 1754, et ouï le rapport du sieur de l'Averdy, conseiller ordinaire du roi au Conseil royal, contrôleur général des finances, le roi étant en son conseil, a ordonné et ordonne que, conformément à ce qui se pratique au Bureau des finances de la généralité de Paris dont Sa Majesté a confirmé et confirme l'Ordonnance du 29 mars 1754, articles 4 et 12, les alignements pour constructions et reconstructions de maisons, édifices ou bâtiments généralement quelconques, en tout ou partie, étant le long et joignant les routes construites par ses ordres, soit dans les traverses des villes, bourgs et villages, soit en pleine campagne, ainsi que les permissions pour toutes espèces d'ouvrages aux faces des dites maisons, édifices et bâtiments, et pour établissement d'échoppes ou choses saillantes, le long des dites routes, ne pourront être donnés, en aucun cas, par autres que par les Trésoriers de France, commissaires de Sa Majesté pour les ponts et chaussées en chaque généralité ou, à leur défaut et en leur absence, par un autre Trésorier de France de la dite généralité qui serait présent sur les lieux et pour ce requis, le tout sans frais et en se conformant aux plans levés et arrêtés par les ordres de Sa Majesté, qui sont ou seront déposés par la suite au greffe du Bureau des finances de leur généralité; et dans le cas où les plans ne seraient pas encore déposés au dit greffe, veut Sa Majesté, qu'avant de donner les dits alignements ou permissions, les dits Trésoriers de France, commissaires de Sa Majesté, ou autres à leur défaut, se fassent remettre un rapport circonstancié de l'état des lieux par l'ingénieur ou l'un des sous-ingénieurs des ponts et chaussées de la dite généralité, et que du dit alignement et de la dite permission il soit déposé minute au greffe du dit Bureau des finances, à laquelle le dit rapport sera et demeurera annexé.

Fait, Sa Majesté, défense à tous particuliers, propriétaires ou autres, de construire, reconstruire ou réparer aucuns édifices, poser échoppes ou choses saillantes le long des dites routes, sans en avoir obtenu les alignements ou permissions des dits Trésoriers de France, commissaires de Sa Majesté, ou dans le cas ci-dessus spécifié, d'un autre Trésorier de France du dit Bureau des finances, à peine de démolition des dits ouvrages, confiscation des matériaux et de trois cents livres d'amende, et contre les maçons charpentiers et ouvriers, de pareille amende, et même de plus grande peine en cas de récidive.

Fait pareillement, Sa Majesté, défense à tous autres, sous quelque prétexte et à quel titre que ce soit, de donner les dits alignements et permissions, sous peine de répondre, en leur propre et privé nom, des condamnations prononcées contre les particuliers, propriétaires, locataires et ouvriers qui seront, en cas de contravention, poursuivies à la requête des procureurs de Sa Majesté aux dits Bureaux des finances et punis suivant l'exigence des cas.

Enjoint, Sa Majesté, aux sieurs intendants et commissaires départis dans toutes les généralités, ainsi qu'aux commissaires des ponts et chaussées, et aux officiers des Bureaux des finances, de tenir, chacun en droit soi, la main à l'exécution du présent Arrêt;

Et sera, le dit Arrêt, lu, publié et affiché partout où besoin sera, et exécuté nonobstant oppositions ou appellations quelconques, pour lesquelles ne sera différé, et dont si aucunes interviennent, Sa Majesté s'est réservé la connaissance, et icelles interdit à toutes ses cours et juges.

Fait au Conseil d'État du roi, Sa Majesté y étant, tenu à Versailles, le 27 février 1765.

Ordonnance du Bureau des finances de Paris sur l'exécution des dispositions antécédentes, sur la police et la conservation des grands chemins.

Du 18 *juin* 1765.

Nous réitérons les défenses faites de construire ou faire aucun ouvrage, aux faces des édifices généralement quelconques, le long des grandes routes et traverses des villes, bourgs et villages de la généralité, sans les alignements et permissions des Trésoriers de France, commissaires de Sa Majesté pour les ponts et chaussées, chacun en leur département, en la forme portée ès dites Ordonnances et Arrêts, à peine de démolition et de 300 livres d'amende.

Ordonnance du Bureau des finances concernant les échoppes.

Du 1er *février* 1776.

Faisons défenses à tous propriétaires ou locataires des maisons de la ville et faubourgs de Paris, de quelque qualité et condition qu'ils soient, de permettre ou souffrir qu'il soit posé au-devant des maisons qu'ils occupent aucune échoppe, de quelque espèce et sous quelque prétexte que ce soit, sans qu'il leur apparaisse d'une permission par écrit d'en établir.

Ordonnance du Bureau des finances de la généralité de Paris concernant les carrières et caves sous la voie publique.

Du 30 *juillet* 1777.

..... Art. 3. — Ordonnons à toutes personnes dont les caves ou puits auraient des communications ouvertes avec quelque carrière ancienne ou nouvelle, passant, sous une rue ou sous un grand chemin, soit dans les ville et faubourgs de Paris, soit dans les villes et bourgs de la généralité, de dénoncer les dites communications dans le délai d'un mois, soit au Procureur du roi en ce bureau, soit aux commissaires et ingénieurs des ponts et chaussées, à peine, en cas d'éboulement des dites carrières et caves sous les voies publiques, de tous dépens, dommages et intérêts, et d'en répondre en leur propre et privé nom, pour, sur les procès-verbaux et rapports qui en seront faits, être par nous statué et ordonné ce qu'il appartiendra.

Ordonnance du Bureau des finances de la généralité de Paris concernant les caves prolongées sous la voie publique, à Paris.

Du 4 septembre 1778.

..... En conséquence, faisons défense aux propriétaires, maçons et ouvriers, de pratiquer aucunes caves et de faire des fouilles sous les rues, places et passages de cette ville et faubourgs d'icelle, ainsi que sous les chemins publics, dans l'étendue de cette généralité, à peine de comblement des dites caves et fouilles et de 300 livres d'amende, tant contre les propriétaires que contre les entrepreneurs et ouvriers. Ordonnons que dans un mois, à compter de ce jour, les propriétaires des maisons et héritages qui ont des caves ou passages sous les dites rues, voies, places publiques et grands chemins (les égouts, conduits d'eau et voûtes construites pour descendre à la rivière au-dessous des quais, exceptés), seront tenus de les combler ou d'en faire la déclaration au Procureur du roi de ce bureau.

Ordonnance de police sur la reconstruction des maisons faisant encoignures, les écriteaux, les gouttières, les âtres et manteaux de cheminées.

Du 1ᵉʳ septembre 1779.

..... Art. 6. — Faisons très-expresses inhibitions et défenses à tous propriétaires, architectes, entrepreneurs, maîtres maçons, charpentiers et autres ouvriers, de construire ou faire construire à l'avenir aucuns manteaux de cheminées en bois, ni aucuns tuyaux de cheminées adossés contre des cloisons de charpenterie, de poser des âtres de cheminées sur les solives des planchers, et de placer aucune pièce de bois dans les tuyaux de cheminées, lesquels ils construiront de manière que les enchevêtrures et les solives soient à la distance de 3 pieds des gros murs.

Ordonnons que les tuyaux de cheminées auront toujours, et dans tous les cas, 10 pouces de largeur et 2 pieds et demi de longueur, ou du moins 2 pieds un quart dans les petites pièces, à moins qu'il ne soit question de réparer d'anciens bâtiments ; auquel cas on pourra ne donner que 2 pieds de longueur aux tuyaux de cheminées, lorsqu'on y sera nécessité, pour éviter de jeter les propriétaires dans la reconstruction des planchers, et ce non compris les 6 pouces de plâtre qui seront contre les dits bois

de chaque côté ; le tout revenant à 3 pieds 1 pouce d'ouverture
pour les nouveaux bâtiments, et à 2 pieds 10 pouces pour les
anciens, au moins, et en cas de nécessité entre les dits bois, dont
le recouvrement de plâtre, tant sur les solives, chevrettes et
bois, sera de 6 pouces, en sorte qu'il n'en puisse arriver aucun
incendie ; le tout conformément à ce qui est prescrit par l'Ordonnance de la Chambre des bâtiments, du 19 juillet 1765.

**Déclaration du roi concernant les alignements et ouvertures de rues
dans Paris.**

Du 10 *avril* 1783.

« Art. 1er. — Ordonnons qu'à l'avenir, et à compter du jour de
l'enregistrement de la présente Déclaration, il ne puisse être, sous
quelque prétexte que ce soit, ouvert et formé en la ville et fauj de Paris aucune rue nouvelle qu'en vertu des lettres patentes que nous aurons accordées à cet effet, et que les dites rues
nouvelles ne puissent avoir moins de 30 pieds de largeur.

« Ordonnons pareillement que toutes les rues dont la largeur est
au-dessous de 30 pieds, soient élargies successivement, au fur et à
mesure de la reconstruction des maisons et bâtiments situés sur
les dites rues.

« Art. 2. — En conséquence, il sera incessamment procédé, par
les commissaires généraux de la voirie, à la levée des plans de
toutes les rues de la ville et faubourgs de Paris, dont il n'en a
point encore été dressé, et à l'égard de celles dont il a déjà été
evé des plans déposés au greffe de notre Bureau des finances, il
sera seulement procédé au récolement d'iceux pour, sur la représentation qui nous sera faite de tous les dits plans, être par nous
réglé l'élargissement à donner à l'avenir à toutes les rues.

« Art. 3. — Faisons expresses inhibitions et défenses à tous
propriétaires, architectes, entrepreneurs, maçons, charpentiers et
autres, d'entreprendre ni encommencer aucune construction ou
reconstruction quelconque de mur de face sur rue, sans, au préalable, avoir déposé au greffe de notre Bureau des finances le plan
des dites constructions et reconstructions, et avoir obtenu des
officiers du dit Bureau les alignements et permissions nécessaires,
lesquelles ne pourront être accordées qu'en conformité des plans
par nous arrêtés.....

« Art. 4. — Chacun des propriétaires de maisons, bâtiments et

murs de clôture, situés sur les rues, sera tenu de contribuer aux
frais des plans ordonnés ci-dessus, au prorata des toises de face
de sa propriété.

« Art. 5. — La hauteur des maisons et bâtiments en la ville et
faubourgs de Paris, autres que les édifices publics, sera et demeurera fixée, savoir : dans les rues de 30 pieds de largeur et au-dessus,
à 60 pieds lorsque les constructions seront faites en pierres et
moellons, et à 48 pieds seulement lorsqu'elles seront faites en pans
de bois ; dans les rues depuis 24 jusques et y compris 29 pieds de
largeur, à 48 pieds, et dans toutes les autres rues à 36 pieds seulement, le tout y compris ; les mansardes, attiques, toits et autres
constructions quelconques au-dessus de l'entablement ; — Ordonnons, en conséquence, que les maisons et bâtiments dont l'élévation
excède celle ci-dessus fixée, y seront réduites lors de leur reconstruction.

« Art. 6. — Faisons défenses à tous propriétaires, charpentiers,
maçons et autres, de construire et adapter aux maisons et bâtiments situés en la ville et faubourgs de Paris, aucun autre bâtiment en saillie et porte-à-faux, sous quelque prétexte que ce soit ;
enjoignons aux propriétaires et locataires des maisons où il a été
adapté de pareilles saillies, soit en maçonnerie ou en charpente,
de les supprimer et démolir dans un mois, à compter du jour de
l'enregistrement de la présente Déclaration.

« Art. 7. — Ceux qui contreviendront à l'exécution de la présente Déclaration, soit en perçant quelques nouvelles rues, soit
en élevant leurs maisons au-dessus des hauteurs ci-dessus déterminées, ou en y adaptant des bâtiments en saillie et porte-à-faux,
soit en ne se conformant point aux alignements qui leur seront
donnés, seront condamnés, quant aux propriétaires, en 3,000 livres
d'amende, applicables à l'hôpital général, les ouvrages démolis,
les matériaux confisqués et les places réunies à notre domaine ; et
à l'égard des maîtres maçons et autres ouvriers, en 1,000 livres
d'amende, applicables comme dessus, et déchus de leur maîtrise
sans pouvoir être rétablis par la suite..... »

**Lettres patentes du roi, concernant la hauteur des maisons de la ville
et faubourgs de Paris.**

Du 25 août 1784.

« Par l'article 5 de notre Déclaration du 10 avril 1783, nous avons
fixé la hauteur des maisons et bâtiments en la ville et faubourgs

de Paris, autres que les édifices publics, dans une proportion qui nous a paru convenable à la largeur des dites rues, non-seulement pour rendre l'air plus salubre, en facilitant sa circulation, mais encore pour la sûreté des habitants, surtout en cas d'incendie; étant informé que l'exécution de cet article présente des difficultés qu'il est à propos de résoudre, en prévoyant les différents cas résultant des dispositions différentes des emplacements à bâtir, soit dans les rues fixées à trente pieds de largeur, soit dans celles plus étroites, soit enfin aux encoignures des rues d'inégale largeur; en conséquence, nous avons cru devoir expliquer à ce sujet nos intentions et ces causes, etc.

« Art 1er. — Ordonnons qu'à l'avenir la hauteur des façades des maisons et bâtiments, en la ville et faubourgs de Paris, autres que celles des édifices publics, sera et demeurera fixée à raison de la largeur des différentes rues, savoir : dans les rues de 30 pieds de largeur et au dessus, à 54 pieds; dans les rues depuis 24 jusques et y compris 29 pieds de largeur, à 45 pieds; et dans toutes celles au-dessous de 23 pieds de largeur, à 36 pieds ; le tout mesuré du pavé des rues, jusques et y compris les corniches ou entablements, même les corniches des attiques, ainsi que la hauteur des étages en mansardes, qui tiendraient lieu des dits attiques ; voulons que les façades ci-dessus fixées ne puissent jamais être surmontées que d'un comble, lequel aura 10 pieds d'élévation, du dessus des corniches ou entablements jusqu'à son faîte, pour les corps de logis simples en profondeur; de 15 pieds pour les corps de logis doubles : défendons d'y contrevenir, sous quelque prétexte que ce soit, sous les peines portées par notre Déclaration du 10 avril 1783.

« Art. 2. — Permettons à tous propriétaires de maisons et bâtiments situés à l'encoignure de deux rues d'inégale largeur, de les reconstruire, en suivant, du côté de la rue la plus étroite, la hauteur fixée pour la rue la plus large, et ce, dans l'étendue seulement de la profondeur du corps de bâtiment ayant face sur la plus grande rue, soit que le dit corps de bâtiment soit simple ou double en profondeur, passé laquelle étendue, la partie restante de la maison ayant façade sur la rue la moins large sera assujettie aux hauteurs fixées par l'article précédent.

« Art. 3. — Ordonnons au surplus que notre Déclaration du 10 avril 1783 sera exécutée selon sa forme et teneur, en ce qui n'y est pas dérogé. »

Décret sur la constitution des municipalités.

Du 14 décembre 1789.

« Art. 50. — Les fonctions propres au pouvoir municipal, sous la surveillance et l'inspection des assemblées administratives, sont.....

« De faire jouir les habitants des avantages d'une bonne police, notamment de la propreté, de la salubrité, de la sûreté et de la tranquillité des rues, lieux et édifices. »

Décret rendu pour la constitution des assemblées administratives.

Du 22 décembre 1789 — janvier 1790.

« *Section III*. — Art. 2. — Les administrations de département seront encore chargées, sous l'autorité et l'inspection du Roi.....
6° de la conservation des forêts, rivières, chemins et autres choses communes ; 7° de la direction et confection des travaux pour la confection des routes et autres ouvrages publics autorisés dans le département. »

Loi sur l'organisation de l'ordre judiciaire.

Du 16-24 août 1790.

« TITRE XI. — Art. 1er. — Les corps municipaux veilleront et tiendront la main, dans l'étendue de chaque municipalité, à l'exécution des lois et règlements de police, et connaîtront du contentieux auquel cette exécution pourra donner lieu. »

« Art. 3. — Les objets de police confiés à la vigilance et à l'autorité des municipalités, sont : 1° tout ce qui intéresse la sûreté et la commodité du passage des rues, quais, places et voies publiques ; ce qui comprend le nettoiement, l'illumination, l'enlèvement des encombrements, la démolition ou la réparation des bâtiments menaçant ruine, l'interdiction de ne rien exposer aux fenêtres, ou autre partie des bâtiments, qui puisse blesser ou endommager les passants ou causer des exhalaisons nuisibles. »

Décret qui règle différents points de compétence des Corps administratifs.

Du 7-14 octobre 1790.

« Art. 1er. — L'administration, en matière de grande voirie, attribuée aux corps administratifs par l'article 6 du titre XIV du Décret sur l'organisation judiciaire, comprend, dans toute l'étendue du royaume, l'alignement des rues des villes, bourgs et villages, qui servent de grandes routes. »

Aux termes de la *loi du 24 mai* 1872, les recours pour incompétence ou excès de pouvoir contre les décisions de l'autorité administrative (préfet, ministre), sont portés devant le Conseil d'État, statuant au contentieux.

Les conflits élevés sur les questions de compétence, entre l'autorité administrative et les tribunaux judiciaires, sont jugés souverainement par un tribunal spécial désigné sous le nom de Tribunal des conflits.

Décret relatif aux Domaines nationaux, aux échanges et concessions et aux apanages.

Des 22 novembre et 1er décembre 1790.

§ 1er. — DE LA NATURE DU DOMAINE NATIONAL ET DE SES PRINCIPALES DIVISIONS.

Art. 1er. — Le domaine national, proprement dit, s'entend de toutes les propriétés foncières et de tous les droits réels ou mixtes qui appartiennent à la nation, soit qu'elle en ait la possession et la jouissance actuelles, soit qu'elle ait seulement le droit d'y rentrer par voie de rachat, droit de réversion ou autrement.

Art. 2. — Les chemins publics, les rues et places des villes, les fleuves et rivières navigables, les rivages, lais et relais de la mer, les ports, les havres, les rades, etc., et, en général, toutes les portions du territoire national qui ne sont pas susceptibles d'une propriété privée, sont considérés comme des dépendances du domaine public.

Art. 8. — Les domaines nationaux, et les droits qui en dépendent, sont et demeurent inaliénables sans le consentement et le concours de la nation; mais ils peuvent être vendus et aliénés, à titre perpétuel et incommutable, en vertu d'un décret formel du Corps législatif, sanctionné par le roi, en observant les formalités prescrites pour la validité de ces sortes d'aliénations.

Loi sur la Police municipale et correctionnelle.

Du 19-22 juillet 1791.

« Titre Ier, art. 18. — Le refus ou la négligence d'exécuter les règlements de voirie, ou d'obéir à la sommation de réparer ou démolir les édifices menaçant ruine sur la voie publique, sont, outre les frais de démolition ou de la réparation de ces édifices, punis d'une amende de la moitié de la contribution mobilière, laquelle ne peut être au-dessous de 6 francs.. »

Cette loi a été modifiée par le Décret du 31 juillet 1806.

Décret modifiant la loi ci-dessus.

Du 31 juillet 1806.

« Art. 1er. — Dans les lieux où il n'est point imposé de contribution mobilière, les amendes déterminées par les lois, d'après la contribution mobilière, sont modifiées ainsi qu'il suit :

« Art. 2. — Lorsque les lois prononcent une amende du quart, du tiers, de la moitié ou de la totalité de la contribution mobilière des délinquants, les juges les condamneront à une amende depuis 3 francs jusqu'à 200 francs.

« Art. 3. — Lorsque les lois prononcent une amende plus forte que la contribution mobilière des délinquants, les juges les condamneront à une amende depuis 50 francs jusqu'à 500 francs.

« Art. 4. — Dans la prononciation de ces amendes, les juges se conformeront, autant que les circonstances le permettront, aux proportions indiquées par les lois qui ont réglé les amendes d'après la contribution mobilière. »

Lois sur la Police municipale et correctionnelle (*suite*).

Du 19-22 juillet 1791.

« Titre Ier, art. 29, § 2. — Sont confirmés provisoirement les règlements qui subsistent touchant la voirie, ainsi que ceux actuellement existants à l'égard de la construction des bâtiments, et relatifs à leur solidité et sûreté, sans que de la présente disposition il puisse résulter la conservation des attributions ci-devant faites, sur cet objet, à des tribunaux particuliers.

« Art. 46. — Aucun corps municipal ne peut faire des règlements ; néanmoins il peut, sous le nom et l'intitulé de ses délibérations (les actes des maires s'intitulent aujourd'hui arrêtés), et sauf la réformation, s'il y a lieu, par l'administration du département, sur l'avis de celle du district, faire des arrêtés sur les objets qui suivent :

« 1° Lorsqu'il s'agira d'ordonner les précautions locales sur les objets confiés à sa vigilance et à son autorité par les articles 3 et 4 du titre IX du Décret sur l'organisation judiciaire.

« 2° De publier de nouveau les lois et règlements de police, ou de rappeler les citoyens à leur observation.

Expropriations. — Loi.

Du 4 avril 1793.

« Art. 12. — Dans le cas où la division d'un bien national exigerait l'ouverture d'une rue, et que pour y parvenir il serait nécessaire de faire, au nom de la nation, l'acquisition des maisons ou terrains appartenant à des particuliers, cette acquisition ne pourra avoir lieu qu'en vertu d'un Décret.

« Art. 13. — Lorsque le Gouvernement aura décrété l'acquisition, au nom de la nation, des dites maisons ou terrains, l'évaluation en sera faite par deux experts, nommés, l'un par le Directoire du district, en prenant pour base le capital à 5 p. 100 des loyers ou fermages connus ou présumés, et il sera ajouté au prix ainsi réglé un quart en sus, par forme d'indemnité accordée aux propriétaires. »

Loi

Du 10 juin 1793.

« Art. 5. — Les rues, places, quais et promenades publiques, ont partie des biens communaux. »

Arrêté du Directoire qui autorise le Ministre de l'intérieur à régler les alignements dans Paris.

Du 13 germinal an V.

« Le Directoire exécutif, sur le rapport du Ministre de l'intérieur, vu le règlement du 10 avril 1783, concernant la fixation de

l'élargissement et du redressement de chacune des rues de Paris,
a arrêté ce qui suit :

« Art. 1er. — Le Ministre de l'intérieur est autorisé à régler, sur
le plan des rues de Paris, les élargissements et le redressement
de chacune d'elles.

« Art. 2. — Il ne sera tracé sur les dits plans qu'un seul alignement, lequel sera définitif, et les retranchements de terrain qui
en résulteront ne pourront porter à plus de 10 mètres la largeur
des rues qui n'ont pas atteint cette dimension, et qui ne forment
pas le prolongement de grandes routes du premier ou du second
ordre ; les redressements seront cependant exécutés en raison de
la largeur actuelle de chaque rue.

« Art. 3. — Les rues formant le prolongement de grandes routes
du premier ordre ne pourront être fixées à moins de 12 mètres de
largeur, et celles du second ordre à moins de 10 mètres ; mais les
rues de ces deux classes, dont l'ouverture excède ces dimensions,
seront maintenues dans leur largeur actuelle, et les redressements
qu'elles pourront exiger seront dirigés en raison de cette même
largeur.

« Art. 4. — Les rues dont la largeur correspond à leur fréquentation seront maintenues dans leur état actuel, lorsqu'elles ne présenteront ni pli ni coude, et, s'il s'y rencontre des plis et des coudes, il y sera opéré des redressements. »

Loi concernant la division du territoire de la France et l'administration.

Du 28 pluviôse an VIII (17 février 1800).

« Art. 4. — Le Conseil de préfecture prononcera sur les difficultés qui pourraient s'élever entre les entrepreneurs de travaux publics et l'administration, concernant le sens et l'exécution de leurs
marchés ;

« Sur les réclamations des particuliers qui se plaindront de torts
et dommages procédant du fait personnel des entrepreneurs, et
non du fait de l'administration ;

« Sur les demandes et contestations concernant les indemnités
dues aux particuliers, à raison des terrains pris ou fouillés pour
la confection des chemins, canaux et autres ouvrages publics ;

(Voir l'Arrêt du Conseil du 7 septembre 1755, les articles 55, 56
de la loi du 16 septembre 1807, et les lois des 8 mars 1810 et 7 juillet 1833) ;

« Sur les difficultés qui pourront s'élever en matière de grande voirie. » (Voir la loi du 29 floréal an X.)

Arrêté du Gouvernement

Du 12 *messidor an* VIII.

(ATTRIBUTIONS DU PRÉFET DE POLICE.)

« Art. 21. — Le Préfet de police sera chargé de tout ce qui a rapport à la petite voirie, sauf le recours au Ministre de l'intérieur contre ses décisions.

« Il aura à cet effet, sous ses ordres, un commissaire chargé de surveiller, permettre ou défendre :

« L'ouverture des boutiques, étaux de boucherie et charcuterie;

« L'établissement des auvents, ou constructions du même genre qui prennent sur la voie publique;

« L'établissement des échoppes ou étalages mobiles ;

« D'ordonner la démolition ou réparation des bâtiments menaçant ruine. »

Contraventions en matière de grande voirie.

Loi du 29 *floréal an* X (19 mai 1802).

Art. 1er. — Les contraventions en matière de grande voirie, telles qu'anticipations, dépôts de fumiers ou d'autres objets, et toutes espèces de détériorations commises sur les grandes routes, sur les arbres qui les bordent, sur les fossés, ouvrages d'art et matériaux destinés à leur entretien, sur les canaux, fleuves et rivières navigables, leurs chemins de halage, francs-bords, fossés et ouvrages d'art seront constatées, réprimées et poursuivies par voie administrative.

Art. 2. — Les contraventions seront constatées concurremment par les maires ou adjoints, les ingénieurs des ponts et chaussées, leurs conducteurs, les agents de la navigation, les commissaires de police et par la gendarmerie. A cet effet, ceux des fonctionnaires publics ci-dessus désignés, qui n'ont pas prêté serment en justice, le prêteront devant le Préfet.

Art. 3. — Les procès-verbaux sur les contraventions seront adressés au Sous-Préfet, qui ordonnera par provision, et sauf le recours au Préfet, ce que de droit, pour faire cesser les dommages.

Art. 4. — Il sera statué définitivement en Conseil de préfecture; les arrêtés seront exécutés sans visa, ni mandement des tribunaux, nonobstant et sauf recours, et les individus condamnés seront contraints par l'envoi de garnisaires et saisie de meubles, en vertu des dits arrêtés, qui seront exécutoires et emporteront hypothèques.

Décret sur le numérotage des maisons de Paris.

Du 15 pluviôse an XIII (4 février 1805.) .

Art. 1er. — Il sera procédé, dans le délai de trois mois, au numérotage des maisons de Paris, d'après les ordres et instructions du Ministre de l'intérieur.

Art. 2. — Ce numérotage sera établi par une suite de numéros pour la même rue, lors même qu'elle dépendrait de plusieurs arrondissements municipaux, et par un seul numéro, qui sera placé sur la porte principale de chaque habitation. Ce numéro pourra être répété sur les autres portes de la maison lorsqu'elles s'ouvriront sur la même rue que la porte principale. Dans le cas où elles s'ouvriraient sur une rue différente, elles prendront le numéro de la série appartenant à cette rue.

Art. 3. — Les rues dites des faubourgs, quoique formant continuation à une rue du même nom, prendront une nouvelle suite de numéros.

Art. 4. — La série des numéros sera formée des nombres pairs, pour le côté droit de la rue, et des nombres impairs, pour le côté gauche.

Art. 5. — Le côté droit d'une rue sera déterminé, dans les rues perpendiculaires ou obliques au cours de la Seine, par la droite du passant se dirigeant vers la rivière et, dans celles parallèles, par la droite du passant marchant dans le sens du cours de la rivière.

Art. 6. — Dans les îles, le grand canal de la rivière, coulant au nord, déterminera seul la position des rues.

Art. 7. — Le premier numéro, soit pair, soit impair, commencera, dans les rues perpendiculaires ou obliques au cours de la Seine, à l'entrée de la rue, prise au point le plus rapproché de la rivière, et dans les rues parallèles, à l'entrée prise en remontant le cours de la rivière, de manière que, dans les premières, les nombres croissent en s'éloignant de la rivière et dans les secondes en la descendant.

Pourvoi au Conseil d'État.

Décret du 22 *juillet* 1806.

Titre I‍er. — De l'introduction et de l'instruction des instances.

Section I‍re. — Des instances introduites au Conseil d'État, à la requête des parties.

Art. 1‍er. — Le recours des parties au Conseil d'État, en matière contentieuse, sera formé par requête signée d'un avocat au Conseil; elle contiendra l'exposé sommaire des faits et des moyens, les conclusions, les noms et demeure des parties, l'énonciation des pièces dont on entend se servir et qui y seront jointes.

Art. 2. — Les requêtes, et en général toutes les productions des parties, seront déposées au secrétariat du Conseil d'État, elles y seront inscrites sur un registre suivant leur ordre de date, ainsi que la remise qui en sera faite à l'auditeur (le maître des requêtes) nommé par le Ministre de la justice pour préparer l'instruction.

Art. 3. — Le recours au Conseil d'État n'aura point d'effet suspensif, s'il n'en est autrement ordonné. (En matière d'alignement, lorsqu'il s'agit de démolir, le sursis peut être ordonné par le Conseil d'État. — Décret du 24 juin 1808.)

Lorsque l'avis de la Commission établie par notre Décret du 11 juin dernier sera d'accorder le sursis, il en sera fait rapport au Conseil d'État, qui le prononcera.

Art. 4. — Lorsque la communication aux parties intéressées aura été ordonnée par le Ministre de la justice, elles seront tenues de répondre et de fournir leurs défenses dans les délais suivants :

Dans quinze jours, si leur demeure est à Paris ou n'en est pas éloignée de plus de cinq myriamètres.

Ces délais commenceront à courir du jour de la signification de la requête à personne ou domicile, par le ministère d'un huissier.

Dans les matières provisoires ou urgentes, les délais pourront être abrégés par le Ministre de la justice.

Art. 11. — Le recours au Conseil contre la décision d'une autorité qui y ressortit, ne sera pas recevable après trois mois du jour où cette décision aura été notifiée.

Art. 12. — Lorsque, sur un semblable pourvoi fait dans le délai ci-dessus prescrit, il aura été résolu une Ordonnance de soit communiqué, cette Ordonnance devra être signifiée dans le délai de trois mois, sous peine de déchéance.

Titre III, § 1‍er. — Des décisions du Conseil d'État.

Art. 27. — Les décisions du Conseil contiendront les noms et qualités des parties, leur conclusions et le vu des pièces principales.

Art. 28. — Elles ne seront mises à exécution contre une partie, qu'après avoir été préalablement signifiées à l'avocat au Conseil qui aura occupé pour elles.

§ 2. — De l'opposition aux décisions rendues par défaut.

Art. 29. — Les décisions du Conseil d'État rendues par défaut sont susceptibles d'opposition.

Cette opposition ne sera point suspensive, à moins qu'il n'en soit autrement ordonné.

Elle devra être formée dans le délai de trois mois, à compter du jour où la décision par défaut aura été notifiée : après ce délai, l'opposition ne sera plus recevable.

Art. 30. — Si la Commission est d'avis que l'opposition doive être reçue, elle fera son rapport au Conseil qui remettra, s'il y a lieu, les parties dans le même état où elles étaient auparavant.

La décision qui aura admis l'opposition sera signifiée dans la huitaine, à compter du jour de cette décision, à l'avocat de l'autre partie.

Art. 31. — L'opposition d'une partie défaillante à une décision rendue contradictoirement avec une autre partie ayant le même intérêt, ne sera pas recevable.

Loi relative au desséchement des marais.

Du 16 septembre 1807.

Art. 49. — Les terrains nécessaires pour l'ouverture des canaux et rigoles de desséchement, de canaux de navigation, de routes, de rues, la formation de places et autres travaux reconnus d'une utilité générale, seront payés à leurs propriétaires, et à dire d'experts, d'après leur valeur, avant l'entreprise des travaux et et sans nulle augmentation du prix d'estimation.

Art. 50. — Lorsqu'un propriétaire fait volontairement démolir sa maison, lorsqu'il est forcé de la démolir pour cause de vétusté, il n'a droit à indemnité que pour la valeur du terrain délaissé, si l'alignement qui lui est donné par les autorités compétentes le force à reculer sa construction.

Art. 51. — Les maisons et bâtiments dont il serait nécessaire de faire démolir et d'enlever une portion pour cause d'utilité publique légalement reconnue, seront acquis en entier, si le propriétaire l'exige, sauf à l'administration publique ou aux communes à revendre les portions de bâtiments ainsi acquises, et qui ne seront pas nécessaires pour l'exécution du plan. La cession par le propriétaire à l'administration publique ou à la commune et la revente, seront effectuées d'après un Décret rendu en Conseil d'État, sur le rapport du Ministre de l'intérieur, dans les formes prescrites par la loi.

Art. 52. — Dans les villes, les alignements pour l'ouverture des nouvelles rues, pour l'élargissement des anciennes qui ne font point partie d'une grande route, ou pour tout autre objet d'utilité publique, seront donnés par les maires, conformément au plan dont les projets auront été adressés aux préfets, transmis avec leur avis au Ministre de l'intérieur et arrêtés en Conseil d'État. En cas de réclamation de tiers intéressés, il sera de même statué en Conseil d'État, sur le rapport du Ministre de l'intérieur.

Art. 53. — Au cas où, par les alignements arrêtés, un propriétaire pourrait recevoir la faculté de s'avancer sur la voie publique, il sera tenu de payer la valeur du terrain qui lui sera cédé. Dans la fixation de cette valeur, les experts auront égard à ce que le plus ou moins de profondeur du terrain cédé, la nature de la propriété, le reculement du reste du terrain bâti ou non bâti, loin de la nouvelle voie, peut ajouter ou diminuer de valeur relative pour le propriétaire. Au cas où le propriétaire ne voudrait point acquérir, l'administration publique est autorisée à le déposséder de l'ensemble de sa propriété, en lui payant la valeur telle qu'elle était avant l'entreprise des travaux. La cession et la revente seront faites comme il a été dit en l'article 51 ci-dessus.

Art. 54. — Lorsqu'il y aura lieu, en même temps, à payer une indemnité à un propriétaire pour terrains occupés, et à recevoir de lui une plus-value pour des avantages acquis à ses propriétés restantes, il y aura compensation jusqu'à concurrence ; et le surplus seulement, selon les résultats, sera payé au propriétaire ou acquitté par lui.

<hr>

Décret sur les constructions aux abords des cimetières.

Du 7 mars 1808.

Art. 1er. — Nul ne pourra, sans autorisation, élever aucune habitation, ni creuser aucun puits à moins de 100 mètres des nouveaux cimetières, transférés hors des communes en vertu des lois et règlements.

Art. 2. — Les bâtiments existants, ne pourront également être restaurés ni augmentés sans autorisation.

Les puits pourront, après visite contradictoire d'experts, être comblés en vertu d'Ordonnance du Préfet, sur la demande de la police locale.

Décret sur le mode de constater les contraventions.

Du 18 août 1810.

Art. 1ᵉʳ. — Les préposés aux droits réunis et aux octrois seront à l'avenir appelés, concurremment avec les fonctionnaires publics désignés en l'article 2 de la loi du 29 floréal an X (les maires-adjoints, ingénieurs et conducteurs des ponts et chaussées, les agents de la navigation, les commissaires de police et la gendarmerie), à constater les contraventions en matière de grande voirie, de poids des voitures et de police de roulage.

Art. 2. — Les préposés ci-dessus désignés, ainsi que les fonctionnaires publics désignés en l'article 2 de la loi du 29 floréal an X, seront tenus d'affirmer, devant le juge de paix, les procès-verbaux qu'ils seront dans le cas de rédiger, lesquels ne pourront autrement faire foi et motiver une condamnation.

Ordonnance de police concernant les passages ouverts au public sur les propriétés particulières.

Du 20 août 1811.

Art. 1ᵉʳ. — Il est défendu d'établir aucune devanture de boutique saillante, de former aucun dépôt de meubles ou effets, ni aucun étalage fixe ou mobile de marchandises hors des boutiques situées dans les passages publics qui ont moins de 2 mètres et demi de largeur.

Les devantures de boutiques actuellement existantes ne pourront être réparées.

Les étalages mobiles seront supprimés sur-le-champ.

Art. 2. — Les propriétaires ou locataires de boutiques situées dans des passages de 2 mètres 1/2 à 3 mètres de largeur et au-dessus, ne pourront, dans aucun cas, établir d'une manière fixe, même mobile, aucune devanture, fermeture, étalage, enseigne, montre, lanterne, tableau ou écusson, faisant saillie de plus de

16 centimètres en avant du corps du bâtiment dans lequel sont situées les boutiques.

Toute devanture actuellement existante, dont la saillie serait de plus de 16 centimètres, ne pourra être réparée.

Tout étalage et autres saillies mobiles ayant plus de 16 centimètres de saillie seront retirés de suite.

Art. 3. — Il est défendu aux propriétaires ou locataires, de quelque profession qu'ils soient, de gêner ou embarrasser les passages dont il s'agit, soit par des dépôts de marchandises, soit par des ateliers de travail autres que ceux nécessaires à la réparation des bâtiments du passage.

Il est également défendu d'y placer des bancs, chaises, tréteaux, comptoirs et tous autres objets, de telle nature que ce soit, qui pourraient gêner la circulation.

Art. 4. — Les marchands établis dans les passages, ne pourront induire de la présente Ordonnance, le droit de faire un étalage à l'extérieur de leurs boutiques, s'ils n'en ont obtenu l'agrément des propriétaires.

Dans tous les cas, ils seront tenus de se conformer aux dispositions des articles ci-dessus qui les concernent.

Art. 5. — Les propriétaires ou locataires tiendront en bon état le sol des passages; ils auront soin, en outre, de les faire balayer et éclairer, et de les tenir fermés le soir aux heures prescrites par les règlements.

En cas de contravention, les commissaires de police, et l'architecte commissaire de la petite voirie, sont autorisés, en vertu de la présente Ordonnance, et sans qu'il en soit besoin d'autre, à faire démolir les devantures de boutiques et enlever les étalages et saillies mobiles, et ce aux frais des contrevenants; ils dresseront des procès-verbaux, qu'ils nous transmettront sans retard, le tout sans préjudice des poursuites à exercer devant les tribunaux, conformément au Code des délits et des peines, et sauf la fermeture des passages s'il y a lieu.

Art. 7. — A l'avenir, aucun passage ne sera ouvert au public sur des propriétés particulières, qu'en vertu d'une permission du Préfet de police.

Recouvrement des amendes.

Décret du 29 août 1813.

Art. 1er. — Le recouvrement des amendes en matière de grande voirie, dont les receveurs généraux étaient chargés par l'art. 116

de notre Décret du 16 décembre 1811, sera fait, comme par le passé, par les préposés de l'enregistrement et des domaines.

Art. 2. — Le montant du recouvrement de ces amendes, sous la déduction de la remise des receveurs et des frais tombés en non-valeur, sera versé d'une manière distincte dans la caisse du receveur général, qui en comptera ainsi et de la manière prescrite par notre Décret du 16 décembre 1811.

Ordonnance de police concernant la liberté et la sûreté de la voie publique.

Du 8 février 1819.

Art. 1er. — Il est défendu, sous quelque prétexte que ce soit, d'étaler ou déposer en dehors des boutiques, magasins et ateliers, des meubles, voitures, caisses, tonneaux, ni aucune marchandise quelconque.

Ordonnance de police concernant les caisses, pots à fleurs, et autres objets dont la chute peut causer des accidents.

Du 18 mars 1819.

Art. 1er. — Il est défendu à tous propriétaires et locataires de maisons situées dans la ville de Paris, de déposer, sous aucun prétexte et de laisser déposer sur les toits, entablements, gouttières, terrasses, murs et autres lieux élevés des maisons, des caisses, pots à fleurs, vases et autres objets pouvant nuire par leur chute.

On ne pourra former de dépôts de cette espèce que sur les grands balcons et sur les appuis des croisées garnies de petits balcons en fer, ou de barres de support en fer avec grillage en fil de fer maillé.

Ordonnance de police concernant les passages et galeries du Palais-Royal.

Du 16 août 1819.

Considérant : 1° que les galeries du Palais-Royal sont un passage livré au public;

Que cette destination est établie par les termes exprès des contrats de vente des maisons situées au pourtour des jardins ; qu'en conséquence, les propriétaires et locataires de ces maisons sont, de droit, assujettis aux lois et règlements relatifs à la liberté et à la sûreté de la voie publique ;

Qu'indépendamment de ces lois et règlements ils sont, par leurs contrats, assujettis à des conditions particulières qui tendent au même but ;

Que notamment il leur est interdit d'établir des devantures, étalages, tableaux et autres saillies qui excèdent l'arrière-corps des pilastres ;

De ne faire aucun usage de l'autre face intérieure des galeries ;

Que ces conditions se rattachent aux lois et règlements concernant la petite voirie ;

Ordonnons ce qui suit :

Galeries de pierre autour du jardin.

Art. 1er. — A l'avenir, et à compter du jour de la publication de la présente Ordonnance, il est défendu d'établir sous les péristyles et galeries de pierre au pourtour du jardin du Palais-Royal aucune devanture de boutique en saillie sur l'arrière-corps des pilastres.

Art. 2. — Les devantures de boutiques excédant l'arrière-corps des pilastres seront retranchées et réduites à l'alignement prescrit, lorsqu'il sera fait une réparation quelconque aux dites devantures ou lorsqu'il y aura changement de locataires.

Dans aucun cas, elles ne pourront subsister au delà de neuf années, à dater de la promulgation de la présente Ordonnance.

Art. 3. — Dans un mois, à dater de la même promulgation, seront retirés tous étalages, tableaux, montres, enseignes et autres saillies mobiles excédant les devantures de boutiques, et qui gênent la circulation ou peuvent occasionner des accidents.

Seront également supprimés et enlevés, dans le même délai, tous objets quelconques appliqués contre les murs de face des galeries opposées aux boutiques et présentant les même inconvénients.

Galerie vitrée, galeries de bois et passages aux abords du palais, du Théâtre-Français et du jardin.

Art. 4. — Les propriétaires, principaux locataires et sous-locataires des boutiques situées dans les galeries de bois, dans la galerie vitrée et dans tous les passages de 2 mètres 1/2 de largeur pratiqués aux abords du palais, du Théâtre-Français et du jardin, ne pourront, en aucun cas, établir d'une manière fixe ni même mobile, des devantures, fermetures, étalages, enseignes, montres, tableaux ou autres objets faisant saillie de plus de

16 centimètres en avant du corps de bâtiment dans lequel sont formées les dites boutiques.

Il est défendu d'établir aucune devanture de boutique saillante, de former aucun étalage fixe ou mobile hors des boutiques situées dans ceux des dits passages qui ont moins de 2 mètres et demi de largeur.

Art. 5. — Les devantures de boutiques actuellement existantes dans les lieux indiqués au paragraphe 1er de l'article précédent, et faisant saillie de plus de 16 centimètres, seront retranchées et réduites à cette saillie, lorsqu'il sera fait une réparation quelconque aux dites devantures ou lorsqu'il y aura changement de locataires.

Les devantures de boutiques actuellement existantes dans les passages indiqués au paragraphe 2 du même article, seront retranchées et retirées au niveau des murs de face, sans aucune saillie, lorsqu'il sera fait une réparation quelconque aux dites devantures ou lorsqu'il y aura changement de locataires.

Dans aucun cas, les unes ni les autres ne pourront subsister au delà de neuf années.

Ordonnance du roi qui détermine le mode de construction des fosses d'aisance dans la ville de Paris.

Du 24 septembre 1819.

Section première. — *Des Constructions neuves.*

« Art. 1er. — A l'avenir, dans aucun des bâtiments publics ou particuliers de notre bonne ville de Paris et de leurs dépendances, on ne pourra employer pour fosses d'aisances des puits, puisards, égouts, aqueducs ou carrières abandonnées, sans y faire les constructions prescrites par le présent règlement.

« Art. 2. — Lorsque les fosses seront placées sous le sol des caves, ces caves devront avoir une communication immédiate avec l'air extérieur.

« Art. 3. — Les caves sous lesquelles seront construites les fosses d'aisances devront être assez spacieuses pour contenir quatre travailleurs et leurs ustensiles, et avoir au moins 2 mètres de hauteur sous voûte.

« Art. 4. — Les murs, la voûte et le fond des fosses seront entièrement construits en pierres meulières, maçonnées avec du mortier de chaux maigre et de sable de rivière bien lavé.

« Les parois des fosses seront enduites de pareil mortier lissé à la truelle.

« On ne pourra donner moins de 30 à 35 centimètres d'épaisseur aux voûtes, et moins de 45 à 50 centimètres aux massifs et autres murs.

« Art. 5. — Il est défendu d'établir des compartiments ou divisions dans les fosses, d'y construire des piliers et d'y faire des chaînes ou des arcs en pierres apparentes.

« Art. 6. — Le fond des fosses d'aisances sera fait en forme de cuvette concave.

« Tous les angles intérieurs seront effacés par des arrondissements de 25 centimètres de rayon.

« Art. 7. — Autant que les localités le permettront, les fosses d'aisances seront construites sur un plan circulaire, elliptique ou rectangulaire.

« On ne permettra point la construction des fosses à angles rentrants, hors le seul cas où la surface de la fosse serait au moins de 4 mètres carrés de chaque côté de l'angle ; et alors il serait pratiqué, de l'un et de l'autre côté, une ouverture d'extraction.

« Art. 8. — Les fosses, quelle que soit leur capacité, ne pourront avoir moins de 2 mètres de hauteur sous clef.

« Art. 9. — Les fosses seront couvertes par une voûte en plein cintre, ou qui n'en différera que d'un tiers de rayon.

« Art. 10. — L'ouverture d'extraction des matières sera placée au milieu de la voûte, autant que les localités le permettront.

« La cheminée de cette ouverture ne devra point excéder 1^{m}50 de hauteur, à moins que les localités n'exigent impérieusement une plus grande hauteur.

« Art. 11. — L'ouverture d'extraction correspondant à une cheminée de 1^{m}50 au plus, ne pourra avoir moins de 1 mètre en longueur sur 65 centimètres en largeur.

« Lorsque cette ouverture correspondra à une cheminée excédant 1^{m}50 de hauteur, les dimensions ci-dessus spécifiées seront augmentées de manière que l'une de ces dimensions soit égale aux deux tiers de la hauteur de la cheminée.

« Art. 12. — Il sera placé en outre à la voûte, dans la partie la plus éloignée du tuyau de chute et de l'ouverture d'extraction, si elle n'est pas dans le milieu, un tampon mobile, dont le diamètre ne pourra être moindre de 50 centimètres ; ce tampon sera encastré dans un châssis en pierre, et garni dans son milieu d'un anneau en fer.

« Art. 13. — Néanmoins, ce tampon ne sera pas exigible pour

les fosses dont la vidange se fera au niveau du rez-de-chaussée, et qui auront sur ce même sol des cabinets d'aisances avec trémie ou siége sans bonde, et pour celles qui auront une superficie moindre de 6 mètres dans le fond, et dont l'ouverture d'extraction sera dans le milieu.

« Art. 14. — Le tuyau de chute sera toujours vertical.

« Son diamètre intérieur ne pourra avoir moins de 25 centimètres s'il est en terre cuite, et de 20 centimètres s'il est en fonte.

« Art. 15. — Il sera établi parallèlement au tuyau de chute un tuyau d'évent, lequel sera conduit jusqu'à la hauteur des souches de cheminées de la maison ou de celles des maisons contiguës, si elles sont plus élevées.

« Le diamètre de ce tuyau d'évent sera de 25 centimètres au moins ; s'il passe cette dimension, il dispensera du tampon mobile.

« Art. 16. — L'orifice intérieur des tuyaux de chute et d'évent ne pourra être descendu au-dessous des points les plus élevés de l'intrados de la voûte.

« SECTION II. — *Des reconstructions des fosses d'aisances dans les maisons existantes.*

« Art. 17. — Les fosses actuellement pratiquées dans des puits, puisards, égouts anciens, aqueducs ou carrières abandonnées, seront comblées ou reconstruites à la première vidange.

« Art. 18. — Les fosses situées sous le sol des caves qui n'auraient point de communication immédiate avec l'air extérieur, seront comblées à la première vidange, si l'on ne peut pas établir cette communication.

« Art. 19. — Les fosses actuellement existantes dont l'ouverture d'extraction, dans les deux cas déterminés, n'aurait pas ou ne pourrait pas avoir les dimensions prescrites par le même article, et dont la vidange ne peut avoir lieu que par des soupiraux ou des tuyaux, seront comblées à la première vidange.

« Art. 20. — Les fosses à compartiments ou étranglements seront comblées ou reconstruites à la première vidange, si l'on ne peut pas faire disparaître ces étranglements ou compartiments, et qu'ils soient reconnus dangereux.

« Art. 21. — Toutes les fosses des maisons existantes, qui seront reconstruites, le seront suivant le mode prescrit par la Ire section du présent règlement.

« Néanmoins, le tuyau d'évent ne pourra être exigé que s'il y a lieu à reconstruire un des murs en élévation au-dessus de ceux de la fosse, ou si ce tuyau peut se placer intérieurement ou extérieurement, sans altérer la décoration des maisons.

« SECTION III. — *Des réparations des fosses d'aisances.*

« Art. 22. — Dans toutes les fosses existantes, et lors de la première vidange, l'ouverture d'extraction sera agrandie, si elle n'a pas les dimensions prescrites par l'article 11 de la présente Ordonnance.

« Art. 23. — Dans toutes les fosses dont la voûte aura besoin de réparations, il sera établi un tampon mobile, à moins qu'elles ne se trouvent dans les cas d'exception prévus par l'article 13:

« Art. 24. — Les piliers isolés, établis dans les fosses, seront supprimés à la première vidange, ou l'intervalle entre les piliers et les murs sera rempli en maçonnerie, toutes les fois que le passage entre ces piliers et les murs aura moins de soixante-dix centimètres de largeur.

« Art. 25. — Les étranglements existants dans les fosses, et qui ne laisseraient pas un passage de soixante-dix centimètres au moins de largeur, seront élargis à la première vidange, autant qu'il sera possible.

« Art. 26. — Lorsque le tuyau de chute ne communiquera avec la fosse que par un couloir ayant moins d'un mètre de largeur, le fond de ce couloir sera établi en glacis jusqu'au fond de la fosse, sous une inclinaison de quarante-cinq degrés au moins.

« Art. 27. — Toute fosse qui laissera filtrer ses eaux par les murs ou par le fond, sera réparée.

« Art. 28. — Les réparations consistant à faire des rejointoiements, à élargir l'ouverture d'extraction, placer un tampon mobile, rétablir des tuyaux de chute ou d'évent, reprendre la voûte et les murs, boucher ou élargir des étranglements, réparer le fond des fosses, supprimer des piliers, pourront être faites suivant les procédés employés à la construction première de la fosse.

« Art. 29. — Les réparations consistant dans la reconstruction entière d'un mur de la voûte ou du massif du fond des fosses d'aisances, ne pourront être faites que suivant le mode indiqué ci-dessus pour les constructions neuves.

« Art. 30. — Les propriétaires des maisons dont les fosses seront supprimées en vertu de la présente Ordonnance, seront tenus d'en faire construire de nouvelles, conformément aux dispositions prescrites par les articles de la Ire section.

« Art. 31. — Ne seront pas astreints aux constructions ci-dessus déterminées, les propriétaires qui, en supprimant leurs anciennes fosses, y substitueront les appareils connus sous le nom de « fosses mobiles inodores », ou tous autres appareils que l'administration publique aurait reconnus par la suite pouvoir être employés concurremment avec ceux-ci.

« Art. 32. — En cas de contravention aux dispositions de la présente Ordonnance, ou d'opposition de la part des propriétaires aux mesures prescrites par l'administration, il sera procédé, dans les formes voulues, devant le tribunal de police ou le tribunal civil, suivant la nature de l'affaire.

« Art. 33. — Le Décret du 10 mars 1809, concernant les fosses d'aisances dans Paris, est et demeure annulé.

« Art. 34. — Notre Ministre Secrétaire d'État de l'intérieur, et notre Garde des sceaux, Ministre de la justice, sont chargés de l'exécution de la présente Ordonnance.

« Donné en notre château des Tuileries, le 24 septembre, l'an de grâce 1819, et de notre règne le vingt-cinquième. »

LOUIS.

Ordonnance de police pour l'exécution de l'Ordonnance royale qui précède.

Du 23 octobre 1819.

« Vu : 1° l'Ordonnance du roi du 24 septembre 1819, etc. ;

« 2° L'Ordonnance de police du 24 avril 1808, concernant les vidangeurs ;

« 3° La loi des 16-24 août 1790, titre XI, article 3, § 5 ;

« 4° L'article 23, § 5 de l'Arrêté du Gouvernement du 12 messidor an VIII (1er juillet 1800).

« Art. 1er. — L'Ordonnance du roi du 24 septembre 1819, contenant règlement pour les constructions, reconstructions et réparations de fosses d'aisances dans la ville de Paris, sera imprimée et affichée.

« Art. 2. — Aucune fosse ne pourra être construite, reconstruite, réparée ou supprimée sans déclaration préalable à la Préfecture de police.

« Cette déclaration sera faite par le propriétaire ou par l'entrepreneur qu'il aura chargé de l'exécution des ouvrages.

« Dans le cas de construction ou de reconstruction, la déclaration devra être accompagnée du plan de la fosse à construire ou reconstruire, et de celui de l'étage supérieur.

« Art. 3. — La même déclaration sera faite, soit par les propriétaires qui feront établir dans leurs maisons, les appareils connus sous le nom de « fosses mobiles inodores », et tous autres appareils que l'administration publique approuverait par la suite, soit par les entrepreneurs de ces établissements.

Art. 4. — Seront tenus à la même déclaration, les propriétaires qui voudront combler des fosses d'aisances ou les convertir en caves, ou les entrepreneurs chargés des travaux relatifs à ces comblements et suppressions.

« Art. 5. — Il est défendu, même après la déclaration faite à la Préfecture, de commencer les travaux relatifs aux fosses d'aisances, où à l'établissement d'appareils quelconques, sans avoir obtenu l'autorisation nécessaire à cet effet.

« Art. 6. — Il est défendu aux propriétaires ou entrepreneurs d'extraire ou faire extraire, par leurs ouvriers ou tous autres, les eaux vannes et matières qui se trouveraient dans les fosses.

« Cette extraction ne pourra être faite que par un entrepreneur de vidange.

« Art. 7. — Il leur est également défendu de faire couler dans la rue, les eaux claires et sans odeur qui reviendraient dans la fosse après la vidange, à moins d'y être spécialement autorisés.

« Art. 8. — Tout propriétaire faisant procéder à la réparation ou à la démolition d'une fosse, ou tout entrepreneur chargé des mêmes travaux, sera tenu, tant que dureront l'extraction des pierres, d'avoir à l'extérieur de la fosse autant d'ouvriers qu'il en emploiera dans l'intérieur.

« Art. 9. — Chaque ouvrier travaillant à la démolition ou à l'extraction des pierres sera ceint d'un bridage, dont l'attache sera tenue par un ouvrier placé à l'extérieur.

« Art. 10. — Les propriétaires et les entrepreneurs sont, aux termes des lois, responsables des effets des contraventions aux quatre articles précédents.

« Art. 11. — Toute fosse, avant d'être comblée, sera vidée et curée à fond.

« Art. 12. — Toute fosse destinée à être convertie en cave sera curée avec soin ; les joints en seront grattés à vif et les parties en mauvais état réparées, en se conformant aux dispositions prescrites par les articles 6, 7, 8 et 9.

« Art. 13. — Si un ouvrier est frappé d'asphyxie en travaillant dans une fosse, les travaux seront suspendus à l'instant, et déclaration en sera faite, dans le jour, à la Préfecture de police.

Les travaux ne pourront être repris qu'avec les précautions et les mesures indiquées par l'autorité.

Art. 14. — Tous les matériaux provenant de la démolition des fosses d'aisances seront immédiatement enlevés.

Art. 15.— Il ne pourra être fait usage d'une fosse d'aisances nouvellement construite ou réparée, qu'après la visite de l'architecte commissaire de la petite voirie, qui délivrera son certificat constatant que les dispositions prescrites par l'autorité ont été exécutées.

Toutefois, lorsqu'il y aura lieu à revêtir tout ou partie de la fosse de l'enduit prescrit par le paragraphe 2 de l'article 4 de l'Ordonnance royale du 24 septembre 1819, il devra être fait, par le même architecte, une visite préalable pour constater l'état des murs avant l'application de l'enduit.

Art. 16. — Tout propriétaire qui aura supprimé une ou plusieurs fosses d'aisances, pour établir des appareils quelconques en tenant lieu, et qui par la suite renoncerait à l'usage des dits appareils, sera tenu de rendre à leur première destination les fosses supprimées, ou d'en faire construire de nouvelles, en se conformant aux dispositions de l'Ordonnance du roi du 24 septembre 1819 et de la présente Ordonnance.

Art. 17. — Les contraventions seront constatées par des procès-verbaux ou rapports, qui nous seront transmis sans délai.

Art. 18. — Les commissaires de police, l'architecte commissaire de la petite voirie, l'inspecteur général de la salubrité, et les autres préposés de la Préfecture de police, sont chargés de surveiller l'exécution de la présente Ordonnance.

Cour de cassation.

Arrêt du 31 janvier 1857.

La Cour de cassation a décidé, par un Arrêt du 31 janvier 1857, que si le Préfet de police (aujourd'hui le Préfet de la Seine en vertu du Décret du 10 octobre 1859) pouvait prendre relativement à la construction, la reconstruction ou les réparations des fosses d'aisances, tous les arrêtés que nécessite la salubrité dans la ville de Paris, il ne devait cependant rien prescrire, sous ce rapport, qui fût contraire aux dispositions formelles de l'Ordonnance royale du 24 septembre 1819. (Il ne s'agit ici que des fosses fixes.)

Ordonnance de police concernant les galeries des rues de Castiglione et de Rivoli.

Du 15 octobre 1823.

Considérant : 1° que les galeries des rues Castiglione et de Rivoli sont un passage livré au public ;

Que cette destination est établie par les termes exprès des contrats de vente des terrains sur lesquels on a construit les maisons riveraines des dites rues ;

Qu'en conséquence, les propriétaires et locataires de ces maisons sont, de droit, assujettis aux lois et règlements relatifs à la sûreté et à la liberté de la voie publique ;

Qu'indépendamment de ces lois et règlements, ils sont assujettis, par leurs contrats, à des conditions particulières qui tendent au même but ;

Que notamment il leur est interdit de mettre aucune peinture, écriteau ou enseigne sur les façades ou portiques des maisons, et qu'ils sont tenus de laisser libre et publique, dans tous les temps de l'année et à perpétuité, la galerie, sans pouvoir, sous aucun prétexte, en interrompre la libre circulation ni ériger de plancher à la hauteur de ceux de l'entresol ; 2° qu'au mépris des règlements généraux de police, concernant la liberté et la sûreté de la voie publique, et des conditions énoncées au contrat de vente, des propriétaires ou locataires des boutiques situées sous les galeries se sont permis et se permettent d'établir des étalages, montres, tableaux et autres objets en saillie, et que d'autres occupant les logements supérieurs ont également établi des tableaux et autres objets en saillie des murs de face donnant immédiatement sur les rues Castiglione et de Rivoli ;

Vu la loi du 16-24 août 1790, titre XI, paragraphe 1er ;

L'article 471, paragraphes 3, 4, 5 et 6 du Code pénal ;

L'Ordonnance de police du 20 août 1811 et 16 août 1819, concernant les galeries du Palais-Royal et les passages livrés au public sur des propriétés particulières ;

En vertu de l'Arrêté du gouvernement du 12 messidor an VIII (1er juillet 1800) ;

Art. 1er. — Il est défendu d'établir, sous les galeries des rues Castiglione et de Rivoli, des devantures de boutiques, tableaux, montres, enseignes, étalages ou autres objets en saillie du nu des murs de face intérieurs des galeries, et d'appliquer contre les murs de face des galeries opposées aux boutiques aucun objet quelconque pouvant gêner ou restreindre la liberté de la circulation ou occasionner des accidents.

Il est pareillement défendu d'établir aucun objet en saillie du nu des murs de face extérieurs donnant immédiatement sur les rues de Castiglione et de Rivoli.

Dans huit jours, à partir de la promulgation de la présente Ordonnance, seront supprimés et enlevés toute espèce d'objets en saillie établis contrairement aux dispositions de l'article précédent.

Il est défendu de faire, sous les galeries dont il s'agit, aucun dépôt de marchandises, d'y faire travailler, si ce n'est aux réparations des bâtiments, d'y placer des tables, chaises ou tous autres objets qui pourraient gêner la circulation.

Ordonnance de police concernant la sûreté et la liberté de la circulation.

Du 8 *août* 1829.

Nous, Préfet de police,

Considérant qu'un grand nombre d'individus compromettent journellement la liberté et la sûreté de la circulation en travaillant indûment et sans précaution sur la voie publique;

Ordonnons ce qui suit :

CHAPITRE PREMIER

CONSTRUCTIONS, RÉPARATIONS ET DÉMOLITIONS DE BATIMENTS
RIVERAINS DE LA VOIE PUBLIQUE. — DÉPOTS DE MATÉRIAUX

SECTION PREMIÈRE. — *Constructions et réparations.*

Section première. — Constructions et réparations.

Art. 1er. — Il est défendu de procéder à aucune construction ou réparation des murs de face ou de clôture des bâtimens et terrains riverains de la voie publique, sans avoir justifié au commissaire de police du quartier où se feront les travaux, de la permission qui aura dû être délivrée à cet effet par l'autorité compétente.

Art. 2. — Dans le cas de construction ou de réparation, on ne devra commencer les travaux qu'après avoir établi, à la saillie déterminée par la permission, une barrière en charpente et planches ayant au moins trois mètres de hauteur.

Dans le cas de simple réparation, on pourra en être dispensé, s'il y a lieu, par le Préfet de police.

Art. 3. — Les portes pratiquées dans les barrières devront, autant qu'il sera possible, ouvrir en dedans. Si l'on est forcé de les ouvrir en dehors, on sera tenu de les appliquer contre les barrières·

Elles seront garnies de serrures ou cadenas pour être fermées, chaque jour, au moment de la cessation des travaux.

Art. 4. — Les échafauds servant aux constructions seront établis avec solidité et disposés de manière à prévenir la chute des matériaux ou gravois sur la voie publique.

Ils devront monter de fond, et, si les localités ne le permettent pas, ils seront établis en bascule à 4 mètres au|moins du sol de la rue.

Il est défendu de les faire porter sur des écoperches, ou boulins arc-boutés au pied des murs de face, dans la hauteur du rez-de-chaussée.

Art. 5. — Les barrières et les échafauds montant de fond, au-devant desquels il n'existera pas de barrières, seront éclairés aux frais et par les soins des propriétaires et des entrepreneurs.

Art. 6. — Les travaux seront entrepris immédiatement après l'établissement des échafauds et barrières, et devront être continués, sans interruption, à l'exception des dimanches et jours fériés.

Dans le cas où l'interruption durerait plus de huit jours, les propriétaires et entrepreneurs seront tenus de supprimer les échafauds et de reporter les barrières à l'alignement des maisons voisines, ou de se pourvoir d'une autorisation du Préfet de police pour les conserver.

SECTION II. — Démolitions.

Art. 11. — Il est défendu de procéder à la démolition d'aucun édifice, donnant sur la voie publique, sans l'autorisation du Préfet de police.

Art. 12. — Avant de commencer une démolition, le propriétaire et l'entrepreneur feront établir les barrières et échafauds qui seront jugés nécessaires, et prendront toutes autres mesures que l'administration leur prescrira dans l'intérêt de la sûreté publique.

Il sera pourvu, pendant la nuit, à l'éclairage des échafauds et barrières.

Art. 13. — La démolition devra s'opérer au marteau, sans abattage et en faisant tomber les matériaux dans l'intérieur des bâtiments.

Art. 16. — Les barrières établies au-devant des démolitions seront supprimées dans les vingt-quatre heures qui suivront l'achèvement des travaux.

Les remblais et nivellements seront faits dans le même délai, à la charge par les propriétaires et entrepreneurs de prendre les mesures de précaution prescrites par l'article 9.

CHAPITRE III. — TROTTOIRS.

SECTION PREMIÈRE. — *Construction des Trottoirs.*

Art. 38. — On ne pourra construire aucun trottoir, sur la voie publique, sans en avoir obtenu la permission de l'autorité compé-tente.

SECTION III. — *Saillie au-devant des maisons bordées de trottoirs.*

Art. 52. — Quiconque fera construire un trottoir, au-devant de sa propriété, sera tenu de faire supprimer, au moment même de la construction, les bornes, pas, marches, bancs en saillie sur le trot-toir, et de faire réduire les seuils des devantures de boutiques à l'alignement des dites devantures.

Il sera permis, toutefois, par mesure de tolérance, de conserver les marches que l'administration reconnaîtra ne pouvoir être ren-trées dans l'intérieur de la propriété, mais à la charge d'en arron-dir les extrémités ou de les tailler en pans coupés.

Art. 55. — Les hauteurs fixées par l'Ordonnance royale du 24 dé-cembre 1823, pour les bannes, stores, écussons, enseignes, lan-ternes et autres saillies, seront mesurées à partir du sol des trot-toirs.

Ordonnance de police concernant les chéneaux et gouttières.

Du 30 novembre 1831.

Nous, Préfet de police,

Considérant qu'un grand nombre de maisons riveraines de la voie publique sont dépourvues de chéneaux, ou de gouttières et de tuyaux de descente destinés à recevoir et à conduire, jusqu'au pavé de la rue, les eaux pluviales provenant de leurs toitures; que ces eaux, en tombant directement sur le sol, incommodent les passants, dégradent le pavé et enlèvent à la circulation des pié-tons une partie de la largeur des rues et notamment des trottoirs;

Ordonnons ce qui suit :

Art. 1er. — Dans le délai de quatre mois, à partir de la publica-tion de la présente Ordonnance, les propriétaires des maisons bor-dant la voie publique, et dont les eaux pluviales des toits y tom-bent directement, seront tenus de faire établir des chéneaux ou des gouttières sous l'égout de ces toits, afin d'en recevoir les eaux, qui seront conduites jusqu'au niveau du pavé de la rue au moyen de tuyaux de descente appliqués le long des murs de face, avec 16 centimètres au plus de saillie.

(Art. 3, titre II de la loi des 16-24 août 1790.)

Les gouttières ne pourront être qu'en cuivre, zinc ou tôle étamée, et soutenues par des corbeaux en fer.

Les tuyaux de descente ne pourront être établis qu'en fonte, cuivre, zinc, plomb ou tôle étamée, et retenus par des colliers en fer à scellement.

Ordonnance concernant les établissements de charcuterie dans la ville de Paris

Du 19 *décembre* 1835.

Nous, Conseiller d'État, Préfet de police,

Considérant que, pour prévenir l'altération des viandes employées et préparées par les charcutiers, il est indispensable que les lieux affectés à l'exercice de cette profession soient suffisamment étendus, ventilés et entretenus dans un état constant de propreté;

Considérant que les feuilles de plomb dont sont revêtus les saloirs, pressoirs et autres ustensiles à l'usage des charcutiers, peuvent imprégner les viandes, qui se trouvent en contact avec elles, de sels métalliques dont l'action délétère n'est pas contestée, et que les vases de cuivre, employés presque généralement par les charcutiers pour la préparation des viandes, présentent des dangers plus graves encore ;

Vu l'avis du Conseil de salubrité ;

Vu les lois des 16-24 août 1790 et 2-17 mars 1791 ; ensemble, l'Arrêté du Gouvernement du 12 messidor an VIII (1ᵉʳ juillet 1800);

Ordonnons ce qui suit :

Art. 1ᵉʳ. — A compter de la publication de la présente Ordonnance, aucun établissement de charcutier ne sera autorisé dans la ville de Paris, qu'après qu'il aura été constaté, par les personnes que nous commettrons à cet effet, que les diverses localités où l'on se propose de le former, réunissent toutes les conditions de sûreté publique et de salubrité prescrites dans l'instruction ci-après annexée.

Art. 2. — Il est défendu de faire usage dans les établissements de charcutiers, de saloirs, pressoirs et autres ustensiles qui seraient revêtus de feuilles de plomb ou de tout autre métal. Les saloirs et pressoirs seront construits en pierre, en bois ou en grès.

Art. 3. — L'usage des vases et ustensiles de cuivre, même

étamé, est expressément défendu dans tous les établissements de charcutiers. Ces vases et ustensiles seront remplacés par des vases en fonte ou en fer battu.

Art. 4. — Il est défendu aux charcutiers de se servir de vases en poterie vernissée. Ces vases seront remplacés par des vases en grès, ou par toute autre poterie dont la couverte ne contient pas de substances métalliques.

Art. 5. — Il est défendu aux charcutiers d'employer dans leurs salaisons et préparations de viandes, des sels de morue, de varech et de salpêtriers.

Art. 6. — Les charcutiers ne pourront laisser séjourner les eaux de lavage dans les cuvettes destinées à les recevoir. Ces cuvettes devront être vidées et lavées tous les jours.

Art. 7. — Il est défendu aux charcutiers de verser avec les eaux de lavage, qu'ils devront diriger sur l'égout le plus voisin, des débris de viande ou de toute autre nature. Ces débris seront réunis et jetés chaque jour dans les tombereaux du nettoiement, au moment de leur passage.

Art. 8. — Les dispositions de l'article 1er ne seront applicables aux établissements dûment autorisés, qui existent actuellement, que lorsqu'ils seront transférés dans d'autres lieux ou lorsqu'ils changeront de titulaires.

Les dispositions des articles 2, 3 et 4 ne seront obligatoires pour ces mêmes établissements, que six mois après la publication de la présente Ordonnance.

Art. 9. — Les contraventions aux dispositions de la présente Ordonnance seront constatées par des procès-verbaux ou rapports qui nous seront adressés pour être transmis au tribunal compétent.

Art. 10. — La présente Ordonnance sera imprimée et affichée.

Le chef de la police municipale, l'architecte commissaire de la petite voirie, les commissaires de police, l'inspecteur général des halles et marchés, et les préposés de la Préfecture de police sont chargés, chacun en ce qui le concerne, d'en surveiller l'exécution.

Ordonnance concernant les puits, puisards, puits d'absorption et égouts à la charge des particuliers.

Du 20 juillet 1838.

Art. 1er. — Aucun puits, soit ordinaire, soit d'absorption, ne sera percé, aucune opération d'approfondissement, de sondage et autres, ne sera entreprise, aucun puisard ni égout particulier ne sera établi sans une déclaration préalable, faite par écrit à Paris, à la Préfecture de police, et à la mairie, dans les communes rurales. Cette déclaration indiquera l'endroit où l'on a le projet de faire les travaux.

Art. 10. — L'ouverture des puits, quel que soit leur genre de construction, sera défendue dans tout son pourtour par un garde-fou en maçonnerie ou en fer, d'une hauteur de 70 centimètres au moins.

Les puits situés dans les marais pourront être seulement défendus par une enceinte formée par un mur en terre solidement établi, ce mur aura au moins 1 mètre de hauteur et sera à 1 mètre au moins de distance du puits.

Art. 11. — Il est enjoint aux propriétaires ou principaux locataires des maisons où il y a des puits, de les entretenir en état de salubrité, de les garnir de cordes, poulies et seaux, et d'avoir soin que les pompes et autres machines hydrauliques qui y seraient établies, soient constamment maintenues en bon état, de manière que les puits, pompes et machines puissent servir en cas d'incendie, ainsi que pour l'arrosement de la voie publique.

Art. 13. — Les puisards devront être couverts en maçonnerie et fermés par une cuvette à siphon.

L'ouverture d'extraction des puisards, correspondante à une cheminée de 1^m50 centimètres au plus de hauteur, ne pourra avoir moins de 1 mètre de longueur sur 65 centimètres de largeur; lorsque cette ouverture correspondra à une cheminée excédant 1^m50 de hauteur, les dimensions ci-dessus spécifiées seront augmentées de manière que l'une de ces dimensions soit égale aux deux tiers de la hauteur de la cheminée.

Les dispositions de l'article 12, concernant l'écoulement des eaux, est applicable aux puisards.

Art. 14. — Aucun puisard, aucun puits d'absorption ne sera établi sans une autorisation spéciale, qui sera accordée, s'il y a lieu, à la suite de la déclaration prescrite par l'article 1er.

La profondeur du puits d'absorption sera déterminée dans la permission qui sera délivrée, s'il y a lieu.

Toutes les dispositions relatives aux puisards proprement dits, seront applicables aux puisards pratiqués au-dessus ou aux approches des puits d'absorption.

Art. 15. — Il est enjoint aux propriétaires et principaux locataires des maisons où il existe des puisards et des égouts particuliers, de les entretenir dans un état tel qu'ils ne puissent compromettre la sûreté et la salubrité publique.

Il est expressément défendu de jeter, dans les égouts particuliers, des boues et immondices solides, des eaux vannes, des matières fécales, et généralement tout corps ou matière pouvant obstruer et infecter les dits égouts.

Art. 16. — Les contraventions à la présente Ordonnance seront constatées par procès-verbaux ou rapports qui nous seront transmis pour être déférés aux tribunaux compétents.

Loi sur l'expropriation pour cause d'utilité publique.

Du 3 mai 1841.

Art. 1er. — L'expropriation pour cause d'utilité publique s'opère par autorité de justice.

Art. 2. — Les tribunaux ne peuvent prononcer l'expropriation qu'autant que l'utilité en a été constatée et déclarée dans les formes prescrites par la présente loi.

Ces formes consistent :

1° Dans la loi ou l'Ordonnance royale qui autorise l'exécution des travaux pour lesquels l'expropriation est requise ;

2° Dans l'acte du Préfet qui désigne les localités ou territoires sur lesquels les travaux doivent avoir lieu, lorsque cette désignation ne résulte pas de la loi ou de l'Ordonnance royale ;

3° Dans l'arrêté ultérieur par lequel le Préfet détermine les propriétés particulières auxquelles l'expropriation est applicable.

Cette application ne peut être faite à aucune propriété particulière, qu'après que les parties intéressées ont été mises en état d'y fournir leurs contredits, selon les règles exprimées au titre II.

Art. 3. — Tous grands travaux publics, routes royales, canaux, chemins de fer, canalisation des rivières, bassins et docks, entrepris par l'État, les départements, les communes, ou par compagnies particulières, avec ou sans péage, avec ou sans subside du Trésor, avec ou sans aliénation du domaine public, ne pourront être exécutés qu'en vertu d'une loi, qui ne sera rendue qu'après une enquête administrative.

Une Ordonnance royale suffira pour autoriser l'exécution des routes départementales, celle des canaux et chemins de fer d'embranchement de moins de vingt mille mètres de longueur, des ponts ou de tous autres travaux de moindre importance.

Cette Ordonnance devra également être précédée d'une enquête.

Cette enquête aura lieu dans les formes déterminées par un règlement d'administration publique.

TITRE II

Des mesures d'administration relatives à l'expropriation

Art. 4. — Les ingénieurs ou autres gens de l'art chargés de l'exécution des travaux, lèvent, pour la partie qui s'étend sur chaque commune, le plan parcellaire des terrains ou des édifices dont la cession leur paraît nécessaire.

Art. 5. — Le plan des dites propriétés particulières, indicatif des noms de chaque propriétaire, tels qu'ils sont inscrits sur la matrice des rôles, reste déposé pendant huit jours à la mairie de la commune où les propriétés sont situées, afin que chacun puisse en prendre connaissance.

Art. 6. — Le délai fixé à l'article précédent ne court qu'à dater de l'avertissement qui est donné collectivement aux parties intéressées, de prendre communication du plan déposé à la mairie.

Cet avertissement est publié à son de trompe ou de caisse dans la commune, et affiché tant à la principale porte de l'église du lieu qu'à celle de la maison commune.

Il est en outre inséré dans l'un des journaux publiés dans l'arrondissement, ou, s'il n'en existe aucun, dans l'un des journaux du département.

Art. 7. — Le Maire certifie ces publications et affiches ; il mentionne sur un procès-verbal, qu'il ouvre à cet effet, et que les parties qui comparaissent sont requises de signer, les déclarations et réclamations qui lui ont été faites verbalement, et y annexe celles qui lui sont transmises par écrit.

Art. 8. — A l'expiration du délai de huitaine prescrit par l'article 5, une Commission se réunit au chef-lieu de la Sous-préfecture.

Cette Commission, présidée par le Sous-Préfet de l'arrondissement, sera composée de quatre membres du Conseil général du département ou du Conseil de l'arrondissement désignés par le Préfet, du maire de la commune où les propriétés sont situées, et de l'un des ingénieurs chargés de l'exécution des travaux.

La Commission ne peut délibérer valablement qu'autant que cinq de ses membres au moins sont présents.

Dans le cas où le nombre des membres présents serait de six, et où il y aurait partage d'opinions, la voix du président sera prépondérante.

Les propriétaires qu'il s'agit d'exproprier ne peuvent être appelés à faire partie de la Commission.

Art. 9. — La Commission reçoit pendant huit jours les observations des propriétaires.

Elle les appelle toutes les fois qu'elle le juge convenable. Elle donne son avis. Ses opérations doivent être terminées dans le délai de dix jours ; après quoi le procès-verbal est adressé immédiatement par le Sous-Préfet au Préfet.

Dans le cas où les dites opérations n'auraient pas été mises à fin dans le délai ci-dessus, le Sous-Préfet devra, dans les trois jours, transmettre au Préfet son procès-verbal et les documents recueillis.

Art. 10. — Si la Commission propose quelque changement au tracé indiqué par les ingénieurs, le Sous-Préfet devra, dans la forme indiquée par l'article 6, en donner immédiatement avis aux propriétaires que ces changements pourront intéresser. Pendant la huitaine, à dater de cet avertissement, le procès-verbal et les pièces resteront déposés à la Sous-Préfecture, les parties intéressées pourront en prendre communication sans déplacement et sans frais, et fournir leurs observations écrites.

Dans les trois jours suivants, le Sous-Préfet transmettra toutes les pièces à la Préfecture.

Art. 11. — Sur le vu du procès-verbal et des documents y annexés, le Préfet détermine, par un arrêté motivé, les propriétés qui doivent être cédées et indique l'époque à laquelle il sera nécessaire d'en prendre possession. Toutefois, dans le cas où il résulterait de l'avis de la Commission qu'il y aurait lieu de modifier le tracé des travaux ordonnés, le Préfet surseoira jusqu'à ce qu'il ait été prononcé par l'administration supérieure.

L'administration supérieure pourra, suivant les circonstances, ou statuer définitivement, ou ordonner qu'il soit procédé de nouveau à tout ou partie des formalités prescrites par les articles précédents.

Art. 12. — Les dispositions des articles 8, 9 et 10 ne sont point applicables au cas où l'expropriation serait demandée par une commune et dans un intérêt purement communal, non plus qu'aux travaux d'ouverture ou de redressement des chemins vicinaux.

Dans ce cas, le procès-verbal prescrit par l'article 7 est transmis, avec l'avis du Conseil municipal, par le Maire au Sous-Préfet, qui l'adressera au Préfet avec ses observations. Le Préfet, en Conseil de préfecture, sur le vu de ce procès-verbal, et sauf l'approbation

de l'administration supérieure, prononcera comme il est dit en
l'article précédent.

TITRE III

De l'expropriation et de ses suites, quant aux priviléges, hypothèques et autres droits réels

Art. 13. — Si des biens de mineurs, d'interdits, d'absents, ou
autres incapables, sont compris dans les plans déposés en vertu
de l'article 5, ou dans les modifications admises par l'administration supérieure, aux termes de l'article 11 de la présente loi,
les tuteurs, ceux qui ont été envoyés en possession provisoire, et
tous représentants des incapables peuvent, après autorisation du
Tribunal donnée sur simple requête, en la Chambre du Conseil, le
ministère public entendu, consentir amiablement à l'aliénation
des dits biens.

Le tribunal ordonne les mesures de conservation ou de remploi
qu'il juge nécessaires.

Ces dispositions sont applicables aux immeubles dotaux et aux
majorats.

Les Préfets pourront, dans le même cas, aliéner les biens des
départements, s'ils y sont autorisés par délibération du Conseil
général ; les maires ou administrateurs pourront aliéner les biens
des communes ou établissements publics, s'ils y sont autorisés
par délibération du Conseil municipal ou du Conseil d'administration, approuvée par le Préfet en Conseil de préfecture.

Le Ministre des finances peut consentir à l'aliénation des biens
de l'État ou de ceux qui font partie de la dotation de la Couronne,
sur la proposition de l'Intendant de la liste civile.

A défaut de conventions amiables, soit avec les propriétaires
des terrains ou bâtiments dont la cession est reconnue nécessaire,
soit avec ceux qui les représentent, le Préfet transmet au Procureur du Roi, dans le ressort duquel les biens sont situés, la loi ou
l'Ordonnance qui autorise l'exécution des travaux, et l'Arrêté men-
tionné en l'article 11.

Art. 14. — Dans les trois jours, et sur la production des pièces
constatant que les formalités prescrites par l'article 2 du titre Ier

et par le titre II de la présente loi ont été remplies, le Procureur du Roi requiert, et le Tribunal prononce l'expropriation pour cause d'utilité publique des terrains ou bâtiments indiqués dans l'Arrêté du Préfet.

Si, dans l'année de l'Arrêté du Préfet, l'Administration n'a pas poursuivi l'expropriation, tout propriétaire dont les terrains sont compris au dit Arrêté peut présenter requête au Tribunal. Cette requête sera communiquée par le Procureur du Roi au Préfet, qui devra, dans le plus bref délai, envoyer les pièces, et le Tribunal statuera dans les trois jours.

Le même jugement commet un des membres du'Tribunal pour remplir les fonctions attribuées par le titre IV, chapitre II, au magistrat directeur du jury chargé de fixer l'indemnité, et désigne un autre membre pour le remplacer au besoin.

En cas d'absence ou d'empêchement de ces deux magistrats, il sera pourvu à leur remplacement par une Ordonnance sur requête du Président du Tribunal civil.

Dans le cas où les propriétaires à exproprier consentiraient à la cession, mais où il n'y aurait point accord sur le prix, le Tribunal donnera acte du consentement et désignera le magistrat directeur du jury, sans qu'il soit besoin de rendre le jugement d'expropriation, ni de s'assurer que les formalités prescrites par le titre II ont été remplies.

Art. 15. — Le jugement est publié et affiché par extrait, dans la commune de la situation des biens, de la manière indiquée en l'article 6. Il est en outre inséré dans l'un des journaux publiés dans l'arrondissement, ou, s'il n'en existe aucun, dans l'un de ceux du département.

Cet extrait, contenant les noms des propriétaires, les motifs et le dispositif du jugement, leur est notifié au domicile qu'ils auront élu dans l'arrondissement de la situation des biens, par une déclaration faite à la mairie de la commune où les biens sont situés; et, dans le cas où cette élection de domicile n'aurait pas eu lieu, la notification de l'extrait sera faite en double copie au maire et au fermier, locataire, gardien ou régisseur de la propriété.

Toutes les autres notifications prescrites par la présente loi seront faites dans la forme ci-dessus indiquée.

Art. 16. — Le jugement sera, immédiatement après l'accomplissement des formalités prescrites par l'article 15 de la présente loi, transcrit au bureau de la conservation des hypothèques de l'arrondissement, conformément à l'article 2181 du Code civil.

Art. 17. — Dans la quinzaine de la transcription, les priviléges et les hypothèques conventionnelles, judiciaires ou légales, seront inscrits.

A défaut d'inscription dans ce délai, l'immeuble exproprié sera affranchi de tous priviléges et hypothèques, de quelque nature qu'ils soient, sans préjudice des droits des femmes, mineurs et interdits, sur le montant de l'indemnité, tant qu'elle n'a pas été payée ou que l'ordre n'a pas été réglé définitivement entre les créanciers.

Les créanciers inscrits n'auront, dans aucun cas, la faculté de surenchérir, mais ils pourront exiger que l'indemnité soit fixée conformément au titre IV.

Art. 18.—Les actions en résolution, en revendication, et toutes autres actions réelles, ne pourront arrêter l'expropriation ni en empêcher l'effet. Le droit des réclamants sera transporté sur le prix, et l'immeuble en demeurera affranchi.

Art. 19. — Les règles posées dans le premier paragraphe de l'article 15, et dans les articles 16, 17 et 18, sont applicables dans le cas de conventions amiables passées entre l'administration et les propriétaires.

Cependant l'administration peut, sauf les droits des tiers, et sans accomplir les formalités ci-dessus tracées, payer le prix des acquisitions dont la valeur ne s'élèverait pas au-dessus de 500 francs.

Le défaut d'accomplissement des formalités de la purge des hypothèques n'empêche pas l'expropriation d'avoir son cours; sauf, pour les parties intéressées, à faire valoir leurs droits ultérieurement, dans les formes déterminées par le titre IV de la présente loi.

Art. 20. — Le jugement ne pourra être attaqué que par la voie du recours en cassation, et seulement pour incompétence, excès de pouvoir ou vices de forme du jugement.

Le pourvoi aura lieu, au plus tard, dans les trois jours, à dater de la notification du jugement, par déclaration au greffe du Tribunal.

Il sera notifié dans la huitaine, soit à la partie, au domicile indiqué par l'article 15, soit au Préfet ou au Maire, suivant la nature des travaux; le tout à peine de déchéance.

Dans la quinzaine de la notification du pourvoi, les pièces seront adressées à la chambre civile de la Cour de cassation, qui statuera dans le mois suivant.

L'arrêt, s'il est rendu par défaut, à l'expiration de ce délai, ne sera pas susceptible d'opposition.

TITRE IV

Du règlement des indemnités.

CHAPITRE PREMIER

MESURES PRÉPARATOIRES

Art. 21. — Dans la huitaine qui suit la notification prescrite par l'article 15, le propriétaire est tenu d'appeler et de faire connaître à l'administration les fermiers, locataires, ceux qui ont des droits d'usufruit, d'habitation ou d'usage, tels qu'ils sont réglés par le Code civil, et ceux qui peuvent réclamer des servitudes résultant des titres mêmes du propriétaire ou d'autres actes dans lesquels il serait intervenu, sinon il restera seul chargé envers eux des indemnités que ces derniers pourront réclamer.

Les autres intéressés seront mis en demeure de faire valoir leurs droits par l'avertissement énoncé en l'article 6, et tenus de se faire connaître à l'administration dans le même délai de huitaine, à défaut de quoi ils seront déchus de tous droits à l'indemnité.

Art. 22. — Les dispositions de la présente loi relatives aux propriétaires et à leurs créanciers sont applicables à l'usufruitier et à ses créanciers.

Art. 23. — L'administration notifie aux propriétaires et à tous autres intéressés qui auront été désignés ou qui seront intervenus dans le délai fixé par l'article 21, les sommes qu'elle offre pour indemnités.

Ces offres sont en outre affichées et publiées conformément à l'article 6 de la présente loi.

Art. 24. — Dans la quinzaine suivante, les propriétaires et autres intéressés sont tenus de déclarer leur acceptation, ou, s'ils n'acceptent pas les offres qui leur sont faites, d'indiquer le montant de leurs prétentions.

Art. 25. — Les femmes mariées sous le régime dotal, assistées de leurs maris, les tuteurs, ceux qui ont été envoyés en possession provisoire des biens d'un absent, et autres personnes qui représentent les incapables, peuvent valablement accepter les offres énoncées en l'article 23, s'ils y sont autorisés dans les formes prescrites par l'article 13.

Art. 26. — Le Ministre des finances, les préfets, maires ou administrateurs, peuvent accepter les offres d'indemnité pour expropriation de biens appartenant à l'État, à la Couronne, aux départements, communes ou établissements publics, dans les formes et avec les autorisations prescrites par l'article 13.

Art. 27. — Le délai de quinzaine, fixé par l'article 24, sera d'un mois, dans les cas prévus par les articles 25 et 26.

Art. 28. — Si les offres de l'administration ne sont pas acceptées dans les délais prescrits par les articles 24 et 27, l'administration citera, devant le jury, qui sera convoqué à cet effet, les propriétaires et tous les autres intéressés qui auront été désignés, ou qui seront intervenus, pour qu'il soit procédé au règlement des indemnités de la manière indiquée au chapitre suivant. La citation contiendra l'énonciation des offres qui auront été refusées.

CHAPITRE II

DU JURY SPÉCIAL CHARGÉ DE RÉGLER LES INDEMNITÉS

Art. 29. — Dans sa session annuelle, le Conseil général du département désigne, pour chaque arrondissement de sous-préfecture, tant sur la liste des électeurs que sur la seconde partie de la liste du jury, trente-six personnes au moins, et soixante-douze au plus, qui ont leur domicile réel dans l'arrondissement, parmi lesquelles sont choisis, jusqu'à la session suivante ordinaire du Conseil général, les membres du jury spécial appelé, le cas échéant, à régler les indemnités dues par suite d'expropriation pour cause d'utilité publique.

Le nombre des jurés désignés pour le département de la Seine sera de 600.

Art. 30. — Toutes les fois qu'il y a lieu de recourir à un jury spécial, la première Chambre de la Cour royale, dans les départements qui sont le siége d'une Cour royale, et, dans les autres départements, la première Chambre du Tribunal du chef-lieu judiciaire, choisit, en la Chambre du Conseil, sur la liste dressée en vertu de l'article précédent pour l'arrondissement dans lequel ont lieu les expropriations, seize personnes qui formeront le jury spécial chargé de fixer définitivement le montant de l'indemnité, et, en outre, quatre jurés supplémentaires ; pendant les vacances, ce choix est déféré à la Chambre de la Cour ou du Tribunal chargée du service des vacations.

En cas d'abstention ou de récusation des membres du Tribunal, le choix du jury est déféré à la Cour royale.

Ne peuvent être choisis :

1° Les propriétaires, fermiers, locataires des terrains et bâtiments désignés en l'arrêté du Préfet, pris en vertu de l'article II, et qui restent à acquérir ;

2° Les créanciers ayant inscription sur les dits immeubles ;

3° Tous autres intéressés désignés ou intervenants, en vertu des articles 21 et 22.

Les septuagénaires seront dispensés, s'ils le requièrent, des fonctions de juré.

Art. 31. — La liste des seize jurés et des quatre jurés supplémentaires est transmise par le Préfet au Sous-Préfet, qui, après s'être concerté avec le magistrat directeur du jury, convoque les jurés et les parties, en leur indiquant, au moins huit jours à l'avance, le lieu et le jour de la réunion. La notification aux parties leur fait connaître les noms des jurés.

Art. 32. — Tout juré qui, sans motifs légitimes, manque à l'une des séances, ou refuse de prendre part à la délibération, encourt une amende de 100 francs au moins et 300 francs au plus.

L'amende est prononcée par le magistrat directeur du jury.

Il statue en dernier ressort sur l'opposition qui serait formée par le juré condamné.

Il prononce également sur les causes d'empêchement que les jurés proposent, ainsi que sur les exclusions ou incompatibilités dont les causes ne seraient survenues ou n'auraient été connues que postérieurement à la désignation faite en vertu de l'article 30.

Art. 33. — Ceux des jurés qui se trouvent rayés de la liste par suite des empêchements, exclusions ou incompatibilités prévus à l'article précédent, sont immédiatement remplacés par les jurés supplémentaires, que le magistrat directeur du jury appelle dans 'ordre de leur inscription.

En cas d'insuffisance, le magistrat, directeur du jury, choisit, sur la liste dressée en vertu de l'article 29, les personnes nécessaires pour compléter le nombre des seize jurés.

Art. 34. — Le magistrat directeur du jury est assisté, auprès du jury spécial, du greffier ou commis-greffier du Tribunal, qui appelle successivement les causes sur lesquelles le jury doit statuer, et tient procès-verbal des opérations.

Lors de l'appel, l'administration a le droit d'exercer deux récusations péremptoires ; la partie adverse a le même droit.

Dans le cas où plusieurs intéressés figurent dans la même affaire, ils s'entendent, pour l'exercice du droit de récusation; sinon le sort désigne ceux qui doivent en user.

Si le droit de récusation n'est point exercé ou s'il ne l'est que partiellement, le magistrat directeur du jury procède à la réduction des jurés au nombre de douze, en retranchant les derniers noms inscrits sur la liste.

Art. 35. — Le jury spécial n'est constitué que lorsque les douze jurés sont présents.

Les jurés ne peuvent délibérer valablement qu'au nombre de neuf au moins.

Art. 36. — Lorsque le jury est constitué, chaque juré prête serment de remplir ses fonctions avec impartialité.

Art. 37. — Le magistrat directeur met sous les yeux du jury :

1° Le tableau des offres et demandes notifiées en exécution des art. 23 et 24 ;

2° Les plans parcellaires et les titres ou autres documents produits par les parties à l'appui de leurs offres et demandes.

Les parties ou leurs fondés de pouvoir peuvent présenter sommairement leurs observations.

Le jury pourra entendre toutes les personnes qu'il croira pouvoir l'éclairer.

Il pourra également se transporter sur les lieux ou déléguer à cet effet un ou plusieurs de ses membres.

La discussion est publique; elle peut être continuée à une autre séance.

Art. 38. — La clôture de l'instruction est prononcée par le magistrat directeur du jury.

Les jurés se retirent immédiatement dans leur chambre pour délibérer, sans désemparer, sous la présidence de l'un d'eux, qu'ils désignent à l'instant même.

La décision du jury fixe le montant de l'indemnité; elle est prise à la majorité des voix.

En cas de partage, la voix du président du jury est prépondérante.

Art. 39. — Le jury prononce des indemnités distinctes en faveur des parties qui les réclament à des titres différents, comme propriétaires, fermiers, locataires, usagers et autres intéressés dont il est parlé à l'art. 21.

Dans le cas d'usufruit, une seule indemnité est fixée par le jury, eu égard à la valeur totale de l'immeuble, le nu-propriétaire et l'usufruitier exercent leurs droits sur le montant de l'indemnité au lieu de l'exercer sur la chose.

L'usufruitier sera tenu de donner caution ; les père et mère ayant l'usufruit légal des biens de leurs enfants en seront seuls dispensés. Lorsqu'il y a litige sur le fond du droit ou sur la qualité des réclamants, et toutes les fois qu'il s'élève des difficultés étrangères à la fixation du montant de l'indemnité, le jury règle l'indemnité, indépendamment de ces litiges et difficultés, sur lesquels les parties sont renvoyées à se pourvoir devant qui de droit.

L'indemnité allouée par le jury ne peut, en aucun cas, être inférieure aux offres de l'administration ni supérieure à la demande de la partie intéressée.

Art. 40. — Si l'indemnité réglée par le jury ne dépasse pas l'offre de l'administration, les parties qui l'auront refusée seront condamnées aux dépens.

Si l'indemnité est égale à la demande des parties, l'administration sera condamnée aux dépens.

Si l'indemnité est à la fois supérieure à l'offre de l'administration et inférieure à la demande des parties, les dépens seront compensés de manière à être supportés par les parties et l'administration, dans les proportions de leur offre ou de leur demande avec la décision du jury.

Tout indemnitaire qui ne se trouvera pas dans le cas des art. 25 et 26 sera condamné aux dépens, quelle que soit l'estimation ultérieure du jury, s'il a omis de se conformer aux dispositions de l'art. 24.

Art. 41. — La décision du jury, signée des membres qui y ont concouru, est remise par le président au magistrat directeur, qui la déclare exécutoire, statue sur les dépens et envoie l'administration en possession de la propriété, à la charge par elle de se conformer aux dispositions des art. 53, 54 et suivants.

Ce magistrat taxe les dépens, dont le tarif est déterminé par un règlement d'administration publique.

La taxe ne comprendra que les actes faits postérieurement à l'offre de l'administration ; les frais des actes antérieurs demeurent, dans tous les cas, à la charge de l'administration.

Art. 42. — La décision du jury et l'ordonnance du magistrat directeur ne peuvent être attaquées que par la voie du recours en cassation, et seulement pour violation du premier paragraphe de l'art. 30, de l'art. 31, des deuxième et quatrième paragraphes de l'art. 34 et des art. 35, 36, 37, 38, 39 et 40.

Le délai sera de quinze jours pour ce recours, qui sera d'ailleurs formé, notifié et jugé comme il est dit en l'art. 20 ; il courra à partir du jour de la décision.

Art. 43. — Lorsqu'une décision du jury aura été cassée, l'affaire sera renvoyée devant un nouveau jury, choisi dans le même arrondissement.

Néanmoins, la Cour de cassation pourra, suivant les circonstances, renvoyer l'appréciation de l'indemnité à un jury choisi dans un des arrondissements voisins, quand même il appartiendrait à un autre département.

Il sera procédé, à cet effet, conformément à l'art. 30.

Art. 44. — Le jury ne connaît que les affaires dont il a été saisi au moment de sa convocation et statue successivement, et sans interruption, sur chacune de ces affaires. Il ne peut se séparer qu'après avoir réglé toutes les indemnités dont la fixation lui a été ainsi déférée.

Art. 45. — Les opérations commencées par un jury, et qui ne sont pas encore terminées au moment du renouvellement annuel de la liste générale mentionnée en l'art. 29, sont continuées, jusqu'à conclusion définitive, par le même jury.

Art. 46. — Après la clôture des opérations du jury, les minutes de ces décisions et les autres pièces qui se rattachent aux dites opérations sont déposées au greffe du Tribunal civil de l'arrondissement.

Art. 47. — Les noms des jurés qui auront fait le service d'une session ne pourront être portés sur le tableau dressé par le Conseil général pour l'année suivante.

CHAPITRE III

DES RÈGLES A SUIVRE POUR LA FIXATION DES INDEMNITÉS

Art. 48. — Le jury est juge de la sincérité des titres et de l'effet des actes qui seraient de nature à modifier l'évaluation de l'indemnité.

Art. 49. — Dans le cas où l'administration contesterait au détenteur exproprié le droit à une indemnité, le jury, sans s'arrêter à la contestation, dont il renvoie le jugement devant qui de droit, fixe l'indemnité, comme si elle était due, et le magistrat directeur du Jury en ordonne la consignation, pour, la dite indemnité, rester déposée jusqu'à ce que les parties se soient entendues ou que le litige soit vidé.

Art. 50. — Les bâtiments dont il est nécessaire d'acquérir une portion pour cause d'utilité publique, seront achetés en entier, si les propriétaires le requièrent par une déclaration formelle adressée au magistrat directeur du jury, dans les délais énoncés aux art. 24 et 27.

Il en sera de même de toute parcelle de terrain qui, par suite du morcellement, se trouvera réduite au quart de la contenance totale, si toutefois le propriétaire ne possède aucun terrain immédiatement contigu, et si la parcelle ainsi réduite est inférieure à dix ares.

Art. 51. — Si l'exécution des travaux doit procurer une augmentation de valeur immédiate et spéciale au restant de la propriété, cette augmentation sera prise en considération dans l'évaluation du montant de l'indemnité.

Art. 52. — Les constructions, plantations et améliorations, ne donneront lieu à aucune indemnité lorsque, à raison de l'époque où elles auront été faites ou de toutes autres circonstances dont l'appréciation lui est abandonnée, le jury acquiert la conviction qu'elles ont été faites dans la vue d'obtenir une indemnité plus élevée.

TITRE V

Du payement des indemnités.

Art. 53. — Les indemnités réglées par le jury seront, préalablement à la prise de possession, acquittées entre les mains des ayants droit.

S'ils se refusent à les recevoir, la prise de possession aura lieu après offres réelles et consignation.

S'il s'agit de travaux exécutés par l'État ou les départements, les offres réelles pourront s'effectuer au moyen d'un mandat égal au montant de l'indemnité réglée par le jury : ce mandat, délivré par l'ordonnateur compétent, visé par le payeur, sera payable sur la caisse publique qui s'y trouvera désignée.

Si les ayants droit refusent de recevoir le mandat, la prise de possession aura lieu après consignation en espèces.

Art. 54. — Il ne sera pas fait d'offres réelles toutes les fois qu'il existera des inscriptions sur l'immeuble exproprié ou d'autres obstacles au versement des deniers entre les mains des ayants droit ; dans ce cas, il suffira que les sommes dues par l'administration soient consignées, pour être ultérieurement distribuées ou remises, selon les règles du droit commun. ·

Art. 55. — Si, dans les six mois du jugement d'expropriation, l'administration ne poursuit pas la fixation de l'indemnité, les parties pourront.exiger qu'il soit procédé à la dite fixation.

Quand l'indemnité aura été réglée, si elle n'est ni acquittée, ni consignée dans les six mois de la décision du jury, les intérêts courront de plein droit à l'expiration de ce délai.

TITRE VI

Dispositions diverses

Art. 56. — Les contrats de vente, quittances et autres actes relatifs à l'acquisition des terrains, peuvent être passés dans la forme des actes administratifs ; la minute restera déposée au secrétariat de la Préfecture ; expédition en sera transmise à l'administration des domaines.

Art. 57. — Les significations et notifications mentionnées en la présente loi sont faites à la diligence du Préfet du département de la situation des biens.

Elles peuvent être faites, tant par huissier que par tout agent de l'administration dont les procès-verbaux font foi en justice.

Art. 58. — Les plans, procès-verbaux, certificats, significations, jugements, contrats, quittances et autres actes faits en vertu de la présente loi, seront visés pour timbre et enregistrés gratis, lorsqu'il y aura lieu à la formalité de l'enregistrement.

Il ne sera perçu aucun droit pour la transcription des actes au bureau des hypothèques.

Les droits perçus sur les acquisitions amiables faites antérieurement aux arrêtés du Préfet seront restitués, lorsque, dans le délai de deux ans à partir de la perception, il sera justifié que les immeubles acquis sont compris dans ces arrêtés. La restitution des droits ne pourra s'appliquer qu'à la portion des immeubles qui aura été reconnue nécessaire à l'exécution des travaux.

Art. 59. — Lorsqu'un propriétaire aura accepté les offres de l'administration, le montant de l'indemnité devra, s'il l'exige et s'il n'y a pas eu contestation de la part des tiers dans les délais prescrits par les articles 24 et 27, être versé à la Caisse des dépôts et consignations, pour être remis ou distribué à qui de droit, selon les règles du droit-commun.

Art. 60. — Si les terrains acquis pour des travaux d'utilité publique ne reçoivent pas cette destination, les anciens propriétaires ou leurs ayants droit peuvent en demander la remise.

Le prix des terrains rétrocédés est fixé à l'amiable, et, s'il n'y a pas accord, par le jury dans les formes ci-dessus prescrites. La fixation par le jury ne peut, en aucun cas, excéder la somme moyennant laquelle les terrains ont été acquis.

Art. 61. — Un avis publié de la manière indiquée en l'article 6, fait connaître les terrains que l'administration est dans le cas de revendre.

Dans les trois mois de cette publication, les anciens propriétaires qui veulent réacquérir la propriété des dits terrains sont tenus de le déclarer, et, dans le mois de la fixation du prix, soit amiable, soit judiciaire, ils doivent passer le contrat de rachat et payer le prix, le tout à peine de déchéance du privilége que leur accorde l'article précédent.

Art. 62. — Les dispositions des articles 60 et 61 ne sont pas applicables aux terrains qui auront été acquis sur la réquisition du propriétaire, en vertu de l'article 50, et qui resteraient disponibles après l'exécution des travaux.

Art. 63. — Les concessionnaires des travaux publics exerceront tous les droits conférés à l'administration et seront soumis à toutes les obligations qui lui sont imposées par la présente loi.

Art. 64. — Les contributions de la portion d'immeuble qu'un propriétaire aura cédée, ou dont il aura été exproprié pour cause d'utilité publique, continueront à lui être comptées pendant un an, à partir de la remise de la propriété, pour former son cens électoral.

TITRE VII

Dispositions exceptionnelles

CHAPITRE PREMIER

Art. 65. — Lorsqu'il y aura urgence de prendre possession des terrains non bâtis qui seront soumis à l'expropriation, l'urgence sera spécialement déclarée par une Ordonnance royale.

Art. 66. — En ce cas, après le jugement d'expropriation, l'ordonnance qui déclare l'urgence et le jugement seront notifiés, conformément à l'article 15, aux propriétaires et aux détenteurs, avec assignation devant le Tribunal civil. L'assignation sera donnée à trois jours au moins : elle énoncera la somme offerte par l'administration.

Art. 67. — Au jour fixé, le propriétaire et les détenteurs seront tenus de déclarer la somme dont ils demandent la consignation avant l'envoi en possession.

Faute par eux de comparaître, il sera procédé en leur absence.

Art. 68. — Le Tribunal fixe le montant de la somme à consigner.

Le Tribunal peut se transporter sur les lieux, ou commettre un juge pour visiter les terrains, recueillir tous les renseignements propres à en déterminer la valeur, et en dresser, s'il y a lieu, un procès-verbal descriptif. Cette opération devra être terminée dans les cinq jours, à dater du jugement qui l'aura ordonnée.

Dans les trois jours de la remise de ce procès-verbal au greffe, le Tribunal déterminera la somme à consigner.

Art. 69. — La consignation doit comprendre, outre le principal, la somme nécessaire pour assurer pendant deux ans le payement des intérêts à 5 p. 100.

Art. 70. — Sur le vu du procès-verbal de consignation, et sur une nouvelle assignation à deux jours de délai au moins, le président ordonne la prise de possession.

Art. 71. — Le jugement du Tribunal et l'ordonnance du Président sont exécutoires sur minute et ne peuvent être attaqués par opposition ni par appel.

Art. 72. — Le Président taxera les dépens qui seront supportés par l'administration.

Art. 73. — Après la prise de possession, il sera, à la poursuite de la partie la plus diligente, procédé à la fixation définitive de l'indemnité, en exécution du titre IV de la présente loi.

Art. 74. — Si cette fixation est supérieure à la somme qui a été déterminée par le Tribunal, le supplément doit être consigné dans la quinzaine de la notification de la décision du jury et, à défaut, le propriétaire peut s'opposer à la continuation des travaux.

CHAPITRE II

Art. 75. — Les formalités prescrites par les titres I et II de la présente loi, ne sont applicables ni aux travaux militaires ni aux travaux de la marine royale.

Pour ces travaux, une Ordonnance royale détermine les terrains qui sont soumis à l'expropriation.

Art. 76. — L'expropriation ou l'occupation temporaire, en cas d'urgence, des propriétés privées qui seront jugées nécessaires pour des travaux de fortification, continueront d'avoir lieu, conformément aux dispositions prescrites par la loi du 30 mars 1831.

Toutefois, lorsque les propriétaires ou autres intéressés n'auront pas accepté les offres de l'administration, le règlement définitif des indemnités aura lieu conformément aux dispositions du titre IV ci-dessus.

Seront également applicables aux expropriations poursuivies en vertu de la loi du 30 mars 1831, les articles 16, 17, 18, 19 et 20, ainsi que le titre VI de la présente loi.

Art. 77. — Les lois des 8 mars 1810 et 7 juillet 1833 sont abrogées.

Police de la grande voirie.

Loi des 23-30 mars 1842 (Amendes).

Art. 1er. — A dater de la promulgation de la présente loi, les amendes fixes établies par les règlements de grande voirie, antérieurs à la loi des 19-22 juillet 1791, pourront être modérées eu égard au degré d'importance et aux circonstances atténuantes des délits, jusqu'au vingtième des dites amendes, sans toutefois que ce minimum puisse descendre au dessous de 16 francs.

A dater de la même époque, les amendes dont le taux, d'après ces règlements, était laissé à l'arbitraire du juge, pourront varier entre un minimum de 16 francs et un maximum de 300 francs.

Instructions sur les dispositions de sûreté et de salubrité à exécuter dans les boulangeries.

Paris, le 17 octobre 1845.

Le bois de provision sera toujours placé à l'extérieur du fournil. (§ 1er, art. 19 de l'Ordonnance de police du 24 novembre 1843, concernant les incendies.)

Cette disposition est de rigueur pour les boulangeries qui seront transférées ou qui changeront de titulaires.

Quant au bois destiné à la consommation du jour, il pourra rester dans le fournil, sauf à être renfermé de la manière indiquée dans la deuxième partie de cette instruction.

Il est expressément défendu de laisser dans le fournil d'autre bois que celui qui sera ainsi renfermé.

Les supports à bannetons ou autres seront en matériaux incombustibles. (§ 2, article 19 de l'Ordonnance sus-mentionnée.)

Les soupentes et toutes autres constructions en bois, établies dans les fournils, seront également en matériaux incombustibles. (Même paragraphe.)

Les couches à pain seront revêtues extérieurement de tôle, ainsi que les pétrins qui se trouveront à moins de 2 mètres de la bouche du four. (Même paragraphe.)

Les glissoires seront toujours en métal, avec fourreau en cuir, à moins qu'elles ne se trouvent à l'extérieur des fournils ou qu'elles ne soient, dans l'intérieur, à une très-grande distance du four. (Décision du 22 mars 1844.)

Les escaliers communiquant aux fournils seront en matériaux incombustibles. (§ 2, article 19 de l'Ordonnance sus-mentionnée.)

Ces escaliers devront toujours être d'un accès facile.

Les chaudières seront fermées d'un couvercle à charnières. (Décision du 25 février 1839.)

Elles devront être aussi munies d'un robinet.

Il ne pourra être établi de lieux d'aisances dans l'intérieur des fournils. (Décision du 25 février 1839.)

Il ne pourra être placé des rideaux ou des portières ni dans les caves, ni aux chaudières. (Même décision.)

Les étouffoirs et coffres à braise devront être en matériaux incombustibles et les couvercles entièrement en forte tôle. (§ 3, article 19 de l'Ordonnance sus-mentionnée.)

Les trappes ne seront tolérées, dans les boulangeries, qu'autant qu'elles seront disposées de manière à ne présenter aucune chance d'accident. (Décret du 31 janvier 1838.)

Les treuils servant à monter les farines seront supprimés et, à l'avenir, il ne pourra plus en être établi, sous aucun prétexte.

Les réservoirs de plomb des boulangers devront être nettoyés à fond tous les mois. (Décision du 20 novembre 1834.)

Les puits des boulangers devront être entretenus en état de salubrité et être garnis de cordes, poulies et seaux, pour pouvoir servir en cas d'incendie. (Art. 11 de l'Ordonnance de police du 20 juillet 1838, concernant les puits, puisards, etc.)

Les chandelles ou lampes portatives, dont on ferait usage dans les fournils, devront toujours être renfermées dans une lanterne vitrée ou à tissu métallique. (§ 1er de l'article 24 de l'Ordonnance précitée de 1843.)

Dispositions relatives aux établissements actuellement existants.

Lorsque, dans les boulangeries actuelles, les localités ne permettront pas de déposer le bois de provision à l'extérieur du fournil, il sera ménagé, dans ledit fournil, un emplacement séparé par des murs en briques et fermé d'une porte en fer.

Le bois destiné à la consommation du jour ne pourra, après sa dessiccation, être déposé que dans un lieu construit en matériaux incombustibles et hermétiquement fermé par une porte en fer.

Les arcades situées sous les fours pourront être affectées à cette destination en les fermant aussi par une porte en fer.

Dans les boulangeries actuelles, où les fours n'auront pas d'arcade, la partie du fournil où ce bois est ordinairement déposé sera également isolée par une construction en matériaux incombustibles et hermétiquement fermée par une porte en fer.

Ce lieu sera toujours indépendant de celui qui sera destiné au bois de provision.

Loi relative à l'assainissement des logements insalubres.

Du 13-22 avril 1850.

Art. 1er. — Dans toute commune où le Conseil municipal l'aura déclaré nécessaire par une délibération spéciale, il nommera une Commission chargée de rechercher et d'indiquer les mesures indispensables d'assainissement des logements et dépendances insalubres mis en location, ou occupés par d'autres que le propriétaire, l'usufruitier ou l'usager.

Sont réputés insalubres les logements qui se trouvent dans des conditions de nature à porter atteinte à la vie ou à la santé de leurs habitants.

Art. 2. — La Commission se composera de neuf membres au plus, et de cinq au moins.

En feront nécessairement partie, un médecin et un architecte, ou tout autre homme de l'art, ainsi qu'un membre du Bureau de bienfaisance et du Conseil des prud'hommes, si ces institutions existent dans la commune.

La présidence appartient au maire et à l'adjoint.

Le médecin et l'architecte pourront être choisis hors de la commune.

La Commission se renouvelle tous les deux ans par tiers, les membres sortants sont indéfiniment rééligibles.

A Paris, la Commission se compose de douze membres.

Art. 3. — La Commission visitera les lieux signalés comme insalubres. Elle déterminera l'état d'insalubrité et en indiquera les causes ainsi que les moyens d'y remédier. Elle désignera les logements qui ne seraient pas susceptibles d'assainissement.

Art. 4. — Les rapports de la Commission seront déposés au secrétariat de la mairie, et les parties intéressées mises en demeure d'en prendre communication et de produire leurs observations dans le délai d'un mois.

Art. 5. — A l'expiration de ce délai, les rapports et observations seront soumis au Conseil municipal, qui déterminera :

1º Les travaux d'assainissement et les lieux où ils devront être entièrement ou partiellement exécutés, ainsi que les délais de leur achèvement;

2º Les habitations qui ne sont pas susceptibles d'assainissement.

Art. 6. — Un recours est ouvert aux intéressés contre ces décisions devant le Conseil de préfecture, dans le délai d'un mois, à dater de la notification de l'Arrêté municipal. Ce recours sera suspensif.

Art. 7. — En vertu de la décision du Conseil municipal ou de celle du Conseil de préfecture en cas de recours, s'il a été reconnu que les causes d'insalubrité sont dépendantes du fait du propriétaire ou de l'usufruitier, l'autorité municipale lui enjoindra, par mesure d'ordre et de police, d'exécuter les travaux jugés nécessaires.

Art. 8. — Les ouvertures pratiquées pour l'exécution des travaux d'assainissement seront exemptées, pendant trois ans, de la contribution des portes et fenêtres.

Art. 9. — En cas d'inexécution dans les délais déterminés, des travaux jugés nécessaires, et si le logement continue d'être occupé par un tiers, le propriétaire ou l'usufruitier sera passible d'une amende de 16 francs à 100 francs. Si les travaux n'ont pas été exécutés dans l'année qui aura suivi la condamnation, et si le logement insalubre a continué d'être occupé par un tiers, le propriétaire ou l'usufruitier sera passible d'une amende égale à la valeur des travaux et pouvant être élevée au double.

Art. 10. — S'il est reconnu que le logement n'est pas susceptible d'assainissement, et que les causes d'insalubrité sont dépendantes de l'habitation elle-même, l'autorité municipale pourra, dans le délai qu'elle fixera, en interdire provisoirement la location à titre d'habitation.

L'interdiction absolue ne pourra être prononcée que par le Conseil de préfecture, et dans ce cas, il y aura recours de sa décision devant le Conseil d'État.

Le propriétaire ou l'usufruitier qui aura contrevenu à l'interdiction prononcée, sera condamné à une amende de 16 francs à 100 francs, et en cas de récidive dans l'année, à une amende égale au double de la valeur locative du logement interdit.

Art. 11. — Lorsque, par suite de l'exécution de la présente loi, il y aura lieu à la résiliation des baux, cette résiliation n'emportera, en faveur du locataire, aucuns dommages-intérêts.

Art. 12. — L'article 463 du Code pénal sera applicable à toutes les contraventions ci-dessus indiquées.

Art. 13. — Lorsque l'insalubrité est le résultat de causes extérieures et permanentes, ou lorsque ces causes ne peuvent être détruites que par des travaux d'ensemble, la commune pourra acquérir, suivant les formes et après l'accomplissement des formalités prescrites par la loi du 3 mai 1841, la totalité des propriétés comprises dans le périmètre des travaux.

Les portions de ces propriétés qui, après l'assainissement opéré, resteraient en dehors des alignements arrêtés pour les nouvelles constructions, pourront être revendues aux enchères publiques sans que, dans ce cas, les anciens propriétaires ou leurs ayants droit puissent demander l'application des articles 60 et 61 de la loi du 3 mai 1841.

Art. 14. — Les amendes prononcées en vertu de la présente loi seront attribuées en entier au bureau ou établissement de bienfaisance de la localité où sont situées les habitations à raison desquelles ces amendes ont été encourues.

Ordonnance de police concernant les fosses d'aisances.

Du 23 *octobre* 1850.

Nous, Préfet de police :

Considérant que l'Ordonnance de police du 23 août 1819, relative à la surveillance des fosses d'aisances dans Paris, prescrit diverses formalités dont l'accomplissement nuit à la célérité dési-

rable dans un service de cette nature, et qu'il y a lieu de la modifier en ce point;

Considérant qu'à cette occasion, il convient d'ajouter à l'Ordonnance précitée, quelques dispositions dont l'expérience a fait
sentir la nécessité;

Vu l'Ordonnance de police du 5 juin 1834, concernant la
vidange des fosses d'aisances et le service des fosses mobiles
dans Paris;

En vertu de la loi des 16-24 août 1790 et de l'Arrêté du gouvernement du 12 messidor an VIII (1er juillet 1800);

Ordonnons ce qui suit:

Art. 1er. — Aucune fosse d'aisances ne pourra être construite,
reconstruite ou réparée, sans déclaration préalable à la Préfecture
de police.

Cette déclaration sera faite par le propriétaire ou par l'entrepreneur qu'il aura chargé de l'exécution des ouvrages.

Dans le cas de construction ou de reconstruction, la déclaration devra être accompagnée du plan de la fosse à construire ou à
reconstruire, et de celui de l'étage supérieur.

Art. 2. — Seront dispensées de la déclaration les reconstructions
et réparations que prescriront les architectes de notre administration, lors de la visite des fosses à la suite de la vidange.

Art. 3. — L'établissement des appareils de fosses mobiles reste
soumis aux formalités et conditions énoncées aux art. 28, 29 et
suivants de l'Ordonnance sus-visée du 5 juin 1834.

Art. 4. — Il est défendu de combler des fosses d'aisances et de
les convertir en caves, sans en avoir préalablement obtenu la permission de la Préfecture de police.

Art. 5. — Il est interdit aux propriétaires ou entrepreneurs
d'extraire ou de faire extraire par leurs ouvriers ou tous autres,
les eaux vannes et matières qui se trouveraient dans les fosses.

Cette extraction ne pourra être faite que par un entrepreneur
de vidange.

Art. 6. — Il leur est également interdit de faire couler dans la
rue les eaux claires, et sans odeur, qui reviendraient dans les
fosses après la vidange, à moins d'y être spécialement autorisés.

Art. 7. — Tout propriétaire faisant procéder à la réparation ou
à la démolition d'une fosse, ou tout entrepreneur chargé des
mêmes travaux, sera tenu, tant que dureront la démolition et
l'extraction des pierres, d'avoir à l'extérieur de la fosse autant
d'ouvriers qu'il en emploiera dans l'intérieur.

Art. 8. — Chaque ouvrier, travaillant à la démolition ou à l'extraction des pierres, sera ceint d'un bridage dont l'attache sera tenue par un ouvrier placé à l'extérieur.

Art. 9. — Les propriétaires et entrepreneurs sont, aux termes des lois, responsables des effets des contraventions aux quatre articles précédents.

Art. 10. — Toute fosse, avant d'être comblée, sera vidée et curée à fond.

Art. 11. — Toute fosse destinée à être convertie en cave sera curée avec soin, les joints en seront grattés à vif et les parties en mauvais état réparées, conformément aux dispositions prescrites par les art. 5, 6, 7 et 8.

Art. 12. — Si un ouvrier est frappé d'asphyxie en travaillant dans une fosse, les travaux seront suspendus à l'instant, et déclaration en sera faite, dans le jour, à la Préfecture de police.

Les travaux ne pourront être repris qu'avec les précautions et les mesures indiquées par l'autorité.

Art. 13. — Tous matériaux provenant de la démolition de fosses d'aisances seront immédiatement enlevés.

Art. 14. — Les fosses neuves, reconstruites ou réparées, ne pourront être mises en service et fermées qu'après. qu'un architecte de la Préfecture de police en aura fait la réception et aura délivré un permis de fermer.

Art. 15. — Pour l'exécution des dispositions de l'article précédent, il devra être donné avis à la Préfecture de police de l'achèvement des travaux, savoir : pour les fosses neuves, par une déclaration écrite déposée au bureau de la petite voirie, et pour les fosses reconstruites ou réparées, d'après les indications des architectes de l'administration, par la remise au même bureau du bulletin laissé par l'architecte qui a prescrit les travaux.

Art. 16. — Tout propriétaire qui aura supprimé une ou plusieurs fosses d'aisances pour établir des appareils quelconques en tenant lieu, et qui, par suite, renoncerait à l'usage des dits appareils, sera tenu de rendre à leur première destination les fosses d'aisances supprimées ou d'en faire construire de nouvelles.

Art. 17. — Il est enjoint à tous propriétaires, concierges et locataires, de faciliter aux préposés de notre administration toutes visites ayant pour but de s'assurer de l'état des fosses et de leurs dépendances.

Art. 18. — L'Ordonnance précitée du 23 octobre 1819 est rapportée.

Art. 19. — Les contraventions seront constatées par des procès-verbaux ou rapports qui nous seront transmis sans délai.

Art. 20. — Les commissaires de police, l'architecte commissaire de la petite voirie, l'inspecteur général de la salubrité et les autres préposés de la Préfecture de police sont chargés de surveiller l'exécution de la présente Ordonnance.

Décret relatif aux rues de Paris.

Du 26 mars 1852.

Art. 1er. — Les rues de Paris continueront d'être soumises au régime de la grande voirie.

Art. 2. — Dans tout projet d'expropriation pour l'élargissement, le redressement ou la formation des rues de Paris, l'administration aura la faculté de comprendre la totalité des immeubles atteints, lorsqu'elle jugera que les parties restantes ne sont pas d'une étendue ou d'une forme qui permette d'y élever des constructions salubres.

Elle pourra pareillement comprendre, dans l'expropriation, des immeubles en dehors des alignements, lorsque leur acquisition sera nécessaire pour la suppression d'anciennes voies publiques jugées inutiles.

Les parcelles de terrains, acquises en dehors des alignements et non susceptibles de recevoir des constructions salubres, seront réunies aux propriétés contiguës, soit à l'amiable, soit par l'expropriation de ces propriétés, conformément à l'art. 53 de la loi du 16 septembre 1807.

La fixation du prix de ces terrains sera faite suivant les mêmes formes et devant la même juridiction que celle des expropriations ordinaires.

L'art. 58 de la loi du 3 mai 1841 est applicable à tous les actes et contrats relatifs aux terrains acquis pour la voie publique par simple mesure de voirie.

Art. 3. — A l'avenir, l'étude de tout plan d'alignement de rue devra nécessairement comprendre le nivellement : celui-ci sera soumis à toutes les formalités qui régissent l'alignement.

Tout constructeur de maison, avant de se mettre à l'œuvre, devra demander l'alignement et le nivellement de la voie publique au-devant de son terrain et s'y conformer.

Art. 4. — Il devra pareillement adresser, à l'administration, un plan et des coupes cotées des constructions qu'il projette, et se soumettre aux prescriptions qui lui seront faites dans l'intérêt de la sûreté publique et de la salubrité.

Vingt jours après le dépôt de ces plans et coupes au secrétariat de la Préfecture de la Seine, le constructeur pourra commencer d'après son plan, s'il ne lui a été notifié aucune injonction.

Une coupe géologique des fouilles pour fondation de bâtiments sera dressée par tout architecte constructeur, et remise à la Préfecture de la Seine.

Art. 5. — Les façades des maisons seront constamment tenues en bon état de propreté. Elles seront grattées, repeintes ou badigeonnées au moins une fois tous les dix ans, sur l'injonction qui sera faite au propriétaire par l'autorité municipale. Les contrevenants seront passibles d'une amende qui ne pourra excéder 100 francs.

Art. 6. — Toute construction nouvelle, dans une rue pourvue d'égout, devra être disposée de manière à y conduire les eaux pluviales et ménagères.

La même disposition sera prise pour toute maison ancienne, en cas de grosses réparations, et en tout cas avant dix ans.

Art. 7. — Il sera statué par un Décret ultérieur rendu dans la forme des règlements d'administration publique, en ce qui concerne la hauteur des maisons, les combles et les lucarnes.

Art. 8. — Les propriétaires riverains des voies publiques empierrées supporteront les frais de premier établissement des travaux, d'après les règles qui existent à l'égard des propriétaires riverains des rues pavées.

Art. 9. — Les dispositions du présent Décret pourront être appliquées à toutes les villes qui en feront la demande, par des Décrets spéciaux rendus dans la forme des règlements d'administration publique.

Arrêté préfectoral pour l'application du Décret du 26 mars 1852.

Du 27 *avril* 1852.

Nous, Préfet de la Seine,

    Arrêtons :

Le Décret du 26 mars dernier sur la grande voirie sera publié et affiché dans les divers quartiers de la capitale.

Les propriétaires et constructeurs sont invités à s'y conformer en ce qui les concerne.

Fait à Paris, le 27 avril 1852.

Ordonnance de police concernant les incendies.

Du 11 *décembre* 1852.

TITRE PREMIER

Construction des cheminées, poêles, fourneaux et calorifères.

Art. 1er. — Toutes les cheminées, tous les poêles et autres appareils de chauffage doivent être établis et disposés de manière à éviter les dangers du feu et à pouvoir être facilement nettoyés ou ramonés.

Art. 2. — Il est interdit d'adosser des foyers de cheminées, des poêles et des fourneaux à des cloisons dans lesquelles il entrerait du bois, à moins de laisser entre le parement extérieur du mur entourant ces foyers et les cloisons un espace de 16 centimètres.

Art. 3. — Les foyers de cheminées ne doivent être posés que sur des voûtes en maçonnerie ou sur des trémies en matériaux incombustibles.

La longueur des trémies sera au moins égale à la largeur des cheminées, y compris la moitié de l'épaisseur des jambages.

Leur largeur sera de 1 mètre au moins à partir du fond du foyer jusqu'au chevêtre.

Art. 4. — Il est interdit de poser les bois des combles et des planchers à moins de 16 centimètres de toute face intérieure des tuyaux de cheminées et autres foyers.

Art. 5. — Les languettes des tuyaux en plâtre doivent être pigeonnées à la main et avoir au moins 8 centimètres d'épaisseur.

Art. 6. — Chaque foyer de cheminée ou de poêle doit, à moins d'autorisation spéciale, avoir son tuyau particulier dans toute la hauteur du bâtiment.

Art. 7. — Les tuyaux de cheminées qui n'auraient pas au moins 60 centimètres de largeur sur 25 de profondeur, seront construits en briques, en terre cuite ou en fonte. Ils ne pourront être que de forme cylindrique ou à angles arrondis sur un rayon de 6 centimètres au moins.

Ces tuyaux ne pourront dévier de la verticale de manière à former avec elle un angle de plus de 30 degrés (un tiers de l'angle droit).

L'accès de ces tuyaux, à leur partie supérieure, devra être facile.

Art. 8. — Les mitres en plâtre sont interdites au-dessus des tuyaux des cheminées.

Art. 9. — Les fourneaux potagers doivent être disposés de telle sorte que les cendres qui en proviennent soient retenues par des cendriers fixes construits en matériaux incombustibles et ne puissent tomber sur des planchers.

Art. 10. — Les poêles de construction reposeront sur une aire en matériaux incombustibles d'au moins 8 centimètres d'épaisseur, s'étendant de 30 centimètres en avant de l'ouverture du foyer.

Cette aire sera séparée du cendrier intérieur par un vide d'au moins 8 centimètres, permettant la circulation de l'air.

Les poêles mobiles devront reposer sur une plate-forme en matériaux incombustibles d'au moins 20 centimètres de saillie en avant de l'ouverture du foyer.

Art. 11. — Les tuyaux de poêle et tous autres conducteurs de fumée, en métal, devront toujours être isolés, dans toute leur hauteur, d'au moins 16 centimètres des cloisons dans lesquelles il entrerait du bois.

Lorsqu'un tuyau traversera une de ces cloisons, le diamètre de l'ouverture faite dans la cloison devra excéder de 16 centimètres celui du tuyau.

Ce tuyau sera maintenu au passage par une tôle dans laquelle il sera percé une ouverture égale au diamètre extérieur du dit tuyau.

Art. 12. — Aucun tuyau conducteur de fumée en métal ne pourra traverser un plancher ou un pan de bois, à moins d'être entouré au passage par un manchon en métal ou en terre cuite.

Le diamètre de ce manchon excédera de 10 centimètres celui du tuyau, de manière qu'il y ait partout, entre le manchon et le tuyau, un intervalle de 5 centimètres.

Art. 13. — Les prescriptions des articles 2, 3, 4, 10, 11, 12, relatives aux tuyaux de cheminées et aux tuyaux conducteurs de fumée, en métal, seront applicables aux tuyaux de chaleur des calorifères à air chaud.

Toutefois, sont exceptés les tuyaux de chaleur qui prennent l'air à la partie supérieure de la chambre dans laquelle est placé l'appareil de chauffage.

Art. 14. — Il nous sera donné avis des vices de construction des cheminées, poêles, fourneaux et calorifères qui pourraient occasionner un incendie.

TITRE II

Entretien et ramonage des cheminées.

Art. 15. — Les propriétaires sont tenus d'entretenir constamment les cheminées en bon état.

Art. 16. — Il est enjoint aux propriétaires et locataires de faire ramoner les cheminées et tous tuyaux conducteurs de fumée assez fréquemment pour prévenir les dangers du feu.

Les cheminées dans les fondoirs de suif, aux abattoirs, seront ramonées tous les quinze jours.

Il est défendu de faire usage du feu pour nettoyer les cheminées et les tuyaux de poêle.

Les cheminées qui ne présenteraient pas à l'intérieur, et dans toute la longueur du tuyau, un passage d'au moins 60 centimètres sur 25, seront construites en briques, en terre cuite ou en fonte. Ces cheminées ne devront être ramonées qu'à l'aide d'écouvillons mus par une corde.

(Voir plus loin l'Ordonnance du 15 septembre 1875, qui modifie et annule la présente Ordonnance.

Ordonnance de police concernant l'exercice de la profession de boucher, à Paris.

Du 16 mars 1858.

Nous, sénateur, Préfet de police,

Vu le Décret impérial en date du 24 février dernier,

Ordonnons ce qui suit :

Art. 1ᵉʳ. — Tout individu qui voudra exercer, à Paris, la profession de boucher, devra en faire préalablement la déclaration à la Préfecture de police, conformément à l'article 2 du décret ci-dessus visé et indiquer le lieu où il se propose d'établir son étal.

A défaut d'opposition formée par la Préfecture dans le délai de quinze jours, l'étal pourra être ouvert.

L'opposition ne pourra être basée que sur l'inexécution des conditions déterminées par l'article 2 ci-après.

Dans le cas d'opposition, le requérant devra, s'il persiste, faire subir au local les appropriations nécessaires ; lorsqu'elles auront été exécutées, il en donnera avis à la Préfecture de police, et si, dans un délai de quinze jours, à dater du dépôt de cet avis, la

Préfecture de police ne notifie pas de nouvelle opposition, le requérant pourra ouvrir son étal.

Art. 2. — L'ouverture d'un étal sera subordonnée aux conditions suivantes :

Le local aura au moins 2ᵐ50 d'élévation, 3ᵐ50 de largeur et 4 mètres de profondeur. Il sera fermé, dans toute sa hauteur, par une grille en fer.

La ventilation devra y être établie au moyen d'un courant d'air transversal.

Le sol sera entièrement dallé, avec pente en rigole et en surélévation de la voie publique.

Les murs seront revêtus d'enduits ou dé matériaux imperméables.

Il ne pourra y avoir dans l'étal ni âtre, ni cheminée, ni fourneaux.

Toute chambre à coucher en devra être éloignée ou séparée par des murs, sans communication directe.

A défaut de puits ou d'une concession d'eau pour le service de l'étal, il y sera suppléé par un réservoir de la contenance d'un demi-mètre cube, qui devra être rempli tous les jours.

Art. 3. — Notre Ordonnance, en date du 1ᵉʳ octobre 1855, concernant la taxe de la viande, est rapportée.

En conséquence, le prix de la marchandise sera désormais librement débattu entre le boucher et le consommateur.

Art. 4. — La présente Ordonnance recevra son exécution à partir du 31 mars courant.

Elle sera publiée et affichée à la suite du Décret impérial du 24 février dernier.

Art. 5. — Les commissaires de police de la Ville de Paris, le directeur de l'approvisionnement, les inspecteurs de la boucherie et les autres préposés de la Préfecture de police sont chargés, chacun en ce qui le concerne, d'en assurer l'exécution.

Décret impérial portant règlement d'administration publique pour l'exécution du Décret du 26 mars 1852, relatif aux rues de Paris.

Du 27 décembre 1858.

Napoléon, par la grâce de Dieu et la volonté nationale, empereur des Français, à tous présents et à venir, salut :

Sur le rapport de notre Ministre secrétaire d'État au département de l'intérieur ;

Vu le décret du 26 mars 1852, relatif aux rues de Paris ;

Vu la loi du 3 mai 1841 ;

Notre Conseil d'État entendu ;

Avons décrété et décrétons ce qui suit :

Art. 1er. — Lorsque, dans un projet d'expropriation pour l'élargissement, le redressement ou la formation d'une rue, l'administration croit devoir comprendre, par application du paragraphe 1er de l'article 2 du Décret du 26 mars 1852, des parties d'immeubles situées en dehors des alignements, et qu'elle juge impropres, à raison de leur étendue ou de leur forme, à recevoir des constructions salubres, l'indication de ces parties est faite sur le plan soumis à l'enquête prescrite par le titre II de la loi du 3 mai 1841, et il est fait mention du projet de l'administration dans l'avertissement donné conformément à l'article 6 de la dite loi.

Art. 2. — Dans le délai de huit jours, à partir de cet avertissement, les propriétaires doivent déclarer, sur le procès-verbal d'enquête, s'ils s'opposent à l'expropriation, et faire connaître leurs motifs.

Dans ce cas, l'expropriation ne peut être autorisée que par un Décret rendu en Conseil d'État.

Les oppositions ainsi formées ne font pas obstacle à ce que le Préfet statue, conformément aux articles 11 et 12 de la loi du 3 mai 1841, sur toutes les autres propriétés comprises dans l'expropriation.

Art. 3. — Si l'administration le juge préférable, il est statué par un seul et même décret, tant sur l'utilité publique de l'élargissement, du redressement ou de la formation des rues projetées, que sur l'autorisation d'exproprier les parcelles situées en dehors des alignements.

Dans ce cas, l'indication des parcelles à exproprier est faite sur le plan soumis à l'enquête, en vertu du titre Ier de la loi du 3 mai 1841 et de l'article 2 de l'Ordonnance du 23 août 1835.

Mention est faite du projet de l'administration dans l'avertissement donné conformément à l'article 3 de la dite Ordonnance, et les oppositions des propriétaires intéressés sont consignées au registre de l'enquête.

Art. 4. — Les formalités prescrites par les articles ci-dessus sont suivies pour l'application du paragraphe 2 de l'article 2 du Décret du 26 mars 1852.

Art. 5. — Dans le cas prévu par le paragraphe 3 du même article, le propriétaire du fonds auquel doivent être réunies les parcelles acquises en dehors des alignements, conformément à l'article 53 de la loi du 16 septembre 1807, est mis en demeure, par un acte extrajudiciaire, de déclarer, dans un délai de huitaine, s'il entend profiter de la faculté de s'avancer sur la voie publique, en acquérant les parcelles riveraines.

En cas de refus ou de silence, il est procédé à l'expropriation dans les formes légales.

Art. 6. — Dans tout projet pour l'élargissement, le redressement ou la formation de rues, le plan soumis à l'enquête qui précède la déclaration d'utilité publique, comprend un projet de nivellement.

Décret portant règlement sur la hauteur des maisons, les combles et les lucarnes, dans la ville de Paris.

Du 27 juillet 1859.

Vu la déclaration du 10 avril 1783 ;

Les lettres patentes du 25 août 1784 ;

Les décrets des 14 décembre 1789, 16-24 août 1790 et 19-22 juillet 1791 ;

Le décret du 26 mars 1852, et notamment les articles 4 et 7, ce dernier ainsi conçu : « Il sera statué par un décret ultérieur, rendu dans la forme des règlements d'administration publique, en ce qui concerne la hauteur des maisons, les combles et les lucarnes » ;

Avons décrété et décrétons ce qui suit :

TITRE Iᵉʳ

DE LA HAUTEUR DES BATIMENTS

SECTION Iʳᵉ. — *De la hauteur des façades des bâtiments bordant les voies publiques.*

Art. 1ᵉʳ. — La hauteur des façades des maisons bordant les voies publiques, dans la ville de Paris, est déterminée par la largeur légale de ces voies publiques.

Cette hauteur, mesurée du trottoir ou du pavé au pied des façades des bâtiments, et prise, dans tous les cas, au milieu de ces façades, ne peut excéder, y compris les entablements, attiques et toutes les constructions à plomb du mur de face, savoir :

Onze mètres soixante-dix centimètres pour les voies publiques au-dessous de sept mètres quatre-vingts de largeur ;

Quatorze mètres soixante centimètres pour les voies publiques de sept mètres quatre-vingts et au-dessus, jusqu'à neuf mètres soixante-quinze centimètres ;

Dix-sept mètres cinquante-cinq centimètres pour les voies publiques de neuf mètres soixante-quinze centimètres et au-dessus.

Toutefois, dans les rues et boulevards de vingt mètres et au-dessus, la hauteur des bâtiments peut être portée jusqu'à vingt mètres, mais à la charge par les constructeurs de ne faire en aucun cas, au-dessus du rez-de-chaussée, plus de cinq étages carrés, entre-sol compris.

Art. 2. — Les façades qui seront construites sur la voie publique, soit en retraite de l'alignement, soit à fruit, ou de toute autre manière, ne peuvent être élevées qu'à la hauteur déterminée pour les maisons construites à l'alignement.

Art. 3. — Tout bâtiment situé à l'encoignure de deux voies publiques d'inégale largeur peut, par exception, être élevé, du côté de la rue la plus étroite, jusqu'à la hauteur fixée pour la plus large.

Toutefois cette exception ne s'étendra, sur la voie la plus étroite, que jusqu'à concurrence de la profondeur du corps de bâtiment ayant face sur la voie la plus large, soit que ce corps de bâtiment soit simple ou double en profondeur.

Cette disposition exceptionnelle ne peut être invoquée que pour les bâtiments construits à l'alignement déterminé pour les deux voies publiques.

Art. 4. — Pour les bâtiments autres que ceux dont il est parlé en l'article précédent, et qui occupent tout l'espace compris entre deux voies d'inégale largeur ou de niveau différent, chacune des deux façades ne peut dépasser la hauteur fixée en raison de la largeur ou du niveau de la voie publique sur laquelle chaque façade sera située.

Toutefois, lorsque la plus grande distance entre les deux façades n'excède pas quinze mètres, la façade bordant la voie publique la moins large ou du niveau le plus bas peut, par exception, être élevée à la hauteur fixée pour la rue la plus large ou du niveau le plus élevé.

SECTION II. — *De la hauteur des bâtiments situés en dehors des voies publiques.*

Art. 5. — Les bâtiments situés en dehors des voies publiques, dans les cours et espaces intérieurs, ne peuvent excéder sur aucune de leurs faces, la hauteur de dix-sept mètres cinquante-cinq centimètres, mesurée du sol.

L'administration peut toutefois autoriser, par exception, des constructions plus élevées pour des besoins d'art, de science ou d'industrie.

Dans ces cas exceptionnels, elle fixe les dimensions, la forme et le mode de construction de ces surélévations.

Section III. — *De la hauteur des étages.*

Art. 6. — Dans tous les bâtiments, de quelque nature qu'ils soient, il ne peut être exigé, en exécution de l'article 4 du décret du 26 mars 1852, une hauteur d'étage de plus de deux mètres soixante centimètres.

Pour l'étage dans le comble, cette hauteur s'applique à la partie la plus élevée du rampant.

TITRE II

DES COMBLES

Section Iʳᵉ. — *Des combles au-dessus des façades élevées au maximum de la hauteur légale.*

Art. 7. — Le faîtage du comble ne peut excéder une hauteur égale à la moitié de la profondeur du bâtiment, y compris les saillies et corniches.

Le profil du comble, sur la façade du côté de la voie publique, ne peut dépasser une ligne inclinée à quarante-cinq degrés partant de l'extrémité de la corniche ou de l'entablement.

Art. 8. — Sur les quais, boulevards, places publiques et dans les voies publiques de quinze mètres au moins de largeur, ainsi que dans les cours et espaces intérieurs en dehors de la voie publique, la ligne inclinée à quarante-cinq degrés dans le périmètre indiqué ci-dessus, peut être remplacée par un quart de cercle dont le rayon ne peut excéder la hauteur fixée par l'article 7.

La saillie de l'entablement sera laissée en dehors du quart de cercle.

Art. 9. — Les combles des bâtiments situés à l'angle d'une voie publique de quinze mètres au moins de largeur et d'une voie publique de moins de quinze mètres, peuvent, par exception, être établis sur cette dernière voie suivant le périmètre déterminé par l'article 8, mais seulement dans la même profondeur que celle fixée par l'article 3.

Art. 10. — Dans les cas prévus par les trois articles précédents, les reliefs de chéneaux et membrons ne doivent pas excéder la ligne à quarante-cinq degrés partant de l'extrémité de l'entablement, ou le quart de cercle qui, dans le cas prévu par l'article 8, peut remplacer cette ligne.

Art. 11. — Les murs de dossiers et les tuyaux de cheminées ne pourront percer la ligne rampante du comble qu'à un mètre cinquante centimètres mesurés horizontalement du parement extérieur du mur de face, ni s'élever à plus de soixante centimètres au-dessus du faîtage.

Art. 12. — La face extérieure des lucarnes doit être placée en arrière du parement extérieur du mur de face donnant sur la voie publique et à une distance d'au moins trente centimètres.

Elles ne peuvent s'élever, compris leur toiture, à plus de trois mètres au-dessus de la base des combles.

Leur largeur ne peut excéder un mètre cinquante centimètres hors-œuvre.

Les jouées de ces lucarnes doivent être parallèles entre elles.

Les intervalles auront au moins un mètre cinquante centimètres, quelle que soit la largeur des lucarnes.

La saillie de leur corniche, égouts compris, ne doit pas excéder quinze centimètres.

Il peut être établi un second rang de lucarnes en se renfermant dans le périmètre déterminé par les articles 7 et 8.

SECTION II. — *Des combles au-dessus des façades élevées à une hauteur moindre que la hauteur légale.*

Art. 13. — Les combles, au-dessus des façades qui ne seraient pas élevées au maximum de hauteur déterminé dans le titre Ier, peuvent dépasser le périmètre fixé par l'article 7, mais ils ne doivent pas toutefois, ainsi que leurs chéneaux membrons, lucarnes et murs de dossier, excéder le périmètre général des bâtiments, fixé tant pour les façades que pour les combles, par les dispositions du titre Ier et de la première section du présent titre.

Art. 14. — Les dispositions du présent titre sont applicables à tous les bâtiments placés ou non sur la voie publique.

TITRE III

Dispositions transitoires.

Art. 15. — Les murs de face, les combles, les lucarnes dont l'élévation et la forme excèdent actuellement celles ci-dessus prescrites, ne peuvent être réconfortés ni reconstruits qu'à la charge de se conformer aux dispositions qui précèdent.

Toutefois, l'interdiction de réconforter les bâtiments situés en dehors des voies publiques, dans les cours et espaces intérieurs, ne sera appliquée à ces bâtiments qu'à l'expiration d'un délai de vingt ans à partir de la promulgation du présent décret.

TITRE IV

Dispositions diverses.

Art. 16. — Les dispositions du présent Décret ne sont pas applicables aux édifices publics.

Art. 17. — Les dispositions des Règlements, Ordonnances et autres actes qui seraient contraires au présent Décret sont et demeurent rapportées.

Art. 18. — Notre Ministre secrétaire d'État au département de l'intérieur est chargé de l'exécution du présent Décret.

Décret relatif aux attributions du Préfet de la Seine et du Préfet de police.

Du 10 octobre 1859.

Art. 1er. — A l'avenir, les attributions du Préfet de la Seine comprendront, en outre de celles qui lui sont dès à présent conférées par les lois et règlements, et sous les réserves exprimées par les articles 2, 3, 4 ci-après :

1° La petite voirie, telle qu'elle est définie par l'article 21 de l'arrêté du 12 messidor an VIII ;

2° L'éclairage, le balayage, l'arrosage de la voie publique, l'enlèvement des boues, neiges et glaces ;

3° Le curage des égouts et des fosses d'aisances ;

4° Les permissions pour établissements sur la rivière, les canaux et les transports.

Art. 6. — Les dispositions des Décrets, Arrêtés et Ordonnances contraires au présent Décret sont et demeurent abrogées.

Arrêté préfectoral relatif à l'emploi du béton et des ciments dans la construction des fosses d'aisances.

Du 1ᵉʳ août 1862.

Art. 1ᵉʳ. — A l'avenir, les bétons de ciment romain de Vassy ou de Portland, et le béton Coignet seront admis dans la construction des fosses d'aisances, conjointement avec la maçonnerie en meulières hourdées en mortier et chaux hydraulique.

Les fosses ainsi construites resteront soumises à la réception préalable par les agents de l'administration, en exécution des Ordonnances de police sus-visées.

Arrêté préfectoral relatif à l'exécution et à l'entretien par la ville des branchements d'égouts particuliers.

Du 9 juin 1863.

Vu le décret du 26 mars 1852, portant, article 6 :

« Toute construction nouvelle, dans une rue pourvue d'égout, devra être disposée de manière à y conduire les eaux pluviales et ménagères. La même disposition sera prise pour toute maison ancienne en cas de grosses réparations, et en tout cas avant dix ans. »

Art. 1ᵉʳ. — A l'avenir, lorsqu'en exécution du Décret du 26 mars 1852, il y aura lieu de construire des branchements d'égout particuliers sous la voie publique, pour conduire les eaux pluviales et ménagères des propriétés privées à l'égout de la Ville, les travaux seront exécutés pour le compte des propriétaires intéressés, par l'entrepreneur général de l'entretien des égouts municipaux, s'il s'agit d'un travail isolé ou de travaux collectifs ne dépassant pas une dépense totale évaluée à dix mille francs. Dans ce cas, le décompte du prix des travaux sera réglé sous la déduction du rabais de l'entreprise d'entretien.

S'il s'agit d'exécuter une série de branchements dont la dépense totale dépasse dix mille francs, les travaux seront adjugés à un entrepreneur spécial, à moins que les branchements ne doivent être établis sur des égouts municipaux en cours de construction, ou dont les travaux n'aient pas encore été définitivement reçus, aux quels cas l'exécution en sera confiée à l'entrepreneur de ces égouts, aux conditions de son adjudication.

Art. 4. — Tous les travaux d'entretien des branchements d'égout et de leurs accessoires sous la voie publique, quelle que soit l'époque de la construction, seront faits sur l'ordre des ingénieurs, par l'entrepreneur de l'entretien des égouts municipaux. Le mémoire des dépenses sera réglé d'après le prix de l'adjudication en vigueur, rabais déduits, et le montant en sera recouvré comme il est dit en l'article 3 (par les soins du receveur municipal comme en matière de contributions directes).

Art. 5. — Les propriétaires resteront libres d'employer les entrepreneurs de la Ville, aux conditions de leurs marchés avec elle, ou tous autres entrepreneurs, ainsi qu'ils l'entendront, pour la construction ou l'entretien des ouvrages se prolongeant à l'intérieur de leurs immeubles au delà du mur de face.

Loi modifiant l'article 2 de la loi du 13 avril 1850, relative à l'assainissement des logements insalubres.

Du 25 mai 1864.

Article unique. — Sont substituées aux derniers paragraphes de l'article 2 de la loi du 13 avril 1850, les dispositions suivantes :

Dans les communes dont la population dépasse cinquante mille âmes, le Conseil municipal pourra, soit nommer plusieurs Commissions, soit porter jusqu'à vingt le nombre des membres de la Commission existante.

A Paris, le nombre des membres pourra être porté jusqu'à trente.

Décret sur la hauteur des maisons.

Du 1er août 1864.

Napoléon, par la grâce de Dieu et la volonté nationale, empereur des Français, à tous présents et à venir, salut :

Sur le rapport de notre Ministre secrétaire d'État au département de l'intérieur ;

Vu le Décret-Loi du 26 mars 1852, relatif aux rues de Paris ;

Vu notre Décret du 27 juillet 1859, portant règlement d'administration publique sur la hauteur des maisons et la forme des combles, dans la même ville, et notamment l'article 1er, paragraphe 6, ainsi conçu :

« Toutefois, dans les rues ou boulevards de 20 mètres et au-dessus, la hauteur des bâtiments peut être portée jusqu'à 20 mètres, mais à la charge par les constructeurs de ne faire, en aucun cas, au-dessus du rez-de-chaussée, plus de cinq étages carrés, entre-sol compris ;

L'avis du Sénateur, Préfet de la Seine,

Notre Conseil d'État entendu,

Avons décrété et décrétons ce qui suit :

Art. 1er. — La disposition ci-dessus visée, de notre Décret du 27 juillet 1859, est remplacée par la disposition suivante :

« Toutefois, dans les rues ou boulevards de 20 mètres et au-dessus, l'administration municipale pourra, en vue du raccordement et de l'harmonie des lignes de construction, permettre de porter la hauteur des bâtiments jusqu'à un maximum de 20 mètres, mais à la charge par les constructeurs de ne faire, en aucun cas, au-dessus du rez-de-chaussée, plus de cinq étages carrés, entre-sol compris. »

Art. 2. — Notre ministre d'État au département de l'intérieur est chargé de l'exécution du présent Décret.

Ordonnance de police concernant les débits de triperie dans Paris.

Du 21 *avril* 1865.

Art. 1er. — Les Ordonnances de police des 28 mai 1812, 11 janvier 1813 et 21 du même mois, susvisées, concernant le commerce de la triperie à Paris, sont et demeurent abrogées.

Art. 2. — Tout individu qui voudra exploiter, à Paris, un débit de triperie, devra en faire préalablement la déclaration à notre Préfecture et indiquer le lieu où il se propose d'établir son étal.

A défaut d'opposition, formée par la Préfecture de police dans un délai de vingt jours, l'étal pourra être ouvert.

L'opposition ne pourra être basée que sur l'inexécution des conditions déterminées par l'article 3 ci-après.

Art. 3. — L'exploitation d'un débit de triperie à Paris sera subordonnée aux conditions suivantes :

1° Le local sera suffisamment aéré et ventilé;

2° Le sol sera établi en pente et en surélévation de la voie publique ; il sera entièrement dallé ou carrelé avec jointoiement en ciment romain;

3° Les murs seront revêtus de matériaux ou d'enduits imperméables jusqu'à hauteur des crochets de suspension ;

4° Il ne pourra y avoir dans l'étal, ni âtre, ni cheminée, ni fourneaux ;

5° Aucune chambre à coucher ne devra se trouver en communication directe soit avec l'étal, soit avec ses dépendances ;

6° Les tables et comptoirs seront recouverts de plaques en marbre ou en pierre de Château-Landon ;

7° A défaut de puits ou d'une concession d'eau pour le service de l'étal, il y sera suppléé par un réservoir de la contenance d'un demi-mètre cube, au minimum, qui devra être rempli tous les jours.

Art. 4. — Il n'est en rien dérogé, par la présente Ordonnance, aux règlements concernant les ateliers de préparation et de cuisson de tripes, classés parmi les établissements insalubres et incommodes.

Arrêté relatif à l'établissement des tuyaux de prise d'eau dans les branchements d'égouts particuliers.

Du 24 avril 1866.

Art. 1er. — Dans tous les cas où la prise d'eau, soit d'une concession d'établissement public, soit d'un abonnement privé, sera pratiquée sur une conduite publique posée sous galerie, le tuyau alimentaire devra être placé dans le branchement d'égout desservant l'immeuble.

Cette mesure sera appliquée immédiatement, si ce branchement existe, sinon, aussitôt que l'égout particulier aura été construit.

Le tuyau devra, pour entrer dans la propriété, pénétrer dans le mur pignon du branchement ou, s'il y a impossibilité, être dévié latéralement sous le trottoir, le long de la façade de la propriété. Dans ce cas, il sera contenu dans un fourreau métallique étanche, incliné vers l'égout. Le travail sera exécuté, conformément à l'article 8 du règlement sus-visé, aux frais du concessionnaire ou de l'abonné, par les entrepreneurs soit du service des eaux, soit de la Compagnie, aux conditions de leur marché.

Faute de satisfaire à cette prescription, dans le délai de quinzaine à compter de l'invitation qui aura été signifiée à qui de droit par les soins de l'ingénieur en chef, la prise d'eau sera détachée de la conduite publique, d'office et aux frais du concessionnaire ou abonné, et le service sera supprimé.

Arrêté préfectoral, réglementaire pour l'écoulement des eaux vannes dans les égouts publics par voie directe.

Du 2 juillet 1867.

ARTICLE PREMIER.

Les propriétaires de maisons en bordure, sur la voie publique, pourront faire écouler les eaux vannes de leurs fosses d'aisances dans les égouts de la Ville d'une manière directe.

Abonnement.

A cet effet, ils souscriront des abonnements qui, s'il y a lieu, seront approuvés par Arrêtés préfectoraux, sur l'avis de l'ingénieur en chef des eaux et égouts.

Ces abonnements seront annuels et révocables à la volonté de l'administration. Ils partiront des 1er janvier et 1er juillet de chaque année.

Renonciation.

Le propriétaire pourra y renoncer en prévenant le Préfet de la Seine six mois à l'avance. Quelle que soit 'la date de l'avertissement, le prix de l'abonnement sera exigible jusqu'à son expiration.

ARTICLE 2.

Conditions d'abonnement.

Les conditions à remplir pour l'abonnement sont les suivantes :

Concession d'eau.

1º La propriété sera desservie par les eaux de la Ville.

Branchement d'égout.

2º Elle sera pourvue d'un branchement d'égout particulier. Ce branchement pourra être prolongé jusqu'au caveau renfermant les appareils de vidange, pour servir, si on le juge à propos, à l'enlèvement souterrain de ces appareils. Dans ce cas, le branchement sera fermé, à l'aplomb du mur de face, au moyen d'une grille verticale à deux clefs dissemblables, dont une, établie sur le modèle arrêté par l'administration, sera remise au service des égouts, l'autre demeurant aux mains du propriétaire. Cette grille ne sera pas exigible dans le cas où le caveau et le branchement y aboutissant seront sans communication avec l'intérieur de la propriété.

Appareils diviseurs.

3° Les eaux vannes devront être séparées des solides au moyen d'appareils diviseurs d'un modèle accepté par l'administration. Les entrepreneurs chargés de la fourniture et de l'entretien de ces appareils seront exclusivement choisis par les entrepreneurs de vidange en exercice à Paris.

Caveau.

Les appareils diviseurs seront établis dans un caveau convenablement ventilé, et dont le sol aura été rendu imperméable et disposé en forme de cuvette.

Chutes.

Chaque chute de cabinets d'aisances sera pourvue d'un appareil diviseur mobile. Les chutes avec leurs branchements ne pourront être placées sous un angle supérieur à 45 degrés.

Eaux vannes.

4° Les eaux vannes s'écouleront à part dans l'égout par une conduite en fonte ou en grès vernissé, établie suivant les instructions de l'ingénieur en chef des eaux et égouts.

Eaux pluviales, ménagères, industrielles et de concession.

5° Les eaux pluviales, ménagères, industrielles, et celles provenant de la concession desservant la propriété, seront dirigées dans la conduite de manière à se mélanger aux eaux vannes, avant qu'elles n'atteignent l'égout public. En aucun cas, les eaux de ces diverses provenances ne pourront être directement envoyées dans les appareils filtrants.

Fosses réformées.

6° Les fosses fixes, rendues inutiles par suite de l'installation des appareils diviseurs, seront comblées ou converties en caves.

Art. 3.

Police des travaux.

Les dispositions qui précèdent et toutes celles que l'administration jugerait utile de prescrire seront exécutées aux frais,

risques et périls du propriétaire, d'après les instructions des agents
du service des eaux et des égouts, et sans qu'il puisse être mis
empêchement au contrôle de ces agents, sous quelque prétexte
que ce soit.

Aucun appareil de vidange nouveau ne sera mis en service
qu'après avoir été reconnu par l'inspecteur de l'assainissement ou
son délégué, qui en autorisera l'usage.

Art. 4.

Interruption d'écoulement.

Les abonnés n'auront droit à aucune indemnité pour cause d'interruption momentanée d'écoulement d'eaux vannes à l'égout, par
suite de travaux exécutés par la Ville de Paris, lorsque l'interruption ne se prolongera pas au delà d'un mois. Après ce terme, la
réduction de la redevance fixée par l'article 6 ci-après sera proportionnelle à la durée de l'interruption.

Art. 5.

Responsabilité.

Les abonnés seront exclusivement responsables envers les tiers
de tous les dommages auxquels pourraient donner lieu, soit les
appareils de vidange, soit l'écoulement des liquides en provenant.

Art. 6.

Tarif.

Le propriétaire, ou en son nom l'entrepreneur chargé de la fourniture et de l'enlèvement des appareils filtrants, acquittera à la
caisse municipale une redevance annuelle de 30 francs par tuyau
de chute.

Art. 7.

Payement.

Le montant de la somme à payer sera fixé chaque semestre,
après constatation contradictoire du nombre des orifices existants,
par l'inspecteur de l'assainissement ou son délégué, en présence
du propriétaire ou de son représentant et sera reconnu par ceux-ci,
sur un état que l'ingénieur en chef des eaux et des égouts transmettra à la Préfecture de la Seine pour être rendu exécutoire.

Le prix de l'abonnement sera versé en deux termes égaux,
1er janvier et 1er juillet, et d'avance.

Résiliation.

A défaut de payement à l'une des deux échéances, l'écoulement sera suspendu et l'abonnement pourra être résilié.

Art. 8.

Contraventions.

Les contraventions aux dispositions du présent Arrêté seront constatées par procès-verbaux ou rapports et poursuivies par les voies de droit, sans préjudice des mesures administratives auxquelles ces contraventions pourraient donner lieu.

Arrêté préfectoral modificatif de la section des branchements d'égouts.

Du 25 *février* 1870.

Vu l'article 6 du Décret du 6 mars 1852, relatif à la projection directe dans les égouts publics des eaux pluviales et ménagères des maisons de Paris, etc. ;

Arrête :

Art. 1ᵉʳ. — Les galeries de branchements d'égouts particuliers qui doivent être établis pour la projection directe dans les égouts publics des eaux pluviales et ménagères des maisons de Paris, conformément aux projets dressés par les ingénieurs du service municipal et approuvés par M. le Préfet, auront dorénavant, au minimum, 1^m80 de hauteur sous clef et une largeur de 90 centimètres aux naissances et de 60 centimètres au radier.

Art. 2. — Chaque galerie ne pourra, à l'avenir, desservir qu'une seule propriété.

Art. 3. — Pour les ventilations permanentes du canal de drainage, il sera pratiqué une cheminée d'appel s'ouvrant au-dessus des combles, et dont la section aura 3 décimètres carrés au moins.

Art. 4. — L'Arrêté du 19 décembre 1854 est maintenu en ce qui n'est pas contraire aux présentes prescriptions, ainsi que les diverses dispositions contenues dans les Arrêtés susvisés des 9 juin 1863 et 2 juillet 1867, relativement aux branchements d'égouts particuliers.

Caves sous la voie publique. — Arrêt de la Cour d'appel.

Du 11 juillet 1871.

La Cour,

Considérant que Geoffroy a assigné le Préfet de la Seine, représentant la Ville de Paris, pour se faire reconnaître propriétaire de caves existant sous la voie publique et dépendant d'une maison sise à Paris, rue de la Monnaie, 7 ;

Considérant que sur cette demande est intervenu, le 9 janvier 1869, un jugement du Tribunal de la Seine, qui déclare Geoffroy propriétaire de ces caves comme de la maison elle-même, par le motif que si Geoffroy ne représente pas de titres constatant son droit de propriété, il résulte des Édit et Arrêt de 1607 et 1685 combinés, que les auteurs de l'intimé, propriétaires d'une maison établie sur lesdites caves, et retranchée en 1638 pour former une voie nouvelle, avaient conservé la propriété de ces caves sous la voie publique, comme partie de l'indemnité du retranchement et en avaient joui, ainsi que lui, au même titre jusqu'à sa dépossession récente ;

Considérant que, pour vérifier si Geoffroy et ses auteurs ont toujours été propriétaires des caves situées sous le sol de la voie publique, il importe de rechercher tout d'abord l'effet de l'abandon fait en 1689 par les propriétaires du sol sur lequel on établissait la rue de la Monnaie;

Considérant que cet abandon au Domaine public, rendait la chose abandonnée inaliénable et imprescriptible, et que, par la remise du sol et la transmission de la propriété, le nouvel acquéreur devenait propriétaire dans les mêmes termes que le cédant;

Considérant qu'il est de principe que le propriétaire du sol est propriétaire du dessus et du dessous; que ce principe s'applique nécessairement au sous-sol de la voie publique ;

Considérant, toutefois, que cette présomption de la loi peut céder devant les titres émanés des propriétaires originaires, réservant ou aliénant partie de la propriété ;

Considérant que Geoffroy ne rapporte aucun titre, mais qu'il prétend que ses auteurs n'ont cessé d'être propriétaires et que les divers Édit et Arrêt l'ont implicitement reconnu;

Considérant que les retranchements opérés pour constituer la rue de la Monnaie n'ont donné lieu, aux termes exprès de l'Arrêt de 1689, qu'à une indemnité en argent; que ces retranchements paraissent donc avoir été complets et avoir compris le dessus et le dessous;

Considérant qu'il résulte de la législation précédente que les caves existant sous la voie publique ne pouvaient être conservées qu'autant qu'on avait passé des contrats relatifs à cette conservation;

Qu'en effet, l'Édit de décembre 1607 ordonne d'une manière absolue leur suppression; que si l'Arrêt du Conseil du 3 juillet 1685 prescrit de laisser aux propriétaires de maisons retranchées la jouissance des caves, ce n'est que lorsque cette jouissance leur a été réservée par clause expresse et fait partie du dédommagement à eux accordé ;

Considérant que Geoffroy ne peut se prévaloir des dispositions de cet Arrêt, puisqu'il ne rapporte pas le contrat fait avec le prévôt des marchands, qui exigeait l'Arrêt, et puisqu'il ressort de l'Arrêt de 1689 que les indemnités de retranchement de la rue de la Monnaie ont consisté en argent ;

Considérant que, sous un autre rapport, on ne peut invoquer l'Arrêt de 1685 pour établir que la propriété des caves est restée entre les mains des anciens propriétaires;

Que cet Arrêt, en effet, ne leur laisse qu'une simple jouissance, lorsqu'elle est réservée par le contrat et à la charge de remplir certaines obligations de sûreté publique;

Considérant que de ce que dessus ressort, pour tout réclamant, l'obligation de produire les contrats passés avec les représentants de la Ville, et reconnaissant le droit à la jouissance des caves ;

Considérant que Geoffroy revendique une propriété anormale, qu'il réclame le tréfonds de la voie publique; qu'il doit donc justifier par titre son droit de propriété ;

Considérant qu'il ne fait aucune justification; que, dès lors, il ne peut être reconnu propriétaire ;

Considérant que, si Geoffroy et ses auteurs sont restés en possession des caves étant sous la voie publique et en ont conservé la jouissance jusqu'à l'Arrêté du 31 août 1866, qui a ordonné qu'elles fussent comblées, ces possession et jouissance n'ont procédé que de la tolérance de la Ville de Paris;

Considérant que le trouble qui y a été apporté ne pourrait donner lieu qu'à des indemnités que la Cour ne peut apprécier;

Considérant d'ailleurs que, par suite de la décision prisé par la Cour, il n'y a lieu de s'arrêter aux conclusions subsidiaires;

Par ces motifs :

Met l'appellation et le jugement dont est appel à néant; émendant, décharge le Préfet de la Seine des dispositions et condamnations prononcées contre lui ;

Au principal, dit que Geoffroy n'est pas propriétaire des caves étant au droit de sa maison sous la voie publique, le déclare mal fondé dans sa demande, l'en déboute ; sur le surplus des fins, moyens et conclusions des parties, les met hors de cause;

Ordonne la restitution de l'amende et condamne Geoffroy aux dépens de première instance et d'appel.

Interdiction des appareils sur réservoirs. — Arrêté préfectoral.

Du 13 mai 1872.

Le Préfet du département de la Seine :

Vu l'Ordonnance de police, en date du 23 septembre 1843, qui autorise l'exploitation d'un système de fosses d'aisances comportant un appareil diviseur pour les solides et un réservoir pour les liquides ;

Vu le rapport du directeur des eaux et égouts, ayant pour objet l'interdiction de ce système;

Arrête :

Art. 1er. — Les appareils sur réservoirs, autorisés par l'Ordonnance de police susvisée, sont interdits pour l'avenir.

Ceux qui existent actuellement seront supprimés successivement, savoir :

Dans toute maison pourvue d'un branchement d'égout susceptible de recevoir les liquides des appareils, lors de la plus prochaine vidange ;

Dans toute autre maison, lors de la première vidange qui suivra l'établissement d'un branchement pouvant recevoir les liquides.

Décret sur la hauteur des maisons dans Paris.

Du 18 juin 1872.

(Modification des Décrets des 27 juillet 1859 et 1er août 1864.)

Le Président de la République Française :

Sur le rapport du Ministre de l'intérieur ;

Vu le décret du 26 mars 1852 relatif aux rues de Paris, et notamment les articles 4 et 7, ce dernier ainsi conçu :

« Il sera statué, par un Décret ultérieur, rendu dans la forme des règlements d'administration publique en ce qui concerne la hauteur des maisons, les combles et les lucarnes ; »

Vu le Décret du 27 juillet 1859, portant règlement d'administration publique sur la hauteur des maisons, les combles et les lucarnes, dans la même ville ;

Vu le Décret du 1er août 1864, aux termes duquel l'article 1er, § 6, du Décret du 27 juillet 1859, est remplacé par la disposition suivante :

« Toutefois, dans les rues ou boulevards de 20 mètres de largeur et au-dessus, l'administration municipale pourra, en vue du raccordement et de l'harmonie des lignes de construction, permettre de porter la hauteur des bâtiments jusqu'au maximum de 20 mètres ; mais à la charge, par les constructeurs, de ne faire, en aucun cas, au-dessus du rez-de-chaussée, plus de 5 étages carrés, entresol compris » ;

Vu la délibération du Conseil municipal de Paris, du 22 janvier 1872 ;

Vu l'avis du Préfet de la Seine ;

La Commission provisoire, chargée de remplacer le Conseil d'État, entendue,

Décrète :

Art. 1er. — Les propriétaires d'immeubles en façade sur les rues et boulevards de 20 mètres de largeur et au-dessus, auront le droit de construire à la hauteur maxima de 20 mètres, sous les conditions ci-après :

1° Il ne peut être fait, en aucun cas, au-dessus du rez-de-chaussée, plus de cinq étages carrés, entresol compris ;

2° Dans chaque construction élevée à la hauteur de 20 mètres, il est ménagé une cour d'une surface de 40 mètres, et dont le plus petit côté doit avoir au moins 4 mètres.

Cette dernière disposition n'est pas applicable aux terrains prenant façade sur deux rues et d'une dimension telle, qu'il ne peut y être élevé qu'un seul corps de bâtiment double en profondeur et occupant tout l'espace compris entre les deux voies.

En dehors de ce cas, si la dimension et la configuration du terrain ne permettent pas de ménager, dans la propriété, une cour de 40 mètres, la construction ne peut être élevée à la hauteur de 20 mètres qu'avec l'autorisation de l'administration municipale.

Art. 2. — Quelle que soit la hauteur des maisons à construire, la surface des courettes ne peut, en aucun cas, être inférieure à 4 mètres.

Le plus petit côté doit avoir au moins 1m60.

Les courettes ne peuvent servir à éclairer ni à aérer aucune pièce à usage de chambre à coucher, si ce n'est au dernier étage de la maison.

Art. 3. — Le Décret du 1er août 1864 est rapporté.

Le Décret du 27 juillet 1859 est maintenu en ce qui n'est pas contraire au présent Décret.

Art. 4. — Le Ministre de l'intérieur est chargé de l'exécution du présent Décret.

Code civil (Domaine public).

Art. 538. — Les chemins, routes et rues à la charge de l'État, les fleuves et rivières navigables ou flottables, les rivages, lais et relais de la mer, les ports, les havres, les rades, et généralement toutes les portions du territoire français qui ne sont pas susceptibles d'une propriété privée, sont considérés comme des dépendances du domaine public.

Code pénal.

Art. 471. — Seront punis d'amende depuis 1 franc jusqu'à 5 francs inclusivement:

4° Ceux qui auront embarrassé la voie publique en y déposant ou en y laissant sans nécessité des matériaux ou des choses quelconques, qui empêchent ou diminuent la liberté ou la sûreté du passage, ceux qui, en contravention aux lois et règlements, auront négligé d'éclairer les matériaux par eux entreposés ou les excavations par eux faites dans les rues et places ;

5° Ceux qui auront négligé ou refusé d'exécuter les règlements ou arrêtés concernant la petite voirie, ou d'obéir à la sommation émanée de l'autorité administrative de réparer ou démolir les édifices menaçant ruine ;

15° Ceux qui auront contrevenu aux règlements légalement faits par l'autorité administrative, et ceux qui ne se seront pas conformés aux règlements ou arrêtés publiés par l'autorité municipale, en vertu des articles 3 et 4, titre XI, de la loi du 16-24 août 1790 et de l'article 46, titre Ier, de la loi du 19-22 juillet 1791.

Code d'instruction criminelle des Tribunaux de simple police.

Contraventions de police. — Des tribunaux de police.

Art. 138. — La connaissance des contraventions de police est attribuée au juge de paix et au maire, suivant les règles et les distinctions qui seront ci-après établies. (Instruction criminelle, 139, 166, 192.)

Art. 139. — Les juges de paix connaîtront exclusivement : 1° des contraventions commises dans l'étendue de la commune chef-lieu de canton.

Art. 142. — Dans les communes divisées en deux justices de paix ou plus, le service au Tribunal de police sera fait successivement par chaque juge de paix.

Art. 144. — Les fonctions du ministère public pour les faits de police seront remplies par le commissaire du lieu où siégera le Tribunal.

Art. 145. — Les citations pour contraventions de police seront faites à la requête du ministère public ou de la partie qui réclame.

Art. 150. — La personne condamnée par défaut ne sera plus recevable à s'opposer à l'exécution du jugement, si elle ne se présente à l'audience indiquée par l'article suivant, sauf ce qui sera ci-après réglé sur l'appel et le recours en cassation.

Art. 151. — L'opposition au jugement par défaut pourra être faite par déclaration en réponse au bas de l'acte de signification ou par acte notifié dans les trois jours de la signification.

Art. 154. — Les contraventions seront prouvées soit par procès-verbaux ou rapports, soit par témoins, à défaut de rapports et procès-verbaux ou à leur appui.

§ 2. — Quant aux procès-verbaux et rapports faits par des agents auxquels la loi n'a pas accordé le droit d'en être crus, jusqu'à inscription de faux, ils pourront être débattus par des preuves contraires, soit écrites, soit testimoniales, si le Tribunal juge à propos de les admettre.

Art. 161. — Si le prévenu est convaincu de contravention de police, le Tribunal prononcera la peine et statuera par le même jugement sur les demandes en restitution et en dommages-intérêts.

De l'appel des jugements de police.

Art. 172. — Les jugements en matière de police pourront être attaqués par la voie de l'appel lorsqu'ils prononceront un emprisonnement ou lorsque les amendes, restitutions ou autres réparations civiles, excéderont la somme de 5 francs outre les dépens.

Art. 173. — L'appel est suspensif.

Art. 174. — L'appel des jugements rendus par le Tribunal de police sera porté au Tribunal correctionnel.

Art. 177. — Le ministère public et les parties pourront, s'il y a lieu, se pourvoir en cassation contre les jugements rendus en dernier ressort par le Tribunal de police ou contre les jugements rendus par le Tribunal correctionnel, sur l'appel des jugements de police.

De la prescription.

Art. 639. — Les peines portées par les jugements rendus pour contraventions de police seront prescrites après deux années révolues, savoir : pour les peines prononcées par arrêt ou jugement en dernier ressort, à compter du jour de l'arrêt ; et, à l'égard des peines prononcées par les Tribunaux de première instance, à compter du jour où ils ne pourront plus être attaqués par la voie de l'appel.

Art. 640. — L'action publique et l'action civile pour une contravention de police seront prescrites après une année révolue, à compter du jour où elle aura été commise, même lorsqu'il y aura eu procès-verbal, saisie, instruction ou poursuite, si dans cet intervalle il n'est point intervenu de condamnation.

S'il y a eu un jugement définitif de première instance de nature à être attaqué par la voie de l'appel, l'action publique et l'action civile se prescriront après une année révolue, à compter de la notification de l'appel qui en aura été interjeté.

Ordonnance du Préfet de police concernant les incendies.

Du 15 septembre 1875.

Nous, Préfet de police,

Vu : 1° les lois des 16-24 août 1790 et 19-22 juillet 1791 ;

2° L'Arrêté du gouvernement du 12 messidor an VIII (1er juillet 1800) ;

3° L'Ordonnance du 25 mars 1828 concernant les magasins de détaillants de fourrages ; les Ordonnances de police des 24 novembre 1843 et 11 décembre 1852, concernant les incendies ;

4° La délibération du conseil d'hygiène publique et de salubrité du département de la Seine, en date du 9 avril 1875, et l'instruction qui lui fait suite concernant les tuyaux de fumée ;

5° Les articles 471 et 475 du Code pénal ;

Considérant qu'il importe de rappeler aux habitants de Paris les obligations qui leur sont imposées par les règlements, soit pour prévenir les incendies, soit pour concourir à les éteindre ; qu'il importe aussi de faire concorder ces obligations avec celles prescrites par l'Arrêté du Préfet de la Seine, en date du 8 août 1874, concernant la construction des tuyaux de cheminées dans Paris ;

Considérant que, non-seulement il y a un intérêt général à prévenir les dangers d'incendie, mais encore que la santé publique peut être compromise par le mauvais état et le défaut d'entretien des tuyaux de fumée qui traversent des habitations ;

Considérant, enfin, qu'il importe d'apporter à l'Ordonnance de police ci-dessus visée du 11 décembre 1852 les modifications dont l'expérience a fait reconnaître l'utilité ;

Ordonnons ce qui suit :

TITRE PREMIER

DISPOSITION COMMUNE AUX FOYERS DE CHAUFFAGE ET AUX CONDUITS DE FUMÉE

Article premier.

Toutes les cheminées et tous les autres foyers ou appareils de chauffage fixes ou mobiles, ainsi que leurs conduits ou tuyaux de fumée, doivent être établis et disposés de manière à éviter les dangers de feu et à pouvoir être visités, nettoyés facilement et entretenus en bon état.

TITRE II

ÉTABLISSEMENT DES CHEMINÉES OU AUTRES FOYERS FIXES ET DES POÊLES OU AUTRES FOYERS MOBILES

Art. 2.

Il est interdit d'adosser les foyers de cheminée, les poêles, les fourneaux et autres appareils de chauffage à des pans de bois ou à des cloisons contenant du bois.

On doit toujours laisser entre le parement extérieur du mur entourant ces foyers et lesdits pans de bois ou cloisons un isolement ou une charge de plâtre d'au moins *seize centimètres*.

Les foyers industriels et ceux d'une importance majeure doivent avoir des isolements ou charges de plâtre proportionnés à la chaleur produite et suffisants pour éviter tout danger de feu (voir art. 1er).

Art. 3.

Les foyers de cheminées et de tous appareils fixes de chauffage, sur plancher en charpente de bois, doivent avoir, au-dessous, des trémies en matériaux incombustibles.

La longueur des trémies sera au moins égale à la largeur des cheminées, y compris la moitié de l'épaisseur des jambages ; leur largeur sera d'un mètre au moins, à partir du fond du foyer jusqu'au chevêtre.

Cette prescription s'applique également aux autres appareils de chauffage.

Art. 4.

Les fourneaux potagers doivent être disposés de telle sorte que les cendres qui en proviennent soient retenues par des cendriers fixes construits en matériaux incombustibles et ne puissent tomber sur les planchers.

Ces fourneaux doivent être surmontés d'une hotte, si le conduit de fumée n'aboutit pas au foyer.

Art. 5.

Les poêles mobiles et autres appareils de chauffage également mobiles doivent être posés sur une plate-forme en matériaux incombustibles dépassant d'au moins *vingt centimètres* la face de l'ouverture du foyer. Ils devront, de plus, être élevés sur pieds de telle sorte que, au-dessus de la plate-forme, il y ait un vide de *huit centimètres* au moins.

TITRE III

ÉTABLISSEMENT, ENTRETIEN ET RAMONAGE DES CONDUITS DE FUMÉE, FIXES OU MOBILES.

§ premier.

Établissement des conduits de fumée.

Art. 6.

Les conduits de fumée faisant partie de la construction et traversant les habitations doivent être construits conformément aux lois, ordonnances et arrêtés en vigueur.

Toute face intérieure de ces tuyaux doit être à 0^{m}16, au moins, des bois de charpente.

Quant aux conduits de fumée mobiles, en métal ou autres existant dans le local où est le foyer et aux conduits de fumée montant extérieurement, ils doivent être établis de façon à éviter tout danger de feu, ainsi qu'il est dit en l'article 1er. Ils doivent être, dans tout leur parcours, à *seize centimètres* au moins de tout bois de charpente, de menuiserie et autres.

Les conduits de chaleur des calorifères et autres foyers sont soumis aux mêmes conditions d'isolement que les conduits de fumée.

Art. 7.

Tout conduit de fumée traversant les étages supérieurs ou les habitations, doit avoir une section horizontale ou capacité suffisante pour l'importance du foyer qu'il dessert.

Tout conduit de fumée de foyer industriel doit, autant que possible, être à l'extérieur ; mais dans le cas contraire et si le tuyau traverse les habitations, il doit avoir des dimensions telles ou être construit de telle sorte que la chaleur produite ne puisse le détériorer ou être la cause d'une incommodité grave et de nature à altérer la santé dans les habitations.

Les conduits de fumée des fourneaux en fonte des restaurateurs, traiteurs, rôtisseurs, charcutiers et ceux des fours des boulangers, pâtissiers, et des autres grands fours, ceux des forges, des moufles, des calorifères chauffant plusieurs pièces, doivent, notamment, être établis dans ces conditions particulières.

Art. 8.

Tout conduit de fumée doit, à moins d'autorisation spéciale, desservir un seul foyer et monter dans toute la hauteur du bâtiment sans ouverture d'aucune sorte dans tout son parcours.

En conséquence, il est formellement interdit de pratiquer des ouvertures dans un conduit de fumée traversant un étage, pour y faire arriver de la fumée, des vapeurs ou des gaz, ou même de l'air (1).

§ 2.

Entretien des conduits de fumée.

Art. 9.

Les conduits de fumée fixes ou mobiles doivent être entretenus en bon état.

(1) Voir l'Instruction du Conseil de salubrité reproduite à la suite de la présente ordonnance.

A cet effet, les conduits de fumée fixes en maçonnerie doivent toujours être apparents sur une de leurs faces au moins, ou disposés de façon à pouvoir être facilement visités ou sondés.

Tout conduit de fumée brisé ou crevassé doit être de suite réparé et refait au besoin.

Après un feu de cheminée, le conduit de fumée où le feu se sera déclaré devra être visité dans tout son parcours par un architecte ou un constructeur et sera, au besoin, réparé ou refait.

Les tuyaux mobiles doivent toujours être apparents dans toutes leurs parties.

§ 3.

Ramonage.

Art. 10.

Il est enjoint aux propriétaires et locataires de faire nettoyer ou ramoner les cheminées et tous tuyaux conducteurs de fumée assez fréquemment pour prévenir les dangers de feu.

Les conduits et tuyaux de cheminées ou de foyers ordinaires dans lesquels on fait habituellement du feu doivent être nettoyés ou ramonés deux fois au moins pendant l'hiver.

Les conduits et tuyaux de tous foyers qui sont allumés tous les jours, doivent être nettoyés et ramonés tous les deux mois, au moins.

Les conduits et tuyaux des grands fourneaux de restaurateurs, des fours de boulanger, pâtissier, ou autres foyers industriels semblables doivent être nettoyés ou ramonés tous les deux mois au moins.

Art. 11.

Il est défendu de faire usage du feu pour nettoyer les cheminées, les poêles, les conduits et tuyaux de fumée, quels qu'ils soient.

Le nettoyage des cheminées ne se fera par un ramoneur que si ces cheminées et leur tuyau ont partout un passage d'au moins soixante centimètres sur vingt-cinq.

Le nettoyage des cheminées et tuyaux ayant une dimension moindre se fera, soit à la corde avec hérisson, ou écouvillon, soit par tout autre instrument bien confectionné ou tout autre mode accepté par l'administration.

Art. 12.

Il nous sera donné avis des vices de construction des cheminées, poêles, fourneaux et calorifères qui pourraient occasionner un incendie.

Il nous sera aussi donné avis du mauvais état, de l'insuffisance ou du défaut de ramonage de tout conduit de fumée qui pourrait, par suite, faire craindre soit un feu de cheminée, soit une incommodité grave et pouvant occasionner l'altération de la santé des habitants.

TABLE DES CHAPITRES

ET PARAGRAPHES

CHAPITRE Ier

DE LA VOIRIE. — DE L'ALIGNEMENT.

CHAPITRE II

DES CONSTRUCTIONS

SECTION 1re. — *Des bâtiments et murs bordant la voie publique*

SECTION II. — Police des constructions.

De la visite des bâtiments.

SECTION III. — Réglements relatifs aux principaux éléments des constructions, 146.

CHAPITRE III

DES SAILLIES.

CHAPITRE IV

DROITS DE VOIRIE

CHAPITRE V

DE LA HAUTEUR DES MAISONS, DES COMBLES ET DES LUCARNES

TITRE PREMIER

DE LA HAUTEUR DES MAISONS

SECTION PREMIÈRE. — *De la hauteur des façades des bâtiments bordant la voie publique.*

SECTION II. — *De la hauteur des bâtiments situés en dehors des voies publiques.*

TITRE IV

DISPOSITIONS DIVERSES

CHAPITRE VI

DES CONTRAVENTIONS

Considérations générales.

SECTION PREMIÈRE. — *Des contraventions de grande voirie.*

Des pénalités, des remises, de la prescription.

|Numéros

Section II. — *Contraventions de petite voirie.*

Procédure.

De la prescription.

TABLE CHRONOLOGIQUE

DE L'APPENDICE

ERRATA

Pages 58, n° 140, titre, au lieu de : *Arrêt* préfectoral. — Lisez : *Arrêté*.

— 61, n° 146 : 6me ligne, au lieu de : dosserets, sous-poitrails. — Lisez : dosserets sous poitrails (sans virgule ni trait d'union).

— 87, art. 11, 2me ligne, au lieu de : renfoncement deux. — Lisez : renfoncement *entre* deux.

— 91, n° 210, 22me ligne, lisez : objet *en* saillie.

— 100, n° 223, titre, au lieu de grands *balons*. — Lisez : grands *balcons*.

— 110, n° 251, 4me ligne, au lieu de : joignant la *petite* voirie urbaine. — Lisez : *joignant la voirie urbaine*.

— 211, 16^e ligne, au lieu de : il ne sera fait construit. — Lisez : il ne sera fait *ni* construit.

— 216, art. 7, 5me ligne, au lieu de : visite *pour* l'expert. — Lisez : *par* l'expert.

— 223, 13-14me lignes, lisez *faubourgs* de Paris.

— 223, 4me ligne, lisez chevrettes et *autres* bois.

GARDE-CORPS MOBILE

SYSTÈME

DE MM. DE ROYOU & HARANGER (Louis)

BREVETÉS S. G. D. G.

Le garde-corps mobile inventé par M. de Royou, et exécuté par M. Haranger, est destiné à préserver des accidents les ouvriers qui travaillent sur les toits, à garantir les passants de la chute des matériaux et à fixer les échafaudages volants pour travaux à faire aux façades.

La nécessité de prendre des mesures pour prévenir les chutes auxquelles sont exposés les couvreurs et autres, avait appelé fréquemment l'attention de la Préfecture de police, et, par une lettre du 12 avril 1872, le Préfet de police priait le Préfet de la Seine d'examiner s'il ne serait pas possible d'obliger les constructeurs à prendre une disposition quelconque pour obtenir le résultat qu'il importait d'atteindre, et le priait en même temps de faire étudier par son administration le système qui pourrait être appliqué.

Chargé par le directeur des travaux de Paris d'étudier cette question, en qualité de membre de la Commission supérieure de voirie, M. de Royou a inventé et fait exécuter par M. Haranger l'appareil figuré ci-contre.

Ce système de garde-corps se compose d'une suite de barreaux mobiles inclinés de 30 degrés environ sur la verticale, réunis à leur partie supérieure par un fer à cornière, espacés de 1ᵐ50 à 2 mètres, suivant l'inclinaison des combles et les efforts que le garde-corps peut avoir à supporter, et fixés chacun à leur partie inférieure par un boulon servant d'axe de rotation, sur un palier à crochet fixé lui-même sur un sabot.

L'ensemble du garde-corps, ainsi qu'il est figuré au dessin, se place sur les plates-formes ou les pannes de brisis ; l'infiltration de l'eau est empêchée par une petite table de plomb serrée entre le sabot et le palier à crochet et se raccordant comme un noquet avec la couverture. L'appareil se replie horizontalement sur les corniches ou au-devant des chéneaux dans le sens de la longueur des façades, de manière à ne créer sur les combles aucune autre saillie qu'une épaisseur de tringle et des crochets espacés.

Au moment du travail, le garde-corps relevé et fixé d'une manière rigide et invariable par le talon du crochet et l'arrêt à bascule sert, soit à adosser des planches, soit à fixer au moyen de tringles ou cordages passés dans les œils ménagés aux extrémités des barreaux, des filets ou des bâches, de manière à opposer à la chute des corps ou des matériaux une surface continue et à présenter en même temps une main courante pour les ouvriers.

Avantage et économie de l'appareil.

L'obligation d'établir des échafaudages, des filets, des bâches ou tout autre système pour préserver des accidents les ouvriers et les passants, lorsqu'on a à exécuter sur les combles un travail quelconque, bien que mise à la charge des entrepreneurs, est toujours supportée par les propriétaires.

L'installation et la location de ces filets, bâches ou échafaudages occasionnent une dépense qui ne peut être moindre de 50 fr. à 60 fr., quelque minime que soit le travail à faire ; en outre, les dégâts causés à la couverture pour installer ces appareils causent des dépenses inévitables ; il en est de même lorsqu'on pose des échafaudages volants pour travaux aux façades.

Le garde-corps de MM. de Royou et Haranger supprime ces inconvénients et ces dépenses.

Il a l'avantage :

1º De se placer facilement sur tous les bâtiments neufs ou anciens ;

2º De présenter toute sécurité aux ouvriers et de préserver les passants ;

3º De servir à fixer les échafaudages volants sans dégradations aux combles et aux souches de cheminées, et d'offrir un moyen de sauvetage immédiat en cas d'incendie ;

4º D'économiser les frais de gardiens dans les rues ;

5° De ne créer de saillie apparente et de chemin praticable qu'au moment de l'exécution des travaux ;

6° De pouvoir se placer sans excéder le périmètre légal, sur tous les bâtiments élevés au maximum de hauteur permise.

PRIX DE L'APPAREIL.

L'installation de l'appareil n'occasionne, lors de la construction ou de la surélévation d'une maison, qu'une dépense insignifiante, d'environ 25 fr. par mètre, soit pour une maison de 15 mètres de façade, environ 375 fr.

Pour les bâtiments anciens, le supplément de dépense consiste en quelques raccords de couverture peu coûteux et faits une fois pour toutes.

Ce garde-corps, soumis à l'examen de la Société centrale des architectes, a été l'objet d'un rapport favorable de la Commission d'examen, lu et adopté en Assemblée générale le 22 avril 1875. Le rapport déclarait l'appareil simple et ingénieux, remerciait l'inventeur et l'engageait à y apporter une modification qui a été faite depuis, et qui consistait à reporter le crochet au dehors du côté de la rue, et les barreaux vers la face du comble, pour permettre l'application des planches que les ouvriers ont toujours sous la main.

La Commission d'architecture de la Ville de Paris, sur le rapport de M. Émile Trélat, architecte en chef du département de la Seine, a donné également un avis favorable à ce système de garde-corps.

Enfin, l'appareil en grandeur d'exécution et le dessin qui en reproduit l'application et l'emploi, ont été admis à figurer dans le pavillon de la Ville de Paris, à l'Exposition universelle de 1878. En outre, il a été exécuté à petite échelle sur une des maisons comprises dans le modèle type exposé par la Ville, représentant une tranche du boulevard et comprenant, au point de vue de l'hygiène et de la sécurité publique, les aménagements des eaux, des égouts et de tous les perfectionnements apportés à la construction, et réalisant tous les progrès acquis jusqu'à ce jour.

Exposé en outre dans la classe 66 (génie civil) parmi les plans et produits qui se rattachent à la construction, le garde-corps mobile de MM. de Royou et Haranger a obtenu une médaille d'argent, c'est-à-dire une des récompenses les plus élevées qui aient été accordées pour une exposition aussi modeste. Le jury a donc trouvé dans cette invention une idée éminemment pratique et pouvant rendre les plus grands services aux ouvriers, si exposés dans les travaux sur les toits, en les arrêtant dans leur chute au moment fatal où ils seraient projetés dans le vide, et aux passants exposés à recevoir sur la tête des matériaux et débris de toute sorte.

L'établissement du garde-corps mobile, nous le répétons, n'occasionne qu'une dépense insignifiante au moment de la construction d'une maison, et réalise une économie considérable pour les travaux d'entretien et de réparations.

7395 Paris. — Imp. Félix Malteste et C°, 22, rue des Deux-Portes-Saint-Sauveur.

TRAITÉ PRATIQUE

DE

LA VOIRIE A PARIS

ANNEXE

COMPRENANT

LE TEXTE ET LES COMMENTAIRES

DES DÉCRETS DES 22 JUILLET 1882 ET 23 JUILLET 1884

SUR

LES SAILLIES, LA HAUTEUR DES MAISONS, LES COMBLES,

LES LUCARNES, LES COURS ET LES COURETTES.

ANNEXE

CHAPITRE III *BIS* (1)

DÉCRET PORTANT RÈGLEMENT SUR LES SAILLIES PERMISES
DANS LA VILLE DE PARIS

(22 juillet 1882.)

450. — Le Président de la République française,

Sur le rapport du Ministre de l'intérieur ;

Vu l'ordonnance royale du 24 décembre 1823, portant règlement sur les saillies, auvents et constructions semblables à permettre dans la ville de Paris ;

Vu les décrets des 27 octobre 1808 et 28 juillet 1874, concernant le tarif des droits de voirie à percevoir dans la Ville de Paris ;

Vu l'avis émis par le Conseil municipal de la Ville de Paris, dans sa séance du 9 avril 1881, sur un projet de règlement relatif aux saillies à permettre dans cette ville ;

Vu l'avis du Préfet de police ;

Vu la proposition du sénateur, Préfet de la Seine, en date du 3 mai 1881 ;

Le Conseil d'État entendu,

Décrète :

TITRE Iᵉʳ. — *Dispositions générales.*

Art. 1ᵉʳ. — A l'avenir, il ne pourra être établi, sur les murs de face des constructions alignées ou non alignées de la Ville de Paris, aucune saillie sur la voie publique autre que celles autorisées par le présent décret.

Art. 2. — Pour les constructions alignées, les jambes étrières ou boutisses au droit des murs séparatifs devront toujours être sur l'alignement et ne pourront recevoir, sur toute la hauteur du rez-de-chaussée, à compter du niveau du trottoir, aucune saillie inhérente au gros œuvre du mur de face.

Art. 3. — Toute saillie sera comptée à partir de l'alignement pour

(1) Voir le chapitre III, p. 192.

les constructions alignées, et à partir du nu du mur de face pour les constructions non alignées et joignant la voie publique.

Art. 4. — Les saillies, dont les dimensions sont variables suivant la largeur des voies, seront déterminées d'après la largeur légale de la voie pour les constructions alignées ou en retraite de l'alignement, et d'après la largeur effective pour les constructions en saillie sur l'alignement.

Art. 5. — Les saillies autorisées ne pourront excéder les dimensions fixées aux tableaux annexés au présent décret et devront satisfaire aux conditions qui y seront déterminées.

Ces dimensions pourront être restreintes pour les constructions en saillie sur l'alignement.

Art. 6. — L'Administration pourra autoriser, après avis du Conseil général des bâtiments civils et avec l'approbation du Ministre de l'intérieur, des saillies exceptionnelles pour les constructions ayant un caractère monumental.

TITRE II. — *Saillies autorisées à titre provisoire au-devant des constructions.*

Art. 7. *Barrières provisoires, étais, échafauds.* — La saillie des barrières provisoires, étais, échafauds, engins et appareils servant à monter et à descendre les matériaux, sera fixée, dans chaque cas particulier, suivant les localités et les circonstances, de manière à ne pas gêner la circulation.

Les constructeurs devront, en outre, se soumettre, sauf en ce qui touche la pose des étais, aux prescriptions du Préfet de police.

Art. 8. *Constructions provisoires, échoppes.* — Il pourra être permis de masquer par des constructions provisoires ou des appentis les renfoncements n'ayant pas plus de huit mètres de longueur et ayant au moins un mètre de profondeur.

Ces constructions provisoires ne devront, dans aucun cas, excéder la hauteur du rez-de-chaussée, et elles seront supprimées dès qu'une des constructions attenantes subira retranchement.

Il pourra de même être permis de masquer, par des constructions provisoires en forme de pan coupé, les angles de toute espèce de renfoncement, mais sous la même condition que ci-dessus, pour leur établissement et leur suppression.

Le Préfet de police sera consulté sur ces demandes.

TITRE III. — *Dispositions spéciales et transitoires.*

Art. 9. *Entablements, corniches.* — Les entablements et corniches existant actuellement et dépassant les saillies fixées à l'art. 3 ne pourront être réparés, même en partie, et ils devront, dans leurs portions mauvaises, être reconstruits sans excéder la saillie réglementaire.

Art. 10. *Marches, perrons, bancs.* — Il est interdit d'établir, de remplacer ou de réparer des marches, bancs, pas, perrons, entrées de caves ou tous ouvrages en saillie sur les alignements et placés sur le sol de la voie publique.

Néanmoins, il pourra être fait exception à cette règle pour ceux de ces ouvrages qui seraient la conséquence de changements apportés au niveau de la voie.

En outre, les marches, pas, perrons et entrées de caves, qui appartiendraient à des immeubles atteints par l'alignement au moment de la promulgation du présent règlement, et qui feraient eux-mêmes saillie sur l'alignement, pourront être entretenus et au besoin reconstruits, tels qu'ils existaient, jusqu'à l'époque où seront réédifiés les bâtiments dont ils dépendent.

Art. 11. *Bornes.* — Il est interdit d'établir des bornes en saillie sur les murs de face ou de clôture, et celles qui existent actuellement devront être enlevées partout où un trottoir sera construit.

Art. 12. *Conduits de fumée.* — Aucun conduit de fumée ne pourra être appliqué sur le parement extérieur des murs de face ni déboucher sur la voie publique.

Art. 13. *Cuvettes.* — Aucune espèce de cuvette pour l'écoulement des eaux ménagères ou industrielles ne pourra être établie en saillie sur la voie publique.

Art. 14. *Constructions en encorbellement.* — Aucune construction en encorbellement sur la voie publique ne sera permise.

Art. 15. — Les objets énumérés dans les articles 12, 13 et 14, qui existent actuellement, ne pourront être réparés et devront être supprimés dès qu'ils seront en mauvais état.

Art. 16. *Contrevents, persiennes.* — Les contrevents et persiennes existant actuellement au rez-de-chaussée et se développant à l'extérieur pourront être conservés, mais ils ne pourront être remplacés.

Art. 17. — L'ordonnance royale du 24 déc. 1823 est rapportée.

Art. 18. — Le Ministre de l'intérieur est chargé de l'exécution du présent décret.

Fait à Paris, le 22 juillet 1882.

Signé : JULES GRÉVY.

Par le Président de la République :

Le Ministre de l'intérieur,
Signé : RENÉ GOBLET.

DIMENSIONS ET CONDITIONS DES SAILLIES.

OBJETS INHÉRENTS AU GROS ŒUVRE DES BATIMENTS

§ 1er. — Socles et objets de décoration.

NUMÉROS DES ARTICLES.	DÉSIGNATION DES OBJETS.	SAILLIES AUTORISÉES	
		jusqu'à 2m60 au-dessus du trottoir.	à plus de 2m60 au-dessus du trottoir.
		m. c.	m. c.
1	Socles ou soubassements des maisons et murs. . . .	0,04	
	Les socles ou soubassements pourront faire ressaut avec la même saillie de 0m04 au droit des pilastres, colonnes, chaînes, chambranles et pieds-droits.		
	La hauteur des socles et soubassements, mesurée au milieu de la façade, ne devra pas excéder 1m20 au-dessus du trottoir.		
2	Pilastres, colonnes, chaînes, chambranles, pieds-droits, appuis de croisées et barres d'appui.		
	Dans les voies ayant moins de 12 mètres de largeur.	0,04	0,06
	Dans les voies de 12 mètres de largeur et au-dessus.	0,10	0,15
	Les bases des pilastres, colonnes, chaînes, chambranles, pieds-droits, etc., ne pourront dépasser les saillies autorisées pour les ressauts du socle; par conséquent les saillies totales ne pourront excéder :		
	Dans les voies ayant moins de 12 mèt. de largeur, 0m08		
	Dans les voies de 12 mèt. de largeur et au-dessus, 0m14		
	La largeur de chaque pilastre, colonne, chaîne en refend ou bossage, chambranle, pied-droit, ne devra pas excéder 1m20.		
	Leur largeur cumulée ne pourra excéder le tiers de la largeur totale de la façade et, pour chaque trumeau ou partie pleine, le parement devra être aligné sur un quart au moins de sa largeur totale.		
	L'appareil continu formé par des refends ou bossages ne devra faire aucune saillie sur l'alignement.		
	Lorsque les pilastres, colonnes, etc., auront une épaisseur plus considérable que les saillies permises, l'excédent sera en arrière de l'alignement de la propriété et le nu du mur de face formera arrière-corps à l'égard de cet alignement. Dans ce cas, la retraite du mur formant arrière-corps ne pourra être établie à moins de 0m,80 de hauteur au-dessus du trottoir.		
3	Bandeaux, corniches, entablements, attiques, consoles, clefs, chapiteaux et autres objets de décoration analogues.		
	Dans les voies ayant moins de 7m80 de largeur. . . .	0,04	0,25
	Dans les voies de 7m80 à 12 mètres de largeur	0,04	0,50

NUMÉROS DES ARTICLES.	DÉSIGNATION DES OBJETS.	SAILLIES AUTORISÉES	
		jusqu'à 2^m60 au-dessus du trottoir.	à plus de 2^m60 au-dessus du trottoir.
	Dans les voies de 12 mètres de largeur et au-dessus. Les bandeaux, corniches, clefs, chapiteaux et autres objets de décoration analogues ayant plus de 0^m16 de saillie ne pourront être qu'en pierre, en bois ou en métal. La saillie des corniches ou entablements en maçonnerie de plâtre ne pourra en aucun cas excéder 0^m16 La saillie des corniches ou entablements en bois, sur pans de bois, ne pourra en aucun cas excéder 0^m25. La saillie des corniches ou entablements en pierre de taille, en bois ou en métal sur façades en pierre, moellons ou briques, ne pourra excéder l'épaisseur du mur à son sommet, excepté dans les voies de 20 mètres de largeur et au-dessus, et sous les conditions suivantes : 1° le mur n'aura pas à son sommet moins de 0^m45 d'épaisseur ; 2° la saillie de l'entablement ne dépassera pas 0^m,65 ; 3° les assises en pierre composant l'entablement auront, en arrière du parement extérieur du mur, une longueur au moins égale à leur saillie.	m. c. 0,10	m. c. 0,50

§ 2. — Balcons et accessoires.

NUMÉROS DES ARTICLES.	DÉSIGNATION DES OBJETS.	SAILLIES AUTORISÉES		
		à 2^m60 au moins au-dessus du trottoir.	à 4 mètres au moins au-dessus du trottoir.	à 5^m75 au moins au-dessus du trottoir.
	Les hauteurs de 2^m60, 4^m, 5^m75, fixées ci-contre, seront mesurées pour les balcons jusqu'au parement inférieur de l'aire de ces balcons.	m. c	m. c.	m. c.
4	Grands balcons (Aires et garde-corps compris). Dans les voies de 7^m80 à 9^m75 de largeur.	» »	» »	0,50
	Dans les voies de 9^m75 de largeur et au-dessus. .	» »	0,50	0,80
	Les consoles et autres supports des grands balcons de 0^m80 de saillie pourront avoir cette même saillie, mais seulement dans une hauteur de 0^m80 en contre-bas du parement inférieur de l'aire.			
5	Petits balcons dans les voies de toute largeur.	0,22	» »	» »
	Il pourra être établi sur les grands et les petits balcons des constructions légères qui ne dépasseront pas la saillie de ces balcons, à la condition que ces constructions présenteront toutes les garanties désirables de solidité.			
6	Herses, chardons, artichauts et autres objets analogues destinés à servir de défense sur les balcons, corniches et entablements.			
	En sus de la saillie permise pour lesdits objets.	» »	0,25	» »
	Les parties de ces objets excédant la saillie de leurs supports ne pourront être qu'en fer forgé sans partie pleine.			

OBJETS NE FAISANT PAS PARTIE INTÉGRANTE DE LA CONSTRUCTION

NUMÉROS DES ARTICLES.	DÉSIGNATION DES OBJETS.	SAILLIES AUTORISÉES		
		jusqu'à 2ᵐ60 au-dessus du trottoir.	de 2ᵐ60 à 3 mètres au-dessus du trottoir.	à plus de 3 mètres au-dessus du trottoir.
		m. c.	m. c.	m. c.
7	Seuils ou socles de devantures de boutiques.	0,20	» »	» »
	La hauteur des seuils ou socles de devanture, mesurée, en cas de déclivité de la voie, au point le plus haut du trottoir, ne devra pas excéder 0ᵐ22. En cas de suppression de la devanture, le seuil ou socle devra être également enlevé. Lorsque, entre deux devantures consécutives dont la distance n'excédera pas 2 mètres, il existera une baie de porte, les seuils ou socles de ces devantures pourront être prolongés au devant de l'intervalle, mais à la condition d'être enlevés dans le cas où l'une de ces devantures serait supprimée.			
8	Devantures de boutiques entre le socle et le tableau, tous ornements compris.	0,16	0,16	0,16
	Les devantures de boutiques ne pourront pas s'élever au-dessus de l'entresol.			
9	Tableaux de devanture sous-corniche. . . .	0,16	0,16	0,16
10	Ornements pouvant être appliqués sur lesdits tableaux et y compris la saillie des tableaux.	0,16	0,30	0,50
11	Corniches de devanture de boutique en bois ou en métal.	0,16	0,30	0,50
12	Grilles de boutique.	0,16	0,16	0,16
	Les grilles de boutiques ne pourront pas s'élever au-dessus du rez-de-chaussée.			
13	Volets ou contrevents pour fermeture de boutique.	0,16	0,16	0,16
14	Pilastres, colonnes, chambranles, caissons isolés en applique.	0,16	0,16	0,16
	Ces objets ne seront permis qu'au rez-de-chaussée et l'étage immédiatement au-dessus.			
15	Parements de décoration.	0,06	0,06	0,06
	Les parements de décoration ne seront permis qu'au rez-de-chaussée et à l'étage immédiatement au-dessus.			
16	Moulures formant cadre.	0,06	0,06	0,06
17	Enseignes, tableaux-enseignes, attributs, écussons, grands tableaux (frises courantes portant enseignes).	0,16	0,30	0,50
	Les enseignes et les tableaux-enseignes et grands tableaux ne devront, en aucun cas, être			

NUMÉROS DES ARTICLES.	DÉSIGNATION DES OBJETS.	SAILLIES AUTORISÉES		
		jusqu'à 2ᵐ60 au-dessus du trottoir.	de 2ᵐ60 à 3 mètres au-dessus du trottoir.	à plus de 3 mètres au-dessus du trottoir.
		m. c.	m. c.	m. c.
	suspendus ni appliqués soit aux balcons, soit aux marquises.			
	Il pourra néanmoins être appliqué sur les garde-corps des balcons, sans pouvoir en dépasser la hauteur, des attributs et des lettres dont l'épaisseur n'excédera pas 0ᵐ10.			
18	Montres et vitrines.	0,16	0,30	0,50
	Les montres et vitrines ne seront permises que dans la hauteur du rez-de-chaussée et de l'entresol.			
	Pour ceux de ces objets qui seraient appliqués sur une devanture de boutique, leur saillie, cumulée avec celle de la devanture, pourra dans la hauteur de 2ᵐ60 atteindre 0ᵐ20.			
19	Horloges..	» »	» »	1,00
	La saillie de 1 mètre n'est accordée qu'aux horloges donnant l'heure; ces horloges ne devront être accompagnées d'aucune espèce d'enseigne.			
20	Étalages sur les façades.	0,16	0,16	0,16
	Aucun étalage ne sera permis au-dessus de l'entresol. Tous étalages de viande, volaille, abats ou autres objets, de nature à salir ou à incommoder les passants, sont formellement interdits.			
21	Baldaquins, marquises et transparents (supports compris)..	» »	» »	0,80
	La hauteur de ces objets, non compris les supports, n'excédera pas 1 mètre.			
	Aucune partie des supports, consoles ou accessoires ne devra être établie à moins de 3 mètres au-dessus du trottoir.			
	Aucun de ces objets ne pourra être autorisé sur les façades au droit desquelles il n'y a pas de trottoir; ils ne pourront recevoir de garde-corps ni être utilisés comme balcons.			
	Leur saillie devra, dans tous les cas, être limitée à 0ᵐ50 en arrière de l'arête de la bordure du trottoir.			
	L'Administration pourra autoriser l'établissement de grandes marquises excédant la saillie de 0ᵐ80, au-devant des édifices publics, théâtres, salles de réunion, de concert, de bal, ainsi qu'au devant des établissements particuliers, hôtels, maisons d'habitation. Elle restera libre d'apprécier, dans chaque cas, la saillie qui pourra être permise suivant la largeur des voies et des trottoirs et les besoins de la circulation.			

NUMÉROS DES ARTICLES.	DÉSIGNATION DES OBJETS.	SAILLIES AUTORISÉES		
		jusqu'à 2ᵐ60 au-dessus du trottoir.	de 2ᵐ60 à 3 mètres au-dessus du trottoir.	à plus de 3 mètres au-dessus du trottoir.
		m. c.	m. c.	m. c.
22	Bannes. Le trottoir ayant moins de 5 mètres de largeur.	» »	1,50	1,50
	Le trottoir ayant de 5 à 8 mètres de largeur.	» »	2,00	2,00
	Le trottoir ayant 8 mètres de largeur et au-dessus.	» »	3,00	3,00

Les bannes ne seront permises qu'au rez-de-chaussée.

Les branches, supports, coulisseaux, en un mot toutes les parties accessoires de bannes ne pourront descendre à moins de 2ᵐ50 au-dessus du niveau du trottoir; la saillie des bannes devra être limitée, dans tous les cas, 0ᵐ50 en arrière de l'arête de la bordure du trottoir.

Les bannes ne pourront pas être garnies de joues, à moins d'une permission spéciale qui ne sera accordée qu'autant qu'il n'en résulterait aucun inconvénient pour la circulation ou pour les voisins et qui sera d'ailleurs toujours révocable.

Les bannes devront être essentiellement mobiles et ne pourront, en aucun cas, être établies à demeure.

NUMÉROS DES ARTICLES.	DÉSIGNATION DES OBJETS.	jusqu'à 2ᵐ60	de 2ᵐ60 à 3 mètres	à plus de 3 mètres
23	Stores. Développés. A l'étage immédiatement au-dessus du rez-de-chaussée.	» »	» »	1,50
	Aux étages supérieurs.	» »	» »	0,80
	Pavillons des stores.	» »	» »	0,16

Les stores ne pourront régner au droit de plusieurs baies que dans le cas où ils seraient posés au-dessus de grands balcons et à la condition de ne pas dépasser la longueur desdits grands balcons.

Il pourra être posé des stores au-devant de l'étage d'attique, à la condition que leur saillie n'excèdera pas celle du grand balcon d'entablement, et que les appareils sur lesquels ils seront établis ne seront pas construits et fixés de manière à constituer une sorte d'étage dépassant la hauteur légale.

NUMÉROS DES ARTICLES.	DÉSIGNATION DES OBJETS.	jusqu'à 2ᵐ60	de 2ᵐ60 à 3 mètres	à plus de 3 mètres
24	Grilles de croisées. Dans les voies ayant moins de 12 mètres de largeur.	0,04	0,04	0,10
	Dans les voies ayant 12 mètres de largeur et au-dessus.	0,10	0,10	0,10
25	Persiennes, volets et contrevents de croisées.	» »	» »	0,10

Dans la hauteur de 3 mètres au-dessus du trottoir, les persiennes, volets ou contrevents

NUMÉROS DES ARTICLES.	DÉSIGNATION DES OBJETS.	SAILLIES AUTORISÉES		
		jusqu'à 2^{m}60 au-dessus du trottoir.	de 2^{m}60 à 3 mètres au-dessus du trottoir.	à plus de 8 mètres au-dessus du trottoir.
		m. c.	m. c.	m. c.
	devront être placés sans saillie dans l'épaisseur des tableaux des baies et ouvrir à l'intérieur. Tout développement à l'extérieur est interdit. Dans la hauteur des étages, tous châssis vitrés, toutes croisees simples ou doubles devront, de même, ouvrir à l'intérieur ; il est interdit de les développer extérieurement, hormis le cas où ils se trouveraient au-dessus d'un grand balcon.			
26	Jalousies.	» »	0,16	0,16
27	Abat-jour et réflecteurs.	» »	0,50	0,50
28	Lanternes fixes à bras ou à consoles.	» »	» »	1,50
29	Lanternes mobiles, transparents en forme d'applique, vitrines lumineuses.	» »	0,50	0,50
30	Rampes d'illumination.	» »	» »	0,50
	Les lanternes ou tous autres appareils d'éclairage ou d'illumination autorisés à n'importe quelle saillie devront toujours être placés à 0^m,50 au moins en arrière de l'arête de la bordure du trottoir. Dans les rues de 12 mètres de largeur et au-dessus, les lanternes mobiles, dites réflecteurs, servant à l'éclairage des devantures de boutiques, pourront descendre jusqu'à 2^{m}20 au-dessus du trottoir, mais à la condition qu'elles ne seront posées qu'au moment de leur allumage, et retirées au moment de leur extinction.			
31	Tuyaux de descente.	× 0,16	0,16	0,16
32	Cuvettes de dégorgement des eaux pluviales sous l'entablement.	» »	» »	0,35

Vu pour être annexé au décret présidentiel de ce jour.

Paris, le 22 juillet 1882.

Le Ministre de l'intérieur,

Signé : René GOBLET.

ARRÊTÉ DU PRÉFET DE LA SEINE POUR L'EXÉCUTION DU DÉCRET
DU 22 JUILLET 1882.

451. — Le Préfet de la Seine,

Vu le décret en date du 22 juillet 1882, portant règlement sur les saillies permises dans la Ville de Paris,

Arrête :

Art. 1ᵉʳ. — Le décret susvisé sera publié et affiché dans Paris. Il sera, en outre, inséré au *Recueil des actes administratifs* du département de la Seine.

Art. 2. — L'Inspecteur général des ponts et chaussées, directeur des travaux de Paris, est chargé de l'exécution du présent arrêté.

Fait à Paris, le 1ᵉʳ août 1882.

Signé : C. FLOQUET.

Pour ampliation :

Le Secrétaire général de la préfecture,
Signé : J.-G. VERGNIAUD.

CONSIDÉRATIONS GÉNÉRALES

452. — Jusqu'à la promulgation du décret, en date du 22 juillet 1882, les saillies à établir sur les murs de face des constructions bordant les voies publiques, dans la Ville de Paris, étaient encore réglementées par les dispositions de l'ordonnance royale du 24 décembre 1823 ; mais les changements considérables apportés aux conditions de circulation, par la création de voies plus larges, par l'établissement, aujourd'hui général, de trottoirs au-devant des murs de face et par la transformation des chaussées ont permis à l'administration municipale d'étudier et de préparer les dispositions nouvelles qui, tout en garantissant la sûreté et la liberté de la circulation donnent plus de latitude aux constructeurs, aux commerçants en boutique ou en appartements. Dans les saillies dites de grande voirie, notamment, les grands balcons sont autorisés dans des conditions plus larges et plus avantageuses, la faculté d'établir des chaînes, bossages ou refends sur les murs de face, sous certaines conditions, est définie d'une manière plus nette et plus précise.

Dans les saillies, dites de petite voirie, une facilité plus grande et des proportions plus larges sont accordées pour les besoins du commerce dans les dimensions permises pour les grandes marquises, les bannes, les tableaux d'enseigne.

Enfin dans le but de laisser le plus de latitude possible aux constructeurs, soit dans l'aménagement des appartements, soit dans la décoration ou la disposition des façades, le décret de 1882 permet, sur les grands et les petits balcons, l'établissement de constructions légères ou windows qui ne dépassent pas la saillie des balcons et sous la condition que ces constructions présentent toutes les garanties désirables de solidité.

Il est bien entendu toutefois que le sol ou l'aire des dits windows n'est autre que l'aire des grands ou des petits balcons sur lesquels ils seront établis et que par suite le sol ou l'aire des dites constructions légères, et pour chaque étage, ne peuvent être qu'en pierre, en bois ou en métal comme les corniches ou entablements dont la saillie excède 0^{m}16, et que l'on ne peut, par exemple, en former le sol au moyen d'un hourdis quelconque en brique ou platras établi, soit dans une armature en fer, soit entre les solives du plancher prolongées, en saillie au-devant du mur de face.

En outre des facultés plus grandes dont nous venons de parler, le décret du 22 juillet 1882 présente, sur l'ordonnance royale du 24 décembre 1823, ce grand avantage que les saillies sont, d'après leur nature, classées d'une manière bien nette et bien définie, suivant qu'elles font partie intégrante de la construction, comme les pilastres, bandeaux, entablements, les grands et les petits balcons et par suite sont, comme saillies de grande voirie, de la compétence du Conseil de préfecture; or, suivant qu'elles ne font pas partie intégrante de la construction, ainsi que les devantures de boutiques, les corniches en bois ou en métal, les tableaux, pilastres en bois, enseignes et écussons, etc., elles sont, comme saillies de petite voirie, justiciables du tribunal de simple police.

L'ordonnance de 1823 avait confondu dans une même section sous la dénomination de saillies fixes, les saillies à demeure tels que les grands et petits balcons, les devantures de boutiques, les tableaux, etc.; les saillies mobiles étaient les objets portatifs, les lanternes, les écussons, montres, etc.

Le doute qui pouvait résulter, au point de vue de la compétence de telle ou telle juridiction n'existe plus aujourd'hui, et cette question que nous avions traitée dans le cours de la première édition de cet ouvrage, en étudiant les saillies et les contraventions, se trouve résolue dans le sens que nous avions indiqué.

OBJETS INHÉRENTS AU GROS ŒUVRE DES BATIMENTS

453. — Si l'on étudie les dispositions générales adoptées pour les saillies des objets inhérents au gros œuvre des bâtiments, on remarque que l'administration s'est préoccupée avant tout de respecter le plus possible la liberté de la circulation sur la voie publique; ainsi, dans la délimitation des saillies deux zones principales sont déterminées : la première, jusqu'à 2^{m}60 au-dessus du trottoir; la seconde à plus de 2^{m}60 au-dessus du trottoir.

Dans la première zone, les saillies de grande voirie ou inhérentes au gros œuvre peuvent varier, suivant la largeur des voies, de 0^{m}04 à 0^{m}10, mais sans pouvoir dépasser 0^{m}10.

Les bases de pilastres, colonnes, chaînes, etc., peuvent seules en s'ajoutant à la saillie du socle ou assise de retraite, atteindre un maximum de 0^{m}14, dans les voies de 12 mètres et au-dessus de largeur.

Dans la deuxième zone, c'est-à-dire à plus de 2^{m}60 au-dessus du trottoir, les saillies varient suivant les largeurs des rues, sans pouvoir, pour les bandeaux ou corniches, dépasser 0^{m}50.

Des conditions particulières sont imposées aux saillies en plâtre, telles, au surplus, que les avait prescrites l'ordonnance de 1823.

Enfin, dans le but de favoriser la décoration des maisons particulières, les entablements couronnant les murs en pierre, moellons ou briques, dont l'épaisseur au sommet ne sera pas moindre de 0^{m}45, pourront avoir une saillie de 0^{m}65, mais à la condition que les assises en pierre composant l'entablement auront en arrière du parement extérieur du mur une longueur au moins égale à leur saillie.

Cette disposition n'est applicable qu'aux bâtiments en bordure des voies de 20^{m}00 de largeur et au-dessus.

En ce qui concerne les balcons et accessoires, compris sous le § 2, trois zones sont déterminées pour les saillies :

1° Dans la première, à 2^{m}60 au moins au-dessus du trottoir, et dans les voies de toute largeur il ne peut être établi que des petits balcons n'excédant pas 0^{m}22.

2° Dans la deuxième zone, à 4ᵐ00 au moins au-dessus du trottoir et seulement dans les voies de 9ᵐ75 de largeur et au-dessus, il peut être établi des grands balcons de 0ᵐ50 de saillie.

3° Enfin dans la troisième zone, à 5ᵐ75 au moins au-dessus du trottoir, il peut être établi des grands balcons de 0ᵐ50 seulement de saillie dans les voies de 7ᵐ80 à 9ᵐ75 de largeur, et de 0ᵐ80 de saillie dans les voies de 9ᵐ75 de largeur et au-dessus.

Dans tous les cas la mesure est prise sous la dalle formant l'aire ou le sol du balcon.

Les consoles et autres supports des grands balcons de 0ᵐ80 de saillie peuvent avoir cette même saillie, mais seulement dans une hauteur de 0ᵐ80 en contre-bas du parement inférieur de l'aire, et cela quelle que soit la hauteur à laquelle se trouve le balcon.

OBJETS NE FAISANT PAR PARTIE INTÉGRANTE DE LA CONSTRUCTION

454. — Pour déterminer le maximum de saillie des objets ne faisant pas partie intégrante de la construction, le principe qui a servi de règle pour les objets inhérents au gros œuvre des bâtiments a été adopté, c'est-à-dire que trois zones de hauteur ont été fixées :

1° Dans la première, jusqu'à 2ᵐ60 au-dessus du trottoir, à l'exception des seuils ou socles de devantures de boutiques qui peuvent avoir 0ᵐ20, c'est-à-dire 0ᵐ04 de plus que la devanture, les saillies les plus grandes ne peuvent dépasser 0ᵐ16. Toutefois les montres ou vitrines appliquées sur une devanture de boutique peuvent atteindre 0ᵐ20 pour la saillie cumulée des deux objets, devanture et montre ou vitrine;

2° Dans la deuxième zone, de 2ᵐ60 à 3ᵐ00 au-dessus du trottoir, les saillies ne dépassent pas généralement 0ᵐ16, mais les ornements sur tableaux sous corniches, les corniches de devantures de boutique, en bois ou en métal, les enseignes, attributs, écussons, les montres et vitrines peuvent atteindre 0ᵐ30.

Enfin les bannes sont, pour leur saillie, divisées en trois catégories de 1ᵐ50, 2ᵐ00 et 3ᵐ00 suivant la largeur des trottoirs au-dessus desquels elles se trouvent établies, mais, dans tous les cas, elles s'arrêteront toujours à 0ᵐ50 en arrière de l'arête du trottoir.

Des dispositions spéciales règlent les conditions des supports et accessoires ainsi que des joues des bannes.

Les volets-persiennes ou contrevents ne peuvent développer à l'extérieur à moins de 3^m00 de hauteur au-dessus du trottoir.

3° La troisième zone commence à 3^m00 au-dessus du trottoir; dans cette zone, les corniches de devanture, ornements sur tableaux, enseignes, attributs, écussons, les grands tableaux ou frises courantes, les montres, vitrines lumineuses, les rampes d'illumination peuvent avoir 0^m50.

Les horloges donnant l'heure peuvent avoir 1^m00 de saillie, les baldaquins et marquises 0^m80.

Des dispositions spéciales sont indiquées pour chaque objet et notamment pour les grandes marquises excédant la saillie de 0^m80.

JURIDICTION. — COMPÉTENCE

455. — Bien que les conditions de hauteur et de dimensions de certaines saillies aient été modifiées par le décret de 1882, les différentes saillies, en ce qui concerne leur mode d'établissement et leur caractère, les contraventions, la juridiction et la compétence des tribunaux administratifs ou de police, sont toujours soumises aux règles que nous avons développées dans l'examen et la discussion de l'ordonnance royale du 24 décembre 1823.

CHAPITRE V *BIS* (1)

DÉCRET PORTANT RÈGLEMENT SUR LA HAUTEUR DES MAISONS, LES COMBLES ET LES LUCARNES DANS LA VILLE DE PARIS

(23 juillet 1884)

OBSERVATIONS PRÉLIMINAIRES.

456. — Dans le but d'assurer aux habitants de Paris les conditions de salubrité les plus favorables et de faciliter en même temps les moyens de communication, l'administration municipale, depuis trente ans surtout, a fait les sacrifices les plus considérables pour ouvrir de larges voies, artères principales desquelles les voies secondaires reçoivent abondamment l'air indispensable aux habitations.

D'autre part, le 27 juillet 1859 un décret était rendu, qui réglementait la hauteur des maisons, non pas seulement en bordure des voies publiques, comme l'avaient fait les lettres patentes de 1783 et 1784, mais aussi dans les cours et espaces intérieurs.

Mais les avantages que l'on devait espérer recueillir de l'ensemble de ces opérations de voirie et de l'application du décret du 27 juillet 1859 furent en partie, au moins, paralysés par l'avidité des spéculateurs et des constructeurs de groupes de maisons, cités, passages et voies privées, qui pour construire le plus grand espace possible, ou faire la plus forte opération possible, sur un terrain donné, en sont arrivés à loger les tuyaux de fumée dans les murs mitoyens au grand détriment de la sûreté et de la solidité, à appeler grandes cours ou cours principales de leurs constructions des espaces de 2 mètres de largeur, enfin à vouloir utiliser pour deux

(1) Voir le chapitre V, p. 275.

et quelquefois quatre maisons contiguës ces petites courettes de 4 mètres, souvent empestées par les cuisines et les privés qui devaient y prendre jour et air.

Assurément l'administration municipale, armée du décret du 26 mars 1852, obligeant les constructeurs à se conformer aux prescriptions qui leur sont faites dans l'intérêt de la sûreté publique et de la salubrité, pouvait s'opposer à de semblables abus, mais le texte du décret de 1859 n'était pas assez précis, chacun prétendait qu'une cour, quelle que fussent ses dimensions, était un espace intérieur, et, que par suite, il avait le droit de construire à la hauteur de 17m55; de là des difficultés souvent insurmontables.

REVISION DU DÉCRET DE 1859

457. — Il devenait donc indispensable de procéder à la revision du décret de 1859, et dès la fin de 1881, une Commission fût chargée, par arrêté du Préfet de la Seine, d'étudier et de préparer les éléments du nouveau décret. Membre de cette Commission et désigné par la haute confiance de l'éminent Directeur des travaux de Paris pour donner au Conseil général des bâtiments civils tous les éclaircissements et les explications qu'il pouvait désirer sur les travaux de la Commission, et par conséquent au courant de la question, nous avons pensé rendre service à nos confrères architectes constructeurs à Paris, en examinant sommairement les articles qui peuvent donner lieu à interprétation, ainsi que nous l'avons fait dans notre première édition du Traité pratique de la Voirie, pour les décrets du 27 juillet 1859 et 18 juin 1872.

DÉCRET PORTANT RÈGLEMENT SUR LA HAUTEUR DES MAISONS, LES COMBLES ET LES LUCARNES DANS LA VILLE DE PARIS

458. — Le Président de la République française,

Sur le rapport du Ministre de l'intérieur,

Vu le décret du 26 mars 1852, relatif aux rues de Paris ;

Vu les décrets du 27 juillet 1859 et 18 juin 1872, portant règlement sur la hauteur des maisons, les combles et les lucarnes dans la Ville de Paris;

Vu l'avis émis par le Conseil municipal de la Ville de Paris, dans sa séance du 30 juin 1882 ;

Vu les propositions du Préfet de la Seine, en date du 7 septembre 1882 et 30 novembre 1883 ;

Vu l'avis du Conseil général des bâtiments civils, en date du 24 juillet 1883;

Le Conseil d'État entendu,

Décrète :

TITRE I. — De la hauteur des bâtiments.

SECTION I. — *De la hauteur des bâtiments bordant les voies publiques.*

Art. 1er. — La hauteur des bâtiments bordant les voies publiques dans la Ville de Paris est déterminée par la largeur de ces voies publiques pour les bâtiments alignés, et par la largeur effective pour les bâtiments retranchables.

Cette hauteur, mesurée du trottoir ou du revers pavé au pied de la façade du bâtiment, et prise au point le plus élevé du sol, ne peut excéder, y compris les entablements, attiques et toutes les constructions à plomb des murs de face, savoir :

Douze mètres (12 mètres) pour les voies publiques au-dessous de sept mètres quatre-vingts centimètres (7^m80) de largeur :

Quinze mètres (15 mètres) pour les voies publiques de sept mètres quatre-vingts centimètres (7^m80) à neuf mètres soixante-quatorze centimètres (9^m74) de largeur ;

Dix-huit mètres (18 mètres) pour les voies publiques de neuf mètres soixante-quatorze (9^m74) à vingt mètres (20 mètres) de largeur ;

Vingt mètres (20 mètres) pour les voies publiques (places, carrefours, rues, quais, boulevards, etc.) de vingt mètres (20 mètres) de largeur et au-dessus.

Le mode de mesurage indiqué au paragraphe 2 du présent article ne sera applicable pour les constructions en bordure des voies en pente que pour les bâtiments dont la longueur n'excède pas 30 mètres ; au delà de cette longueur, les bâtiments seront abaissés suivant la déclivité du sol.

Si le constructeur établit plusieurs maisons distinctes, la hauteur sera mesurée séparément pour chacune de ces maisons suivant les règles énoncées ci-dessus.

Art. 2. — Les bâtiments dont les façades seront construites, partie à l'alignement, partie en arrière de l'alignement, soit par suite du retrait à n'importe quel niveau d'une partie du mur de face, soit à fruit ou de toute autre manière, devront être renfermés dans le même périmètre que les bâtiments construits entièrement à l'alignement.

Art. 3. — Tout bâtiment situé à l'angle de voies publiques d'inégale largeur, peut être élevé sur les voies les plus étroites jusqu'à la hauteur fixée pour la plus large, sans que toutefois la longueur de la partie de la façade ainsi élevée sur les voies les plus étroites puisse excéder deux fois et demie la largeur légale de ces voies.

Cette disposition ne peut être invoquée que pour les bâtiments construits à l'alignement déterminé par ces voies publiques.

Si ces voies communiquant entre elles sont placées à des niveaux différents, la cote qui servira à déterminer la hauteur de la construction sera la moyenne des cotes prises au point le plus élevé sur chaque voie, à la condition qu'en aucun point la hauteur réelle de la façade ne dépasse de plus de 2 mètres la hauteur légale.

Art. 4. — Pour les bâtiments autres que ceux dont il est parlé en l'article précédent et qui occupent tout l'espace compris entre des voies d'inégales largeurs ou de niveaux différents, chacune des façades ne peut dépasser la hauteur fixée en raison de la largeur ou du niveau de la voie publique sur laquelle elle est située.

Toutefois, lorsque la plus grande distance entre les deux façades d'un même bâtiment n'excède pas 15 mètres, la façade bordant la voie publique la moins large ou du niveau le plus bas peut être élevée à la hauteur fixée pour la voie la plus large ou du niveau le plus élevée.

SECTION II. — De la hauteur des bâtiments ne bordant pas
les voies publiques.

Art. 5. — Les bâtiments dont toute la façade est établie en retrait des voies publiques pourront être élevés, soit à la hauteur de quinze mètres (15 mètres), soit à celle de dix-huit mètres (18 mètres), soit à celle de vingt mètres (20 mètres), mesurée du pied de la construction, à la condition que le retrait sur l'alignement, ajouté à la largeur de la voie, donnera au moins une largeur de 7ᵐ80 dans le premier cas, de 9ᵐ74 dans le second cas et de 20 mètres dans le troisième cas.

Les bâtiments situés en retrait de l'alignement dans les voies publiques de 20 mètres ne pourront pas être élevés à une hauteur supérieure à 20 mètres.

Art. 6. — Les hauteurs des bâtiments établis en bordure des voies privées, des passages, impasses, cités et autres espaces intérieurs, seront déterminées d'après la largeur de ces voies ou espaces, conformément aux règles fixées à l'article 1ᵉʳ pour les bâtiments en bordure des voies publiques.

SECTION III. — Du nombre et de la hauteur des étages.

Art. 7. — Dans les bâtiments, de quelque nature qu'ils soient, il ne pourra, en aucun cas, être toléré plus de sept étages au-dessus du rez-de-chaussée, entresol compris, tant dans la hauteur du mur de face que dans celle du comble, telles que ces hauteurs sont déterminées par les articles 1, 9, 10 et 11.

Art. 8. — Dans les bâtiments, de quelque nature qu'ils soient, la hauteur du rez-de-chaussée ne pourra jamais être inférieure à 2m80 mesurés sous plafond. La hauteur des sous-sols et des autres étages ne devra pas être inférieure à 2m60 mesurés sous plafond. Pour les étages dans les combles, cette hauteur de 2m60 s'applique à la partie la plus élevée du rampant.

TITRE II. — Des combles au-dessus des façades.

Art. 9. — Pour les bâtiments construits en bordure des voies publiques, le profil du comble, tant sur les façades que sur les ailes, ne peut dépasser un arc de cercle dont le rayon sera égal à la moitié de la largeur légale ou effective de la voie publique, ainsi qu'il est dit à l'article 1er, sans toutefois que ce rayon puisse être jamais supérieur à huit mètres cinquante centimètres (8m50). Si la largeur de la voie est inférieure à 10 mètres, le constructeur aura cependant droit à un rayon minimum de 5 mètres. Quelles que soient la forme et la hauteur du comble, toutes les saillies qu'il pourrait présenter devront être renfermées dans l'arc de cercle considéré comme un gabarit dont on ne devra pas sortir.

Le point de départ de l'arc de cercle sera placé à l'aplomb de l'alignement des murs de face et le centre à la hauteur légale du bâtiment, telle qu'elle est déterminée par l'article 1er.

Art. 10. — Les dispositions de l'article 9, sauf en ce qui concerne la détermination du rayon du comble, sont applicables :

1° Aux bâtiments construits en retrait des voies publiques, ainsi qu'il est dit à l'article 5 ;

2° Aux bâtiments situés en bordure des voies privées, des passages, impasses, cités et autres espaces intérieurs.

Dans ces cas, le rayon du comble sera calculé d'après la largeur moyenne de l'espace libre au droit de la façade du bâtiment et égal à la moitié de cette largeur dans les conditions déterminées par l'article 9.

Toutefois, les cages d'escaliers pratiquées sur les cours pourront sortir du périmètre indiqué ci-dessus, de manière à pouvoir s'élever jusqu'au plafond du dernier étage desservi par lesdits escaliers.

Art. 11. — Pour les constructions situées à l'angle des voies publiques d'inégales largeurs, dont il est parlé à l'article 3, le comble pour le bâtiment en façade sur la voie publique la plus large sera déterminé d'après les bases indiquées à l'article 9 et pourra être retourné avec les mêmes dimensions sur toute la partie du bâtiment en façade sur la voie la plus étroite dans les limites déterminées par l'article 3.

Art. 12. — Les murs de dossier et les tuyaux de cheminée ne pourront percer la ligne rampante du comble qu'à un mètre cinquante centimètres (1ᵐ50) mesurés horizontalement du parement extérieur du mur de face à sa base, ni s'élever à plus de soixante centimètres (0ᵐ60) au-dessus de la hauteur légale du sommet du comble.

Art. 13. — La face extérieure des lucarnes et œils-de-bœuf peut être placée à l'aplomb du parement extérieur du mur de face donnant sur la voie publique, mais jamais en saillie.

Le couronnement des lucarnes ou œils-de-bœuf établis soit en premier, soit en second rang, ne pourra faire saillie de plus de cinquante centimètres (0ᵐ50) sur le périmètre légal, mesurés suivant le rayon dudit périmètre.

L'ensemble produit par les largeurs cumulées des faces des lucarnes d'un bâtiment ne poura pas excéder les deux tiers de la longueur de face de ce bâtiment.

Art. 14. — Les constructeurs qui n'élèvent pas les façades de leurs bâtiments à toute la hauteur permise jouiront de la faculté d'établir les autres parties de leurs bâtiments suivant leur convenance, sans pouvoir toutefois sortir du périmètre légal, tel qu'il est déterminé, tant pour les façades que pour les combles, par les dispositions des 1ʳᵉ et 2ᵉ sections du titre Iᵉʳ et du titre II.

Art. 15. — Les dispositions du présent titre sont applicables à tous les bâtiments situés ou non en bordure des voies publiques.

TITRE III.— Des cours et courettes.

Art. 16. — Dans les bâtiments, de quelque nature qu'ils soient, dont la hauteur ne dépasserait pas 18 mètres, les cours sur lesquelles prendront jour et air des pièces pouvant servir à l'habitation n'auront pas moins de 30 mètres de surface, avec une largeur moyenne qui ne pourra être inférieure à 5 mètres.

Art. 17. — Dans les bâtiments élevés sur la voie publique à une hauteur supérieure à 18 mètres, mais dont les ailes ne dépasseraient pas cette hauteur, les cours devront avoir une surface minima de 40 mètres, avec une largeur moyenne qui ne pourra être inférieure à 5 mètres.

Lorsque les ailes de ces bâtiments auront également une hauteur supérieure à 18 mètres, les cours n'auront pas moins de 60 mètres

de surface, avec une largeur moyenne qui ne pourra être inférieure
à 6 mètres.

Art. 18. — La cour de 40 mètres ne sera pas exigée pour les
constructions établies sur des terrains prenant façade sur plusieurs
voies et d'une dimension telle qu'il ne puisse être élevé qu'un corps
de bâtiment occupant tout l'espace compris entre ces voies.

Art. 19. — Toute courette qui servira à éclairer et aérer des
cuisines devra avoir au moins neuf mètres (9 mètres) de surface et
la largeur moyenne ne pourra être inférieure à un mètre quatre-
vingts centimètres (1ᵐ80).

Art. 20. — Toute courette sur laquelle seront exclusivement
éclairés et aérés des cabinets d'aisance, vestibules ou couloirs, devra
avoir au moins quatre mètres (4 mètres) de surface avec une largeur
qui ne pourra en aucun point être moindre de un mètre soixante
centimètres (1ᵐ60).

Art. 21. — Au dernier étage des corps de logis, on pourra tolérer
que des pièces servant à l'habitation prennent jour et air sur les
courettes, à la condition que lesdites courettes aient une surface
de 5 mètres au moins.

Art. 22. — Il est interdit d'établir des combles vitrés dans les
cours ou courettes, au-dessus des parties sur lesquelles sont aérés
et éclairés, soit des pièces pouvant servir à l'habitation, soit des
cuisines, soit des cabinets d'aisance, à moins qu'ils ne soient munis
d'un châssis ventilateur à faces verticales dont le vide aura au moins
le tiers de la surface de la cour ou courette et quarante centimètres
(0ᵐ40) au minimum de hauteur, et qu'il ne soit établi à la partie
inférieure des orifices, prenant l'air dans les sous-sols ou caves et
ayant au moins 8 décimètres carrés de surface.

Le châssis ventilateur ne sera pas exigé pour les cours et courettes
sur lesquelles ne seront aérés ni éclairés, soit des pièces pouvant
servir à l'habitation, soit des cuisines, soit des cabinets d'aisance,
mais les courettes dont la partie inférieure ne sera pas en communication avec l'extérieur devront être ventilées.

Art. 23. — Lorsque plusieurs propriétaires auront pris, par acte
notarié, l'engagement envers la Ville de Paris de maintenir à perpétuité leurs cours communes, et que ces cours auront ensemble une
fois et demie la surface réglementaire, les propriétaires pourront être
autorisés à élever leurs constructions à la hauteur correspondant à
ladite surface réglementaire.

En cas de réunion de plusieurs cours, la hauteur des clôtures ne
pourra excéder cinq mètres (5 mètres).

Art. 24. — Dans aucun cas, les surfaces des courettes ne pourront être réunies pour former soit une courette, soit une cour d'une dimension réglementaire.

Art. 25. — Toutes les mesures des cours et courettes sont prises dans œuvre.

TITRE IV. — Dispositions diverses.

Art. 26. — Les dispositions qui précèdent ne sont pas applicables aux édifices publics.

L'Administration pourra, pour les constructions privées ayant un caractère monumental ou pour des besoins d'art, de science ou d'industrie, autoriser des modifications aux dispositions relatives à la hauteur des bâtiments après avis du Conseil général des bâtiments civils et avec l'approbation du Ministre de l'intérieur.

Art. 27. — Les décrets des 27 juillet 1859 et 18 juin 1872 sont rapportés.

Art. 28. — Le Ministre de l'intérieur est chargé de l'exécution du présent décret.

Fait à Paris, le 23 juillet 1884.

JULES GRÉVY.

Par le Président de la République,

Le Ministre de l'intérieur,

WALDECK-ROUSSEAU.

ARRÊTÉ DU PRÉFET DE LA SEINE POUR L'EXÉCUTION DU DÉCRET
DU 23 JUILLET 1884.

459. — Le Préfet de la Seine,

Vu le décret, en date du 23 juillet 1884, portant règlement sur la hauteur des maisons, les combles et les lucarnes dans la Ville de Paris,

Arrête :

Art. 1er. — Le décret sus-visé sera publié et affiché dans la Ville de Paris. Il sera, en outre, inséré au *Recueil des Actes administratifs* du département de la Seine.

Art. 2. — L'Inspecteur général des ponts et chaussées, Directeur des travaux de Paris, est chargé de l'exécution du présent arrêté.

Fait à Paris, le 31 juillet 1884.

E. POUBELLE.

Pour ampliation :

Le Secrétaire général de la Préfecture,

Pour le Secrétaire général,

Le Conseiller de Préfecture délégué,

BELIN.

EXAMEN ET COMMENTAIRE DU DÉCRET.

TITRE I. — **De la hauteur des bâtiments.**

SECTION I. — *De la hauteur des bâtiments bordant les voies publiques.*

460. — § 1ᵉʳ. « La hauteur des bâtiments bordant les voies publi-
« ques dans la Ville de Paris est déterminée par la largeur légale de
« ces voies publiques pour les bâtiments alignés, et par la largeur
« effective pour les bâtiments retranchables. »

La rédaction du premier paragraphe de l'article 1ᵉʳ du décret du
23 juillet 1884 a sur le texte du décret de 1859 l'avantage de régler
d'une manière bien nette et précise cette question, savoir : que les
bâtiments alignés ont seuls le droit de monter à la hauteur légale
déterminée par la largeur légale de la voie publique, et que les bâtiments retranchables ne peuvent monter qu'à la hauteur correspondant
à la largeur effective de la voie publique au-devant desdits bâtiments.

Cette solution, qui paraissait toute naturelle, avait cependant ren-
contré des contradicteurs qui prétendaient que même celui dont la
construction retranchable est le seul obstacle à ce que la voie publique
obtienne sa largeur légale, pouvait élever cette construction à la
hauteur déterminée par la largeur légale; c'était un contre-bon sens.

Aujourd'hui la question est tranchée dans le sens que nous avions
indiqué, des nᵒˢ 282 à 292 de notre traité.

461. — § 2. « Cette hauteur, mesurée du trottoir ou du revers pavé
« au pied de la façade du bâtiment, et prise au point le plus élevé du
« sol, ne peut excéder y compris les entablements attiques et toutes
« les constructions à plomb des murs de face, savoir : »

Le paragraphe 2, indiquant le mode de mesurage de la hauteur des
bâtiments, reproduit les termes du paragraphe correspondant du
décret de 1859, mais avec cette différence toute à l'avantage des constructeurs, que le point où doit être prise la hauteur est le point le
plus élevé du sol au pied de la façade, et non le point milieu de la
façade, ce qui ne donnait au bâtiment, pour hauteur légale, qu'une
hauteur réduite, tandis qu'aujourd'hui la hauteur légale est la
moindre hauteur du bâtiment.

462. — § 7. Toutefois, ainsi que le prescrit le paragraphe 7 de
l'article 1ᵉʳ, « ce mode de mesurage ne sera applicable pour les con-
« structions en bordure des voies en pente que pour les bâtiments
« dont la longueur n'excède pas 30ᵐ00 ; au delà de cette longueur
« les bâtiments seront abaissés suivant la déclivité du sol. »

Par exemple, si un bâtiment avait une longueur de face de 70ᵐ00, on le diviserait, à partir du point culminant du sol de la rue, en deux zones de 30ᵐ00 et une zone de 10ᵐ00, et chacune des sections serait mesurée par rapport au point le plus élevé du sol au-devant de ladite section.

Si le constructeur voulait donner une hauteur uniforme à la façade de son bâtiment, il mesurerait la hauteur de sa construction à un point pris à 30ᵐ00 de distance du point le plus bas du sol au-devant de la façade de son bâtiment.

463. — §§ 3, 4, 5. Les hauteurs de 12ᵐ00, 15ᵐ00, 18ᵐ00, portées aux paragraphes 3, 4 et 5, ont remplacé dans le nouveau décret celles de 11ᵐ70, 14ᵐ60 et 17ᵐ55, lesquelles n'étaient que la traduction en mètres des hauteurs de 36, 45 et 54 pieds, autorisées par les lettres patentes de 1783, pour les rues dont les largeurs étaient inférieures à 24 pieds, de 24 à 30 pieds, et enfin de 30 pieds et au-dessus.

Le décret de 1884 accorde donc de ce chef aux constructeurs dans ces différents cas un supplément de hauteur de 0ᵐ30, 0ᵐ40 et 0ᵐ45.

464. — § 8. « Si le constructeur établit plusieurs maisons dis-
« tinctes, la hauteur sera mesurée séparément pour chacune de ces
« maisons, suivant les règles énoncées ci-dessus. »

465.—Art. 2.« Les bâtiments dont les façades seront construites par-
« tie à l'alignement, partie en arrière de l'alignement, soit par suite du
« retrait à n'importe quel niveau d'une partie du mur de face, soit à
« fruit ou de toute autre manière, devront être renfermés dans le
« même périmètre que les bâtiments construits entièrement à l'ali-
« gnement. »

Par exemple, si un bâtiment bordant la voie publique présente un ou plusieurs avant-corps articulant l'alignement, et une ou plusieurs parties formant arrière-corps à partir du sol même, la hauteur sera mesurée pour chacune de ces parties sur la verticale élevée au pied du mur de face de ladite partie, et ne pourra être supérieure à la hauteur permise pour les bâtiments construits à l'alignement.

De même, si un bâtiment bordant la voie publique comporte à un niveau quelconque une ou plusieurs parties en retraite ou à fruit, la hauteur du bâtiment sera toujours déterminée par la ligne verticale élevée au pied du mur de face, suivant la hauteur fixée par le paragraphe 1ᵉʳ de l'article 1ᵉʳ ; à cette hauteur sera le plan horizontal formant la base du périmètre du comble, dont il sera parlé ci-après.

466. — Art. 3, § 1ᵉʳ. « Tout bâtiment situé à l'angle de voies publi-
« ques d'inégale largeur peut être élevé sur les voies les plus étroites
« jusqu'à la hauteur fixée pour la plus large, sans que toutefois la
« longueur de la partie de la façade ainsi élevée sur les voies les plus
« étroites puisse excéder deux fois et demie la largeur de ces voies. »

Pour les bâtiments situés à l'angle de deux voies publiques d'inégale largeur, *mais dans tous les cas construits à l'alignement déterminé par ces voies publiques*, le décret de 1859 ne permettait d'élever ces bâtiments, sur la voie la plus étroite, jusqu'à la hauteur fixée pour la plus large, que jusqu'à concurrence de la profondeur du corps de bâtiment ayant face sur la voie la plus large, que ce corps de bâtiment fût simple ou double en profondeur.

De l'application stricte de ces dispositions, il résultait d'une part des décrochements d'un effet disgracieux dans les façades et à des distances inégales et souvent trop rapprochées des angles d'une même rue et aussi une gêne considérable, pour les constructeurs, dans la distribution des appartements et la disposition des étages.

Une mesure plus rationnelle en ce qui concerne la voie publique, plus large et plus avantageuse pour les constructeurs, a été adoptée pour l'article 3 du décret de 1884 : le retour de la hauteur fixée pour la voie la plus large peut s'étendre sur la voie la plus étroite jusqu'à une distance égale à deux fois et demie la largeur de cette dernière voie. Ainsi un bâtiment situé à l'angle de deux voies publiques ayant l'une 20^{m}00, l'autre 12^{m}00 de largeur, et ayant droit à la hauteur de 20^{m}00 sur la voie de 20^{m}00, pourra être élevé 20^{m}00 en retour sur la voie de 12^{m}00 dans une longueur de deux fois et demie 12^{m}00 ou 30^{m}00; la partie du bâtiment au delà des 30^{m}00 rentrera dans les conditions ordinaires, et ne pourra excéder la hauteur de 18^{m}00.

467. — Pour profiter de cet avantage, le bâtiment doit toujours être aligné sur les deux voies, suivant les prescriptions du paragraphe 2.

§ 2. « Cette disposition ne peut être invoquée que pour les bâti-« ments construits à l'alignement déterminé par ces voies pu-« bliques. »

468. — « Si ces voies communiquant entre elles sont placées à des « niveaux différents, la cote qui servira à déterminer la hauteur de « la construction sera la moyenne des cotes prises au point le plus « élevé sur chacune des voies, à la condition qu'en aucun point la « hauteur réelle de la façade ne dépasse de plus de 2^{m}00 la hau-« teur légale. »

469. — L'article 4 du décret de 1859, relatif aux bâtiments qui occupent tout l'espace compris entre des voies d'inégales largeurs ou de niveaux différents, n'a subi aucun changement, et se trouve reproduit dans les mêmes termes au décret de 1884.

SECTION II. — *De la hauteur des bâtiments ne bordant pas
les voies publiques.*

470. — L'article 5 du décret de 1884 est nouveau et n'avait pas
d'article correspondant dans le décret de 1859, mais il a été jugé
indispensable pour trancher des difficultés qui souvent se sont
élevées.

Ainsi plusieurs constructeurs avaient pensé que, même dans les
rues dont la largeur était inférieure à 7^{m}80, que l'on rencontrait surtout dans la zone annexée en 1859, il leur était loisible de construire
à la hauteur de 17^{m}55, en se retraitant derrière un mur de clôture à
2^{m}00 de distance de l'alignement, prétendant, avec une certaine raison, qu'ils élevaient leur bâtiment dans une cour ou espace intérieur; mais cependant la voie publique au-devant de ces constructions ne profitait pas de l'air et du jour auxquels elle avait droit,
puisque le plan incliné à 45°, mené à 0^{m}50 en avant de l'alignement,
à la hauteur de 11^{m}70, rencontrait le mur de face du bâtiment élevé
en retraite. D'autre part, suivant la lettre du décret de 1859, un bâtiment élevé en retraite de l'alignement, de 8 ou 10^{m}00, par exemple,
en regard d'une voie de 20^{m}00 de largeur, devait être considéré
comme élevé dans une cour, et ne pouvait s'élever qu'à 17^{m}55, bien
qu'il y ait au-devant de ce bâtiment un espace d'une largeur supérieure même à la largeur de la voie, qui permettait de monter à
20^{m}00. Ces questions sont aujourd'hui résolues par l'article 5.

Art. 5. — « Les bâtiments dont toute la façade est établie en
« retrait des voies publiques pourront être élevés, soit à la hauteur
« de quinze mètres (15^{m}00), soit à celle de dix-huit mètres (18^{m}00),
« soit à celle de vingt mètres (20^{m}00), mesurée du pied de la con-
« struction, à la condition que le retrait sur l'alignement, ajouté à la
« largeur de la voie, donnera au moins 7^{m}80 dans le premier cas,
« 9^{m}74 dans le second cas et 20 mètres dans le troisième cas.

471. — « Les bâtiments situés en retrait de l'alignement dans les
« voies publiques de 20 mètres ne pourront pas être élevés à une
« hauteur supérieure à 20 mètres.

472. — Art. 6. « Les hauteurs des bâtiments établis en bor-
« dure des voies privées, des passages, impasses, cités et autres
« espaces intérieurs, seront déterminées d'après la largeur de ces
« voies ou espaces, conformément aux règles fixées à l'article 1er
« pour les bâtiments en bordure des voies publiques. »

La modification la plus considérable et certainement la plus
importante au point de vue de la salubrité publique est celle édictée

par l'article 6 du décret de 1884, qui, assimilant aux voies publiques,
pour la détermination de la hauteur des bâtiments, les voies privées,
les passages, impasses, cités et autres espaces intérieurs, ne permet
plus aux spéculateurs de créer de véritables foyers d'infection et
d'épidémie en élevant, sur des ruelles et des espaces insuffisants
et mal aérés, des maisons de six étages, au grand détriment de
ces maisons.

Pour l'interprétation de certains points, nous appellerons particulièrement l'attention de nos lecteurs sur la note de service du directeur des travaux de Paris, reproduite à la suite de l'examen de
l'article 17.

Nous examinerons plus loin la question de dimensions des cours
et courettes et celle de la hauteur des ailes des bâtiments.

SECTION III. — *Du nombre et de la hauteur des étages.*

473. — Art. 7. « Dans les bâtiments, de quelque nature
« qu'ils soient, il ne pourra, en aucun cas, être toléré plus de sept
« étages au-dessus du rez-de-chaussée, entresol compris, tant dans
« la hauteur du mur de face que dans celle du comble, telles que
« ces hauteurs sont déterminées par les articles 1, 9, 10 et 11. »
Les décrets du 27 juillet 1859 et 18 juin 1872, en autorisant les
constructions à la hauteur de 20 mètres, avaient imposé la condition
formelle de ne faire dans ces constructions que cinq étages carrés,
entresol compris, au-dessus du rez-de-chaussée, et cela dans le but
de favoriser l'établissement d'étages plus élevés que dans les constructions à 17ᵐ55, mais les constructeurs pour multiplier le nombre des
appartements, au détriment de la salubrité, étaient arrivés, soit en
prenant sur la hauteur du 20 mètres pour un sixième étage, soit en
se contentant du périmètre du comble décrit avec un rayon de 8ᵐ50,
à créer au-dessus des cinq étages carrés, trois étages de comble.

C'est pour remédier à cet abus que l'article 7 du nouveau décret
interdit, d'une manière formelle et sans exception, d'établir plus de
sept étages au-dessus du rez-de-chaussée, que ces étages soient pris
tant dans la hauteur du mur de face que dans celle du comble.

474. — Art. 8. « Dans les bâtiments, de quelque nature qu'ils
« soient, la hauteur du rez-de-chaussée ne pourra jamais être infé-
« rieure à 2ᵐ80, mesurée sous plafond. La hauteur des sous-sols et
« des autres étages ne devra pas être inférieure à 2ᵐ60, mesurée sous
« plafond. Pour les étages dans le comble, cette hauteur de 2ᵐ60
« s'applique à la partie la plus élevée du rampant. »
La rédaction de l'article 8, du décret de 1884, a l'avantage sur celle

du décret de 1859 de préciser et de dire que la hauteur des étages ne pourra être inférieure à 2ᵐ60, au lieu de dire qu'il ne pourra être exigé plus de 2ᵐ60, ce qui laissait à penser qu'une hauteur moindre pouvait être jugée suffisante.

Il faut reconnaître, du reste, que ce minimum de 2ᵐ60 était généralement adopté et que dans l'application des règlements il ne s'était pas élevé de difficulté à ce sujet.

TITRE II. — Des combles au-dessus des façades.

475. — Art. 9. « Pour les bâtiments construits en bordure « des voies publiques, le profil du comble, tant sur les façades que « sur les ailes, ne peut dépasser un arc de cercle dont le rayon sera « égal à la moitié de la largeur légale ou effective de la voie publique, « ainsi qu'il est dit à l'article 1ᵉʳ, sans toutefois que ce rayon puisse « être jamais supérieur à 8ᵐ50. Si la largeur de la voie est inférieure « à 10 mètres, le constructeur aura cependant droit à un rayon « minimum de 5 mètres. Quelles que soient la forme et la hauteur « du comble, toutes les saillies qu'il pourrait présenter devront être « renfermées dans l'arc de cercle considéré comme un gabarit dont « on ne devra pas sortir.

476. — « Le point de départ de l'arc de cercle sera placé à « l'aplomb de l'alignement des murs de face et le centre à la hauteur « légale du bâtiment, telle qu'elle est déterminée par l'article 1ᵉʳ. »

Les dispositions de l'article 9 constituent assurément une des modifications les plus importantes du décret de 1859 ; elles sont beaucoup plus rationnelles en ce qui concerne la voie publique, attendu que la forme et la hauteur des combles des bâtiments en bordure de ladite voie seront constantes et régulières, puisqu'elles sont déterminées par la largeur même de la voie et non plus par la profondeur variable des bâtiments.

Elles sont aussi plus avantageuses pour le constructeur et permettent dans les combles l'établissement de chambres plus vastes, par la substitution du périmètre circulaire, au plan rampant à 45° dans toutes les voies dont la largeur était inférieure à 15 mètres.

Il est très important de remarquer que pour les bâtiments frappés de retranchement, de même que la hauteur des façades est déterminée par la largeur effective de la voie au-devant du bâtiment, le rayon du comble est déterminé par cette même largeur effective et non par la largeur légale comme dans les bâtiments alignés.

477. — Art. 10. « Les dispositions de l'article 9, sauf en ce

« qui concerne la détermination du rayon du comble, sont appli-
« cables :

478. — « 1° Aux bâtiments construits en retrait des voies publi-
« ques, ainsi qu'il est dit à l'article 5 ;

479. — « 2° Aux bâtiments situés en bordure des voies privées,
« des passages, impasses, cités et autres espaces intérieurs.

480. — « Dans ces cas, le rayon du comble sera calculé d'après
« la largeur moyenne de l'espace libre au droit de la façade du bâti-
« ment et égale à la moitié de cette largeur dans les conditions
« déterminées par l'article 9.

481. — « Toutefois, les cages d'escaliers pratiquées sur les cours
« pourront sortir du périmètre indiqué ci-dessus, de manière à
« pouvoir s'élever jusqu'au plafond du dernier étage desservi par
« les dits escaliers.

482. — Il résulte des articles 1 et 9 que pour tracer le périmètre
ou le gabarit dans lequel tout bâtiment doit être inscrit, à l'exception
toutefois des saillies autorisées par le Décret du 22 juillet 1882,
qu'il faut élever au pied des façades antérieures et postérieures du
bâtiment, deux lignes verticales d'une hauteur mesurée soit du
côté de la voie publique s'il s'agit d'un bâtiment en bordure de la
voie publique, soit sur la face principale s'il s'agit d'un bâtiment sur
une voie privée ou un espace intérieur et cette hauteur étant déterminée par les articles 1, 2, 3, 4, 5 et 6, décrire deux arcs de cercle
dont le rayon unique est déterminé conformément aux articles 9
et 10 et le point de départ à plomb de l'alignement ou du pied des
murs de face ; les centres sur la ligne horizontale tracée à la hauteur
légale du bâtiment comme il est dit ci-dessus.

Si la profondeur du bâtiment est inférieure au double du rayon
qui sert à tracer le périmètre, le périmètre du comble sera une
ogive.

Si le bâtiment a une profondeur supérieure au double du rayon
du périmètre légal, le périmètre ou gabarit du comble sera formé par
les deux arcs de cercle joints à leur partie supérieure par une ligne
horizontale.

Nous ferons remarquer que l'avantage qui est accordé par le dernier paragraphe de l'article 10, de faire sortir du périmètre réglementaire les cages d'escaliers jusqu'au plafond du dernier étage
desservi par lesdits escaliers, ne s'applique qu'au périmètre du côté
des cours seulement et non du côté des voies publiques, des voies
privées, passages, impasses, cités et autres espaces analogues.

483. — Art. 11. « Pour les constructions situées à l'angle des
« voies publiques d'inégales largeurs, dont il est parlé à l'article 3,

« le comble pour le bâtiment en façade sur la voie publique la plus
« large sera déterminé d'après les bases indiquées à l'article 9 et
« pourra être retourné avec les mêmes dimensions sur toute la par-
« tie du bâtiment en façade sur la voie la plus étroite dans les limites
« déterminées par l'article 3. »

En résumé, le comble dans sa détermination suit la même règle
que le bâtiment pour sa hauteur ; ainsi dans l'espèce que nous avions
citée, le bâtiment étant supposé à l'angle d'une voie de 20 mètres et
d'une voie de 12 mètres, le comble, du côté de la voie de 12 mètres,
aura droit au périmètre tracé avec le rayon de 8^{m}50 dans une largeur de 30 mètres à partir de l'angle des deux voies.

484. — Art. 12. « Les murs de dossier et les tuyaux de cheminée
« ne pourront percer la *ligne rampante* du comble qu'à un mètre
« cinquante centimètres (1^{m}50) mesurés horizontalement du pare-
« ment extérieur du mur de face à sa base, ni s'élever à plus de
« soixante centimètres (0^{m}60) au-dessus de la hauteur légale du som-
« met du comble. »

Nous ferons remarquer ici que pour indiquer la distance de 1^{m}50,
à mesurer du pied du mur de face, pour la sortie des murs de dossier
ou des tuyaux de cheminée, l'article 12 emploie les termes : percer
la *ligne rampante* du comble et non pas le périmètre légal ou l'arc de
cercle, comme il est dit aux articles 9, 10, 13 et 14. C'est que les dispositions de l'article 12 sont prises non seulement au point de vue
de la hauteur et du périmètre, mais aussi dans un intérêt de sûreté
publique ; soit pour éviter la chute sur la voie publique des éclats de
mitres, de pigeonnage ou débris quelconques qui peuvent se déta-
cher en cas d'incendie, et qui, avec la retraite de 1^{m}50, seront arrêtés
dans leur chute par les chéneaux, gouttières et acrotères, soit aussi
pour permettre la réparation des tuyaux ou murs dossiers, sans danger pour les ouvriers et les passants.

En conséquence, quelle que soit la hauteur d'un bâtiment, même
au-dessous de la hauteur légale, les murs de dossier et les tuyaux de
cheminée ne pourront percer la ligne rampante du comble à moins
de 1^{m}50, mesurés horizontalement du pied du mur de face.

485. — Art. 13. « La face extérieure des lucarnes et œils-de-
« bœuf peut être placée à l'aplomb du parement extérieur du mur de
« face donnant sur la voie publique, mais jamais en saillie. »

Cette rédaction supprime l'obligation imposée par le Décret de
1859 de placer la face des lucarnes à trente centimètres (0^{m}30) en
retraite du parement extérieur du mur de face, mais impose la condition de ne pas faire saillie sur l'aplomb dudit mur.

486. — « Le couronnement des lucarnes ou œils-de-bœuf établis

« soit en premier, soit en second rang, ne pourra faire saillie de plus
« de cinquante centimètres (0^m50) sur le périmètre légal, mesuré
« suivant le rayon dudit périmètre. »

Cette disposition très importante et très avantageuse au point de
vue de la décoration des maisons fait disparaître toutes les restrictions imposées par les paragraphes 2, 3, 4, 5 et 6 de l'article 12 du
Décret de 1859 et relatives à la largeur des lucarnes, la disposition
des jouées, des intervalles et des saillies de leurs corniches; le constructeur donnera à ses lucarnes la forme, la largeur et la saillie de
couronnement qu'il jugera convenable tout en restant dans les
conditions fixées pour les saillies par le Décret du 22 juillet 1882, à
la condition que le tout soit inscrit dans l'arc de cercle décrit avec
un rayon de 0^m50 plus grand que le rayon du périmètre légal du
comble et partant du même centre.

487. — « L'ensemble produit par les longueurs cumulées des
« faces des lucarnes d'un bâtiment ne pourra pas excéder les deux
« tiers de la longueur de face de ce bâtiment. »

Tout en supprimant les dispositions du Décret de 1859, véritablement gênantes pour l'architecte dans l'étude de la décoration des
façades, il ne fallait pas cependant perdre de vue l'intérêt général,
placer la voie publique dans des conditions désavantageuses pour
l'air et la lumière, aussi pour éviter la création de véritables étages
d'attique par le rapprochement exagéré des lucarnes, le nouveau
décret exige-t-il que l'ensemble des longueurs des lucarnes pour un
bâtiment, ne puisse excéder les deux tiers de la largeur de face de
ce bâtiment.

488. — Art. 14. « Les constructeurs qui n'élèvent pas les façades
« de leurs bâtiments à toute la hauteur permise jouiront de la faculté
« d'établir les autres parties de leurs bâtiments suivant leur conve-
« nance, sans pouvoir toutefois sortir du périmètre légal, tel qu'il
« est déterminé, tant pour les façades que pour les combles, par les
« dispositions des 1re et 2e sections du titre Ier et du titre IIe. »

C'est-à-dire que lorsque le périmètre légal est figuré ainsi que
nous l'avons expliqué en examinant l'article 10, qu'ainsi le gabarit
général est déterminé, le constructeur peut se mouvoir comme il
l'entendra dans ce gabarit et que, par suite, si les façades ne s'élèvent pas jusqu'à la limite de la hauteur permise, la forme et la hauteur du comble, des lucarnes, etc., ne sont pas astreintes aux proportions indiquées aux articles 9 et 10.

Toutefois les lucarnes qui dépasseraient le périmètre général du
comble, tout en étant inscrites dans l'arc de cercle décrit avec le
rayon du comble augmenté de cinquante centimètres, ne devront

pas par leurs largeurs cumulées excéder les deux tiers de la façade du bâtiment.

489. — Art. 15. « Les dispositions du présent titre sont appli-
« cables à tous les bâtiments situés ou non en bordure des voies
« publiques. »

En conséquence, toutes les dispositions ci-dessus et relatives aux combles, lucarnes, murs de dossier et tuyaux de cheminée, s'appli- quent aussi bien à la postface des bâtiments bordant les voies pu- bliques qu'aux faces des bâtiments sur voies privées, cours, jardins.

TITRE III. — Des cours et courettes.

490. — Art. 16. « Dans les bâtiments, de quelque nature qu'ils
« soient, dont la hauteur ne dépasserait pas 18 mètres, les cours
« sur lesquelles prendront jour et air des pièces *pouvant servir à*
« *l'habitation*, n'auront pas moins de 30 mètres de surface avec une
« largeur moyenne qui ne pourra être inférieure à 5 mètres. »

Il résulte de cet article que quelles que soient la nature, la hau- teur ou la forme d'un bâtiment; qu'il ait un simple rez-de-chaussée ou qu'il soit élevé d'un ou plusieurs étages, mais sans toutefois dé- passer la hauteur de 18 mètres ; les pièces pouvant être habitées de- vront être éclairées et aérées sur des cours de 30 mètres au moins en surface et de 5 mètres au moins en largeur et qu'il ne suffira plus d'indiquer sur un plan qu'une pièce quelconque devra servir de salle à manger, cabinet de toilette ou autre destination pour pouvoir l'éclairer sur une cour de surface ou de dimensions moindres que celles prescrites ci-dessus.

491. — Art. 17. « Dans les bâtiments élevés sur la voie pu-
« blique à une hauteur supérieure à 18 mètres, mais dont les ailes ne
« dépasseraient pas cette hauteur, les cours devront avoir une sur-
« face minima de 40 mètres, avec une largeur moyenne qui ne
« pourra être inférieure à 5 mètres. »

En conséquence, quelle que soit la hauteur d'un bâtiment, si conformément aux dispositions du titre Ier du présent décret, cette hauteur peut dépasser 18 mètres et être portée jusqu'à 20 mètres, c'est-à-dire si elle atteint par exemple 18m25, 19 mètres ou une cote quelconque jusqu'à 20 mètres, la cour de 40 mètres sera exigible ; mais les ailes de ce bâtiment ne devront pas dépasser la hauteur de 18 mètres.

492. — « Lorsque les ailes de ces bâtiments auront également
« une hauteur supérieure à 18 mètres, les cours n'auront pas moins

« de 60 mètres de surface avec une largeur moyenne qui ne pourra
« être inférieure à 6 mètres. »

Nous croyons indispensable de reproduire ici la note du directeur
des travaux de Paris, en date du 31 juillet 1884, dont nous avons
parlé plus haut.

NOTE DU DIRECTEUR DES TRAVAUX DE PARIS.

493. — Aux termes du décret du 23 juillet 1884, la hauteur des
façades (comprenant la face et la postface) est déterminée, dans tous
les cas, qu'il s'agisse de constructions élevées en bordure de voies
publiques ou privées, ou dans des *espaces intérieurs*, c'est-à-dire dans
des cours ou jardins, par la largeur des voies et espaces libres situés
au droit des *façades principales*.

Ainsi la façade des bâtiments construits dans les cours qui pouvait,
aux termes du Décret du 27 juillet 1859, s'élever jusqu'à 17^{m}55, ne
pourra plus monter qu'à la hauteur correspondant à la largeur de
ces cours, soit 12, 15, 18 ou 20 mètres, suivant que les cours auront
une largeur de moins de 7^{m}80 dans le 1er cas, de 7^{m}80 à 9^{m}74 dans
le 2e cas, de 9^{m}74 à 20 mètres dans le 3e cas, de 20 mètres et au-dessus dans le dernier cas.

Dans les bâtiments élevés en bordure des voies publiques ou privées, passages, impasses et cités, on doit toujours considérer comme
façade principale celle qui est située en bordure même de ces voies,
passages, impasses et cités. Dans les bâtiments élevés en bordure
des *autres espaces intérieurs*, c'est-à-dire des cours ou jardins, on peut
considérer comme étant la *façade principale*, celle qui est située en
bordure de l'espace donnant droit à la plus grande hauteur. C'est
ainsi qu'un bâtiment élevé entre deux cours, l'une de 20 mètres de
largeur, et l'autre de 5 mètres de largeur, pourrait monter à 20 mètres de hauteur, et non pas à 12 mètres seulement, étant bien entendu que cette seconde cour de 5 mètres de largeur aurait une dimension de 40 mètres, dans le cas où elle servirait à aérer et à
éclairer des pièces pouvant servir à l'habitation.

Quant aux ailes des bâtiments, leur hauteur est déterminée tout à la
fois par la hauteur de ces bâtiments et par la dimension des cours
sur lesquelles prennent jour et air des pièces pouvant servir à l'habitation. C'est ainsi que les cours de cette nature devront avoir une
surface minima : 1° de 30 mètres avec une largeur moyenne de
5 mètres pour les bâtiments dont la façade et les ailes ne dépasseraient pas 18 mètres ; 2° de 40 mètres avec une largeur moyenne de

5 mètres pour les bâtiments dont la façade serait supérieure à 18 mètres mais dont les ailes ne dépasseraient pas cette hauteur; 3° de 60 mètres avec une largeur moyenne de 6 mètres pour les bâtiments dont la façade et les ailes dépasseraient le hauteur de 18 mètres.

Ces mêmes cours de 30 et 40 mètres de surface sont également exigées pour la postface des bâtiments qui renfermeraient des pièces pouvant servir à l'habitation. Ces cours devront avoir une dimension de 30 mètres ou de 40 mètres suivant que la postface des bâtiments n'atteindra pas 18 mètres ou dépassera cette hauteur.

Enfin le faîtage du comble n'est plus déterminé par la profondeur du bâtiment; il est proportionné désormais à la largeur de la voie publique ou de l'espace libre au droit de la construction, et le rayon de l'arc de cercle, qui peut remplacer, dans tous les cas, la ligne inclinée à 45 degrés, est égal à la moitié de la largeur de la voie publique ou de l'espace libre au droit de la construction, sans pouvoir être jamais supérieur à 8^{m}50.

494. — Il semble résulter de cette note que les ailes d'un bâtiment quelle que soit la hauteur de ce bâtiment, devraient dans tous les cas suivre pour la hauteur le même sort que le bâtiment dont elles forment le complément, sans préjudice, bien entendu des dimensions que doivent avoir les cours ou espaces situés au-devant desdites ailes. Cependant nous sommes d'avis que si le corps de bâtiment principal, en raison de la largeur légale ou effective de la voie ou de l'espace sur lequel il est élevé ne peut monter qu'à 12, 15 ou 18 mètres, mais qu'en même temps la cour ou l'espace libre au-devant des ailes de ce bâtiment ait 7^{m}80, 9^{m}74 ou 20 mètres de largeurs, lesdits bâtiments pourront monter à 15, 18 ou 20 mètres, à la condition bien entendu que dans son autre dimension la cour ait au moins 5 mètres dans le cas des hauteurs de 15 et 18 mètres et au moins 6 mètres pour profiter de la hauteur de 20 mètres.

495. — Mais d'autre part, nous ne saurions trop appeler l'attention de nos confrères sur ce point, que si sur un terrain d'une certaine profondeur, l'on a construit à l'intérieur de ce terrain un bâtiment à la hauteur de 18 mètres par exemple et cela avec une autorisation régulière, attendu que l'espace libre au-devant dudit bâtiment avait plus de 9^{m}74 de largeur, ou que l'on était encore sous le régime du décret de 1859, il ne serait plus possible de construire un autre corps de bâtiment en avant du premier en se mettant à moins de 9^{m}74 de distance et de prétendre qu'il suffirait de réserver entre les deux bâtiments, une cour de 30 mètres de surface et de 5 mètres de largeur. En effet, la hauteur de 18 mètres a été accordée au premier bâtiment construit parce que sa façade principale se trouvait sur un espace de 9ᵐ74 au moins de largeur, ce qui n'aurait plus lieu si l'espace était réduit à 5 mètres. La cour de 30 mètres n'est suffisante que pour la postface ou face secondaire et la largeur de 9ᵐ74 au-devant de la face principale du bâtiment élevé à 18 mètres dans un espace intérieur ne saurait être réduite.

En résumé le décret de 1884 a pour objet principal, d'assurer aux habitants les meilleures conditions de salubrité possibles, tout en respectant le droit de propriété, et nul ne peut, depuis la promulgation dudit décret, construire, surélever ou modifier des bâtiments quelconques, soit sur les voies publiques, soit sur les voies privées ou dans des espaces intérieurs si le résultat de l'exécution de ces travaux doit placer des bâtiments préexistants dans des conditions de salubrité, d'air et d'espace inférieures à celles prévues par ledit décret.

496. — Nous ne nous arrêterons pas sur les articles 18, 19, 20, 21, 22, dont l'interprétation nous paraît ne pas devoir soulever le moindre doute; nous remarquerons seulement qu'aux termes de l'article 19 il n'est plus permis d'éclairer et d'aérer les cuisines sur des courettes de 4 mètres de surface, mais que pour remplir cet office les courettes devront avoir au moins 9 mètres de surface et que leur largeur moyenne ne peut être inférieure à 1ᵐ80.

497. — Art. 23. « Lorsque plusieurs propriétaires auront pris
« par acte notarié l'engagement envers la Ville de Paris de maintenir
« à perpétuité leurs cours communes et que ces cours auront
« ensemble une fois et demie la surface réglementaire, les pro-
« priétaires pourront être autorisés à élever leurs constructions à
« la hauteur correspondant à ladite surface réglementaire. »

498. — « En cas de réunion de plusieurs cours, la hauteur de
« clôture ne peut excéder cinq mètres (5 mètres). »

Par exemple : La surface réglementaire d'une cour correspondant à la hauteur légale de 18 mètres étant de 30 mètres, pour que deux ou trois propriétaires puissent élever leurs constructions à la hauteur de 18 mètres sur une cour commune, il faudra que cette cour ait une surface de 45 mètres.

En outre, il ne suffira pas que lesdits propriétaires justifient d'un contrat qui les oblige entre eux, il faudra que chacun d'eux soit engagé envers la Ville de Paris, par acte notarié, de maintenir la cour commune à perpétuité.

499. — Art. 24. « Dans aucun cas les surfaces des courettes
« ne pourront être réunies pour former soit une courette, soit une
« cour réglementaire », c'est-à-dire que si deux ou plusieurs cou-

rettes sont réunies et groupées pour former un espace commun, chacune des courettes devra avoir la surface réglementaire de 4 mètres ou de 9 mètres, suivant sa destination, et que l'ensemble de deux ou plusieurs courettes, soit par exemple de quatre courettes produisant ensemble 36 mètres ne pourra pas être assimilé à une cour de 30 mètres.

Il ne faut pas perdre de vue d'ailleurs que les façades sur les courettes peuvent s'élever verticalement jusqu'à leur pénétration dans les combles, tandis que les façades sur cours sont pour leur hauteur réglées comme il a été dit plus haut.

500. — Art. 25. « Toutes les mesures des cours et courettes « sont prises dans œuvre », c'est-à-dire que même en cas de réunion de deux ou plusieurs cours ou courettes, les mesures de chacune d'elles sont prises non pas à partir des axes des murs mitoyens, mais bien à partir des parements desdits murs.

TITRE IV. — **Dispositions diverses.**

501. — Nous ne pensons pas que les articles 26, 27 et 28 composant le titre IV aient besoin de commentaires.

502. — En terminant l'examen du décret du 23 juillet 1884, nous croyons devoir présenter une observation en ce qui concerne la largeur minima à donner aux voies privées, passages, impasses, cités et autres espaces intérieurs sur lesquels doivent être élevés des bâtiments d'habitation.

Cette largeur, selon nous, ne saurait, en aucun cas, être inférieure à 5^m00.

En effet, si l'article 6 assimile aux bâtiments sur les voies publiques, les bâtiments sur voies privées, passages, impasses, cités et autres espaces intérieurs pour les hauteurs à permettre, il en résulte que sur les voies privées ou espaces de moins de 7^m80, les bâtiments ne peuvent monter qu'à 12^m00, sans que la limite inférieure de largeur des dites voies ou espaces soit déterminée par cet article, mais, d'autre part, il ne faut pas perdre de vue que l'article 16 interdit d'éclairer toute pièce pouvant servir à l'habitation sur des cours dont la largeur moyenne ne peut être inférieure à 5^m00, *a fortiori* ne pourrait-on placer la façade principale d'un bâtiment sur une voie privée, passage, etc., de moins de 5^m00 de largeur.

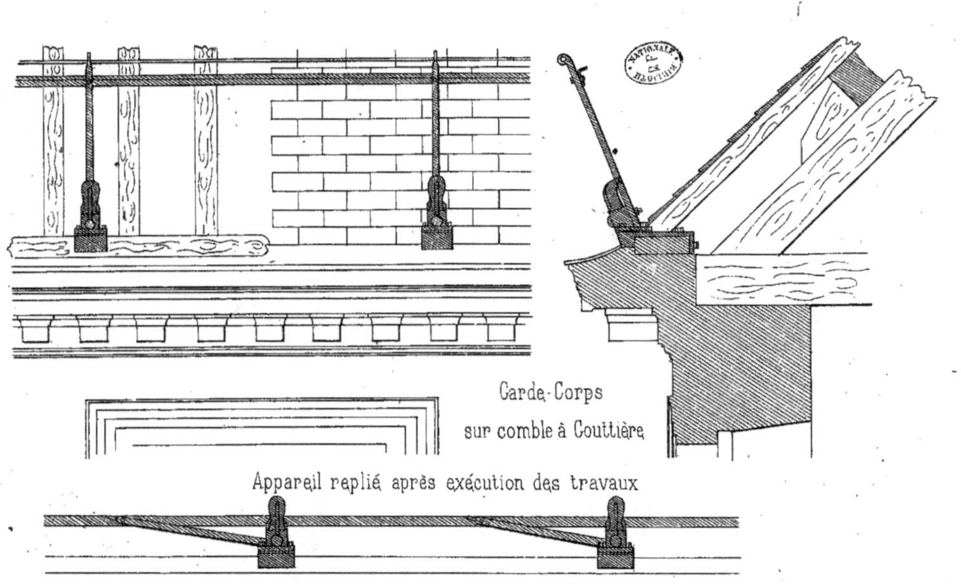

Garde-Corps
sur comble à Gouttière
Appareil replié après exécution des travaux

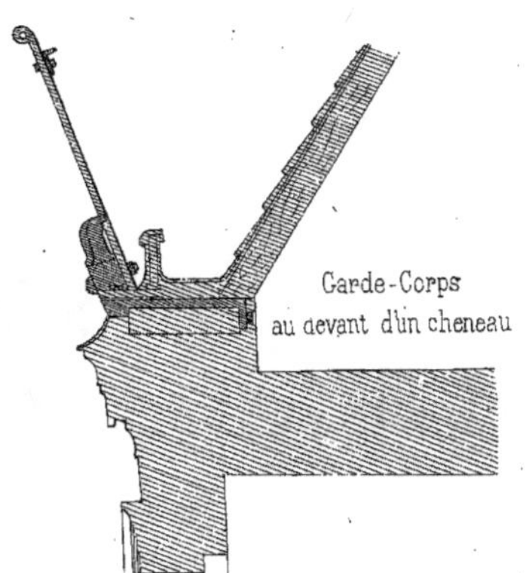

Garde-Corps
au devant d'un cheneau

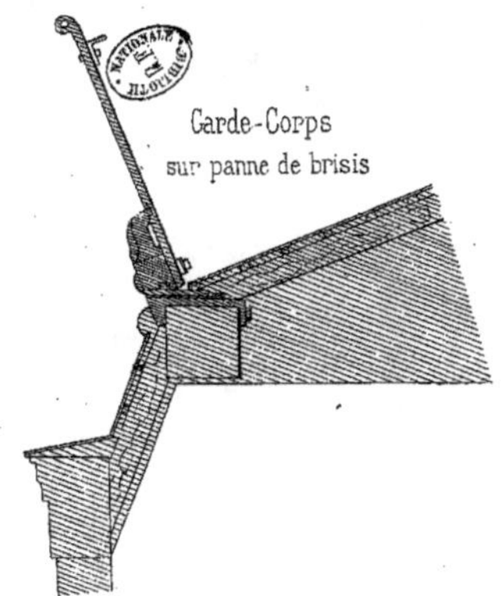

Garde-Corps
sur panne de brisis

TABLE DES MATIÈRES

CONTENUES DANS L'ANNEXE

CHAPITRE III *bis*.

DES SAILLIES.

CHAPITRE V *bis*.

DE LA HAUTEUR DES MAISONS, DES COMBLES, DES LUCARNES, DES COURS ET COURETTES.

TITRE II.

DES COMBLES AU-DESSUS DES FAÇADES.

TITRE III.

DES COURS ET COURETTES.

TITRE IV.

DISPOSITIONS DIVERSES.

PARIS. — IMPRIMERIE C. MARPON ET E. FLAMMARION, RUE RACINE, 26.